公司與幕府

荷蘭東印度公司如何融入東亞秩序，台灣如何織入全球的網

The Company and the Shogun

The Dutch Encounter with Tokugawa Japan

ADAM CLULOW

亞當・克拉洛 ———著

陳信宏 ———譯 鄭維中 ———審定

目次

Part 2 暴力

Part 3 主權

導讀

鄭維中｜中研院臺灣史研究所副研究員

一、第一代黑船叩關？

本書探討荷蘭東印度公司駐日人員，如何在德川幕府啟動「鎖國」政策前後（約一六三九年），為體制所吸納，成為幕府對外收集西洋情報的耳目，扮演日本鎖國時代感知西洋脈動的橋樑。這個獨特的地位，要到一八五三年，在著名的「黑船事件」，美國海軍提督培理率領美國艦隊前往江戶，以輪船大砲叩關，導致日本「開國」，與各國簽訂不平等條約前後，才逐漸解消。二〇〇四年，適逢〈日美修好通商條約一五〇年祭〉，日本歷史學界曾為此推動一系列紀念活動。例如NHK即攝製有大河劇〈坂上之雲（二〇〇九年開播）〉、〈龍馬傳（二〇一〇年開播）〉等一系列與幕末相關的影視作品。臺日兩地民間聲氣相通，即便日本近代史的詳細內容，未曾被納入國民教育當中教導，一般大眾多少對「黑船來航」此一事件輪廓，略有印象。

在台灣的歷史教育當中，常把十九世紀開港這段歷史，歸納在中國晚清受列強壓迫的脈絡中來敘述。職是之故，敘述晚清變局同時，常也順便點出「明治維新」作為參照。再者，既然甲午戰爭之敗，造成台灣被割讓予日本的結果，那麼，「明治維新」作為甲午戰爭勝敗的「遠因」，亦不能不提。「黑船來航」則可能被當成事件背景略微帶過。相比之下，荷蘭東印度公司人員（及後來的外交人員）曾經在日本鎖國時期，扮演對外溝通要角一事（並且因而有所謂的「蘭學」知識體系產生），因為與十八、十九世紀清代中國、還有當時作為台灣府之歷史，較無關連，亦多略過。因此，台灣大眾對於荷蘭人曾擔當幕府忠順臣民的這個事實，大概較難以想像。

日本鎖國到開國這兩百年間，荷蘭東印度公司於印尼諸島繼續殖民擴張。但在荷清關係上，由於荷蘭人安於透過廣州通商的安排，並未與清廷發生任何衝突，荷蘭人在海外各地的擴張活動與中國關係不大，亦少見諸漢文史籍記載。一般人多聽聞鴉片戰爭的起源，可追溯至英國特使馬嘎爾尼（G. Macartney）於一七九三年晉見乾隆皇帝時，不肯行三跪九叩大禮的事件。但在此之前，荷蘭東印度公司派往中國朝貢的商務代表，早已叩頭多年，卻鮮少有人提起。

正由於在中國史的主流敘述當中，與荷蘭人的接觸，常是作為情節鋪排的背景之用，並非故事主線，使得荷蘭人在台灣大眾歷史認知裡，總是擔任龍套角色，往往僅在背景描述之際，短暫出現，繼之，隨著主流敘事焦點的確立，又逐漸消失、融入於背景之中。例如，中國教科書為了強調鄭成功「民族英雄」的地位，定調台灣曾落入「荷蘭帝國主義的魔爪」之中。此種帝國主義張牙舞爪的形象，與前述在大清皇帝面前三跪九叩的恭順模樣，顯然無法調和。[1]大概因為歷史敘述上傾向詳近略遠，剪裁之下，難免發生濃厚感情蓋過了對事件脈絡解說的情形。

正因為過去「西方文明發展史」的主流敘事，強調荷蘭在歷史上曾取得海上霸權地位，若用這個常識性的印象，來看待早先荷蘭與日本的接觸，便會如同本書作者一樣，產生以下疑問：既然作為二十世紀海權代表的美國，在與日本接觸之時，是以砲艦強制日本開國，使其必須自我改造，選擇西化以融入全球化的世界。那麼，作為十七世紀西方海權文明先鋒的荷蘭，也曾在大航海時代，展開與日本的接觸，為何當年荷日的接觸，沒有提早造成日本西化的結果？甚至，荷蘭人反而成為了幕府的臣民？（頁五五－五六）[2]

二、從荷蘭海盜到將軍臣屬

這樣挑戰「西方文明發展史」（或是通俗版「霸權崛起史」）敘事的反省，在近年世界史、全球史研究日盛之際，逐漸受到肯定。早在上世紀九〇年代，人類學學者沃爾夫（Eric Wolf）便在其大作《歐洲與沒有歷史的人們》裡，強調近五百年來，以西歐為核心而成的資本主義全球體系，在其發展的過程中，其「生產關係」（或套用最近流行的語詞「產業鍊」）之重組，在在與歐洲以外的各種人群與特殊的政治、文化、經濟脈絡相關，其中不乏機遇性的轉折，而非命定的發展結果。[3]此外，發展經濟學者法蘭克（Andre Gunder Frank）之著作《白銀資本》則明確指出，一五七一年後，全球浮現完整的白銀資本流動鍊，其運轉動力的來源，源於明代中國市場的吸納能力。[4]因此，西方現代文明創造者，歐洲城市中產階級的躍昇，是他力而非純由自力造成。而基督教文明思想的內在優越性，也受到質疑。

過去西方文明發展的主流敘事，往往在講述大航海時代後，立即將主線轉接到西歐科學革命、啟蒙時代，一路到法國大革命。直到講述十九世紀帝國主義的發展時，才忽然接回早期荷蘭與西班牙等國在海外的殖民地變化。在這種敘事架構下，自大航海時代後，直到十九世紀帝國主義擴張間的兩百年，在大西洋兩岸以外世界的其他地方，好似靜止不動地等待歐洲列強來臨一般。這樣簡略的歷史敘事，將西方文明直至二十世紀成功的軌跡，當成是其原因，無疑是種「倖存者偏誤」（survivorship bias），需要導入如同「哥白尼轉向」（Copernican turn）的新思維來重新加以檢視。

在這樣的全球史研究潮流當中，大航海時代歐洲人與世界其他地方人群在十五到十八世紀間數百年來的接觸，常成為必須重新評估的主題。例如印度歷史學者喬杜里（K. N. Chaudhuri）即重視講述印度洋圈的文明變遷，從伊斯蘭文明興起到一七五〇年左右，直到歐洲人的支配漸漸取得上風為止。[5]而英國學者貝利（Christopher Bayly）則探討隨後大英帝國所形塑的現代世界與其殖民印度活動間，一體兩面的密切關連。[6]近年來，蘇布拉馬尼亞姆（Sanjay Subrahmanyam）將大航海時代的印度（洋）歷史，按照上述取向，重新書寫。[7]而包樂史（Leonard Blussé）《看得見的城市》一書，則是對於東亞海域在這全球史發展中的地位，再作評估。[8]本書作者的提問，正與以上一系列經典著作的導向一致。

回到本書作者的提問，在引言中，作者已總結回答：「這批第一代的黑色船艦雖然也引發了一段社會化的過程，卻是歐洲人被迫做出適應，以便在一套他們無力改變的政治秩序裡取得一席之地。……他們就像明治日本的領袖那樣，在一套外國秩序裡獲得了穩固的地位，卻發現自己必須付出重大代價。」（頁五六）本書的三個部分：外交、暴力與主權，便是描述在荷蘭東印度公司人員與德川幕府接觸的過程中，如何為了取得穩固的貿易地位，先是在外交上放棄了歐洲式「全權大使」的法定權利，又在海上放棄了掠奪前往日本之西葡船隻（這是荷蘭的交戰國）的法定權利，最後，在新殖民地大員的主權爭端事件中，放棄了以主權捍衛荷蘭自己臣民的法定權利。於是，如同作者所說，荷蘭東印度公司的人員：「從一個虛構國王的臣民轉變為幕府將軍的忠心臣屬、從兇暴的海盜轉變為溫馴的商人，並且從殖民主權的堅定捍衛者轉變為幕府將軍的合法臣屬。」（頁五十）荷蘭人在接觸之初，是否即抱持如此強硬之立場，或許並非沒有疑問，但作者從這個角度觀察到的歷史翻轉，確實是表述近代早期歐洲人與世界各地人群接觸經驗的絕佳例子。

三、日荷關係中的台灣史

在此必須指出，這本書鎖定的受眾，主要是英語世界的讀者。在書寫上，採取深入淺出的策略，作者對於當時日本時代背景、組織、制度常有簡要說明，使一般對日本歷史背景較薄弱，對日本學界成果較陌生的中文讀者，能順便踏上入門之階，窺其堂奧，是本書一大優點。雖然本書所研究的對象，是荷蘭東印度公司，特別是在公司內部專門處理與日本官方交涉的人員。但為幫助讀者理解，作者聚焦的歷史事件，多半是日本鎖國前夕的一系列涉外事件。

日本在「開國」邁入世界的里程中，設立了東京大學，以學習歐洲建制歷史學的研究法。東京大學禮聘當時德國歷史學者蘭克（Leopold von Ranke）門下弟子里斯（Ludwig Riess）開設教席，「日歐交涉史」一直是一個研究重點，當時便特別借重歐洲史料，來廓清日本鎖國事件的經緯，過去已有相當多的積累。里斯的學生村上直次郎，在里斯研究的基礎上，繼續開展相關研究。一九〇二年，村上擔任東京帝大史料編纂員，一九〇八年升任編纂官，而這些成果被陸續出版，例如一九二七年翻譯並出版《耶穌會士日本通信（上卷）》（一九二八年出版同書下卷）。一九二八年，台北帝國大學創立，村上被聘為史學科教授，將「日歐交涉史」

設定為帝大史學的發展重點，門下有岩生成一、中村孝志等人。[9]自一九六三年起，東京大學史料編纂所，亦將該所歷來收藏之各種日本涉外關係之外文史料出版。其中，負責荷蘭商館日誌者，為永積洋子。

上述這些歷史學者，對於本書涉及的歷史事件，早已提出相當豐富的研究成果。例如，一九八六年中村孝志曾出版〈環繞台灣的日蘭關係：濱田彌兵衛的荷蘭人攻擊〉一文，主要從日荷商人爭奪生絲貿易的角度，來切入此一事件。[10]而永積洋子，則延續岩生成一對於日本朱印船海外貿易之研究，於二〇〇一年出版專書《朱印船》。該書中亦有專節特別談到〈大員事件〉（即「濱田彌兵衛事件」）。[11]綜上所述，八、九十年來，日本學界針對這些涉外事件，已蒐羅大量日、歐文史料，並加以翻譯、註釋。是以本書作者，能站在這樣堅實的基礎從事研究，而不需從零開始努力。又如同作者在〈引言〉當中所說，八〇年代以降日本學者荒野泰典和美國學者托比（Ronald Toby）對於幕府鎖國這段歷史重新再度評價的成果，亦啟發了他進一步探索日荷關係的興趣。（頁四三）以上日本學者們的研究成果，對於英語世界的學者與讀者而言，則是相對的陌生。即便是台灣讀者，若對於十七世紀日本歷史沒有相當掌握，大概也難以跟隨日本學界的步調。是以，本書體貼讀者的寫法，對大部分台灣讀者而言，是一大福音。

作者出身於南非，由於荷蘭語仍為南非當地的官方語言（稱為南非荷蘭語〔Afrikaans〕），使用荷蘭文檔案資料對他來說，不成問題。而又或因作者生長於前大英帝國殖民地，書寫上設定以英語讀者為對象，本書在行文中，經常選擇以大英帝國在印度的殖民活動為對照者，來解說事件的發展。然而，這樣的寫作策略，對台灣的讀者而言，有時反倒造成理解上的障礙。對此，讀者需有所認識，並自行充實相關知識，以免誤解作者原意。

同樣地，由於本書主題，環繞著近代早期歐洲人，如何與東亞各國人士磋商「國家」、「主權」與「外交」等概念的複雜問題。倘若讀者對於近代以來，歐洲「國家」、「主權」、「外交」等法律或政治概念的內涵，沒有一定程度的理解，也可能在閱讀當中，無意識發生以己意曲解作者的情況。要之，近代早期歐洲各國，在王權相互競爭之下產生的「國際法」概念與實作，與在歐洲以外各地的實踐，仍有很大的歧異。多少會有在「雞同鴨講」情境下，產生種種「歪打正著」的情形。關於「絕對王權國家」、「封建制度」、「帝國」、「殖民地」在當時的樣態，也很難完全將十九世紀後的歷史情境套用上去。

又譬如，台灣的讀者可能對「朝貢秩序」耳熟能詳，知道這是明代中國發展出一套與周邊國家的官方互動方式。但是本書所提到的「日本型華夷秩序」，則可能並非一般讀者熟悉的詞彙。因此，即使在翻譯上使用了相同的詞彙如：「國王」、「主權」、「國際法」等等，在當時多元交雜、樣貌紛呈的歷史現場中，均承載著不同的意義。有意思的是，這既是讀者閱讀時必須時時自我提醒，也是透過閱讀本書能夠獲得相當助益的部分。[12]

正如同前文所言，本書要旨乃是呈現近代早期日荷關係的重要側面，藉此說明歐洲擴張活動，在全球各地多種多樣的發展及其後果。在這一連串調適中，最戲劇性的一樁，是荷蘭人在爭取大員殖民地主權時，與日本商人發生衝突，導致幕府決定扣押公司人員財產的事件。事情發展到最後，荷蘭當局選擇卑躬屈膝地交出大員長官諾伊茲，犧牲對其臣民的法律主權，以換取幕府容許他們繼續從事對日貿易，（第六、七章）這是作者論證的核心所在。但以台灣史的角度來看，展望台灣歷史的發展，此一事件最重要的意義，當然並非本書主旨所描繪，荷蘭當局如何與日本官員，歷經周折，終至取得這樣的權力平衡，而自當另有關懷。筆者忝為台灣歷史研究者之一，有責任舉出本書在論述此一主旨以外，其研究成果對於台灣歷史的啟發。

（一）「濱田彌兵衛」事件的歷史意義

在「濱田彌兵衛」事件發生之時，有數位新港社的平埔原住民捲入，且被輸送到日本，作為說服幕府當局採取行動，以壓制荷蘭人的人證。幕府當局看破這個手法，不認為這些原住民能證實大員已有王國的存在。在荷蘭人提出主權主張之前，無論中外文獻，均證實台灣島上有原住民居住，亦有海盜、漁民之往來，卻無全島共主。台灣島上，被認定為處於無國家（stateless）的狀態。這與當時許多太平洋島嶼的情況類似。荷蘭人面對幕府，提出荷蘭掌有大員主權之主張。無論其主張是否有效，此一動作在台灣歷史上，仍極富象徵意義。因為，儘管最後幕府對於荷方之主權主張不置可否，此一事件的發展，無疑宣告大員地區「正式」進入東亞地緣政治舞台。荷、日兩方，均按照國際政治的正式程序處理此案（其對國際秩序的理解或有不同），在國家層面上進行協商。這是台灣島上「史無前例」的事件。

在此之前，環繞島嶼的諸國爭端，多以單邊行為（招諭、遠征、征伐海盜、計畫囤田）或私下接觸（非官方約定）解決，從未有兩個政治體在國家層面上進行過白紙黑字的正式協商。隨著地緣政治的開展，與國家組織控制範圍的擴張，此後，島上的居民，或許得像人類學者斯科特（James Scott）所述，如同東南亞高地無國家區佐米亞（Zomia）住民，以「不被治理的技藝」（the art of not being governed），與濱海地區受到國家支配的人群共存。或者，在中國（或其他）帝國朝廷之下，發展出如同歷史學者宋怡明（Michael Szonyi）所論「被治理的技藝」（the art of being governed），又或者如同曹永和所論，如同琉球，因中日兩國間貿易的需要，而在東亞的朝貢秩序內「政治逐漸統合」而成立國家等。[13]可以說，隨著台灣周邊時馳時張，但穩步增長的地緣政治互動密切度，台灣島內無國家化的狀態持續被去除的過程，乃是台灣史一個鮮明的特徵。

(二)日本對外政策對台灣的影響

本書在探討荷蘭東印度公司順應德川幕府要求，作出放棄武力劫掠敵國船隻權利的抉擇時，也透露出一個相當值得注意的歷史事實。那就是以福建各港(以及後來的大員)為基地的鄭氏集團商船，事實上得益於此一抉擇。荷蘭人的退讓，使得鄭氏集團在與荷蘭當局交惡後，仍得以在幕府法律保護傘的庇蔭下，安然進行中日貿易，不受荷蘭軍艦騷擾。(頁二六八－二七八)這樣的發現點出了，荷鄭兩貿易集團，於日本相互進行商業競爭時、乃至兩者爆發武裝衝突後，鄭氏集團在商務上仍能佔上風的一個關鍵性原因。

由於清代中國與德川日本之官方往來斷絕，加以清廷對鄭氏集團興起的始末，又諱莫如深，故此一顯明的歷史事實，居然完全未載於任何漢文史料。而在荷蘭文資料方面，由於荷治時期廣為人知的台灣史經典史料《被遺誤的台灣》，採錄自法庭文件，剔除了當事人法庭攻防以外的事實，因此，亦未曾論及日荷關係，是以，全書對此亦未置一詞。可見由於鄭氏集團活動之跨國性質，想要考察其活動始末，無法偏聽漢文資料，亦無法依賴一時一地的荷文資料。必須綜合多方、貫時性的史料記載，才能得其實質。

既然鄭氏集團於一六六二年後，在台灣進行武裝殖民，成為後來大量唐人來台移民拓墾的重要導因之一，在研究台灣史時，對於日本幕府的法律保護，竟然成為當時鄭氏集團存續的重要條件一事，亦應當廣納參考。尤其，本書清楚指出，即使鄭成功攻取台灣之後，幕府對於反對荷船攻打唐船的原則，也並未動搖分毫。鄭經之所以能持續進行中日間的海上走私，而能免於荷蘭船隻的干擾，仍然是受到日本幕府此一政策之庇蔭。（頁二九六）在日本鎖國後，唐人商船與荷蘭商船一起，填補了原先日本官方控制的「朱印船」，以及被逐出的天主教葡萄牙船隻的地位，而使得唐人如同荷蘭人一般，取得日本鎖國後，唯二對外窗口的角色。幕府保護唐人船隻的政策，給予鄭氏集團的助益，恐怕較鄭氏對內宣稱之「反清復明」此一「大義名分」更為實惠。由於地緣上之接近，日本對外政策始終對台灣居民的命運造成深遠影響，此點亦是台灣史長時段發展的常數之一，值得關注。

四、小結

本書作者採取了近年來最受重視的世界史、全球史研究角度，切入日荷關係史的研究。他借重日本學者積累的研究成果，發揮語言上的優勢，採取第一手的史料，以充滿故事性的筆調，將歷史上兩種不同文明的交會，細緻鋪陳，娓娓道來，可讀性甚高。近年來台灣史的研究，亦強調與世界史的關連，本書除提供一個絕佳的範例，展現在全球史研究中，可以如何關照日荷關係之外，也能給予台灣學界近來所關切，如何在世界史當中書寫台灣史的問題，提供一些參考的解答。對於一般的讀者來說，閱讀本書自然頗富教益，而對於有志從事台灣歷史研究的讀者，本書所承接的研究脈絡，能擴展我們的眼界，更值得我們注意與學習。

註釋

1 中國央視製播的〈大國崛起（二〇〇六年開播）〉系列紀錄片，講述〈小國大業：荷蘭〉一集曾提及荷蘭貢使接受向大清皇帝叩頭此一禮儀，是少見的例外。但本影集亦完全忽視同時代荷蘭東印度公司曾佔領台灣的事實。此一取捨或許與中國史敘述難以調和「大國崛起」與「殖民主義」兩種價值評斷有關。

2 此一提問方式不太合乎專業歷史論文的書寫習慣，有時代錯置之嫌。但作為面向大眾之著作，則為可接受的寫作策略。讀者不應該因其寫作技巧而誤讀本書內涵。

3 沃爾夫（Eric J. Wolf）著，賈士蘅譯，《歐洲與沒有歷史的人》（台北：麥田，2013）。

4 法蘭克（Andre Gunder Frank）著，劉北成譯，《白銀資本》（北京：中央編譯出版社，2008）

5 K. N. Chaudhuri, *Trade Civilization in the Indian Ocean: An Economic History from the Rise of Islam to 1750*, (Cambridge: Cambridge University Press, 1985)

6 貝利（Christopher Bayly）著，于展、何美蘭譯，《現代世界的誕生（1780-1914）》（北京：商務印書館，2013）

7 Sanjay Subrahmanyam, *Explorations in Connected History:Mughals and Franks*, (New Delhi: Oxford University Press, 2011)

8 包樂史（Leonard Blussé）著，彭昉、賴鈺勻譯，《看得見的城市：全球視野下的廣州、長崎與巴達維亞》，（台北：蔚藍，2015）。包樂史在本書中以提綱挈領的方式說明了十七至十八世紀兩百年的荷日關係，關心與本書主題相關的更寬廣歷史脈絡者，應參考本書。

9 葉碧苓，〈村上直次郎的臺灣史研究〉，《國史館學術集刊》，17(2008)，頁三一—三五。

10 中村孝志，〈台湾をめぐる日蘭関係：浜田弥兵衛のオランダ人攻め〉收錄於：大石慎三郎編，《海外視点・日本の歴史9：朱印船と南への先駆者》，（東京：ぎょうせい，1986），頁七六—八八。中譯版本為中村孝志，〈圍繞臺灣的日蘭關係-濱田彌兵衛的荷蘭人攻擊〉，收錄於：村上直次郎、岩生成一、中村孝志、永積洋子著，許賢瑤譯，《荷蘭時代臺灣史論文集》，（宜蘭：佛光人文社會學院，2001），頁二〇五—二三〇。

11 永積洋子，《朱印船》，（東京：吉川弘文館，2001），頁一八二—一九八。

12 這方面的研究，近年來新加坡國立大學Peter Borschberg教授的貢獻良多，迭有突破。有興趣的讀者可自行查閱。

13 曹永和，《臺灣早期歷史研究續集》，（台北：聯經，2000），頁一二。

誌謝

這十年來，為了這項寫作計畫，我在學術與個人層面上都獲得許多人的幫助，我永遠也無法回報他們的恩情。我是在頗為出乎意料的情況下踏上研究日本史的職業生涯，當時我在南非拿到第一個學位之後，獲得了日本文部科學省獎學金。由於這項學程才剛在南非設立，而南非在那時候又還沒有日語學程，我在完全不懂日語而且又毫無東亞歷史研究背景的情況下前往我的指定交換學校——新潟大學。由於這些原因，我深深感激我在新潟大學的所有老師，他們先是幫我站穩腳跟，然後又協助我完成碩士學位。我要特別感謝芳井研一接下我這個如此不夠格的學生，也要感謝Igor Saveliev一再為我提供的支持與鼓勵。此外，也要感謝Imura Tetsuo、Itō Rei、無與倫比的Nakamura老師、Furamaya Tadao，以及其他許許多多的人，我無法在此一一列舉。

這項寫作計畫首先成形於我在哥倫比亞大學就讀博士課程的期間，那段時期我要特別感謝我的指導教授David Lurie，儘管這項計畫與他自己的研究相距極遠，事實卻證明他在各個面向上都是理想的學術導師，而且直到今天仍是我對待學生的模範。Carol Gluck的智識活力與組織衝勁不但是哥倫比亞大學日本史學程的成功關鍵，她也同樣對我非常支持。此外，與Henry Smith、Greg Pflugfelder以及其他哥大教職員工的眾多討論也令我獲益良多。Bob McCaughey激起了我對海洋史的興趣，而且陸續將我的研究與教學慢慢引導到海洋上，令我深獲助益。Lauren Benton慷慨同意擔任我的論文指導委員，也鞭促我以新的方式思考法律史。她的著作與洞見形塑了我的研究。我在哥大以及後來在日本共處的一群學者暨朋友，為每天漫長的研究和訓練注入了出乎意料的樂趣。我雖然無法在此一一列出他們每一個人，但我要特別感謝Colin Jaundrill、Chelsea Foxwell、Reto Hofmann、Federico Marcon、Mathew Thompson、Ariel Fox、Steve Wills、Dennis Frost、Joy Kim與Chad Diehl的友誼與陪伴。

這項寫作計畫大部分的研究工作都是從事於東京大學史料編纂所，我後來也經常回到這個地方。日荷關係（nichiran kankei）研究領域深深倚重於松井洋子、松方冬子以及海外史料部門的人員，他們承接了編輯「在日本的荷蘭商館館長日記」這項繁重的工作。如果沒有他們的努力，我的研究絕對不可能實現。此外，他們也讓我每次在史料編纂所停留的時間愉快不已，並且慷慨撥空為許許多多的議題提供建議。能夠與松方教授密切合作翻譯她那部開創性專著的部分內容是我的莫大榮幸，我從中學到的東西也多得無可言喻。在東京大學，岡美穗子、行武和博、加藤榮一、羽田正、五野井隆史、山本博文以及史料編纂所的圖書館員都在許多不同面向上幫了我的忙，而大橋明子則是秉持她過去對於許多訪問學人的熱情接待，也將我們共同使用的辦公室轉變為遠遠不僅是個研究空間。研究荷蘭人在日本這段歷史的重要史學家永積洋子，親切地同意與我見面，也為我的著作提供了許多洞見。我也要感謝伊川健二幫助我探索艱澀的十七世紀文獻，還有後藤敦史不辭辛勞地回答我針對翻譯方面所提出的一系列無窮無盡的問題。

我的研究因為日本國際交流基金會的博士獎學金而得以實現，這筆獎學金讓我能夠在日本待上一年。我回到美國之後，美國學術團體協會提供的論文獎助金以及後續的學術生涯初期獎助金使我獲得了極為重要的寫作時間。日本國際交流基金會提供的第二份獎學金，又讓我得以在二〇〇九年下半年到日本待三個月，蒐集這項寫作計畫最後剩下的少數文獻。

多年來，我走訪了荷蘭許多次，在那裡獲得Cynthia Viallé、Willem Boot、太田淳、Femme Gaastra及其他人的指引與支持。我必須特別提到包樂史這位我所屬領域裡的卓絕人物，他的智識貢獻以及無人可比的參考文獻挖掘能力徹底改變了我們所有人從事研究的方式。在我們每一次的會面當中，不論是在日本、荷蘭，還是美國，他都一再促使我重新思考自己的想法，也總是激勵我帶著重新燃起的熱情回頭查閱檔案。我雖然沒有參與「邁向夥伴關係新世紀計畫」（TANAP），卻深深獲益於這項計畫為這個學術領域注入的新活力，以及這項計畫所產生的一連串傑出專著。在荷蘭，我必須特別感謝Nadia Kreeft，她多次幫我前往海牙的國家檔案館掃描以及影印這項寫作計畫所需的眾多資料，而且每當我遇到翻譯上的難題，她總是為我提供不可多得的協助。

我在二〇〇八年加入的蒙納許大學提供了極為融洽而且高度支持性的環境，讓我得以完成研究工作。我遇到的四任系主任——Barbara Caine、Mark Peel、Christina Twomey與Al Thomson都慷慨允許我減少教學時間而把精力投注於研究與寫作當中，而二〇一二年下半年一段正合所需的休假，再加上豐富的研究資助，終於讓我得以完成這本書。Bain Attwood孜孜不倦地致力捍衛不只是我的研究時間，還有系上所有年輕學者的研究時間。他還投注時間閱讀了我的完整手稿，並且提供了極有價值的意見。我感謝所有同事對我持續不斷的支持，他們許多人都讀過本書部分章節或者聆聽過關於這本書的報告。不過，我尤其要感謝Ernest Koh、Seamus O'Hanlon、Michael Hau、David Garrioch、Jane Drakard、Clare Monagle與Susie Protschky。著名東南亞史學家David Chandler閱讀了完整手稿，並以他的建議大幅改善了本書。

在多年的研究當中，我和許多學者討論過本書，他們也都貢獻了珍貴的建議。這些學者包括對於我探討荷蘭東印度公司私掠行為的章節提供了精闢評論的Peter Shapinsky，還有Reinier Hesselink、Peter Borschberg、Martine van Ittersum、Ron Toby、Patrizia Carioti（白蒂）、Timon Screech、Stephen Turnbull、Kate Nakai、Robert Hellyer、Daphon Ho（何大鵬）、

荒野泰典以及其他人。開創了荷蘭東印度公司外交研究的Jack Wills（魏而思）閱讀了部分章節的草稿，他總是樂於分享他對歐洲人向亞洲擴張的行動所擁有的淵博知識。我每次和他會面，總是能夠獲得全新的洞見以及許許多多值得參考的新文獻。*Japanese Studies*、*Bulletin of Portuguese-Japanese Studies*與*Itinerario*等期刊的編輯都慷慨允許我把先前發表於這些期刊上的文章內容納入本書中。

這項寫作計畫能夠從粗略的構想終於出版成書，我尤其感激Adam McKeown一路以來的主導。我是在二〇〇一年還住在日本的時候認識Adam，後來欣喜地發現他搬到了哥倫比亞。他引起了我對全球史的興趣，而他的建議與洞見對本書的影響甚多，難以盡述。他鼓勵我考慮把本書歸入一套全球史的系列書籍當中，並且在各個階段當中加以督導。我也要感謝Anna Routon這位從不倦怠的哥倫比亞大學出版社編輯，還有Whitney Johnson以及兩名讀者提供精闢的評論，並且糾正了書中的錯誤。歐陽泰放棄了匿名，為我寫下一頁頁極有助益的建議，大幅強化了最終的定稿。從本書中眾多的引用，應可看出他的學術研究，尤其是他那兩本傑出的著作——一本探討荷蘭東印度公司對於台灣的殖民，較為近期的另一本則是探討了將荷蘭人逐出台灣的那場軍事戰役——都深深影響了我自己的研究，也為我提供了效法的模板。雖然我可能永遠無法達到像他那樣的成功，但我總是一心希望自己也能夠寫出這種引人入勝、深具啟發性但又總是奠基於嚴謹研究之上的史學著作。

我太太Anna年復一年地伴隨著這項寫作計畫，也在無數的面向上提供支持。我最感謝的對象是我的父母，他們的愛、支持與鼓勵一直都是我的支撐力量。在他們的三個兒子當中，他們不但容忍我這個小兒子長年待在日本、美國與澳洲，而且不論我的學術生涯把我帶到什麼遙遠地區，他們也總是樂於跳上飛機飛來探望我。如果沒有他們為我做的一切，這本書絕對不可能誕生。我把本書獻給他們。

檔案文獻

荷蘭東印度公司檔案（De archieven van de Verenigde Oostindische Compagnie）收藏於海牙的國家檔案館。標示「VOC」的文獻都來自於這套檔案，可以在目錄編號1.04.02當中查詢得到。我也大量仰賴荷蘭東印度公司日本商館的檔案（Archief van de Nederlandse Factorij in Japan te Hirado en te Deshima），同樣收藏在國家檔案館。標示「NFJ」的文獻來自於這套檔案，可以在目錄編號1.04.21當中查詢得到。除非另外說明，否則本書中的翻譯都是由我自己為之。只要有可能，我就盡量提供出處頁碼，不然也會指出該份記錄未編頁碼。這個時期的荷蘭姓名有許多不同拼寫方式，我在正文裡都採用最常見的拼法，在注釋裡則是保留這些姓名在原始文件裡的拼法。

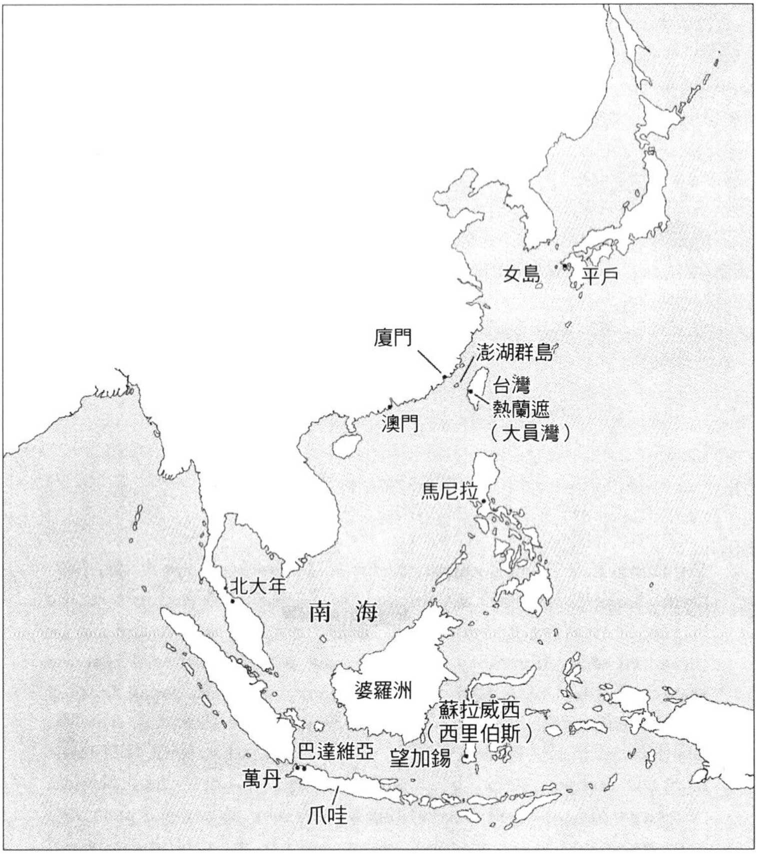

地圖0.1｜荷蘭東印度公司在東南亞與東亞的營運區域

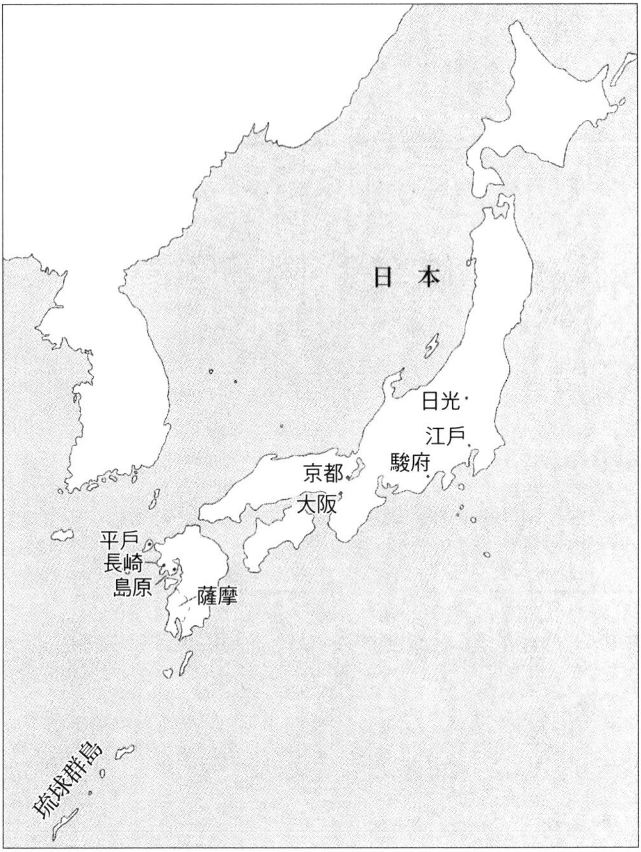

地圖 0.2｜德川日本

引言　馴服荷蘭人

一六二七年十月，一支聲勢浩大的使節團抵達江戶。江戶，也就是德川幕府占地廣大的政治首都。派遣這個使節團的荷蘭東印度公司，當時是正迅速崛起成為亞洲最具影響力的歐洲企業。在隊伍前頭一張六人抬的特殊轎子上，坐著剛從萊頓大學畢業的諾伊茲（Pieter Nuyts），他是東印度特別委員，現在則是出使日本幕府將軍的特別大使。他身後跟著一群引人注目的隨扈，將近三百人之多，其中包括荷蘭士兵、全副武裝的日本武士、身穿制服的侍從、通譯人員、馬夫，以及數十名僕人。一六二七年的這支使節團經過精心規劃，而且投注了高昂的成本，用意在於反映荷蘭東印度公司日益成長的自信，不但帶著豐碩的禮物，還有一串打算向幕府將軍提出的要求。

才一個月後，諾伊茲就在午夜時分準備逃離江戶，他的使節團根本沒有見到幕府將軍就遭到拒斥，他的禮物被拋在一旁，他的要求更是連提出的機會都沒有。這一次，這位大使身旁沒有隨扈簇擁。由於諾伊茲沒有離開的正式許可，因此只能召集五、六個腳夫在黑暗中幫他抬著轎子穿越江戶的街道。[1]經過好幾個小時的等待之後，他們終於出發上路，但才走到道路尾端，就被一名守夜人叫住。那些腳夫一驚之下，隨即拋下轎子四散奔逃，留下大使一個人愣在路中間。

諾伊茲的使節團也許遭遇了特別慘痛的失敗，但他的經歷整體而言卻絕不獨特。實際上，前往亞洲的許多歐洲代表都落入類似的處境，不但身陷孤立的狀態，其地位或權威也沒有得到任何承認。在達伽馬率領的那支小艦隊於一四九七年開啟通往印度的新貿易航線之後，歐洲與亞洲就展開了全球性的接觸，而像諾伊茲這樣的人物，即在此一接觸的前線，處於一種危疑不定的位置。在後續的兩百年間，這些航線逐漸延伸，最終涵蓋了整個地球，而且航線也愈來愈密集，成為長途商業活動的可靠公路。在達伽馬那場開創性的航程之後，數以萬計的歐洲人就紛紛進入亞洲的海洋，先是葡萄牙人，接著是西班牙人、荷蘭人，以及英國人。在那裡，他們接觸了一連串的強國，那些國家擁有的軍事、經濟與文化資源都遠勝於歐洲各個最主要的政權。由此帶來的結果，就是像一六二七年發生在日本的那種景象，只見歐洲人奮力想在亞洲秩序的邊緣找到一個立足之地。

本書檢視了歐洲人與一個亞洲強國之間的這麼一項接觸。我將聚焦於荷蘭東印度公司與德川幕府政權之間的互動；前者堪稱是歐洲在十七世紀活躍於亞洲的所有海外組織當中勢力最龐大的一個，後者則是嚴密統治了日本群島超過兩百五十年之久。透過分析這項互動當中的關鍵時刻，本書的目標在於針對有些人稱之為第一個全球化時代的這段時期提出一連串的問題：在近代早期亞洲當中，歐洲的權力帶有什麼本質，施行的範圍又有多廣？歐洲人怎麼因應自己與亞洲國家（例如德川日本）的接觸，又在當地的政治秩序中獲致什麼地位？最後，對於這種接觸當中的勾心鬥角所進行的檢視，如何改變了我們對於傳統上所謂的「歐洲崛起」懷有的理解？

大分流

當然，達伽馬不是這段期間唯一冒險出海找尋新國度的航海人。在他出航的五年前，比葡萄牙更強大的鄰國西班牙就派遣了一支遠征隊，在哥倫布的率領下由歐洲出海，找尋通往印度的航路。不過，這兩支艦隊沒有在印度次大陸會合，而是朝相反方向出發，遇到了截然不同的文化，結果在歐洲的擴張當中造成兩種非常不一樣的發展進程。不同於他們那些抵達亞洲的同胞，往西航行的歐洲人得以攻占巨大的帝國，征服民族、文化與領土，並且永久轉變他們發現的那些大陸上的政治與社會形貌。儘管有這項引人注目的分歧，而且兩者之間的差異還在後續數百年間愈來愈大，哥倫布的經驗卻跳脫了地理疆界，成為近代早期歐洲擴張的主要象徵。

哥倫布在第一次出航返國之後，回報說自己「發現了許多人口密集的島嶼，於是以我們最尊貴的君主之名予以占領」。[2]他的聲明充滿典型的自信，描述了西向擴張的關鍵行為，也就是占領的儀式。[3]哥倫布的第一項這類宣告出現在一四九二年十月十二日，身為艦隊司令的他在經過三十三天的漫長航行之後，帶著王室旗幟踏上瓜納哈尼島（Guanahani）。在一眾證人圍繞於身邊，而且他的船隻聳立在遠方的背景裡，哥倫布「為國王與王后占領了這座島嶼……做出必要的宣告」。[4]這幕著名場景至今仍然妝點著許多公共建築，而且那些描繪通常充滿了勝利色彩，只見那名艦隊司令身掛佩劍，手持旗幟，代表他的西班牙君王占領陌生土地，而當地的原住人口則是滿懷害怕與敬畏地蜷縮在背景當中，沒有做出任何反抗。

在接下來的數十年裡，這種占領儀式重複舉行了一次又一次，為龐大的帝國奠定了基礎，先是在沿岸地區延伸，接著再不斷朝內陸擴展。歐洲擴張的快速腳步在傳統上都歸因於兩項關鍵優勢，這兩項優勢的結合拓展了歐洲影響力的疆界，從而重整了美洲大陸。史學家先是聚焦在一套可怕的科技上：能夠削穿布料與血肉的鋼鐵武器、能夠遠距殺人的火器，以及能夠為穿戴者提供保護的鋼甲。歐洲人以這套科技造就了令人驚懼的效果。[5]這些科技如果個別分開，雖然還是可能具有強大威力，但結合在一起更是所向披靡，在面對比自己強大許多的敵人之時仍可扭轉形勢。在瓜納哈尼島的那場接觸之後才過了短短幾十年，西班牙征服者科爾特斯（Hernán Cortés）就以僅僅兩千名武裝精良的西班牙士兵打敗了阿茲特克帝國。另外還有一個人的成就也足以和他匹敵。皮薩羅（Francisco Pizarro）率領的部隊更是小了許多，只有一百六十七人，但他們卻進軍中美洲內陸，經過沿路上一連串的勝仗之後，竟然推翻了占地廣大的印加帝國。[6]學者主張指出，這些戰爭工具搭配了一股強烈的自信，因此歐洲人得以將新大陸視為一張空白的紙頁，可供他們將自己的渴望與野心盡情書寫其上。[7]邂逅其他新文明的經歷不但沒有削弱這種對於歐洲優越性的絕對信念，反倒還予以增強，於是驅使了許多小群體的冒險家在敵眾我寡的情況下占領龐大的土地，並且對強大的本地國家宣戰。

近數十年來，將那些一度備受頌揚的歐洲探險家與墾殖民稱為文明拓荒者的那種洋洋自得的論述，已經大致上銷聲匿跡，至少在學術寫作中是如此，取而代之的是對於哥倫布經驗所造成的毀滅性後果，有新的理解。然而，儘管有這樣的轉變，充滿自信而四處征服的歐洲人這種基本敘事卻大體上沒變。[8]西向擴張的故事挾帶著充滿戲劇性的占領與征服情節，持續在學術界裡占有中心地位；但歐洲人在亞洲的遭遇，尤其是他們如何與他們在亞洲發現的國家交涉，受到的注意卻是遠遠少了許多。因此，歐洲人帶著科技優勢以及懷著對自身優越性的絕對信念踏上遙遠海岸的這種熟悉形象，有時候就直接從美洲情境拿過來套用在亞洲。於是，「哥倫布的陰影」就這麼籠罩在世界史上，阻礙我們進一步瞭解歐洲的力量在近代早期亞洲的侷限。[9]

在亞洲尋求歐洲實力證據的史學家，因此將目光轉向一種熟悉的搭配。一群學者主張軍事科技，尤其是搭載大砲的船隻，徹底改變了亞洲海域的政治情勢；另外一群學者則是把目光投向文化假設，指稱截然不同的雙方之間的相遇，背後存在著一種基本的自信心，這令歐洲人得以在氣勢上壓制亞洲人，迫使對方閉嘴。[10]後者自然是薩依德（Edward Said）開創性的東方主義研究當中的邏輯。這種研究本是聚焦於較晚近的時期，卻被投射於過往的歷史上，原因是史學家，尤其是有意與現代帝國建立連結的史學家，跨越了歷史的鴻溝，而將新帝國主義時期的政治情勢拉到了先前的世紀。[11]在薩依德的開創性研究之後跟著出現的眾多研究，都把歐洲人因為確知自己的優越性而深懷自信的這種形象當成他們最基本的前提，同時也致力於剖析東方主義論述的內部邏輯。一個特別受到注意的人物是羅伊（Thomas Roe），他是一名在十七世紀期間被派往印度的英國大使，其日記為學者喬茨娜·辛格（Jyotsna Singh）的論點提供了證據，亦即「殖民想像」使得歐洲人在領土型帝國時代出現的許久以前就得以號令這個區域以及其中的人口。[12]

關於科技與文化自信的觀念一旦互相結合，就會創造出在教科書裡輕易可見的那種概念，亦即一五〇〇年是個關鍵的歷史時刻，當時充滿自信而且武裝精良的歐洲在新大陸與亞洲都遙遙領先，從而創造了現代世界。最明白表達了這種歐洲分水嶺概念的一本書，就是著名史學家藍迪斯（David Landes）在一九九八年出版的著作：《新國富論》（*The Wealth and Poverty of Nations*）。[13]在藍迪斯眼中，哥倫布與達伽馬的航程標誌了現代時期的展開，因為歐洲人承繼了比較有活力的文化，在這時前去接觸像是明朝中國這樣的靜態文明，並且終於擊敗了對方，原因是那些文明「缺乏廣博與焦點，尤其是缺乏好奇心」。[14]這部著作的主題，是根據一條單一的帝國主義時間軸論述無可避免的歐洲支配現象。

然而，我們一旦仔細檢視歐洲與亞洲接觸過程的具體細節，就會難以認定一五〇〇年是明確的轉捩點。雖然偶爾找得到幾起科技優勢與高度自信的案例，這些案例卻無法連結起來、構成一套歐洲力量的普遍型態。有一群學者認知到了這項核心事實，而歐陽泰（Tonio Andrade）即是此一修正觀點的首要代表，他把過去那種將航海探險之旅與「西方崛起」畫上等號的歷史觀稱為「一四九二架構」。[15]這些學者分屬不同領域，而聯手從各個角度共同削弱這套架構。[16]像是石康（Kenneth Swope）、龍沛（Peter Lorge）與孫來臣等史學家，都反對過度聚焦於歐洲的科技創新，而指出與歐洲平行發展的亞洲軍事革命。[17]另外有些學者，例如包樂史（Leonard Blussé）與歐陽泰本身，則是以深具說服力的論述證明了歐洲成功的亞洲根源，指出在台灣與巴達維亞（Batavia）等地區，表層的歐洲結構其實掩蓋了底下遠遠更為厚實的亞洲基礎；而威廉．湯普森（William Thompson）與斯卡莫（G. V. Scammell）則是聚焦於當地盟友在促進歐洲擴張當中所扮演的關鍵角色。[18]除此之外，還有一群創新的經濟史學家針對「東西比較發展」由來已久的既定觀點提出異議，而與彭慕蘭（Kenneth Pomeranz）、王國斌、法蘭克（Andre Gunder Frank）以及其他主張「歐洲支配地位的時間軸應該推遲至一八〇〇年以後」的學者聯合起來，對「一四九二架構」發起一道特別猛烈的攻擊。[19]

這類研究（此處只稍微提到其中的少數）帶來的結果就是令人對近代早期的任何歐洲分水嶺概念產生懷疑。在整個亞洲區域，歐洲人面對「遏制」是遠遠較為常見的主題，因為歐洲人發現，即便是最尖銳的武器也可能遭到封擋，或是像在日本那樣從他們的手上被人奪走。在欠缺真正籌碼的情況下，他們被迫採取協商、請願與懇求等手段，才得以在既有的政治秩序當中爭取到（頂多是）有限的空間以供他們運作。在亞洲爭取立足空間所花費的大量時間以及經常必須迫切爭搶的情形，更是破除了任何優越性的幻想。於是，這段時期的歐洲擴張其實充滿了焦慮感而不是自信，而且這種焦慮感也瀰漫於眾多的亞洲互動當中。

引發與哥倫布經驗分歧的關鍵變數就是亞洲國家。那些國家都是令人望而生畏的政治行為者，不但習於和外國人打交道，也完全有能力抗拒外國人的要求。自從達伽馬的探險隊在一四九八年抵達印度西岸的卡利卡特（Calicut）這座港口，而與亞洲展開初次接觸以來，達伽馬就一直難以掌控這類互動。這位葡萄牙探險家無法迫使卡利卡特的統治者順從他，於是被迫採取懇求的姿態，帶著外交函件而不是占領旗幟登上宮廷，並且熱切進行協商。[20]在此一過程中，達伽馬開創了一種模式，在後來歐洲人繼續深入亞洲的行動中受到沿用。如果說占領儀式在歐洲對於美洲的擴張當中具有核心地位，那麼在亞洲具有同等地位的做法，就是派遣使節團與當地的統治者協商爭取許可權；而這兩種行為的鮮明差異，就突顯了歐洲經驗在兩地各自歧異的本質。

達伽馬雖然小心翼翼地接觸卡利卡特，但卡利卡特的統治者其實只是個影響力不大的小君主。短短幾十年後，歐洲人就接觸到其他遠遠大了許多的國家，例如明朝中國、蒙兀兒帝國，以及德川幕府治下的日本，而這些國家在愈來愈彼此相連的全球經濟當中都占有中心地位。這類政體的疆域範圍與強大國力都令歐洲人深感驚恐。一名作者寫及中國的時候，向讀者指稱文字並不足以傳達那個國家的富饒：「我在此向讀者提出一項必要的告誡，好讓他們推測中國各種事物的壯麗——雖然遙遠的事物所受到的描述經常言過其實，但在中國卻是恰恰相反（因為中國的實情遠勝於其所受到的描述）。……這點只能目睹而無法言傳，因為聽別人描述完全比不上親眼見到的景象。」[21]

我們如果要為歐洲在近代早期亞洲的擴張找尋一個代表，那麼也許會是一個出人意料的人物，也就是斯威夫特（Jonathan Swift）筆下那個膽大無畏的航海人格列佛，他在一七二六年首度出現在世人面前。[22]其他虛構的船難倖存者通常都是在荒島上打造出自己的王國，其中以魯賓遜最為知名，但格列佛卻是陸續遇到一連串的國家與統治者。[23]在每一個案例當中，他都陷入無能為力而且充滿疑懼的狀態，只能勉力因應自己與對方的互動。在小人國，住著身形迷你的人民，身高不到他的十分之一。不過，格列佛與他們相比之下雖然身形巨大，卻很快就發現自己沒有什麼真正的影響力。他在那個國家裡沒有成為神明般的統治者，而是被迫從軍，還必須拜倒於當地的君王面前。[24]

在巨人國，格列佛發現自己身處於一個充滿巨人的社會裡，連最小的生物都能夠對他造成威脅。為了存活下來，他於是成為國王的玩物，被迫從事無窮無盡的表演，娛樂宮廷裡的成員。他在最後一趟航程上遇到了由一群擁有高度智慧的馬兒所組成的慧駰國，因此對歐洲文明的力量徹底喪失信心，於是決定捨棄他的故鄉。在每一次的互動中，格列佛都處於孤立狀態，無從擁有其他探險家自信運用的那種力量，而身陷極度危疑的情境中。面對這樣的情形，他被迫宣稱自己是「最卑微的個體暨臣屬」，以便在更為強大的社會邊緣取得立足之地。[25]最後，他的轉變極為徹底，穿越了文明的隔閡，而變成一個完全不同的人。格列佛被迫離開他在慧駰國的主人之時，他跪下來「親吻主人的蹄」，以這項告別的舉動表達自己對於那個優越社會的順服。[26]

格列佛的遭遇雖是虛構的，但其中的基本模式對於身在亞洲的許多歐洲使者而言卻必然相當熟悉，因為他們也一樣身陷陌生的國度裡而沒有真正的力量。他們的經歷可由兩個問題直搗核心，一個關於互動，另一個關於適應。第一，歐洲組織與亞洲國家的邂逅有何本質？此處的目標不在於回應那種早已過時的有自主性的歷史呼籲，將歐洲人排除於歷史的書寫之外（儘管他們在亞洲的歷史中本來就經常只處於邊緣地位）而是要如實記載他們與亞洲最重要的政治單位往來的確切本質。[27]要做到這一點，就必須認知到歐洲人帶來的那種經常令人畏懼的手段，但也必須檢視這些手段實際上的使用情形。

自從學者開始重新評估歐洲人在亞洲活動的本質以來，至今已有兩種模型能夠提供廣泛的架構供人檢視那樣的互動。這兩種模型都強調歐洲人深入亞洲的程度有限，但採取的方法卻非常不同。「達伽馬時代」這個概念，把從達伽馬在一四九八年抵達印度開始，直到去殖民化於一九四五年展開為止，這段時間歐洲皆以霸權姿態立於世。富貝（Holden Furber）針對這個概念提出反對論點，並以一句名言描述近代早期，他稱之為「夥伴合作的時代」，指出歐洲人在這段期間與亞洲的對話夥伴發展出了密切的連結。[28]在富貝眼中，這段漫長時期的特色是合作，「而不是實力與敵意的展現」。這種觀點把歐洲推進亞洲的行為視為一段漫長而且相對而言幾無衝突的學習過程，雙方在這段期間與對方的關係愈來愈密切。富貝的研究方法強調雙方的互相遷就，因此自然而然適合「長時段」（longue durée）的分析型態，檢視的是橫跨數十年或甚至數百年的互動，而不只是短短幾年而已。在許多採取這種架構的後續研究當中，其中比較近期的一個研究，檢視了荷蘭人在一六〇四至一七六五年間在暹羅的活動。[30]儘管有些個別事件被視為重要的里程碑，但整體強調的卻是知識隨著時間穩定累積。這種進程直到工業帝國主義在十九世紀初興起之後才遭到打斷。

有些學者雖然認知了富貝的研究在改變歷史辯論條件上的重要性，卻批評他對於帶有互相理解與共同結構的關係提供了過度美化的觀點。[31]一九九〇年，蘇布拉馬尼亞姆（Sanjay Subrahmanyam）對於這種長期夥伴合作的概念提出質疑，突顯了潛藏在那段時期當中的暴力，以及歐洲人與亞洲統治者、官員或者商人之間持續不斷的衝突。他的著作把那個時期描寫得較為黑暗，稱之為「有限衝突的時代」，其中發生了「許多實力的較勁、互相刺探對方的弱點，以及反覆的地方性衝突」。[32]不同於採用「夥伴合作的時代」這種長時間架構的研究，這個模式證明最適合用於另外一種分析，也就是對個別衝突的詳細敘述進行探究。[33]此處的焦點雖是在於關係的崩潰，蘇布拉馬尼亞姆認為那段時期存在著經常性衝突的概念卻也納入了東西互動的學習過程，只不過是一種遠遠暴力許多的學習過程，其中雙方能達成調適階段，經常是出於弱勢的一方退讓，而不是雙方互相妥協。這麼一來，這些衝突就不只是原本秩序崩解後的異常時刻。相反地，許多這類衝突都直接造就了一套體系，能夠調節歐洲組織與亞洲國家之間的關係。換句話說，這類衝突具有建設性，可為後續的互動建立規則。

對於衝突及其建設性角色的強調，接著又可帶領我們來到第二個問題，也就是關於歐洲反應的本質，尤其是聚焦於「適應」這件事。如同格列佛，身在亞洲的歐洲人也被迫改變地位、做出讓步，偶爾也必須徹底重新塑造自己的形象，以便在強大的當地國家中的邊緣地帶取得立足之地。這種調整與遷就的過程，在近代早期亞洲的歐洲經驗當中具有重要地位，但聚焦於這種過程卻違反了亞洲史當中最根深蒂固的一項傳統，也就是不斷強調對於以下這種現象的認識：亞洲國家如何經由適應而在十九世紀那個由西方支配的世界秩序當中取得一席之地，或是臣服於殖民統治之下。然而，不論這個較為晚近的時期有多麼重要，其實畢竟只是一段相對短暫的期間。彭慕蘭及其他經濟史學家的研究所帶來的結果，顯示亞洲國家遠比以前想像的還要強大許多，持續強大的時間也長了許多；另外也揭示了歐洲支配亞洲的時間其實有限。實際上，現在已愈來愈明白的是，歷史上除了一小段時期是工業帝國主義的工具使得西方國家得以達成史無前例的擴張之外，大部分時間都是亞洲居於首要地位。[34]如果真是這樣，那就更必須擺脫歐洲中心或美國中心的歷史觀，以確切理解歐洲人如何調適、在亞洲支配的政治秩序當中找到立足之地。本書的目標，就是藉著檢視荷蘭與日本的接觸而為此一大架構做出貢獻。

荷蘭東印度公司與幕府將軍

荷蘭東印度公司的船隻在一六〇九年首度出現於日本，當時被現代學者稱為德川幕府的新政權還正在鞏固對於日本列島的控制。經過長期的國內衝突之後，身為戰國三傑最後一位的德川家康（一五四三—一六一六）打造了一套政府體系，將中央行政中心與兩百個以上的半獨立地方領主（大名）結合起來，允許那些領主擁有高度的自主性，包括能夠保有自己的軍隊，也握有徵稅權。[35]這套體系後來又經過德川家康的兒子（德川秀忠，一五七九—一六三二）與孫子（德川家光，一六〇四—一六五一）進一步改善，於是德川幕府在經過一開始的動盪之後，即一路存續至十九世紀下半葉。

荷蘭人首度登陸日本之後，發現這裡的政府與隔鄰的中國形成鮮明對比，不但願意與他們往來，甚至是表現得相當熱衷，而且也不吝於允許他們的代表進入日本的政治與商業中心。荷蘭東印度公司與德川幕府由此建立的關係相當持久，幾乎是一路毫不中斷地延續到該公司於一七九五年被自己的債務壓垮為止。[36]從一六〇九年開始，荷蘭人就在日本設立了一個恆久基地，先是在九州島北端的平戶，後來則是在長崎港內的出島這座小島上。當時稱為日本商館的這兩座貿易站雖然都位在日本列島西端的九州島上，荷蘭東印度公司的代表卻是幾乎每年都會前往江戶，並且經常在那座城市裡待上幾個月的時間，然後才獲准離開。在這些訪問期間，荷蘭人都會與幕府將軍以及德川政府的眾多機構從事經常性的接觸。

德川幕府與荷蘭東印度公司的關係雖然長久得令人吃驚，相對上卻極少受到學者的注意，近年來尤其如此。這點有一部分可由德川幕府史學史當中的發展予以解釋，也是過去過度強調歐洲對近代早期日本的影響所造成的後果。在《日本的基督教世紀，一五四九—一六五〇》（*The Christian Century in Japan, 1549-1650*）這部重印多次的著作裡，博克舍（Charles Boxer）主張歐洲傳教士在十六世紀引進基督教，對日本造成了重大轉變，結果日本當局因為愈來愈害怕這種新宗教所帶有的顛覆力量，於是在一六三〇年代發布著名的鎖國令，藉此切斷與外界的聯繫。[37]博克舍的研究把歐洲放置在德川幕府外交關係的中心，並且認定與歐洲海外組織幾乎完全斷絕關係的做法，開啟了一段日本孤立的時期。這種觀點在一九八〇年代受到托比（Ronald Toby）與荒野泰典這兩位學者強烈的質疑，他們證明了日本在德川幕府頒布鎖國令之後許久，仍然與亞洲的其他國家保持密切往來，尤其是朝鮮與琉球王國。[38]他們的研究雖然成功把日本放回亞洲當中，證明了與歐洲的聯繫不是外交政策的全部，但托比與荒野泰典的這個提醒卻也造成了一項可想而知的後果，也就是焦點從在日本的歐洲人身上移開。

除了少數的重要例外，諸如赫塞林克（Reinier Hesselink）與松方冬子的著作，現存的研究傳統上都是在兩種觀點之間擇一採用。[39]尤其受到日本學者喜愛的第一種觀點，只狹隘聚焦於貿易上。島田龍登的著作《荷蘭東印度公司在十八世紀期間以日本生產的銅所進行的亞洲區內貿易》（*The Intra-Asian Trade in Japanese Copper by the Dutch East India Company During the Eighteenth Century*）是這種觀點的典型代表。如同近來許多研究荷蘭東印度公司的一般著作，這本書也將該公司視為一個單純的商業組織，並且致力於理解荷蘭貿易網絡的本質。至於第二種觀點，最合適的描述也許是稱之為全面性觀點，目標則是針對該公司在日本的地位提供整體性的概觀。這方面最重要的著作，來自於對荷蘭人在日本的活動從事了開創性研究的史學家永積洋子，她把平戶時期（一六〇九—一六四一）獨立出來，以便提供一個合理的焦點進行廣泛分析，探討內容包括貿易、政治、日常生活，以及其他眾多議題。[40]奠基於這兩種觀點上的研究雖然為我們理解荷蘭人在日本的活動做出了珍貴貢獻，卻都沒有觸及這個核心問題：

也就是荷蘭東印度公司與德川政權的關係。

本書試圖採取另一種不同的途徑，起點是再度檢視荷蘭東印度公司的本質。儘管所有人都使用「公司」這個標籤稱呼荷蘭東印度公司（本書也同樣採用這個稱號），但這個看似直截了當的名詞卻可能深具誤導性。被人稱為世界第一家跨國企業的荷蘭東印度公司，確實擁有若干看起來頗為近似現代公司的特徵。不過，很特別的是這家公司還擁有主權能力，而這可是《財星》五百大企業當中最富可敵國的公司也不可能擁有的條件。[41]因此，依循凡固爾（Jurrien van Goor）的說法，對於荷蘭東印度公司最貼切的描述，就是稱之為一個混合型組織，成功結合了企業與國家的性質。[42]

這種混合型的本質可以直接追溯到該公司的創立文件：一六〇二年的特許狀，尤其是其中的一個條款。在規定這個組織複雜商業結構的一長串枯燥內容當中，第三十五條這項條款為荷蘭東印度公司賦予了傳統上由國家獨占的主權權利。這項條款的內容指出：「在好望角以東，但也包括麥哲倫海峽內及越此之外，上揭公司得採取尼德蘭聯省共和國國會之名與君主及統治者簽訂協定與合約，亦可建造堡壘與要塞，以及任命總督、武裝部隊、司法官員和其他必要服務的官員，以便保有那些地方並且維持良好的秩序。」[43]如果拆開來看，第三十五條總共描述了三種範圍廣泛的權力：與該公司遇見的任何統治者從事直接外交的權利、擁有（當然也包括部署）軍事部隊的權利，以及對領域獲取控制（藉著建造堡壘與要塞）的權利。這三項強大的力量構成了荷蘭東印度公司與生俱來的權利，而自從其船隻首度出現在亞洲海域以來，該公司就充分運用了這些權利。

在此處列出的三種力量當中，哪些最常受到使用，答案很明確，沒有絲毫疑問。傑出的荷蘭東印度公司史學家包樂史指出，該公司在亞洲採取的策略完全立基於兩件工具上：外交與暴力。他描述了該公司的營運特色，亦即不斷交替使用「schenkagie（透過送禮與外交交涉追求有利的貿易條件）」與「conqueste（征服土地或者藉由暴力強制索取有利的貿易條件）」這兩種手段。[44]第一支荷蘭遠征隊的領導人帶著信函與禮物，試圖與這個區域各地的君主建立直接關係，並且藉此確保進入外交網絡的管道。條約雖然必須呈交給國會批准，但由於歐洲與亞洲距離遙遠，因此荷蘭東印度公司等於能夠自由從事獨立外交。與這種外交行動平行進行的，則是同樣活躍的軍事行動。當時的荷蘭本身就處於看似永無止盡的戰爭，因此其所創造出來的荷蘭東印度公司從一開始就深深涉入暴力。荷蘭艦隊攻擊伊比利半島國家在亞洲的貿易網絡，瞄準馬尼拉與麻六甲等關鍵要塞，並且從事大規模的私掠活動。荷蘭東印度公司決心打進最有利可圖的貿易網絡，也同樣不惜以槍砲對付當地的競爭對手，一旦發現亞洲國家的官員，由於銷路受阻，轉而與敵人聯手合作，或是認定他們違反了合約的規定，就會在海上攻擊那些為這些國家所用的船運。除了從事外交與暴力活動的權利之外，荷蘭東印度公司也藉由第三十五條的規定而獲得了建造堡壘、任命總督、建立法律架構以及成立完整政府的權限。這點實際上就是一張建立殖民地的空白支票，而該公司也在安汶、爪哇、班達（Banda）與台灣等處首度取得土地之後兌現了這張支票。

荷蘭東印度公司的史學家有時候會將這家公司描述為一個本質上的商業組織，只是消極被動地被拉進建立帝國的活動，而在此一過程中逐漸受到轉變。[45] 這家公司雖然確實從來沒有一套建立帝國的龐大計畫，卻也絕不只是一個由商人組成的集團，只想從事低買高賣的商業活動。只要看看派駐於亞洲的高階人員所寫的信件，就可以看出他們絕對不是把自己的雇主視為一個有限的組織，只該把注意力放在貿易上而盡量避免其他的糾葛。相反地，他們把自己的公司視為一個綜合性的組織，追求利潤最直接的途徑就是擴張荷蘭在亞洲的力量。[46] 顧恩（Jan Pieterszoon Coen）這名早期總督所說的話，雖然可能在太多不同情境中受到太多次的引用，但還是足以代表官員對於邊疆地區所抱持的整體態度：「東印度貿易的追求與維繫必須受到自身武力的保護，而且……武器必須由貿易賺進的利潤提供資金。簡言之，沒有戰爭的貿易或是沒有貿易的戰爭都無法長久持續。」[47] 荷蘭東印度公司不是一個消極被動的行為者，被亞洲充滿不確定性的政治環境帶上一條陌生的道路，而是從一開始除了是個經濟組織之外，還是個政治與軍事組織。[48]

該公司的競爭對手都明白認知到這項特徵，並且視之為荷蘭擴張模式當中最重要的性質，也認為自己如果想要達到同樣程度的成功，就必須仿效這種做法。對於荷蘭模式最具揭露性的一項評估，來自於十七世紀那位偉大的聯省共和國觀察家坦普爾（William Temple）：

我最後要提的一件事，就是他們在獨占東印度商業上得到的大幅進展，原因是他們打敗了葡萄牙人，也對當地土著發動許多戰爭而獲得許多勝利，而因此迫使對方簽署了排除其他所有國家的專屬貿易條約，並且允許他們在海峽與山隘建造堡壘，管制進出的交通。這些〔成就〕……來自於東印度公司的運作與施行。該公司把這件事當成國家經營，而不只是貿易，於是在東印度造就了一個邦國，實際上依據該公司的命令治理，但在其他國家眼中看來就像是個主權國家，能夠對他們權勢最大的國王宣戰以及談和，也可以派遣四、五十艘戰艦與三萬名士兵出戰，而且這還是最保守的估計。[49]

因此，我們絕不該把荷蘭東印度公司運用主權力量的做法僅僅視為一種邊緣性的活動，只是附帶於貿易這項比較重要的事務。第三十五條賦予該公司的權利，實際上在荷蘭推進亞洲的過程中占有不可或缺的地位。

亞洲國家的官員沒有看過一六〇二年特許狀，但他們面對的這個組織卻決心充分運用那份特許狀的規定內容。荷蘭東印度公司懷著對自身權利的明確概念，以及運用本身一切力量以達成目標的決心，在十七世紀期間抵達了數十個國家，包括小型的港口政體乃至巨大的帝國。由此帶來的結果經常是衝突，原因是既有的外交、政治或商業領域看起來顯然沒有可供這個野心勃勃的闖入者立足的空間。

這樣的模式在日本明白可見。荷蘭東印度公司帶著志向高遠的計畫來到這裡，希望獲取德川幕府的外交承認（以便提高其在協商中的地位）、掌握關鍵貿易航路的控制權、驅逐競爭對手（尤其是葡萄牙人），並且將自己確立為東亞的首要海上強權。在與德川幕府官員的討論當中，荷蘭東印度公司的使者先是標舉歐洲為自己的外交行為賦予正當性，然後主張總督有權派遣大使直接進駐江戶、堅持自己能夠在德川幕府的海域中對日本最重要的貿易夥伴開戰，並且占據台灣島的部分地區，拒絕給予早在多年來就一再航行到台灣從商的日本商人以通行權。為了實現這些野心，該公司不惜動武，其中最引人注目的是一支強大的艦隊，除此之外，還有由格勞秀斯（Hugo Grotius）及其他著名學者幫忙提供的那套法律語言。50

荷蘭東印度公司因為採用這類策略，而在日益秩序化的德川幕府世界中成了一個難以管束的對象，於是一再與日本當局產生衝突。雙方在特許狀第三十五條賦予荷蘭東印度公司的外交、暴力與主權這三項權限上所出現的衝突，就是本書的主題。我和蘇布拉馬尼亞姆一樣，也把這個時期視為「有限衝突的時代」，亦即荷蘭與日本的互動特色不是一種相對和諧的夥伴關係，而是一連串的衝突。藉著挖掘可得的參考文獻（包括荷蘭與日本的文獻），我的目標是要針對這些個別的衝突提供詳細的個案研究。因此，本書捨棄了較為全面性的做法，而選擇聚焦於一連串的關鍵時刻。換句話說，本書的重點不是荷蘭人在日本的歷史或是荷蘭東印度公司的貿易史——這些都已經受到許多不同學者的詳細闡述——而是分析荷蘭東印度公司身為一個混合型組織的本質如何展現於日本列島上。[51]

聚焦於這些衝突，可讓我們擺脫荷蘭人在日本行事節制的那種熟悉說法。對於荷蘭人的標準分析，總是強調他們身為勤奮的新教徒商人的角色，只純粹對貿易感興趣，而且如同古德曼（Grant Goodman）所言，追求一套「穩定而節制的政策」，因此和他們那些一心想要拯救他人靈魂的葡萄牙競爭對手不同，得以避免和日本政權發生不必要的衝突。[52]實際上，只要仔細檢視十七世紀上半葉，就會發現荷蘭人在日本是驚險地避過一個接一個的衝突。荷蘭東印度公司的記錄通常把德川幕府呈現為一個專橫的政權，總是一再提出不合理的要求，但該公司面對的許多問題其實在相當程度上都是自己造成的結果，不是源自幕府將軍的一時興起，而是源自該公司的政策。在江戶時代的日本，荷蘭人遠遠不是有些人想像中那種溫和的商人，而是一股凶猛的破壞性力量，在駐在日本商館的初期尤其如此。

除了記錄荷蘭東印度公司堅持主權特權而造成的個別爭執之外，我也企圖證明這些爭執長久形塑了荷蘭人在日本的活動。荷蘭船隻在一六〇九年首度出現於日本的港口之時，荷蘭人並沒有立刻在德川日本的秩序中盤據一個固定的位置。經過一連串的有限衝突促使荷蘭東印度公司放棄其習以為常的特權以迎合德川幕府的期望之後，雙方才逐漸達成最終的協議。

德川幕府與荷蘭東印度公司的關係所依循的條件，就是在這些衝突的範圍裡成形，然後再定型成為後來的恆久型態。因此，回歸先前的論點，這些衝突本質上具有建設性，只是結果並非雙方互相妥協，而是較弱的一方進行一連串的退讓以及改變自己的立場。

在每一個案例中，相同的基本模式都清楚可見，先是由荷蘭東印度公司在外交、暴力與主權方面提出權利主張，因此引發一系列的衝突，最後解決的方法則是由該公司退讓、妥協或者徹底投降。本書講述的故事是荷蘭人如何敗在一套不穩定的外交論述之下，因為這套論述未能讓德川幕府官員信服總督的合法性與派遣大使的權利；以及荷人如何發現自己最可靠的工具（包括海上暴力在內）先是受到限制，接著遭到大體上的禁止；還有他們如何在強大的亞洲國家面前勉力解釋以及捍衛自己的殖民地。這些互動的結果，就是荷蘭人經過一段時間之後不得不放棄自己對於主權力量的主張，並且重塑自己的形象：從一個虛構國王的臣民轉變為幕府將軍的忠心臣屬，從凶暴的海盜轉變為溫順的商人，並且從殖民主權的堅定捍衛者轉變為德川幕府的合法臣屬。到了這段適應過程的結尾，荷蘭東印度公司在日本的型態已變得和原本大異其趣。

如同蘇布拉馬尼亞姆的論述模型，不斷衝突的廣泛架構雖然合乎亞洲其他地區的模式，日本的情境卻也具有獨特之處，亦即這些衝突幾乎全都是藉著對其中一方有利的方式解決。不像歐洲和其他亞洲國家的關係，這裡沒有多少互相退讓，而是荷蘭東印度公司一次又一次發現自己在日本的議價能力有多麼小。簡單說，荷蘭人沒有掌控德川日本，而是受到了德川日本的掌控。不意外，此一經驗令他們深感懼怕：科技優勢失去效力、在書面上看來強而有力的法律文字淪為空言，而且即便是最強硬的荷蘭東印度公司官員，信心也不免深深動搖。

要稍微理解此一過程的結果，我們可以把目光轉回格列佛身上。除了各個虛構國度之外，格列佛也造訪了一個真實的國家。他在日本本州島的下關港登陸，決定「掩藏我的國籍，自稱為荷蘭人，因為……荷蘭人是唯一獲准進入這個王國的歐洲人」。[53] 前往江戶之後，他看見荷蘭人從事「踏繪」活動：這是德川幕府對臣民要求的一種踐踏十字架的儀式。不過，那些荷蘭人不是在殘酷暴君的脅迫下不得已從事這種否定基督教的行為，而是自願參與其中，熱切隱藏自己的信仰以求討得幕府將軍的歡心。他們就像格列佛曾經有過的遭遇那樣，歸屬於一個外國君主，而競相藉由醒目的效忠表現證明自己的忠心。

斯威夫特描寫的當然是一場虛構的邂逅，但他筆下所呈現的荷蘭人在日本的處境卻是植基於歷史事實。他為了撰寫小說中這個章節而閱讀了哪些資料雖然仍無定論，但我們有些理由可以相信他可能熟悉坎普法（Engelbert Kaempfer）的《日本誌》（*History of Japan*），儘管這本書直到一七二七年才終於在英國印行。[54] 坎普法是一位日耳曼醫師，在一六九〇至一六九二年間到長崎工作了兩年。他針對荷蘭人在日本的處境寫下了一部極為詳盡而且廣受閱讀的記述。坎普法對自己的前雇主相當不以為然，譴責他們太熱切於服從異教統治者的期望。這部著作裡最廣為人知的段落，也許就是他對於幕府將軍接見日本商館館長（opperhoofd）的描述：

館長一出現，隨即就有人刻意拉開嗓門大喊「阿蘭陀甲必丹」（oranda kapitan，荷蘭長官），示意他上前行禮。他於是趴跪在地，從禮物擺放處朝著統治者陛下的寶座爬行到他們指示的地方，然後跪著把頭磕到地板上，再以這個姿勢像龍蝦一樣爬回他原本的位置，整個過程完全沒有任何言語交流。這段簡短而悲哀的過程，就是這場著名接見的全部內容。[55]

荷蘭人不能抬起頭，所以無法清楚看見端坐在那間宏大廳堂另一端的幕府將軍，而且必須在爬著離開，根本沒有機會看見自己進貢的對象。

斯威夫特與坎普法這類觀察者雖然傾向於聚焦在踏繪或者幕府將軍接見儀式中最羞辱性的細節，但這些細節只是雙方整體關係中最明顯可見的象徵而已。在日本，荷蘭東印度公司受限於一套管制架構，其涵蓋面向相當全面，程度就和歐洲海外事業在亞洲任何地方所受到的一樣完全。德川政權成功限制了荷蘭東印度公司，不但約束其活動，也將其轉變為一個服從的僕人，樂於向幕府將軍提供軍事服務以及和世界各地的事件有關的情報。到了一六三〇年代，荷蘭東印度公司已如同其本身的代表所言，成了德川幕府的「忠心臣屬」。一名總督甚至以誇大的言詞宣稱自己和自己的屬下隨時準備「流盡我們的最後一滴血以服務幕府將軍以及保護日本領土」。[56]

當然，言語本身也許不可盡信，而我們也確實應該謹慎看待這類過於誇大的言詞，因為任何研究歐洲擴張的史學家想必都對這種言詞相當熟悉。在大部分的情況下，這種言詞都只是藉著在當地獲取正當性以掩飾奪權行為。舉例而言，克萊武（Robert Clive）在一七六五年於布克薩爾（Buxar）打了勝仗之後，就藉著宣告英國東印度公司是蒙兀兒皇帝的忠心臣屬，而讓該公司得以在印度占有一席之地。[57]儘管有這類宣告，英國仍然不斷獲致各種特權與權力，包括在印度的幾個富裕省分享有收入權，而這點更是幫助克萊武的雇主化解了財務困境。在這個例子裡，宣告服務與忠順的言詞掩飾了掏空行為，以致後來那個原本強大的亞洲國家淪為一個脆弱的空殼子。不過，這種歐洲人稱臣的言詞在日本產生的功能卻大不相同。在日本，遭到掏空的不是德川幕府治下的國家，而是荷蘭東印度公司自己，只見該公司的行為能力遭到剝奪，而被迫在日本秩序當中接受一個備受侷限的地位。除了口頭上宣告效忠之外，荷蘭東印度公司也被迫實際上盡到臣屬的義務，有時甚至達到令人深感不安的程度。這點最鮮明的例子出現在一六三八年，當時荷蘭東印度公司自告奮勇為幕府將軍提供服務，而將大砲對準了躲藏在島原一座堡壘廢墟裡的基督徒反抗人士。

這種遏制荷蘭東印度公司壯大的歷史，不但對從來沒有機會在日本達成支配性貿易地位的公司造成重要影響，也為日本自身帶來了許多重要後果。[58]雙方的關係型態使得德川幕府能夠選擇性獲取對方的科技、資訊和商品，而不必接受歐洲入侵亞洲所通常會帶來的那些比較有害的副作用。荷蘭東印度公司的日本商館從來不是日本接觸世界的唯一窗口，但是提供了一條荷人進入日本列島的重要管道，而且該公司在忠心臣屬這種角色的束縛下，即便在利潤枯竭之後，也還是別無選擇必須維繫這條管道。另一方面，這種安排的影響也向外擴散而出，尤其是在坎普法對於荷蘭人在日本的地位詳加描寫的著作受到翻譯以及出版之後。馬克萊（Robert Markley）指出，日本在「研究十七與十八世紀的史學領域當中引發了一場危機，原因是基督教的挫敗以及荷蘭人在出島上持續遭到的屈辱，對於歐洲中心意識形態的價值觀與假設是一大嘲諷」。[59]對於坎普法的歷史記載以及其他類似記述的讀者而言，荷蘭人在日本的地位嚴酷提醒了他們：亞洲國家持續擁有的強大力量，以及歐洲人無力控制國際交流條件的現實。

荷蘭東印度公司在日本所處地位特別低落的這種觀念雖然沒有任何爭議，而且實際上也受到當時的作家（例如坎普法）以及現代學者的詳實記載，但本書的目標是要闡述荷蘭人在德川日本如何以及為何會處於那樣的狀態。為了做到這一點，本書分為三個部分，分別聚焦於外交、暴力與主權這三方面的衝突。這些衝突雖然在時序上互相重疊，但在本書中予以區分開來，以便揭露個別的時間軸。第一部分從斯普凌克（Victor Sprinckel）在一六〇八年送往日本的第一封外交信函談起，然後以檢視荷蘭東印度公司在島原之亂當中扮演的角色作結。藉著觀察這段時期的外交，追蹤荷日互動的整個進程，以及荷蘭代表在日本所採取的一連串不同形象。第二部分檢視荷蘭東印度公司的私掠行動，這段歷史始於該公司抵達日本的一六〇九年，而在該公司於一六六五年同意對航向日本列島的中國商船取消這種做法之後畫下句點。這個部分聚焦於荷蘭東印度公司在這段超過半個世紀的時間裡如何試圖在日本周圍的海域發揮其優越的海軍實力，但整體上卻未能成功。第三部分探究一場主權爭議，始於荷蘭東印度公司在一六二四年於大員插旗，後來在一六三〇年代隨著該公司同意將那個殖民地的前長官交給德川幕府處置而結束（即濱田彌兵衛事件）。

文明與社會化

在日本歷史上，武裝強大的西方戰艦帶著一份要求清單而出現在日本海域上，是個非常強烈的形象。培理（Mather C. Perry）在一八五三年率領那支由黑色船艦組成的艦隊出現於江戶灣，是眾人公認的日本歷史上一個關鍵轉捩點，引發了一場巨變，只見明治政府的領袖致力徹底改造日本的社會、經濟與法律結構，以求重塑這個國家。這項巨大變革的目標是要讓日本能夠符合西方強權定義的「文明國家」標準，以便能夠以平等的身分加入那些國家的行列。如同一位明治政治人物所言，日本必須「仔細考慮……〔身為文明國家〕所包含的權利與義務。文明國家維護若干權利；這是躋身文明國家之林的必要條件」。[60]就這個角度來看，培理的艦隊引發了一段強制社會化的過程，迫使日本順應一套自己無力改變的既有政治秩序。[61]在這個過程中，日本的領導人物接納了自己的國家在全球舞台上應該如何表現的新準則，也接納了他們不熟悉的國際法語彙。

雖然已有許許多多的著作描述日本為了在國際秩序中占有一席之地而採取的轉型作為，但西方與日本其實還涉及另一段極少受到注意的社會化過程。明治維新的重要性當然無可否認，但這項轉變實際上卻是產生自十九世紀與二十世紀初期一段頗為短暫的歐洲支配時期。在一段遠遠長了許多的時期當中，情勢其實正好相反，是由亞洲占有中心地位。因此，在較早的另一支外國戰艦艦隊於十七世紀期間航抵日本港口之時，他們受到了與培理非常不同的接待。這批第一代的黑色船艦雖然也引發了一段社會化的過程，卻是歐洲人被迫做出適應，以便在一套他們無力改變的政治秩序裡取得一席之地。為了找到德川日本能准許的安身之處，荷蘭東印度公司官員被迫接受一套適當行為的新規範以及一套新的政治語彙，並且揚棄自己既有的做法。最後，他們就像明治日本的領袖那樣，在一套外國秩序裡獲得了穩固的地位，卻發現自己必須付出重大代價。

PART
1

外交

CHAPTER
1
共和國的王室信函

我來到這裡……是奉了荷蘭國王的命令。

——艦隊司令麥特利夫(Cornelis Matelieff de Jonge),一六〇七

一六〇九年,兩艘屬於荷蘭東印度公司的船隻抵達日本西部的平戶。在狹隘的港灣裡下錨之後,這支遠征隊的領袖準備派遣一小群代表求見德川家康,也就是當時掌權即將滿十年的日本軍事政府的創建者。荷蘭人在日本留下的部分記述提及一封由荷蘭高階貴族毛里茨親王(Prince Maurits)所寫的信函,但這封信函的目的,以及荷蘭共和國的一家獨立商業公司的代表團為什麼會把這麼一份文件帶到日本,則是沒有特別說明,使得這封信看起來彷彿只是歷史上一個無關緊要的小注腳。[1]根據接下來的描述,身為僅對貿易感興趣而且沒有特別外交意圖的私家商人,荷蘭人獲得了友善的幕府將軍親切接待,而且幕府將軍也隨即准許了他們所有的要求。[2]因此,雙方的初次接觸通常被呈現為一項單純的互動,儘管荷蘭東印度

公司是亞洲政治的陌生侵入者，幕府將軍和該公司的人員卻不需要有人居中調解或是額外解釋，就達成了意見上的一致。

這種粉飾太平的傾向（也就是把歐洲外交活動描述為直截了當的協商過程）不僅限於日本。自從達伽馬之後，歐洲艦隊不論航抵小型港口政體還是強大國家的海岸，其指揮官在進港下錨之後總是會派遣帶有正式信函與禮物的使節，尋求接觸那個國度裡的最高權威。因此，使節人員從一開始就是擴張的基本工具。然而，史學家雖然長久以來都對歐洲人如何打進亞洲的商業網絡深感興趣，但詳述其外交往來本質的研究卻是遠遠少了許多。由此造成的結果就是，即便在魏而思（Jack Wills）及其他學者的開創性研究之後，我們對於歐洲大使面對的挑戰仍然所知有限，遠少於歐洲商人為了掌握他們在亞洲發現的艱困貿易環境而做出的努力。[3]

有些大使雖然極度成功，但他們想要進入的那些外交圈的複雜程度卻不該受到低估——那些網絡的錯綜複雜、難以理解以及排外的程度，有可能絲毫不遜於任何商業體系。只要檢視那些大使留下的文件，即可看出與亞洲國家的外交往來其實遠比表面上看起來棘手得多，而且也經常對歐洲企業造成問題。就像歐洲商人發現自己沒有東西可以賣，歐洲的大使也經常發現自己欠缺參與亞洲外交活動的準備。許多使節團都因為人員能力不足、攜帶的禮物不適當或者文件不得體，又懷有不切實際的目標，以致難以獲得進展。說得直白一點，外交絲毫沒有任何直截了當之處，在雙方互動的初期階段（也就是歐洲人試圖在亞洲獲取立足之地的那段時期）尤其如此。

近年來，這點已受到學者的充分闡述，例如里奇蒙．巴柏（Richmond Barbour）就分析了早期英國外交人員在印度面臨的考驗與磨難。[4]在這類研究突顯出來的各種困難當中，一再出現的一點就是依附於英國東印度公司的大使所面對的一項難題：在亞洲各國的宏偉宮廷裡，那些英國大使一直難以說服別人相信他們的君主（亦即英國東印度公司一切外交活動的領導人）確實值得敬重，而不只是一名蒙兀兒帝國官員口中所謂的「小王侯」。[5]

這類研究對於荷蘭東印度公司的大使所面臨的命運提出了一個明顯可見的問題。由於荷蘭是個共和國，有些學者因此認為荷蘭東印度公司及其先驅組織享有一項獨特的優勢，而使其代表能夠與亞洲國家輕易進行協商。萊德莞（Ann Radwan）針對該公司在印度的活動進行研究，而指稱荷蘭人特別幸運，原因是他們國家的本質使得他們不必一再致力於捍衛一位遙遠君主的名譽。[6]這點在有些情況下雖然可能確實成立，但也有許多證據顯示荷蘭人的共和背景經常是弊多於利。

荷蘭東印度公司是一家由商人主導的商業公司，其官員則是這家公司的雇員，因此他們也就難以解釋自己究竟代表什麼人，以及這家私人公司為什麼會如此堅決想要進入傳統上由國家獨占的外交領域。更麻煩的是，這家公司也無法單純標舉歐洲的君主以獲取正當性。荷蘭共和國本身在歐洲就處於一個不確定的地位，是個少了君主而由一個任性的國會所統治的政治實驗，但君主又是在外交協商中唯一能夠輕易讓人理解的人物。這些事實共同帶來的結果，就是歐洲人在外交圈裡雖然都面臨了許多挑戰，但荷蘭人卻因為自身國家的本質，導致他們在亞洲各國的宮廷裡試圖提出能夠令人接受的論述之時，面對了一個特別棘手的問題。他們迴避這個問題的方法，即可讓我們把焦點拉回一六〇九年的代表團以及那封由毛里茨親王所寫的信函。

這一小群使節前去和幕府將軍會面的時候，不是以私家商人的身分尋求進入德川幕府官員稱為「通商」的這個商業關係領域，而是以大使的身分聲稱自己代表「荷蘭國王」——也就是將毛里茨親王的面貌模糊化之後而編造出來的一個虛構君主。[7]提出這麼一個人物，可為該公司的活動披上一層王室色彩的外衣，以便掩藏該公司令人感到陌生的本質，同時也能夠提高荷蘭使者的地位，並且為他們提供一套既有的交流架構，從而促成外交互動更加平順。此外，這麼做還有另一項額外效果，就是延後該公司的外交野心所可能引發的任何衝突。荷蘭東印度公司有效掩飾了自己在這方面的野心，直到在下一章詳述的那段後續時期，才決定不再借助王室門面而直接與幕府將軍交涉。本章的目標是要把「荷蘭國王」放回荷蘭人與德川幕府相遇過程的敘事裡，做法是檢視荷蘭東印度公司代表實際上說過的話（或是寫過的文字），並且假定這類聲明帶有重要性。那些使節說自己代表「荷蘭國王」而來，這並不是翻譯造成的意外結果，也不只是稍微添加在具體事物上的一種外交點綴，而是如同德川幕府的記錄明白顯示出來的，這項說詞為該公司與幕府將軍之間的第一階段協商提供了架構與邏輯。

歐洲大使在亞洲

在十六與十七世紀期間進入亞洲的歐洲企業，全都必須努力找出正確的鑰匙，以便打開大門而踏進他們在這個地區遇到的各種不同外交圈。達伽馬在一四九八年抵達卡利卡特之後，立刻向當地的統治者送交一份公函，「告知對方這位大使帶著函件代表葡萄牙國王而來」。[8] 藉著披上王室代表的身分，他因此把自己呈現為國王的代理人，獲得君主的授權與亞洲的統治者接觸。達伽馬雖然傾向於誇大葡萄牙的實力，但他以這種方式呈現自己以及自己扮演的角色，卻是植基於事實當中。如同哥倫布的航行，達伽馬的探險之旅也是得到一位熱切從事亞洲貿易以獲取豐厚財物的國王所授權和資助。不同於後來在十七世紀取而代之的商業公司，葡屬印度（Estado da India）這個葡萄牙在亞洲遂行擴張的主要媒介是個中央集權的組織。因此，每個冒險東行的葡萄牙臣民「都是為了服務國王而這麼做」，儘管大多數人都藉著私人貿易以添補自己的薪水。[9]

在卡利卡特的初次會面之後，數十名葡萄牙大使即分散前往亞洲各地，在短短幾十年間就從印度沿岸到了中國宮廷。如同他們著名的前輩，這些使節也仰賴遙遙身在歐洲的國王名號為自己的任務提供正當性以及交流架構。代表團在路途上高舉王室旗幟，帶著蓋有國王印璽的文書，並且展示本國君主的肖像。[10]後續提議的內容概要也大體上與此維持一致。達伽馬在一四九八年說明指出，「他奉命親口轉達……（葡萄牙國王）希望成為……（卡利卡特統治者）的朋友暨兄弟」。[11]在後來和許多君主的協商當中，那些大使也都一再向對方獻上葡萄牙國王的「友誼」（amizade）與「兄弟情誼」（irmandade），以換取政治結盟以及貿易上的讓步。[12]這兩種概念承載了豐富的意義：兄弟情誼「代表一種帶有靈性色彩的想像血親關係」，能夠藉著讓互相投合的君主在共同目標下結合成一個聯盟，建立跨文化的連結；而友誼則是帶有其本身的相互義務。[13]這麼一來，在君主之間距離遙遠又不需要面對面接觸的情況下所建立的「個人聯繫」的概念，就為雙方的交流提供了組織架構，也為後續的互動提供了前後一致的邏輯。

仰賴國王做為外交往來的關鍵，雖然提供了珍貴的溝通架構，卻也創造了本身的麻煩。最常見的問題，就在於說服別人認真看待葡萄牙國王一事。歐洲的大使總是難以調和話語和形象之間的衝突，因為他們必須誇口宣稱自己的國君所握有的實力以及與他結交的好處，但使節團的人員卻又顯得卑微可鄙，有時更是衣衫襤褸至極。這種言詞和外表之間的落差，早在一四九八年就已經被明白指出，當時卡利卡特的國王提及達伽馬「對他說自己來自一個非常富裕的王國，但是卻沒有帶任何東西給他」。[14]此外，利用國王之間的兄弟情誼做為跨文化互動的工具，在某些情況下也可能導致反效果，例如中國皇帝所主持的階級性關係體系，是由周邊等級不一的野蠻民族逐漸上升至帝國首都所在處的文明中心，因此也就不會願意接受自己和歐洲某個小小君主地位相等的概念。

不過，儘管有這些問題，葡萄牙人的呈現方式確實具有一大優點，就是簡單。相對之下，在十七世紀開始出現於亞洲港口的英國商人，他們背後的贊助人就複雜得多。如同荷蘭東印度公司，英國東印度公司也是私人商業公司，其籌備者、出資者以及成員都是商人，不受國家控制而獨立運作。因此，套用馬塞曼（George Masselman）的話，該公司的使者乃是「受雇於無名的資本」，而不是君主。[15]那麼，對於這麼一個由超過二十個人組成的董事會所控制的自主組織，他們要怎麼加以呈現？[16]明顯可見的解決方案，就是掩飾這個組織的獨立性而仍然向國王借取正當性，結果這個方案也就在顯然沒有什麼爭辯的情況下立刻獲得採用。在他們為第一批船隻做好航向亞洲的準備之際，籌備評議會就決心「向女王索求呈給印度君主的信函，因為這是確保獲得對方善意接待最明顯有效的方法」。[17]其中的道理很簡單：雖然公司的員工實際上並不代表英國國王（當時是伊莉莎白女王）但他們至少可以為自己的活動掛上國王的名號和聲望，藉此獲得通行權，若不靠這種做法即有可能遭到拒絕。[18]

這第一支探險隊的指揮官詹姆斯．蘭開斯特（James Lancaster）航抵亞齊（Aceh）之後——這是一個強大的海洋帝國，位於蘇門答臘島北端，後來也在一六〇二年歡迎了「荷蘭國王」派來的大使——就充分利用了女王的信函，隨即扮演起大使的角色，順著「王室接觸」的行事邏輯說明自己的來意。他被人帶到蘇丹面前，「依照該國的習慣行禮，宣稱自己由最強大的英格蘭女王派遣而來，希望與殿下一同歡慶，並且討論建立和平友好關係的事宜」。[19]他呈上的信函則是署名「承蒙上帝恩典的英格蘭、法蘭西暨愛爾蘭女王伊莉莎白。……致本王親愛的兄弟，蘇門答臘島上崇高強大的亞齊國王及其臣民」，從一開頭就立刻訴諸雙方君主之間的兄弟情誼。[20]這封信的後續內容接著提議雙方這兩位地位相等的統治者建立「友誼與聯盟」，做為亞齊人與這家英國公司的商人之間的關係架構。這些友好的連結一旦獲得接受，就會為伊莉莎白的臣民在亞洲賦予一套特定的特權，從而為他們造就有利的貿易位置。[21]

一如葡萄牙人，仰賴君主的做法同樣為英國人帶來明白可見的效益，但也造成了另一套難以漠視的問題。當地國王頂多只是可以同享福而不能共患難的朋友，雖然經常樂於幫忙，卻也偶爾會主動侵害東印度公司的利益，允許敵對商人進入該公司的營運區域。[22]更重要的是，為私人商業組織披上王室威望的外衣，有時反倒弊多於利，造成一種明顯感受得到的不確定與混亂情形，而可能損及外交任務。[23]國王的信函有時會交給草草徵召而根本缺乏能力扮演王室大使的商人。有個不幸的人物名叫愛德華先生，在同事口中是個「舉止木訥的傢伙」。他在一六一四年擔負「大使的頭銜與角色」前往印度，結果就相當悲慘。[24]由於他的行為舉止「不像是大使，尤其是由英國國王這麼一位崇高偉大的國君派遣而來的大使」，因此「被〔蒙兀兒〕皇帝的僕役輕蔑地踢出宮廷大門外，對我們的國王與國家造成永難洗雪的恥辱」。[25]

儘管有些失敗案例，但標舉「一國之君」的做法還是為來到亞洲的英國代表提供了一項非常重要的入門機制。這種做法不只單純提高個別使節的地位，更提供了交流的架構和語言。和英國一樣，荷蘭在亞洲的大使也是一個獨立商業組織的員工，但他們的共和背景表示他們缺乏一個能夠直接拿來當成門面的君主。

荷蘭問題

又稱為聯省共和國的荷蘭共和國，誕生於與西班牙哈布斯堡王朝的軍隊進行苦戰的期間。[26]這場衝突始於一五六八年，當時尼德蘭北部的幾個省分群起反抗腓力二世（一五五六—九八年在位），而且戰事一路持續八十年之久，直至一六四八年，只在一六〇九與一六二一年的停火期，曾短暫休戰過。在這場與西班牙的漫長鬥爭當中，反抗省分的領導者建立了一種新的治理機制，結果這種機制一路存續到法國大革命爆發為止。這個共和國的政治型態雖然存續時間長得驚人，卻不是由堅定的民主主義人士精心設計的一套全面計畫，而是藉著陸續消除各種可能選項而逐步成形。[27]

從這場抗爭當中誕生出來的政治體系具有高度分權的特性，因為每個省分都想要尋求集體安全，卻又不願放棄各自的權利。如同坦普爾所言，由此造成的體系是「由七個主權省分組成的邦聯，為了共同以及互相防衛而聯合起來，但不彼此依賴」。[28]政府的中心機構是國會，由每個省或邦的議會代表組成。由於每個省都擁有一票，因此這套體制理論上應該能夠保障平等。不過，這個國會傳統上卻是受到七省中最大也最富裕的荷蘭省所支配。國會雖然主掌宣戰與媾和以及關於國防與國際外交的事務，對於諸省以及其中的城鎮握有的權利卻相當有限，因為諸省都保有一定程度的自主權。[29]

荷蘭的使節雖然代表一個新興的強國，但他們不論在亞洲還是歐洲尋求打進外交圈，都面臨了三個彼此相關的問題。[30]第一，聯省共和國不只沒有君主，而且誠如其批評者所樂於指出的，是不斷處於反抗其前國王的狀態下。第二，聯省共和國的主權當局是國會這個多元組織，在國際政治上找不到幾個類似的對口組織。[31]最後，聯省共和國在歐洲所處的位置岌岌可危，並持續和一個強大的敵人處於一場激烈的戰爭當中。這些問題的結合導致聯省共和國廣泛被視為一個外交局外者，是個造反國家，其代表不該獲得和正式大使相同的待遇——這種情形在一六〇九年休戰協議簽署之前更是明顯。[32]

該怎麼向亞洲人呈現這麼一個國家的問題，在一五九五年突顯了出來，該年距離荷蘭東印度公司的成立還有七年，當時德郝特曼（Cornelis de Houtman）率領一小支艦隊航入印度洋。派遣這支遠征隊的是遠方貿易公司（Compagnie Van Verre），是聯省共和國裡熱切想要打進亞洲市場的商人所創立的這類組織的其中一個。被人合稱為「前身公司」（voorcompagnieën）的這些企業，共同派遣了十五支遠征隊前往亞洲，合計共有六十五艘船。[33]其中有些雖然相對而言算是成功，運回了豐富的貨物，為投資人帶來豐厚的獎賞，但這些前身公司存續的時間並不長。隨著新世紀展開，荷蘭共和國政府開始約束不受限制的競爭，而召開了一場大會，將相互敵對公司的董事邀集於一室。經過幾個月的角力協商之後，產生的結果就是荷蘭東印度公司，藉著結合六家前身公司而成。

在遠方貿易公司這類組織消失之前，它們成功建立了一套可長可久的外交往來模式，後來受到荷蘭東印度公司的採用以及擴展。德郝特曼在一五九六年於爪哇西部的萬丹（Banten）這座繁忙的港口上岸之後，就以大使的身分與當地的統治者建立了外交關係。[34]他呈現出來的形象，其本質取決於這支遠征隊的出資者在幾個月前所做的一項決定，也就是越過爭吵不休的國會，而向一個帶有些許國王性質的人物（也因此在外交當中遠遠令人熟悉得多）尋求正當性。這位人物就是毛里茨親王。他是聯省共和國的「Stadhouder」（執政官），也是共和國初期歷史的一位關鍵人物，後來在荷蘭對亞洲擴張的第一階段裡更是扮演了至關重要的角色。

執政官這個職位，是先前荷蘭受到哈布斯堡王朝控制期間遺留下來的殘跡，當時這個職位的持有者就是王室在當地的代理人。執政官向國王宣誓效忠之後，即代表他履行職務，但本身不具王室身分。後來，主權透過武力反抗而由腓力二世移轉到各省手中之後，執政官這個職位卻沒有如預期那樣就此消失，而是持續存在，並且實際上還逐漸獲得強化，只不過任職者從國王的代理人轉變成了國會的服務者。[35]原則上，每個地方都會選出自己的執政官，但有幾個省分卻傳統上都會選擇同一個人，於是這個職位也就大體上受到了奧蘭治—拿騷（Orange-Nassau）這個低階王室家族所獨占。[36]在德郝特曼於一五九五年抵達萬丹之時，當時的執政官是毛里茨親王（一五六七—一六二五），他在自己知名的父親沉默者威廉（Willem de Zwijger）於一五八四年遭到刺殺之後承繼了這項職位。

執政官原本的職權主要在於軍事事務方面，而毛里茨身為共和國軍隊的指揮官，即主導了對抗西班牙的戰爭，並且在一連串的重要交戰當中領導荷蘭部隊獲得勝利。[37]不過，隨著時間過去，執政官的影響力也逐漸不只及於戰場，而及於荷蘭政治的核心。[38]身為共和國裡最重要的貴族，也是少數能夠凝聚國家認同感的團結象徵之一，執政官不但享有崇高聲望，在政府當中也扮演了愈來愈核心的角色。舉例而言，毛里茨在人生晚年就把他的國內對頭——在政府內任職長久的奧登巴納維（Johan van Oldenbarnevelt）——趕下台，而成了聯省共和國的主要政治勢力。但執政官不論權勢多大，終究不是國王。在整個十七世紀期間，執政官這個職位一直受困於共和體制的陰影而處於一個模稜兩可的地位。即便在執政官權勢上升的時期，他們也還是被迫必須要與國會合作，藉著建立共識推行治理工作，而不能直接發布法令強制實施政策。實際上，這個職位本身甚至也不是荷蘭政治界裡的一個固定元素，在十七世紀中葉曾因國會主張自己的首要地位而懸缺許久。[39]

毛里茨雖然從來不曾到過歐洲以外的地區，他的姓名與形象卻一再出現於荷蘭企業（先是前身公司，後來則是荷蘭東印度公司）活躍的地方。[40]大使攜帶這位執政官簽署的信函，獻上由他致贈的禮物，以他的姓名簽署條約，也把毛里茨當成他們的亞洲活動背後的象徵人物。他在外交協商當中占有核心地位這點本身並不特別令人意外，畢竟執政官在歐洲也扮演了類似的角色，原因是國會認知到「和歐洲各國的國王交涉，需要有某種『王室人物』才能確保雙方以平等的地位進行溝通」。[41]但在亞洲，這個角色卻受到了大幅放大，因為他在那裡雖然總是以象徵的形式出現，但出現的時間早了許多，地位也高出不少。[42]由於歐洲與亞洲相隔遙遠，荷蘭代表因此有極大的空間可以誇大這個人物的地位，於是他在許多外交協商中不是取代了國會，就是獲得了國王這個崇高許多的新身分。[43]荷蘭代表與亞洲統治者或官員進行討論的時候，經常以毛里茨的正式職銜稱呼他，但默默省略了國會，要不然就是像他們在日本的做法那樣，直接將他稱為「荷蘭國王」。[44]荷蘭代表在亞洲最早簽署的一份協議，也就是德郝特曼與萬丹官員簽署的條約，其中一個版本就提及「荷蘭國王」。[45]

荷蘭代表之所以能夠以這種方式描述毛里茨，也是因為他的外表看來頗為尊貴，所以他們也就不必徹底重塑他的形象，而只需稍微模糊其詞，即可以頗具說服力的方式將這位執政官呈現為一名國王。毛里茨與他的後繼者本身的確是君主人物，只不過統治的地區只有奧蘭治這個小小的法國侯國，而他們身居的宮廷，其規模與奢華程度則是在十七世紀期間穩定增加。[46] 在他的典型肖像畫裡，他總是呈現出莊嚴的姿態，並且環繞著國王的各種典型象徵，而這些肖像也有部分實際上運到了亞洲。在米勒費爾特（Michiel Jansz. van Mierevelt）繪製的一幅著名畫作裡，毛里茨挺直站立，身穿國家贈予他的一套鍍金盔甲，右手握著大統領的權杖，身旁的一個基座上擺著一頂綴有豪華羽飾的頭盔。[47]

要理解外交協商中為何會出現「荷蘭國王」這麼一號人物，一個方法就是視之為荷蘭使節在其亞洲交涉對象無法理解共和國的情況下，出於無奈而臨機應變採取的回應。[48] 由於聯省共和國的政府體系確實相當複雜，無法簡單描述（而且在近代早期亞洲也沒有任何明顯可見的類似案例），因此針對「為何有荷蘭國王」的這種解釋顯然比較具有真實性。不過，這種解釋忽略了荷蘭代表其實是刻意在協商中引進一位王室代表人物，藉此提高自己的地位。換句話說，荷蘭大使指涉這個人物不只是因為他們別無選擇，也是因為他們想要這麼做。

只要檢視這位執政官受到引介於亞洲的時間點，即可明白看出這一點。他不是經過一段漫長的掙扎、在堅毅不撓的共和主義者一次又一次嘗試解釋自身國家的本質，卻因為當地人的無知而屢遭挫敗才終於放棄，然後才出現在外交協商裡。相反地，第一批亞洲遠征隊的出資者在船隻出航之前就已向這位奧蘭治親王取得文書，也就是在實際接觸的幾個月或甚至幾年前就已經這麼做。在離開歐洲之際，德郝特曼與另外三名官員身上就帶著毛里茨的書信，稱為專利特許證，而後來他們也將這些書信呈遞給萬丹的官員，藉此展開與對方的關係，並且「建立和平與團結的堅實同盟」。[49] 因此，「標舉執政官」乃是一種預謀的做法，目的在於

圖1.1｜奧蘭治親王毛里茨肖像，
由米勒費爾特作於一六一三—一五年間。
阿姆斯特丹國家博物館提供

利用這個人物開啟和亞洲國家的交流。

引介一位王室代表人物，能夠為打進當地外交圈提供重大優勢。前身公司在亞洲採取的策略（後來荷蘭東印度公司又進一步加採取這種做法）仰賴於取得一條通入宮廷的直接管道，以便簽署條約、建立聯盟，以及獲得對方的讓步。因此，每當荷蘭代表抵達一個新區域，他們的第一個目標總是如一份早期文獻所言：「面謁國王。」[50]然而，問題是私家商人團體在亞洲地位極低，而且許多統治者也都傾向於遵循中國的一句格言，認為只有君主才能夠涉入外交活動（「人臣無外交」）。[51]荷蘭使節如果只被視為貿易商，應該只關注自己的利潤，而不該擅闖外交領域，那麼他們就不會有機會得到他們想要的結果。藉著把自己和國王般的人物連結在一起，德郝特曼以及其他像他一樣的人士即可由商人轉變為王室大使，於是通往宮廷的道路也就因此打開。一如英國代表，把君主帶進協商當中還有另一項效益，也就是為荷蘭使節提供一套既有的交流結構，奠基在權勢人物的個人連結之上。這點有助於和許多不同國家建立關係，同時也提供了一套獲取對方讓步的機制，亦即訴諸荷蘭執政官與亞洲君主之間的友誼。

由於這些效益，也就難怪遠在歐洲的毛里茨會在荷蘭擴張的第一階段當中占有重要地位。在德郝特曼抵達萬丹之後的二十年間，這位執政官一再象徵性地出現於亞洲許多國家。許多當地統治者對此做出的回應，就是向「荷蘭國王」寄送他們本身的信函，有時也派遣他們本身的使節團前往歐洲。[52]在與德那第（Ternate）這個生產丁香的小蘇丹國進行的交流當中，其統治者自稱為「丁香樹的擁有者，身在位於上風處的國度」，而向「身在下風處國度那位顯赫的荷蘭國王」問好。[53]在馬來半島上，柔佛（Johor）的蘇丹認為荷蘭人是對抗葡萄牙人的珍貴盟友，因此欣然歡迎他們，一再把執政官稱為「寡人的兄弟」，並且援引雙方國王聯合對抗共同敵人的軍事夥伴邏輯，誓言互相支持。[54]在緬甸的勃固（Pegu），其統治者也採用類似的語言，在書信中寫道：「致與我共同作戰的兄弟，強大的荷蘭國王。」[55]

其中持續最長久的一項關係，對象是暹羅的大城王國（Ayutthaya）。那裡一代代的統治者都欣然接納與執政官的友誼，而在首都巡迴展示這位遙遠通信對象所寫的信函。實際上，大城的君主對於這項友誼深感興趣，國王埃卡托撒阿特（〔Ekatotsarot〕一六〇五—一〇年在位）甚至在一六〇六年派遣自己的使節團往訪「荷蘭國王」。這群來自暹羅的使節經過漫長的航程抵達聯省共和國之後，向「他們向來稱為荷蘭國王」的毛里茨呈上一封「鐫刻在金箔上（金葉表文）」的國王信函。[56]為了確保雙方關係的延續，荷蘭東印度公司後來又分別向暹羅呈獻了至少四封執政官所寫的信函以及各式禮物。[57]

毛里茨在外交協商裡扮演的重要角色，在荷蘭東印度公司的競爭對手所留下的記錄當中也許最明白可見。英國人的營運地區鄰近於荷蘭人，他們抗議道，他們的競爭對手「毫不放過任何機會吹噓他們的國王，其實就是毛里茨〔伯爵〕，並在這些地區都稱他為『Raja Hollanda』〔阿蘭陀羅闍，即荷蘭君王〕」。[58]這類消息終究傳回了英國，詹姆斯一世於是召來荷蘭代表團，對他們斥責指出：「你們的人在那邊到處把你們的奧蘭治親王呈現為一位偉大的國王，而把我稱為一個微不足道的小王，彷彿我的地位低於他，從而誤導了那些野蠻人的國王。」[59]

英國商人為了取得勝過競爭對手的優勢，因此特地向亞洲官員提醒指出，聯省共和國只是個小小的政治異數，完全比不上歐洲的巨大王國。[60]日本的一名荷蘭代表「開始宣揚自己的荷蘭國王是基督教世界裡最偉大的國王，凌駕於其他所有國王之上」，一名英國代表隨即向在場的聽眾宣告指出，那人「不需要說謊說得那麼大聲，因為荷蘭根本沒有國王，只是由一個伯爵統治，或者該說是他受到他們的統治」。[61]在德郝特曼首度呈遞「荷蘭國王」書信的萬丹，英國使者刻意盛大慶祝英王的加冕日，圍上「由白色與紅色塔夫綢製成的圍巾」，並且用「一面中央有個紅色十字架的旗幟」裝飾他們的住所。等到一大批群眾聚集於這幢裝飾俗麗的建築物前方之後，他們隨即向眾人宣告自己是一位強大君主手下的臣民，但荷蘭人則是「沒有國王，他們的國土只受到省長的統治」。[62]

執政官的書信雖為荷蘭大使提供了一件珍貴的工具，卻不是成功的保證。如同愛德華先生，也就是那個遭到蒙兀兒帝國官員鄙斥的「舉止木訥的傢伙」，有些荷蘭代表也一樣極度欠缺扮演這種角色所需的能力。舉例而言，在一六〇三年，德魏爾德（Sebald van de Weerd）這名荷蘭海軍艦隊副司令奉命與〔斯里蘭卡〕康提（Kandy）的國王建立同盟，卻深深激怒了他的東道主，以致他最後遭到了殺害。[63]不過，比較常見的問題不是這類拙劣表現，而是整體上的資源欠缺。許多以這類書信為核心而舉行的任務，都因為急就章以及裝備不足而損及荷蘭東印度公司企圖呈現的形象基礎。日本的情形就是如此，當時荷蘭人在缺乏適當工具的情況下，跌跌撞撞地與幕府將軍進行了初次會面。

發現日本

日本與荷蘭人的初次接觸不是由荷蘭東印度公司促成，而是由其中一家前身公司達成，並且過程極度不順利。一五九八年，鹿特丹的一群商人組織了一小支艦隊以便遠征亞洲。[64]這支艦隊由五艘船隻組成，全都擁有絕佳的名稱，分別是希望號（Hoop）、愛情號（Liefde）、信心號（Geloof）、忠誠號（Trouwe）以及福音號（Blijde Boodschap），而指揮官則是馬胡（Jacques Mahu）與德科迪斯（Simon de Cordes）。他們的任務是要往西航行，穿越麥哲倫海峽而進入太平洋。從一開始，這場遠征行動就遭遇拙劣的領導與天氣這兩項因素所帶來的一連串挫折。一航經以危險著稱的麥哲倫海峽之後，只有愛情號與希望號這兩艘船順利在太平洋上會合。一六〇〇年四月，愛情號在途中喪失了友船的情況下航抵日本的九州島。到了這個時候，這艘船以及船上的人員都處於極糟的狀態。在原本超過一百人的海員當中，存活下來的只有二十四個人，而且其中許多也已經命在旦夕。因此，和日本接觸的這群人看起來比較像是遭遇船難的水手，而不是一支組織完善的遠征隊成員。況且，愛情號後來也遭到摧毀，因此這些倖存者就此被困在日本列島上。

這些荷蘭人抵達日本的時間點正在一個關鍵的節骨眼上，就在確立德川政權的關原之戰這場決定性戰役的六個月之前。威廉·亞當斯（William Adams）這名愛情號上的英國領航員，同時也是後世深感好奇的人物，因為在當時是少數健康情形尚可的船員之一，於是被派去晉見德川家康。他在一六〇〇年五月被帶到這位未來的幕府將軍面前，受到對方詢問這支遠征隊的來源和目的，以及歐洲的整體政治情勢。[65]不過，日本雖然明顯對這群新來乍到的歐洲人頗感興趣，但由於愛情號船員的狀況極糟，而且當時荷蘭人在亞洲的能見度仍然極低，所以沒有顯而易見的機制能夠促成進一步聯繫。於是，這些倖存者在沒有方法能夠離開日本的情況下，就在這裡長期定居了下來。他們後來的命運各自不同。蘭登斯汀（Jan Joosten van Lodensteijn）與威廉·亞當斯這兩名船員因為偶爾擔任幕府將軍的顧問而小有名氣，並且分別取了耶楊子與三浦按針的日本名。不過，他們其實沒有自己後來宣稱的那麼具有影響力。[66]另外有些人，例如愛情號上的前職員凡桑梧特（Melchior van Santvoort），則是藉著把握日本貿易蓬勃發展的機會而成了獨立商人。

一六〇五年，傳到日本的某消息指出，才成立於三年前的荷蘭東印度公司已在馬來半島的北大年（Patani）開設了一座貿易基地。一群愛情號的倖存者因此向幕府提出請願，而獲准與他們的同胞進行聯繫。這項遠征行動的責任落在愛情號的前船長蓋格納克（Jacob Quaeckernaeck）以及總是積極進取的凡桑梧特肩上。由於他們沒有自己的船，因此搭乘了平戶藩內諸位領主的統治階級所提供的一艘船隻，原因是平戶藩希望吸引富有的荷蘭商船前來。[67] 在蓋格納克出海之前，幕府官員發給他一份文書，荷蘭文獻稱之為「特許狀」。[68] 這份文書後來雖然被詮釋為一項貿易特許，可證明了他們獲得幕府將軍的支持，但這詮釋就像後續的其他許多假設一樣，其實都是對這份平凡無奇的文件做出了過度樂觀的評估。這份「特許狀」並沒有提供大量的讓步，似乎只不過是一份基本的通行證而已。在一年後發給荷蘭商人的另一份文書，內容想必也幾乎完全相同，該文件授權持有者使用日本列島的任何一座港口，並且保證他們不會受到傷害或者惡待。[69]

經過一場頗為快速的航程之後，蓋格納克與凡桑梧特在一六〇五年十二月抵達北大年，而在那裡看到一間小小的荷蘭商館。與本國同胞團聚雖然必定令他們歡欣不已，但這間商館卻沒有足夠的資源能夠派遣本身的代表團前去和幕府將軍接觸。因此，顯然無意重拾低階職員生活的凡桑梧特，便選擇返回日本繼續經營他興旺的生意，而留下蓋格納克在那裡等待荷蘭東印度公司的下一支艦隊到來。終於，在一六〇六年七月，這位前船長得到消息，指稱由麥特利夫率領的荷蘭戰艦正在馬來半島另一側攻打受到葡萄牙人控制的麻六甲港口，而麥特利夫恰好是他的表親。蓋格納克於是走陸路，在一個月後抵達那支艦隊的所在地，而把特許狀交給麥特利夫。經歷了這麼多艱難險阻，他卻在不久之後喪命，遭到葡萄牙人的火槍子彈射穿了頭。

在聯省共和國，稱為「十七人董事會」（Heeren 17）的荷蘭東印度公司決策機構，在對這些發展一無所知的情況下，也開始著手進行與日本開展關係的準備。他們依循長久以來的慣例，把目光投向執政官，而在一六〇六年二月決議請求毛里茨寫一封致「日本國王」的信函。[70]這封信由凡卡登（Paulus van Caarden）率領的一支艦隊帶到亞洲，接著交給了另一支遠征隊，然後才在一六〇九年出現於日本。不過，在這封信仍在遞送途中的時候，北大年那間商館的新任館長斯普凌克就決定應該設法聯絡德川政權，向對方保證荷蘭東印度公司確實計畫派遣一支代表團前往日本。他選擇的做法是寫一封致幕府將軍的信，由這時與北大年固定從事貿易的凡桑梧特帶到日本，然後再交由威廉・亞當斯呈給幕府將軍。

斯普凌克這封日期標記為一六〇八年二月的信件，因為是由荷蘭東印度公司代表呈給德川幕府的第一封正式信函，也是第一封提及「荷蘭國王」的信函，因此其重要性明顯可見，但也因為做為外交上臨機應變的範例而引人注目。該公司偏好用來與亞洲國家開展關係的工具是實際上由奧蘭治親王所寫的信函，但由於斯普凌克無從取得這種最基本的外交工具，因此只好即興發揮，結果就此為後續這個階段的互動定調，也就是匆匆寫就的文書以及臨時湊成的使節團。他這封信一開頭的文句就說明了一切，讓毛里茨的名號首度在日本出現。由於沒有執政官提供的信函，斯普凌克因此選擇為自己披上王室正當性的外衣，同時左躲右閃地迴避各種棘手的問題。他首先推出本國君主充門面，把一串編造的稱謂與實際上的頭銜混在一起，而解釋說自己寫這封信是「奉本國國王（onsen Coninck）暨親王殿下拿騷公爵毛里茨的名義」。[71]如此一來，斯普凌克就立即為自己冠上了國王代理人的角色，彷彿自己是一位忠心的臣子，奉行主人的命令代表他對外聯繫。

確立了這樣身分資格之後，他接著簡短描述了雙方的聯繫：

> 陛下想必知道，蓋格納克與凡桑梧特在一六〇五年十二月二日抵達此處……於是我們從他們口中得知陛下已為親王殿下以及荷蘭與熱蘭（Zeeland）的尼德蘭人所謀求的利潤給予了許可。陛下的信函已由前述的蓋格納克在去世之前交給艦隊司令麥特利夫，我們盼望在後續九個月內送抵荷蘭，並且交到了親王殿下〔毛里茨〕的手中。為此，我們（代表親王殿下）要向陛下深深致謝。

這段文字經過精心設計，目的在於突顯幕府將軍和國王建立直接關係的可能性。斯普凌克指出，德川家康的信函現在應已送抵聯省共和國，而且也可能已經送到毛里茨的手上。就這樣，一份單純的通行證搖身一變成了幕府將軍寄送給荷蘭統治者的直接通信。執政官一旦收到這位兄弟君主的信函，自然也會予以回覆，從而開啟建立正式關係的大門。

斯普凌克雖然沒有執政官提供的文書，卻設法將自己塑造成國王代理人。儘管如此，他號稱自己代表國王發言的誇大言詞卻也造成了另一個難題。如果這封信要以「荷蘭國王」的名義呈交給對方，那麼就應該要伴隨一批相配的豐厚禮物，而問題當然是這封信的撰寫者身在一間偏遠的商館，又無法取得其他荷蘭大使所攜帶的那種珍貴商品，因此也就無法為他的信函附上真正有價值的東西。可想而知的結果，就是更進一步的瞎掰扯淡，聲稱他隨信附上的物品不該視為「禮物」，而應該當成一種恭賀，也就是不把重點放在禮物上，而是放在饋贈行為背後的心意上」。[72]儘管禮物與恭賀的貢品這兩者之間的確切差異實在難以看得出來，但斯普凌克顯然認為自己必須指出這一點，才能夠把「荷蘭國王」和他湊集的那批不甚起眼的物品區分開來：畢竟，那些物品只不過是水晶球、玻璃器皿與布匹，價值僅僅一百一十二荷蘭盾。如果他必須呈獻某些禮物，那麼他絕對要確保這些物品不會損及執政官的名聲。

在這封信的最後，斯普凌克向幕府將軍保證荷蘭船隻將在未來三年內抵達日本。實際上，不久之後就有一小支遠征隊抵達日本，時間比他自己設定的這個期限還要早了許多。不過，在斯普凌克於一六〇八年坐下來寫這封信的時候，那支遠征隊對於這項任務還深深缺乏準備。

第一支使節團

一六〇七年，維爾霍夫（Pieter Verhoeff）帶著一支由十三艘船隻組成的艦隊從歐洲出發，其中兩艘終究抵達日本，在那裡為荷蘭東印度公司建立了恆久的基地。維爾霍夫航抵萬丹之後，得到消息說葡萄牙人正在準備每年往返於澳門與長崎之間的巨大貨船。他一心想要擄獲這批價值高昂的財物，於是向他的兩艘船隻——停泊在柔佛外海的聯合箭獅號（Vereenichde Leeuw met Pylen）與獅鷲號（Griffoen）——派發訊息，指示他們「劫奪那艘從澳門航向日本的船隻，我們確知船上滿載了貨物」。[73]如果這項任務沒有成功，他們才要繼續航向日本，而與幕府將軍開展關係。

在啟航追逐那艘在荷蘭東印度公司文獻裡通常稱為克拉克帆船（kraak）的澳門船隻之前，聯合箭獅號與獅鷲號先到北大年短暫停留了一會兒，「裝載了一些絲綢、胡椒與鉛，這樣我們如果無法擄獲那艘克拉克帆船，就帶這些物品前去日本，證明我們希望〔在日本〕從事貿易以及成立商館」。[74]這項匆促的停留非常合乎第一階段接觸的即興發揮本質，其目的就在於證明該公司是個合格的商業組織，同時也為將來持續貿易的承諾提供一些實質的保證。於是，這又是另一次的偽裝行為，掩飾了這項事實：荷蘭東印度公司在那個初期階段真正比較感興趣的是劫奪葡萄牙商船上的豐富財物，而不是與日本建立長期的貿易關係。

聯合箭獅號與獅鷲號雖然竭盡全力，卻未能擄獲那艘克拉克帆船，而且對方還比他們早了兩天抵達日本。首要目標失敗之後，他們於是前往九州，試圖執行維爾霍夫的後續指示。這兩艘船航抵平戶港，也就是蓋格納克在一六〇五年出海的那座轉口港，並獲得了當地官員熱情的歡迎，這群官員原本就想吸引另一群外國商人到來。不過，如同荷蘭東印度公司的所有遠征隊，這群代表也無意和邊緣的低階官員交涉。這兩艘船的評議會很快就決議派遣一個使節團進入內陸，「與尊貴的陛下〔幕府將軍〕簽署自由貿易與商業往來的條約」。[75]藉著這樣的做法，荷蘭東印度公司的代表依循了該公司的組織章程當中所列出的目標，積極打進了在日本傳統上只由國家大使獨占的外交圈。

不過，這點自然是說得比做得容易。由於一六〇九年的這個代表團比較是意外促成而不是刻意籌劃的結果，因此深深缺乏扮演這種角色的準備。實際上，一旦和其他外交代表團相比，例如在這段時期由朝鮮或者琉球王國派抵日本的代表團，或甚至是荷蘭派往亞洲其他地區的類似群體，這兩艘船看起來都遠遠比不上傳統的代表團。使節團通常帶有四項交互關聯的元素：大使、隨行隊伍、禮物，以及國書。荷蘭東印度公司這支來到日本的代表團雖然具足這四項元素，卻不是全部都特別具有說服力。大使是這個時期任何一個外交代表團的核心人物。身為君主的個人代表，大使的任務在於確保本國的榮譽不能受到絲毫損傷。在比較實際的層面上，這類使節也必須參與構成這些外交任務部分內容的盛大典禮與文化交流。由於職責極為繁重，因此這種任務經常託付給資深官員或者高階貴族。舉例而言，琉球王國在德川幕府執政期間派往日本的使節團，傳統上都由王世子率領，通常是現任君王的兒子；而可能包含多達三位大使的朝鮮使節團，則是由資深官員主持。[76]這些例子與荷蘭使節團的對比明顯可見。荷蘭東印度公司這兩艘船的評議會所任命的外交官是兩名低階商人：凡登布羅克（Abraham van den Broek）與蒲伊克（Nicolaes Puyck）。這兩人都是臨時被抓來充任大使，不但毫無特出之處，在該公司的龐大檔案裡幾乎不曾受到提及，而且在外交方面也不具備任何特別的資格或經歷。[77]

在十七世紀頭十年間出現在日本的使節團，通常是由各路人員組成的大型隊伍，穿越日本列島的旅程即是華麗的奇景。朝鮮典型的外交隊伍（一六〇七年就有這麼一支隊伍抵達日本）約有四百人，可能含有通譯員、抄寫員、文官、畫家、醫師、樂師、指揮、軍官、馬夫、軍人、鼓手、信號員、船長、領航員、嚮導、馬廄管理員、號角手、信使、僕役、水手，以及屠夫。[78]相對之下，荷蘭東印度公司只湊出了五個人，也就是前述的兩名大使，還有充當通譯的凡桑梧特，以及兩個姓名沒有受到記載的助手。即便是和前往其他亞洲宮廷的荷蘭代表團相比，這支使節團也還是有所不及。德郝特曼在一五九六年登上萬丹之時，帶了八名身穿綢緞與絲絨服裝的官員、十二名水手長、一名號角手，還有一個僕人撐著一把傳統上只有貴族才得以享用的、儀仗性質的陽傘。[79]後來一位前往康提王國（位於當今的斯里蘭卡）的大使，則是在他的隊伍中納入了三名號角手與兩名掌旗手，其中一人在前方擎著奧蘭治親王的旗幟，第二人則是跟在後面把西班牙國旗拖在地上。[80]

第三項，禮物，又是另一個問題。朝鮮與琉球派往日本的使節團除了聲勢浩大之外，也經常帶著非常豐富的禮物。不過，就算把焦點只限縮於荷蘭人身上，一六〇九年的代表團也還是達不到標準。[81]荷蘭其他使節團都精心準備了與執政官直接有關的奢華物品，藉此具體象徵他的地位與友誼。一六〇一年往訪亞齊蘇丹的代表團攜帶了一千枚金幣、特別鍍金的武器，以及一組鏡子，「代表我〔毛里茨〕與陛下維持友誼的希望」。[82]暹羅的統治者在不同的場合分別收到了一套盔甲、幾把手槍、一面盾牌、一把長柄斧，以及最令人驚豔的是一頂綴有珍珠的「金王冠」。[83]最引人注目的禮物也許是執政官的肖像畫，其中一幅由荷蘭大使獻給了康提國王。這幅肖像畫經過精心挑選，以便證明執政官是與對方地位相等的君主，因此畫面中描繪了毛里茨「全副裝甲騎在馬背上，正如他在法蘭德斯戰役上受到描繪的模樣」。[84]

由於一六〇九年往赴日本的使節團是在極為匆促的情況下組成，因此沒有執政官提供的禮物，也幾乎沒有任何算得上是像樣的禮物。那兩艘船隻的評議會開會討論該以什麼東西呈獻給幕府將軍及其官員，結論是「禮物雖然不可或缺，船上卻沒有能夠充當禮物的物品」。[85]他們的解決方法是進一步的臨機應變，到鄰近的港口從事了一場短暫的採購之旅。使節團雖然傳統上都會準備自己本國的物品，該船評議會卻決定他們必須派遣一名成員「帶著兩百枚西班牙銀幣到長崎藉著二手或三手方式購取絲綢，用來致贈給這裡的部分貴族」。[86]他們選中的長崎這個採購地點，只位於平戶南方不到一百英里處，而且因為是葡萄牙商人在日本的首要貿易集散地，因此有著充足的奢華商品。最後，他們呈獻給幕府將軍的禮物是一批雜七雜八的物品，包括兩箱生絲、一百三十根鉛條、兩個黃金杯，以及若干象牙。評議會顯然對這批禮物不感滿意的情況下，只好以模糊的言詞保證未來還有更多豐厚的財物，承諾說「陛下將會從未來的船隻獲得更滿意的進貢」。[87]

大使、隨行隊伍以及禮物方面的問題，使得一六〇九年使節團的最後一項元素（也就是執政官的信函）更是具有格外的重要性。實際上，這封信函才是這整個代表團的焦點所在，遠比大使本身更重要。值得一提的是，荷蘭文獻都把這份文書描述為這個使節團的組成原因。這個使節團的目的變成了單純是要「向尊貴的陛下〔幕府將軍〕呈上〔vertoonen〕親王殿下的信函」，並且盼望如此就足以獲取適切的承認。[88]這麼一來，蒲伊克與凡登布羅克雖然身為大使，卻幾乎完全退入了背景，而顯然是這整場活動焦點所在的信函，則被推到了最醒目的位置。那份文書雖然沒有抄本留存下來，我們卻可藉著檢視執政官送往亞洲的其他信函而對那封信的內容得出一些推測。這類信函，尤其致函對象如果是荷蘭人尚未接觸過的某地君主（此例正是如此），內容就會一再回歸到相同的基本主題。

除了文字內容以外，這類信函乃是視覺上令人驚豔的物品，目的在於傳達權威性，而且不受收信者對於信函內容的理解程度所影響。如同英國君主送往亞洲的書信，荷蘭執政官的信函也以精緻的書法寫成，蓋有氣勢宏偉的印信，紙張邊緣也有華麗的裝飾。[89]有一份文件以金色墨水寫出毛里茨的頭銜，特大號的字母橫亙信紙頂端，而且信紙底部還妝點了一條搶眼的紅色緞帶。[90]另一封信函的文字內容則是有三側受到粗厚的金色條紋圍繞，由閃亮的色彩、漆黑的墨水以及乳白的紙張構成鮮明奪目的組合。[91]實際上，這類信函的外觀極為重要，荷蘭東印度公司的一名官員甚至敦促上司確保執政官蓋上愈多印信愈好，以便達到最佳的效果。[92]

執政官的信函傳統上都藉著向他遙遠的通信對象獻上「友誼」（vriendschap）做為開場。[93]這項提議假設世界上存在著一套橫跨遙遠距離的網絡。在這套網絡中，地位相等而且握有類似權威的人物能夠在基本平等的基礎上互相通信。[94]這個想像中的君主社群使得執政官能夠橫跨數千英里的距離，並且越過又深又廣的語言與文化鴻溝，而與各式各樣的「皇帝、公爵、領主與總督」直接通信。[95]這種聯繫雖是在個人層面上，經由個別書信的往來而建立並維繫，卻具有極為廣大的影響力。接受毛里茨的友誼（或是其中部分信函所稱的兄弟情誼）附帶了一套特定的義務。[96]於是，友誼因此成為另一種商品，重要性絲毫不遜於實質物品，不但可以在君主之間交換，也可以用來建立貿易基礎。

兄弟君王一旦接受這項友誼的提議，就必須以支持荷蘭商人在亞洲的活動做為回應，而在商業與法律方面對他們做出實質上的優惠讓步。這點概述於毛里茨發布的一份文書裡：

我國各省人民都高度傾向於貿易，對於不論多麼偏遠的島嶼、省分與人民都樂於往訪而與對方進行貿易。鼓勵他們這種先天的渴望顯然具有好處，可讓我們有機會與那些〔遙遠〕國度的居民簽署協議，建立堅實的雙向友誼……因此，我們祈求也希望在任何國度的港灣與海灘，我們的艦隊司令一旦帶著船隻與貨物停泊，你們不但會熱情迎接他們，也會為他們提供一切可能的支持，並且依據他們高尚可貴的事業所希望達成的結果給予指引。我以我們最神聖的話語提出承諾與保證，對方的船隻或臣民如果來到我們的省分，我們將以感恩的態度向他們表達我們對於這些協助的感激，也將以竭盡全力的協助與服務回報他們。97

這種友誼不是單向的，而且這封信也刻意強調所有的讓步都必然是彼此互惠。因此，執政官承諾指出，他通信對象的國家如果有任何船隻或商人來到聯省共和國，也必然享有相同的特權。這是一種頗為吸引人而且直截了當的王室親緣關係邏輯——只要你讓我的臣民在你的國度裡享有自由貿易的權利，我就會為你的臣民賦予相同的權利。不過，這同時也是一項虛幻的承諾。身為執政官，毛里茨其實沒有做出這種保證的權限，而且老實說也沒有人預期亞洲商人會來到聯省共和國。所以，這種交流實際上只有一個方向，於是荷蘭商人即可藉著這種與君主之間的個人關係而直接要求廣泛的貿易權，同時又不必提出任何回饋。

這些信件不但簡化了政治，把充滿各種不同國家的複雜世界化約為一套由地位平等的君主所構成的網絡，而且也讓荷蘭東印度公司令人難以理解的形象變得明白易懂。執政官的信函掩蓋了荷蘭人推進亞洲的種種複雜問題，而取代為一種簡單的表象，僅由統治者與臣民這兩部分組成。對於亞洲而言，荷蘭東印度公司是一種新式組織，一種擁有主權的混合型企業，可以獨立於國家而運作。不過，我們在這類文書中卻難以找到有任何內容提及這一點。[98]相反地，這些文書的用處在於為荷蘭人在亞洲的活動披上一層王室色彩的外衣，以一種熟悉的表象掩飾這個組織的新奇特性。套用毛里茨本身的話，荷蘭人單純就是「我的臣民」（mijne ondersaten），而他們在亞洲的活動即可從這個角度加以理解。[99]

由此造成的結果，就是把蒲伊克與凡登布羅克這類人員從為股東服務的企業員工轉變為國王的臣民，意圖只在於履行自己的職責。因此，至少從日本人的觀點來看，荷蘭東印度公司的外交往來也就簡化成一種令人熟悉許多的公式。如同來自朝鮮、琉球王國或是其他許多國家的大使，荷蘭人也被視為另一群受到元首派遣而來的使節，代表那位元首前來開展關係，因此完全能夠套入既有的外交類別當中。

蒲伊克與凡登布羅克帶著執政官的信函，在七月二十七日從平戶出發。[100]他們搭船穿越瀨戶內海繁忙的貨運航路，而在一個星期後抵達了大阪這座商業大都會。他們在這裡發現了自己將會被當成正式國家使節對待的徵象，原因是他們獲得免費運輸，還可使用驛馬系統。[101]八月十三日，他們一行人抵達駿府，那是一座小鎮，位於當今的靜岡縣，是德川家康退位之後的居住地。到了那裡之後，互動的步伐就迅速加快。這兩位大使的第一次會面對象是幕府將軍手下兩名最資深的顧問：後藤庄三郎與本多正純。他們歡迎了這支荷蘭代表團，並且承諾安排晉見事宜。[102]他們確實遵守了諾言，於是這兩位大使在第二天就被人直接帶到德川家康面前。

這場荷蘭東印度公司代表與幕府將軍之間至關緊要的首度會面，留下了兩份重要的描述，一份在該公司的檔案裡，另一份在日本的文獻當中。根據荷蘭的文獻，蒲伊克與凡登布羅克被召入「城堡裡。〔在那裡〕，他們向幕府將軍呈上一些生絲與鉛條的禮物，也遞上親王殿下的信函，並且提出我們的要求。幕府將軍陛下非常滿意，承諾准許我們的願望，提供自由貿易」。[103]在《異國日記抄》這部由禪宗僧人金地院崇傳彙編的幕府外交活動記錄當中，則是針對這個使節團受到的接待提供了第二份記述：「〔日本曆〕七月十一日，本多正純於城堡主樓宣布有一封信來自荷蘭。我們不懂這個國家的語言，於是信函內容受到通譯員的翻譯。那封信指出他們希望派遣船隻前來，因此請求我們允許他們的船隻入港以及往來航行。他們呈獻了兩只金杯、三百五十斤絲綢、三千塊鉛，以及兩塊象牙。」[104]

這兩段描述雖然簡短，卻頗值得深入剖析。首先，這兩者都呈現了德川政權官員明顯的被動性，因為他們完全沒有像我們可能會預期的那樣針對荷蘭代表團的本質與形式進行審慎的詢問。這兩位大使沒有受到交叉詰問的情形，和其他歐洲外交使節團在亞洲遭遇的經歷頗為不同。許多這類代表團都必須設法回答一個大同小異的問題，也就是卡利卡特國王向達伽馬提出的問題：這個代表團既然宣稱「來自一個非常富裕的王國」，為什麼「沒有帶任何東西給他」？[105]在蒲伊克與凡登布羅克的案例中，外表形象與口中宣稱的落差更是遠比一般情形更加醒目。儘管如此，卻沒有人質問這兩位大使的資格、他們的禮物帶有什麼性質，以及「荷蘭國王」這麼一位權高勢大的君主為什麼會派遣如此貧乏的代表。這點若是相較於後來往訪日本的荷蘭大使所遭遇的命運，更是顯得引人好奇；例如第二章將提到的那些荷蘭大使，就遭到不斷逼問他們來自何處、背後的資助者是誰，以及來訪的目的。既然如此，德川政權的官員為什麼會在沒有經過任何詢問的情況下就如此樂於認可這個使節團？

蒲伊克與凡登布羅克雖然不可能知道這一點，但他們抵達的時候正是日本對於外交往來接受度特別高的時刻。他們之所以能夠安然待在駿府而不受到任何騷擾，最主要就是由於這個原因。在德川家康於一六〇〇年攫取大權之時，日本原是外交棄兒。豐臣秀吉入侵朝鮮的舉動，導致日本和其他國家因此斷絕關係，遭到國際排擠，而無從進入東亞的傳統外交圈。面對這樣的狀況，德川家康的做法是發起一項積極的行動，目的在於重建日本的外交中心地位。荒野泰典把這段時期稱為「德川幕府的國際初登場」，特徵就是外交往來的狂熱激增。[106]在一六〇一年至一六一四年之間，幕府官員總共向十一個不同的國家發出了七十六封官方信函，其中四十八封直接來自幕府將軍本身。那些國家包括鄰近的政體，例如中國與朝鮮，但也有各式各樣的外交新夥伴，諸如北大年、交趾支那、柬埔寨、占婆、暹羅、英格蘭、菲律賓，以及聯省共和國。下表反映了這段熱烈外交活動的時期，但這些活動在德川家康於一六一六年逝世之後即迅速降溫，而終於徹底停擺：[107]如表1.1對外發送的信函從德川家康在世時的每年平均超過五封，到後來下滑至兩封以下，接著更只剩一．五封。更大的落差是，幕府將軍的個人信函在一六一五至一六四三年間，從將近五十封遽減至只有七封。

德川政權向東南亞與歐洲的國家伸出友誼之手的同時，也熱情歡迎任何願意長途航行來到日本的使節團。由此帶來的結果，就是一種「毫不過問」的外交做法，任何對於經歷或資格的質問都不被執行。在德川家康生前，使節團絕對不會遭到拒斥，信函也必定會獲得回覆，就算是來自日本從來沒有往來過的國家或是在區域政治裡地位有

表1.1｜德川幕府的外交信函

時期	外交信函總數	幕府將軍的個人信函	每年平均數（信函總數）
一六〇一－一六一四	76	48	5.4
一六一五－一六三三	34	5	1.8
一六三三－一六四三	15	2	1.5

限的統治者也都一樣。[108] 這個時期的氛圍與後續時代的對比極為鮮明。日本新建構的外交網絡成形之後，德川秀忠與德川家光領導下的德川政權即開始對其國際夥伴採取嚴格許多的標準。外來的信函只要不符合德川政權的慣例，就會直接遭到摒棄；而正當性不夠具有說服力的統治者所派遣的使節團，也會在日本的國界上遭到攔阻驅離。[109] 因此，蒲伊克與凡登布羅克獲得的接待主要是時機造成的結果，關乎德川政權的外交實踐當中一個高度獨特而且相對短暫的階段，而與這兩位大使本身幾無相關。

荷蘭與日本方面對於這兩位大使晉見幕府將軍的過程所提出的描述，都突顯了荷蘭執政官的遙遠身影所帶有的重要性。金地院崇傳的描述完全聚焦於那封來自荷蘭的信函，而沒有提及使節本身。如同前一年的斯普凌克，蒲伊克與凡登布羅克似乎也將毛里茨直接呈現為國王，或者說得更精確一點，是「荷蘭的元首」。從幕府將軍在初次接見這兩位大使的幾天後所回覆的信函，即可明白看出毛里茨的確是受到這樣的認知：

> 日本國主源家康回覆阿蘭陀國主的信函。殿下惠鑒，您的信函雖然來自遙遠的他方，但我讀信之時卻覺得我們彷彿近在咫尺。您致贈的禮物令我深感欣喜，我聽聞貴國派遣了許多戰艦、將軍、官員與士兵前往外國，其中有些抵達了我國的松浦津（平戶），打算開展友誼關係。這也是我的希望。我們兩國雖然隔著千里汪洋，但只要我們擁有相同

的渴望，即可能藉著每年的通訊而變得愈來愈近似。在我的國家，我們會矯正不守秩序的人，讓他們遵循規矩。貴國的商人如果前來，將可在我國安全停留。您若派遣一群人員來訪，我們將允許他們在我國的國土上建造一座貿易站。貴國的船隻可以使用任何一座港口，我相信我們的關係將會更加友好。[110]

如果說執政官的信函是立足在一套橫跨各大陸的王室網絡這種概念上，那麼幕府將軍的回信就接續了這個主題，指稱他們雙方是兩個平等的王國，而且這兩位元首也擁有大致相等的地位。這點不但反映在「日本國主」回覆「阿蘭陀國主」的用詞當中，也反映在將執政官稱為「殿下」的稱謂裡，因為這個稱謂只有在國王對國王的通信當中才可使用。托比分析了幕府將軍和朝鮮國王的往來，發現使用了相同的稱謂，可見這個稱謂可讓這兩位統治者「處於相同的位階上……藉此表達平等地位與互相尊重」。[111]

經過翻譯之後，這封信函的荷蘭文版本變得比較長，其中的基本內容也添加了若干潤飾：

我身為日本皇帝暨國王，向來自如此遙遠的國度而與我聯絡的荷蘭國王（Coninck van Hollant）問好。陛下捎來的信函與友誼令我深感欣喜。我希望我們兩國的距離能夠不是這麼遙遠，以便維繫以及增進我們剛開展的友誼。儘管我不認識陛下，在心目中卻彷彿能夠見到您，也因為您慷慨贈與的禮物而感覺到您的厚愛。……陛下的英勇功績名聞全世界，而您的臣民竟然從那麼遙遠的國度來到我們這個鄙陋的小國向我提供您的友誼，實在令我愧不敢當。不過，想到他們的辛勞乃是出自您的厚愛，我自然只能善待您的臣民，並且准許他們的請求。……我將把他們視為我自己的臣民，而給予完善的照顧及保護。[112]

乍看之下，不論是日文的原版還是荷蘭文的譯本，這封信看起來都相當友善。不過，只要和日本在這段時期發出的其他數十封類似信函互相比較，即可明白看出這封信的內容主要都是不值一顧的陳腐外交辭令。[113] 一六〇六年十月，在蒲伊克與凡登布羅克出現的三年前，德川家康為了與暹羅王國展開接觸而送出一封帶有若干熟悉語句的信函：「日本的源家康謹致暹羅元首殿下：在結盟與交流方面，兩個國家就算距離不遠，但只要雙方不友好，就與相隔千里無異。然而，就算兩國距離不近，但只要雙方密切通信，就會有如鄰居一般。」[114] 在一六一〇年送往暹羅的一封後續信函裡，內容則是極為接近於在一年前回覆給荷蘭執政官的那封信：

日本的源家康謹致暹羅元首殿下。國家之間就算相隔千里的山與海，只要有友誼存在，關係就會親近。今夏，一艘商船帶著貴國的一封信函前來。我雖然一步也沒動，卻覺得彷彿能夠看見您尊貴的面容，而因此深感欣喜。……貴國與我國之間如果每年都有貿易與商船往來，我們兩國就都可享有和平，人民也將享有繁榮富裕的生活。[115]

對照於此一脈絡，寫給毛里茨的信就顯得不特別親熱，但正是這種一致性，這種缺乏獨特回應而採用了和致函其他君主相同的一套固定文詞，才真正代表了荷蘭東印度公司確實達成目標。來到日本的荷蘭人雖是一個商業組織的員工，在傳統外交界裡沒有任何地位，幕府將軍在信函裡卻把他們當成和其他遙遠的君王所派遣而來的代表一樣看待。由此可見，他接受了毛里茨身為「阿蘭陀國主」的身分，也把蒲伊克與凡登布羅克視為由他們的統治者派來開展友好關係的王室大使。於是，聯省共和國及其派往日本的使節就因此被套入了一個既有的框架當中。正如荷蘭東印度公司的意圖，搬出一個「荷蘭國王」掩蓋了該公司的複雜地位，而為荷蘭人賦予一個直截了當的身分，以及一套簡單的交流架構，讓兩位元首的友誼開展。

八月二十二日，在蒲伊克與凡登布羅克抵達駿府不到十天之後，他們就帶著幕府將軍的信函離開，而且還獲得許可「在他的國家當中的任何地方從事自由貿易、依據我們希望的大小建造一棟房屋（商館），還可載運商品前來，依據我們自己訂定的價格販售」。[116]這兩位大使（以及他們的上司）雖然把這些讓步視為一套史無前例的特權，是在荷蘭人的專業遊說之下誘使這位對他們懷有好感的幕府將軍提出的結果，但這些讓步其實就和回覆給毛里茨的信函一樣，也是一套樣板做法，和日本提供給其他外國商人的優惠無異。[117]舉例而言，暹羅國王獲得這樣的保證：「貴國每年造訪我們的船隻指揮官，將可享有一切的優惠待遇。」[118]德川幕府也向西班牙代表提出類似的說詞，指稱「貴國的商船一旦來到我國沿岸，將會獲得熱情的歡迎……〔也〕將享有進入我國所有港口、海灣或水道的完整特權，並且可在國內各地進行貿易」。[119]

執政官的回覆

由於幕府將軍是直接回信給執政官，因此滿心想要藉此一通信獲取更多讓步的荷蘭東印度公司官員就必須盡快取得正式回應。不過，由於日本與身在歐洲的毛里茨相隔遙遠，因此這也就成了一件困難的任務。實際上，持續仰賴執政官所帶來的一大問題，就是因此拖緩了外交往來的步調。在大部分的情況下，獲取來自聯省共和國的回覆至少需要兩年，有時還需要遠遠更久的時間。這類延遲就是為什麼荷蘭東印度公司後來會把外交策略的焦點從歐洲轉向巴達維亞的部分原因。不過，在當下則是只能由身在日本的公司使者，尤其是平戶商館新上任的館長斯北科思（Jacques Specx），敦促其上司加快速度。他對自己被迫只好延遲行事的情形深感惱火，而在一六一〇年十一月要求十七人董事會確保穩定提供毛里茨的信函：「各位閣下絕不該疏於在每一艘航向此處的船隻附上一封親王殿下寫給〔幕府將軍〕陛下的信函，而且這些信函都應當極盡華麗之能事，蓋滿印信以及添加各式各樣的裝飾。這樣的信函能夠深深討得陛下的歡心，也比其他任何東西更能令他感到尊榮。」[120]

儘管提出這樣的懇求，執政官的回信卻還是直到一六一二年才送抵日本。一到日本之後，這封信函就隨即被帶往宮殿呈給幕府將軍。[121]這封信的日期標記為一六一〇年十二月十八日，開頭即是毛里茨一長串的頭銜，但這些頭銜翻譯為日文之後，仍是和先前一樣的「阿蘭陀國主」。毛里茨為了鞏固自己和幕府將軍新建立的關係，於是在信中再度提起友誼與互惠這兩項主題：

> 敬致強大的日本皇帝暨國王。我已懷著極高的榮幸收到陛下的信函。得知陛下以如此友善的態度迎接我的臣民進入您偉大而著名的國度，令我深感欣喜。您准許他們在陛下領土內的所有地點、土地與島嶼上通行以及貿易，也善加保護他們，這點令我極感欣慰。我要深深感謝陛下的這項友好舉動。我和陛下一樣滿心希望貴國與我國的距離不是那麼遙遠，這樣陛下的臣民即可來訪〔我國〕，於是我就更能夠表達我的喜悅，感謝陛下對

> 我的臣民所施予的恩惠。然而，這點卻因為我們兩國之間的遙遠距離而無法實現，所以我希望未來會有更多機會讓我在我們剛開展的友誼當中證明我對您的深厚情誼。

毛里茨頌揚他們「剛開展的友誼」，而表達了自己希望在未來能夠展現自己對這位日本國主的「深厚情誼」。這項個人關係將會向下延伸，而為荷蘭東印度公司的商人——在此處只單純稱為「我的臣民」(mijne ondersaten)——提供在日本營運的空間。這麼一來，「在陛下領土內的所有地點、土地與島嶼上通行以及貿易」的許可，就會由幕府將軍和執政官的關係當中自然產生出來。再一次，這封信又完全沒有提及荷蘭東印度公司，也就是實際上派遣荷蘭商人前往日本的那個組織。這種做法造成的結果，就是把一套複雜的互動簡化為兩位握有龐大權勢的個人之間的直接連結，促使毛里茨針對幕府將軍為他的臣民所施予的恩惠表達欣慰與感激。他接著又更進一步，請求德川家康「在與朝鮮的貿易當中惠予提供協助」，從而為「我那些在一切懷有友誼與真誠的國度尋求貿易的臣民」獲取額外的讓步。因此，他們的友誼看來似乎超越於日本的國界之外，而開啟了通往另一個東亞市場的道路。

如同執政官的其他信函，他也在這封信裡提及互惠特權的邏輯。但由於幕府將軍的回信(在提供給蒲伊克與凡登布羅克的荷文譯本中)堅稱兩國之間的距離極為遙遠，因此執政官也就不能單純重複他的標準承諾，亦即指稱日本商人在歐洲也能獲得荷蘭商人在亞洲所享有的特權。於是，他選擇妥協式的說法，聲稱互惠的意圖確實存在，儘管實際狀況不利於實體上的交流。假如在幸運之神的眷顧下，德川幕府的臣民在未來得以抵達聯省共和國，那麼他們就會自動獲得相同的保護與恩惠，而阻止這一點實現的唯一因素就是兩國之間的距離。

在這封信的末尾，執政官把焦點轉向荷蘭東印度公司的敵人，對葡萄牙人與西班牙人提出激烈的抨擊。荷蘭與日本的元首不僅是受到友誼連結的兩位地位相等的人物，也共同擁有另一項特性，也就是反對西班牙國王這個缺乏正當性的行為者。由此造成的結果，就是藉著建立一股彼此一致的認同感，而更加拉近幕府將軍和執政官的關係，由這兩位統治者共同對抗一股邪惡的第三勢力。[122]執政官在信中提出的指控，反映了歐洲的反西班牙宣傳當中所提出的譴責，也就是把伊比利半島的那名君王描繪成一個懷有自大妄想的邪惡人物。[123]西班牙國王受到一股貪得無饜的權力慾所驅使，以致無法和其他國家和平相處，而總是想要藉著破壞以獲得稱霸的地位。毛里茨以朋友互相忠告的立場，提供了一項嚴峻的警告，提醒德川家康提防西班牙「宰制全世界」的渴望。這項指控還有另一個額外效益，就是抹黑葡萄牙人與耶穌會教士這兩個在日本已經立足穩固的群體。毛里茨把這些群體和「卡斯提爾人」連在一起，痛斥他們「狡猾又詭詐」，而且他們不僅做出不公平的行為與經常欺騙，還有企圖推翻幕府將軍的龐大陰謀。信裡指出，耶穌會教士在他們的葡萄牙盟友協助下，打算奪取幕府將軍的國家，做法是利用他們爭取到的信徒造成日本的「分裂與黨派鬥爭，而終究導致內戰」。

[124]就這樣，一六一〇年十二月的這封信在受到高度期待的情況下送抵日本，盼望與幕府將軍之間看來前景光明的關係能夠藉此進一步擴張，而為荷蘭商人在東亞帶來更多特權。然而，德川家康的回覆卻令人深感失望，只提出了一封簡短而且公式化的回信，絲毫沒有回應毛里茨的確切要求。這封回信的致函對象同樣是「阿蘭陀國主」，內容只單純指出：「您的信函來自遙遠之地，我讀了一次又一次。……貴國的船隻如果持續往來，那麼我們雖然相隔千里，仍然有如家人一般。」[125]即便是最樂觀的人，也可以明顯看出這封信只不過是一項樣板式的外交回應。帶著這封信來到駿府的布勞威爾（Hendrik Brouwer）埋怨指出，儘管他們花費了那麼多心力遞送執政官的信函，結果卻只帶來了一份禮貌性的回覆，而且完全沒有機會「討論任何特別的內容」。[126]唯一的亮點是，幕府將軍決定致贈「阿蘭陀國主」兩把刀以及一副華麗的裝甲。

明顯可見的結論，就是提出更多的執政官信函仍無助於換取重大利益，而荷蘭東印度公司的使者當下也就理解到了這一點；因此，他們沒有理由浪費時間和金錢獲取其他信函。於是，該公司決定結束與幕府將軍的外交往來，把焦點轉向其他地方。與其安排新的使節團，身在日本的荷蘭使者在一六一二年之後就只仰賴非正式代表。每當他們需要與德川政權接觸，這些不具特殊資格的代表即可在沒有任何敲鑼打鼓的情況下前往幕府將軍的總部。由此造成的結果，就是東印度公司與幕府將軍之間的正式聯繫中斷了很長一段時間，直到一六二七年才因為公司高層認定台灣出現的一項危機需要派遣正式使節前往處理而恢復。不過，荷蘭東印度公司這次派遣新的使節團前往日本，卻捨棄了王室的外衣，堅持自己與亞洲各國政府直接交涉而不透過執政官居中介入的權利。結果，荷蘭東印度公司的外交特權因此引發持續不斷的衝突，從而癱瘓了荷蘭與日本的關係。

CHAPTER

2

咬𠺘吧國主

我們的總督閣下……地位極為崇高，派遣大使出使中國、暹羅、亞齊與北大年的首要國王，還有爪哇與波斯的皇帝〔以及〕蒙兀兒皇帝。

——諾伊茲大使，一六二七

一六二四年一月一日，兩位來自中國的大使抵達巴達維亞，也就是荷蘭東印度公司在亞洲的新總部。這項戲劇性的事件是荷蘭人在當地落腳以來的短暫時間裡不曾有過的情形，因此成了《巴達維亞城日誌》（*Batavia Dagregister*）這部卷帙浩繁的每日營運記錄當中，記載的第一個條目。對於研究這段時期的史學家而言，這部日誌是一份至關緊要的文獻。[1] 那兩名大使由福建巡撫派遣而來，目的在於討論澎湖群島近來的情勢發展。澎湖群島是台灣海峽的一個小島鏈，在兩年前遭到荷蘭部隊占領。這兩名大使的隊伍伴隨著當地官員臨時找來的四頭大象以增添氣勢，先在城市裡穿行了一段時間，然後才抵達巴達維亞城（Batavia Castle）——

這是荷蘭東印度公司建造的一座低矮寬廣而配備有強大武裝的堡壘，用於保衛該公司在亞洲最重要的一塊領地。外交隊伍從兩排列隊站在大門前的士兵之間穿越而過，被人領著進入燠熱的堡壘園區內。在中央廳堂等待著他們的是「總督殿下」：他是亞洲最高階的荷蘭官員，也是荷蘭東印度公司在亞洲地區外交活動的新任代表人物。

這個中國使節團以及其他類似團體的來訪，標誌了荷蘭東印度公司在外交實踐本質上的一項重要轉變——這項轉變不只改變了該公司在亞洲做生意的方式，也對該公司與德川政權的關係造成了深遠影響。荷蘭東印度公司在一六一九年征服查雅加達（Jayakarta）之後，就在亞洲取得了一個穩固的立足點，而在此紮下深厚的根基，直到數百年後才遭到挖除。隨著這座城市擴張成長，該公司的外交策略也開始跟著調整，不再像先前那樣依賴遠在他方的執政官，而是以總督與巴達維亞城做為外交活動的中心。在福建那支使節團抵達之後的數十年裡，這裡的官員迎接了幾十位大使進入位於堡壘內部深處的謁見廳。除了這一連串不斷來訪的代表，荷蘭方面也派出一連串的使節團，帶著絲毫沒有提及「荷蘭國王」的總督信函前往許多亞洲國家。

其中一個由諾伊茲率領而在一六二七年派往日本的使節團，就是本章的主題。[2] 相對於十八年前抵達駿府的那個毫不起眼的團體，諾伊茲的使節團可是經過精心規劃，由荷蘭東印度公司的菁英成員率領，並且攜帶了豐厚的禮物。然而，這場任務雖然經過慎重籌備，並且花費了好幾萬荷蘭盾，結果卻是失敗至極。當初蒲伊克與凡登布羅克那個臨時拼湊的代表團獲得了成功，而這麼一個籌備完善的使節團竟然遭遇失敗，實在是極為引人注目的矛盾現象，因此不能不加以解釋。

身為大使的諾伊茲對於交流過程提出陳述之時，為了逃避這項徹底失敗所可能帶來的個人懲罰，於是欣然列出了一連串的卸責對象，包括不稱職的通譯員、無知的德川幕府官員、狡詐的盟友，以及堅決要把荷蘭人趕出日本的敵人。[3]不過，隨著愈來愈多的細節從日本浮現，他的上司於是認定諾伊茲本身才是罪魁禍首。他們斥責他太傲慢、太偏狹，尤其是與日本人的交涉太缺乏彈性，導致問題惡化，這完全沒必要。如果換成一位比較優秀的外交官，即有可能平撫德川幕府的疑慮，而順利完成這項使節任務。不過，這樣的批評雖然沒有冤枉諾伊茲（他的確是個極不引人同情的人物）把問題歸咎於單獨一個人的做法，卻忽略了他在江戶遭遇的失敗當中一個非常重要的因素。[4]不僅如此，這種觀點更傾向於抹煞存在於此一互動當中的先天性問題，而認定只要大使表現出適當的謙卑態度、呈獻適當的禮物，或者使用了適當的語句，任何意見歧異就都能夠獲得化解。實際上根本不是如此。諾伊茲雖然明顯可見是個拙劣的人選，卻也面對了超出他控制之外的結構問題。

在他抵達日本的時候，荷蘭東印度公司已卸除了王室表象（詳見前一章的敘述），致力於伸張其本身與亞洲統治者直接往來，而不經過執政官居所具有的權力。德川幕府的官員一發現諾伊茲的代表團來自巴達維亞，而不是「荷蘭國王」，這點就引發了一項難以解決的危機。在接下來的幾個星期裡，諾伊茲的使節團困在兩項外交論述之間一個模糊不清的空間，無法證明自己與「荷蘭國王」的關聯，也無法證明總督本身是個具有正當性的行為者。因此，認定這項外交任務的失敗是單獨某個人欠缺能力所造成的，即是忽略了一項基本要點，亦即使節團不是一件可以由出色的大使依據歐洲人的希望而任意形塑的工具。相反地，外交使節團必須遵循亞洲官員要求的特定邏輯，而且不是所有的使節團都能夠通過這項考驗，不論使節團裡的首席代表個人特質如何。呼應先前的一項論點，由此可以看出外交絲毫不是一件直截了當的事情。

諾伊茲的使節團遭遇的問題如此之多雖是其他外交會晤所罕見，但其實也不是什麼新鮮事。在這類任務當中，歐洲人對於國際關係的正常秩序以及外交使節的權利所懷有的認知，與亞洲的政治現實產生了衝突。由此造成的結果經常是一股強烈的焦慮感，奉派出訪的大使只能勉力因應自己與對方的會晤。羅伊這個擁有傑出資歷的使節就是一個著名的例子，他在一六一五年受到英國東印度公司派遣前去和蒙兀兒皇帝交涉。他雖然獲得了比較大的成功，但他在冗長的日記裡詳細記述的這段經驗，卻經常呼應了諾伊茲遭遇的狀況。[5]這兩位大使都不斷為了促使對方尊重他們的任務與君主，而採取類似的策略，也同樣仰賴戲劇性的呈現，但他們兩人卻都不得不一再採取守勢。對於諾伊茲而言，這項外交任務成了一個他看不到出口的可怕「迷宮」；對於羅伊而言，則是成了「一團混亂」，不論他怎麼努力想要建立秩序都沒有效果。6

做為外交首都的巴達維亞

從許多方面來說，逐漸捨棄先前那種依賴執政官做為外交中介者的做法，乃是無可避免的結果，原因是荷蘭東印度公司日益發展茁壯，並且從原本的陌生闖入者轉變為一股強大的勢力，在亞洲擁有自己的領土基地。不過，取代先前那種做法的策略可以追溯到兩項重大發展，也就是在一六〇九年創立的總督職位，以及查雅加達在十年後受到征服。這兩項發展共同奠定了公司在亞洲建立一座外交首都的基礎。在荷蘭東印度公司於一六〇二年成立之後的初期年間，位於聯省共和國的十七人董事會是該公司唯一的恆久指揮結構。經常從歐洲出航的艦隊都設有一位艦隊司令，他必須率領艦隊前往亞洲，並且在抵達之後掌控公司的營運活動。不過，這麼一位艦隊司令的任期只要在下一位艦隊司令率領另一支艦隊抵達即告結束，因此每一位艦隊司令主掌公司事務的時間都相當短暫。這種做法雖然在理論上能夠保持指揮系統的明確性，但實際上卻造成了一套高度分權的系統，每支艦隊都各自獨立行動，幾無互相協調。結果，個別的指揮官之間不免衝突，承諾不免遭到打破，於是這樣的混亂情形也就消弭了荷蘭東印度公司的努力。

隨著營運區域日益擴張，抵達亞洲的船隻也愈來愈多，這樣的安排於是明顯可見無法長久持續下去，因此十七人董事會就在一六〇九年決定改造這套體系。他們充滿野心的解決方案，就是設置總督（Gouveneur-Generaal）這個職位，不但永久位於亞洲，並且掌控那裡所有的營運活動。這項決定把荷蘭東印度公司帶上了一條道路，比較像是葡萄牙把中央機構設置在果亞（Goa）的那套體系，而不像競爭對手英國那樣持續仰賴以個別艦隊為主的模式。[7] 針對這個新職位的人選，十七人董事會挑上了波託（Pieter Both）這個經驗豐富的商人，他曾在前身公司的其中一次航程中去過亞洲。他奉命掌控荷蘭東印度公司在亞洲的所有活動，並且將那些活動帶回穩固的基礎上。[8]

除了設置一個中央集權的職位之外，十七人董事會也意識到必須在亞洲建立一座永久總部，以便指導一切公司事務。根據荷蘭東印度公司的文件，受到提議的總部設置地點必須擁有良好的天然港灣，用來整修規模愈來愈龐大的艦隊；也必須處於重要的戰略位置，最好是在主要貿易航路的交匯處；而且還要有擴張的空間，最好是因為那個區域早已受到荷蘭東印度公司統治，不然就是因為當地的政治當局積弱不振，而願意做出大幅度的讓步。他們最後終於選定查雅加達：一座位於萬丹附近的港口城市，統治者是個地位無足輕重的君主。雙方在一六一〇年達成協議，允許荷蘭東印度公司在當地建立基地。不過，雙方的關係後來逐漸

圖 2.1｜巴達維亞城，由比克曼（Andries Beeckman）繪於一六五六—五八年左右。阿姆斯特丹國家博物館提供

惡化，不到十年之後即公然開戰。等到煙硝落定之後，那個君主已遭到推翻，他原本的領土成了荷蘭東印度公司的領地。

巴達維亞的建立永久改變了荷蘭東印度公司的發展進程，因為該公司藉此創造了一個主權空間，可以在不受外部權威的阻礙下運作。[9] 在後續數十年間，該公司的管轄範圍逐漸從查雅加達原本的界線向外膨脹，最終控制了爪哇島的大部分地區。征服查雅加達還帶來了一項額外後果，就是在公司內部創造了另一個權力中心。從一開始，歐洲與亞洲緩慢的通訊速度就給了總督相當程度的自由空間可以獨立運作。巴達維亞只要有意，就能夠以情勢改變為由而直接忽略或者選擇性解讀從董事會而來的命令。野心較大的總督，更是樂於自主行事，再向董事會呈報已經無可改變的結果。在一六三六至一六四五年間擔任總督的范迪門（Antonio van Diemen）曾經向他的上司指出：「我們已經說過，也以這封書信確認東印度的事務必須全權交託給我們處理。我們如果要服務公司的利益，就不能枯等命令送達。」[10]另一名總督說得更直接，指稱「祖國的各位先生在那裡做出他們認為最好的決定，但我們在這裡根據我們自己的明智判斷行事」。[11]結果，這些官員在公司裡成為一股愈來愈有主導性的勢力，而十七人董事會則退居於比較被動的角色。[12]

隨著公司內部的政治情勢演變，其外交策略發動核心也開始轉移到歐洲以外。聚焦於巴達維亞的這種新現象，一部分是對於公司的活動範圍迅速擴展所做出的務實反應。到了一六二〇年代，荷蘭東印度公司已和眾多的皇帝、國王、蘇丹以及亞洲各地的其他統治者持續不斷進行交涉。在如此大量的外交往來下，該公司已無法再等待來自執政官宮殿的信函，因為就像日本的案例，這種文書有可能需要等上幾年的時間才能取得。另一方面，公司裡有些人也開始認為，依賴一個身在歐洲的人物背書，可能會削弱總督本身的地位。荷蘭東印度公司在亞洲逐漸擴張之後，也開始愈來愈執迷於自己的名聲，認為這是一種至關重要的工具，必須藉此才能誘使盟友接近巴達維亞，同時遏止對手的輕舉妄動。[13]一位強而有力的總督，能夠獲得巴達維亞周遭那些「虛情假意的朋友與公然宣告的敵人」所敬重，對於公司的存續具有關鍵重要性，而一再提及歐洲某位更高階的人物，只會損及總督辛苦贏取而來的地位。[14]一名官員直接針對這點指出，他的上司不該再向執政官索取信函，因為「總督獲得的尊敬會因此大幅降低（而有損公司的利益）」。[15]

不過，如果不是總督這個職位的本質有所轉變，從荷蘭的中心轉向巴達維亞的情形就不可能發生。初期接任這項職務的人，都是相對平庸的人物，根本不適合扮演外交門面的角色。不同於果亞的葡萄牙總督，荷蘭的總督不是貴族，而且許多人的出身都極為卑微，經過數十年的服務才得以從基層逐步攀升到握有權勢的地位。[16]此外，有些人則是像范迪門一樣，利用假名逃出聯省共和國以逃避司法程序，而這些人的過往更是多采多姿。初期的這些總督抵達亞洲之後，由於完全沒有當地統治者的那種華麗派頭，因此頂多只會被視為首席商人。所以，也就難怪許多鄰近國家的統治者都對這些總督嗤之以鼻，認為他們缺乏從事外交的必要身分。一名蘇丹表達了以下這樣的態度，而且這樣的態度不限於他，他聲稱派遣使節團與總督會面「有損他的榮譽。要是毛里茨親王在這裡，他就會像問候兄弟一樣派遣（代表）晉見他，但絕不會自貶身分（派遣使節團）往訪總督，因為總督只不過是商人的監督者而已」。[17]實際上，就是由於這個原因，荷蘭東印度公司才會在波託於一六〇九年上任之後仍有幾年的時間持續仰賴執政官提供的信函。

改變對總督的這種觀感需要時間。征服查雅加達之後，荷蘭東印度公司開始在過去的聚

圖2.2｜波託總督，
不知名畫家繪於一七五〇—八〇年左右。
阿姆斯特丹國家博物館提供

落廢墟上方建造一座新城市。[18]在往後的數十年間，人力將河流截彎取直、挖掘運河，並且興建了一排排有山牆屋頂的房屋，將這座城市從一個封閉落後的地方轉變為繁盛的殖民地大都會，後來被人稱為「東方女皇」。[19]如同巴達維亞這座城市，總督這個職位也受到改造，而徹底抹除了首席商人這種卑微形象。等到走訪巴達維亞的外國旅人所寫的詳細記述在十七世紀中葉開始流傳之後，總督已成了一位愈來愈莊嚴的人物，看起來和當地的統治者比較相似，而不再像是「商人的監督者」。[20]總督只要外出，一定會搭乘一輛由六匹馬拉行的特殊國家馬車，伴隨著一群騎士以及一群服飾華麗而且手持長柄斧的護衛。法國旅人塔維奈爾（Jean-Baptiste Tavernier）為巴達維亞寫下了一份最早出自外人手筆的記述，評論裡他指出：「歐洲的騎兵不論衣著或馬匹都比不上總督的騎士，那些騎士全都騎乘著波斯或阿拉伯駿馬。此外，他的步行衛隊也同樣華麗：他的長柄斧手身著黃色綢緞緊身上衣，鮮紅色的馬褲還綴有銀色蕾絲，腳上還套著絲質長襪。」[21]

由此造成的整體效果，帶有清晰可見的帝王色彩。一名寫作者總結指出，他「展現出一位非凡君主的顯赫與排場。他不僅居住在一幢宏偉的宮殿裡，而且他的整體形貌、隨從與政府都充滿了國王風範」。[22]另一人提及總督的「顯赫與排場毫不遜於歐洲的王侯」，[23]還有一個人則是單純指稱現任總督被人稱為「荷蘭人的Raya de Jaccatra（咬𠺘吧羅羅闍），也就是雅加達國王」。[24]一如國王，總督一生中的關鍵時刻（包括就職、誕辰，以及葬禮）也都會舉行精心籌辦的活動，由全城共同參與。[25]就職典禮舉行於大批群眾面前，而且群眾必須向即將上任的總督宣誓「效忠誓詞」。[26]最後，由火槍與大砲連發，標誌典禮結束，再由城裡的首要人物進入城堡內向新任總督致上個人的恭賀之意。

荷蘭東印度公司軍隊裡一位名叫弗萊克（Christopher Fryke）的士兵，描寫了同樣奢華的誕辰慶典：

那天是總督的生日……於是所有的商人與自由人都全副武裝，列隊站在城堡內總督的宿舍前方。在城堡與城市周圍的大砲全都發射過之後，他們就舉起火槍數次連發向總督殿下致敬。接著，每個國家的代表團都帶著禮物入內呈獻給總督；先是中國、暹羅、日本、望加錫（Macassar）、安汶、班達群島等等，然後，就連平常不准踏進城堡內的爪哇人也獲得放行進入。……這些禮物都非常華麗。……除此之外，所有的街道上也滿是燈光、篝火與煙火。[27]

不過，最盛大的典禮卻是為了在任內逝世的總督所舉辦的喪禮。這些喪禮可能奢華至極，曾有一場的花費超過一萬三千荷蘭盾，而且這筆龐大的數額當中還包含了特別為這場喪禮打造的兩百六十七枚金銀紀念章。[28]這類典禮的高潮是由數以百計的市民、公司員工、樂手、當地顯要以及外國大使組成的長排送葬隊伍，穿行於巴達維亞的街道上，伴隨著一輪接一輪的禮砲。[29]在送葬隊伍的中央，則是由一群神情莊重的官員捧著死者的服飾，包括帽子、佩劍、長袍、手套與馬刺。

規則與儀式的詳細制定、為了慶祝重大事件而精心編排並且花費高昂的典禮，還有刻意將部分特權只賦予特定對象，可見這些行事方法遠遠不僅是個人的一時興起。歷任總督當中雖然有許多人都明顯對這類帝王般的排場樂在其中，但這段時期對總督職位的全然改造，動機卻顯然是為了政治原因。[30]當時的觀察者就認知到了這一點，例如塔維奈爾指出，為了「保持自己在東印度的權威與商業活動，〔公司〕認為對他們有利的做法，就是讓總督……保有國王的派頭」。[31]

總督一旦表現出「國王的派頭」，即為外交活動提供了一個不需特別爭辯的焦點。於是，外國使節團原先需遠赴歐洲晉見執政官，例如一六〇九年的暹羅代表團，也就逐漸轉變成以巴達維亞為目標。這座城市接待外國代表的儀式之繁複，以及對於恪遵禮儀的堅持，與任何王室宮廷相比都毫不遜色。其中每個階段、每位參與者以及每一項舉動的確切要求，都詳細記載在荷蘭東印度公司的檔案裡。[32]來訪的大使一旦抵達，就會由特別裝飾的船隻接上岸，同時由現場的艦隊發射禮砲。登岸之後，大使就會受到一群高階官員迎接，帶往特別為「國王或外國的大使與代表」所建造的宿舍。[33]

在接見當天，一輛由公司部隊護送的「國家馬車」（caros van staat）會把大使載到巴達維亞城，也就是外交互動的關鍵儀典場所。[34]在十七世紀末造訪巴達維亞的耶穌會教士塔沙（Guy Tachard）指出：「城堡有四座稜堡，正面架設了大量的銅砲。城堡裡還有一支精良的駐軍，不只為了抵禦亞洲人和歐洲人以及在必要時馳援其他地方；也是為了向來自東印度各地的大使與王侯展現荷蘭東印度公司的強盛與實力。」[35]外國代表抵達城堡之後，就把外交函件交給一位衣著華麗的長柄斧手，由他把這些文書放在一個銀質或金質的盤子上，再蓋上綢緞，上方再由一把黃色的「國家陽傘」遮蔭。[36]

在《巴達維亞城日誌》裡記錄了好幾百份的這些文書，反映了總督本身已然成為一位外交行為者，是那個熱鬧的政治環境當中，另一個帝王式人物。過去曾經把總督擯斥為一個卑微商人的某國家，其統治者在一六六四年送來的一封信函卻轉而將總督稱呼為「下風處所有土地、城堡、船隻、小艇與尼德蘭人之主，對陸地與海洋的統治力都同樣強大」。[37]一六六四年，爪哇的「占碑（Jambi）王位」持有者寫信給「在巴達維亞端坐於權力寶座上並且統治上風與下風處〔各地〕荷蘭人的……總督」。[38]一六九一年，阿比西尼亞（Abyssinia）的統治者致函給「荷蘭蘇丹當中最崇高的蘇丹，以及巴達維亞的眾王之王」；越南東京（Tonkin）的元首則是在一封信中把總督單純稱呼為「巴達維亞國王」。[39]其他統治者選擇採用較為親密的稱呼，而把總督稱為父親或祖父。[40]

除了外來的使節團證實巴達維亞是個愈來愈重要的外交中心之外，這座城市也同樣積極派遣代表出使他國。查雅加達受到征服之後，即有數十個使節團帶著總督的信函與禮物出現在亞洲各地的首都。其中聲勢最浩大的使節團前往蒙兀兒帝國或薩非王朝（Safavid）這類區域強權，不但有盛大的隊伍，也以精心編排的隊形進入首都，由衣著華麗的大使在前方率領。[41]他們攜帶的總督信函逐漸取代執政官的書信而成為荷蘭東印度公司的標準外交工具。[42]因此，整體趨勢即是從先前的「荷蘭國王」模式轉向另一套新模式，以愈來愈具帝王色彩的總督傲然挺立在一套寬廣的外交網絡中心。[43]不過，以巴達維亞做為門面的轉變並不全然平順，還是有少數統治者對奧蘭治親王的隱沒表達不滿，尤其是那些曾經和他互換過一連串信函的統治者。

在暹羅，大城的君主向來利用執政官來信的機會舉行盛大的展示活動，藉此強化自己的權威，因此荷蘭東印度公司試圖在此斷絕與「荷蘭國王」聯繫的做法，就一再遭到頑強的抵抗。在對方持續不斷詢問奧蘭治親王是否還有可能來函的情況下，總督終於在一六三九年要求暹羅國王直接與他通信，而不要再嘗試與執政官聯繫。[44]次年，巴達維亞取得毛里茨繼任者亨德里克（Frederik Hendrik）的一封信函，要求中止暹羅與他的通信，[45]而他提出的理由即是暹羅與尼德蘭相隔遙遠，所以一切外交事務都應由總督處理，因為總督是受到任命的領主，負責統率身在亞洲的荷蘭人，而且本身也握有主權權力。經過一番你來我往之後，暹羅的官員才終於接受這種新安排，而同意把信函與使節團轉往巴達維亞。不過，日本的狀況則是另一回事。在那裡，外交焦點從荷蘭移往巴達維亞的做法引發了憤慨。

另一支派往日本的使節團

一六二七年，距離荷蘭東印度公司的前一個使節團抵達日本超過十年之後，該公司決定再派遣另一支代表團前往幕府將軍的宮廷。這麼一項外交任務背後的動力已經積聚數年，部分原因是為了回應德川家康的繼任者德川秀忠對荷蘭人所施加的一連串限制。不過，公司內部雖有部分人士對於這項做法頗感熱衷，卻不是所有人都認為一支新的使節團能夠達到預定的目標。尤其是在一六二三至一六三三年間擔任日本商館館長的耐煙羅得（Cornelis van Neijenroode），更是指稱這麼一個使節團將會耗費大量資源，卻又無從為公司帶來有益的效果。他以深刻的洞見評估了荷蘭東印度公司與德川政權在外交期望上的大幅歧異，指出任何一名大使都只能晉見幕府將軍一次或兩次，而且根本不能和他直接對話。耐煙羅得說明指出，在日本，大使「只不過是個送信人」，任務只在於呈遞官方文書，參與相關禮儀行動，但完全沒有能力可以打破德川政權的規範，與幕府將軍直接協商而獲取新的讓步。[46]因此，想要利用使節團開啟對話新空間的嘗試注定失敗。與其把有限的經費浪擲在這種活動上，荷蘭東印度公司如果想要與幕府將軍接觸，不如繼續仰賴非正式代表，因為在執政官的上一封信函送抵日本之後的多年裡，仍然斷斷續續有這類代表前往江戶。

終於促成荷蘭東印度公司派遣使節團的導火線，不是荷蘭東印度公司在日本的貿易活動遭到進一步限制，而是因為台灣島上發生的事件。一六二四年，荷蘭東印度公司建立了在東亞的第一個殖民地，位於當今台南市附近的大員灣。東印度公司於是著手排除在大員出入已有數年之久的日本商人，但此舉立刻遭到抗拒。後續抗爭的帶頭者是末次平藏，他是名長崎的商人暨官員，拒絕放棄與大員貿易所帶來的豐厚利潤。[47]後來，末次平藏的使者與荷蘭人發生衝突的消息在日本引發憤慨，巴達維亞於是認定必須採取行動，以確保這起事件不會損及與德川政權的關係。

時任總督的卡本提耳（Pieter de Carpentier，一六二三—二七年在任）隨即選定的解決方案，就是派遣使節團。這項決定反映了荷蘭東印度公司裡的普遍觀點，即仍然把這類代表團視為極其重要的政策工具。藉著提供一套機制，可讓一名高階荷蘭官員帶著一切必要的文書與禮物到一座亞洲首都待上一段時間，使節團因此是一種多用途的工具，可用於解決各式各樣的問題。因此，每當巴達維亞遭遇重大障礙，就一再採取派遣使節團的做法。根據這種行事方式，派往日本的使節團被指派兩項重要目標。[48]由於幕府將軍和荷蘭東印度公司的正式聯繫在毛里茨的前一封信函於一六一二年送抵日本之後已中斷許久，因此這個使節團的第一要務就是要重建雙方的關係。藉著派遣一名衣著華麗的大使帶著珍奢的禮物現身江戶，公司希望此舉足以博取幕府將軍的歡心，而提升該公司在日本的地位。第二項目標則涉及大員。使節團必須為公司在那裡的行為提出解釋，藉此反駁末次平藏及其他日本商人的投訴。如果協商過程進展順利，大使就應該請求幕府將軍終止日本人與大員的貿易，停發那個地點的航海通行證（朱印狀）。藉著使節團與德川政權直接協商，促進公司利益，從而強化公司在日本的地位。

為了這麼重要的一項任務，自然必須挑選適當的大使。公司早已不再採取單純任命手邊人選的做法（當初就是因為採取這種做法，才會出現蒲伊克與凡登布羅克這兩個難以想像的大使）而是愈來愈精挑細選他們派出的代表。這次的人選必須要有足夠資深，才能獲得幕府將軍的重視；同時又必須具備足夠的積極性與靈活度，才能推動協商。卡本提耳相當幸運，因為這時剛有一艘來自歐洲的船隻抵達巴達維亞，而船上就有一名看似理想的人選。這個人選就是諾伊茲，一位能幹又抱負遠大的學者。諾伊茲在一五九八年誕生於米德爾堡（Middleburg）一個富裕的商人家庭裡，才十五歲就進入萊頓大學就讀。[49]他在一六二〇年畢業取得哲學博士學位之後，就在父親經營的事業中任職，並且在不久以後結婚。不過，紡織貿易規律平淡的生活似乎對他缺乏吸引力，於是他在一六二六年以二十八歲的年紀進入了荷蘭東印度公司。如同該公司的許多員工，他也一心一意想要利用自己身在亞洲的時間獲取財富與地位。他說自己「遠渡重洋……不是要來吃草」，而是要來賺錢，並且要以他能夠運用的一切手段盡快達到目標。[50]

諾伊茲遇到的時間點對他特別有利；他加入荷蘭東印度公司的時候，正值公司高層一心想要做出改變，不再使用原本湧向亞洲的那種草莽冒險家，而是改為雇用新一代受過教育的人士，以迎合公司業務蒸蒸日上的需求。諾伊茲雖然缺乏在歐洲以外從事貿易的經驗，卻在熱蘭商會的支持下隨即獲得提拔至東印度特別委員的高位。他在一六二六年五月搭乘黃金海馬號（Gulden Zeepaert）航向亞洲，並且帶著年幼的兒子勞倫斯（Laurens）同行，但後來勞倫斯卻在日本遭遇了悲慘的下場。經過十一個月的航行，期間還偏離計畫繞道前往了澳洲西岸，諾伊茲終於在一六二七年四月抵達巴達維亞，而在那裡獲選扮演兩個重要的角色。首先，他必須以大使的身分前往日本，完成這項任務之後，再擔任大員殖民地長官。[51]為了幫助他達成第一項任務，巴達維亞方面任命了穆瑟（Pieter Muijser）這位經驗豐富而且到過江戶的商人擔任副大使。穆瑟雖是兩人當中比較有經驗的一位，卻似乎退到了後方，而將使節團的掌控權讓給遠遠較為頤指氣使的諾伊茲。

大使人選確定之後，巴達維亞的官員於是接著開始準備正式使節團常見的元素：信函、一群體面的隨行人員，以及禮物。其中最重要的是兩份為了德川秀忠及其子德川家光準備的書信。到了一六二七年，德川秀忠已正式退位，但仍然握有相當大的權力，所以寫給「老皇帝」的第一封信毫無疑問地擁有比較高的重要性。乍看之下，這封信似乎沒有任何爭議之處，是一封直截了當的問候信，充滿得體的謙遜用詞，並且點綴了一些巴結諂媚的文句：

由於陛下的特別恩惠，荷蘭人多年來才得以在日本享有深厚的友誼與優待，本人深深明白這一點，也對此極度感激。因此，本人必須對陛下致上恭敬而尊榮的謝意。……為了表達本人的感受，特地派遣尊貴的諾伊茲先生擔任使者，連同本人最信任的委員穆瑟，共同向陛下敬呈本人的信函，並且懇請陛下繼續以深厚的恩惠與情感對待荷蘭人。……為了證明本人的感激與我們的友誼……謹獻上兩門來自荷蘭的金屬大砲，連同火藥、砲彈以及其他配件，還有若干小禮物。本人的使者將為陛下呈上這些禮物，盼望陛下能夠欣然收下。此外，也請信賴本人的使者向陛下進一步說明的一切事務。〔陛下恭順的僕人，尊貴的總督卡本提耳敬筆於〕巴達維亞城，一六二七年五月十日。52

要瞭解這麼一封充滿敬意的信函為什麼會在江戶成為紛爭的來源，我們就不能只把目光放在表面這些平淡乏味的文字，而必須探究寫信者隱藏在字裡行間的假設。卡本提耳的信函雖以謙恭的言詞表現出懇求的姿態，一心希望保有幕府將軍的恩惠，好讓他的部屬能夠在日本做生意，但這封信函同時卻也以充滿自信的姿態主張了總督的權利。

荷蘭東印度公司首度接觸德川家康的時候，刻意向執政官索取信函做為外交往來的適切基礎。由此造成的結果，就是將該公司的代表和一位被呈現為「荷蘭國王」的人物相連結，而日本人無疑也是如此看待這號人物。相對之下，在卡本提耳寫下這封信的時候，該公司已捨棄了過往的那種互動模式，因此信中也就完全沒有提及先前的那位代表人物。結果，「荷蘭國王」就這麼無緣無故地消失無蹤，而取代為一個新的元首，從他位於巴達維亞的總部寫信向幕府將軍呈上友誼。這封信雖然沒有誇稱總督的影響力或者權勢，卻畢竟是立足在這項基本假設上：卡本提耳應當被視為一位獨立的政治行為者，完全有權派遣大使，因此不需借助其他權威即可在日本外交界裡和其他較為傳統的君主平起平坐。由於這點不證自明，因此信中也就完全沒有解釋這位「尊貴的總督」究竟是什麼人，也沒有為他的角色提供正當理由，而是把外交呈現為總督職務的自然延伸，不但可以也應當單純視之為一項既有的君主特權。這當然是荷蘭東印度公司的正式立場，明白規定於其特許狀的第三十五條，其內容賦予了這間公司（因此也包括該公司派駐亞洲的首席官員）不需仰賴外部人物即可與外國統治者往來的權利。不過，如同諾伊茲在不久之後發現的，在歐洲賦予的權利，並不會在地球的另一端自動獲得承認，因為那裡的外交自有另一套規則。

這封信裡隱含的另一項假設也應當提出來探討。卡本提耳在信末請求幕府將軍「信賴本人的使者向陛下進一步說明的一切事務」。如同德川幕府官員後來指出的，這句短短的文字實際上就是為大使賦予了和幕府將軍直接協商的權力。所以，諾伊茲抵達江戶的身分不只是個傳遞信函的信使，而是一名現役談判員，奉命代表巴達維亞與幕府將軍展開直接對話，或者至少是與幕府將軍最親近的顧問直接對話，促進公司在各式各樣議題上的利益。於是，這句話又構成另一個隱藏的陷阱，在大使抵達江戶之後就一腳踩了進去。

相較於當初蒲伊克與凡登布羅克被迫只能以手邊既有的資源拼湊出他們的使節團，諾伊茲的這項外交任務則是毫無匱乏，得到全權支持。到了一六二七年，荷蘭東印度公司已深切意識到自己的使節團必須要有體面的樣貌，因此願意投注大筆資金為一支元首代表團提供一切必要的妝點。身為大使的諾伊茲獲得一群隨扈，包括四名身穿制服的僕人、兩名保鏢，以及兩名秘書。他收到的指示詳細指出，這個使節團必須要有三十四名成員，包括為他的副手穆瑟準備一群人數相當的隨扈，還要有兩名日本商館的商人、四名通譯員與助理、六名日本僕人，以及三名黑人奴隸。[53]相對於先前那個使節團由各種奇怪物品湊集而成的禮物，諾伊茲則是得以攜帶一批豐厚的禮品。[54]其中最主要的禮物是四門由歐洲運來的重砲，目的在於滿足德川幕府長久以來對於歐洲大砲的興趣，而這也是荷蘭毫無疑問領先於日本的一個領域。此外，荷蘭東印度公司也打算為幕府將軍獻上大量的檀香木與絲綢，還有一批深富異國風味的物品，包括波斯地毯、西班牙葡萄酒、中國服裝，以及歐洲火器。為了讓使節團的任務能夠更加平順，巴達維亞的官員還列了一份名單，指出德川幕府當中必須個別送禮的重要官員。

這一切的準備，表示這支使節團精心配備了巴達維亞能夠提供的一切。這次的使節團既然比先前遠遠豪華得多，那麼看起來應該沒有理由不能達成目標，促使德川幕府對大員的政策做出改變，並且讓荷蘭人在日本的處境獲得整體改善。

大使抵達日本

諾伊茲在一六二七年六月從巴達維亞啟航，首先到大員查看該公司在那裡的聚落，然後再繼續朝日本出發。八月一日上午，他的船隻飄揚著一組特殊的特大號旗幟航入平戶的港口。[55]這項招搖的舉動顯示了諾伊茲如何看待自己的角色，也突顯了這個使節團的招牌特色，也就是對於張揚顯擺的執迷。諾伊茲的上司後來雖然因此對他痛加責難，聲稱這是他的性格缺陷造成的結果，所以也正符合強調諾伊茲個人問題的論述；但這卻是他和身在亞洲的其他歐洲大使共有的執著。其他許多大使也都採取了極為相似的做法。[56]

所有的使節團都有如某種外交戲劇表演，但這支使節團尤其如此。套用里奇蒙．巴柏的用語，這個使節團特別依賴「表演性的語言」闡述他們的論點。[57]身在亞洲的歐洲大使因為在遙遠的國度行使任務，又只擁有極度有限的工具，因此自然而然成為一場盛大默劇當中的核心角色，藉著這樣的演出證明自己的資格以及資助者的權威。由此造成的結果，就是必須確保交涉過程的每個階段都成為一場表演，總是由大使扮演主角，並且經由精心安排展現出這位大使以及這個使節團確實值得認真對待。羅伊也許算是早期大使中最著名的一位，他在印度就致力尋求各種機會利用展示做法證明他的崇高地位，從而維護他所屬君主的「榮譽和尊嚴」。[58]藉著這種方式，他的出使任務當中的各個關鍵時刻都成了戲劇表演的機會，每一次都經過仔細安排，以便證明自己是「一位權高勢大的國王所派遣的大使」。[59]如同羅伊，諾伊茲也熱切扮演這種演員的角色，利用每個機會透過舉止或華麗的展示突顯自己的地位。對他而言，維護「使節團的榮耀和名譽」是他最重視的事情，必須小心計算避免遭到損傷，並且透過壯觀的表演予以強化。[60]一旦從這個角度觀之，他採取的策略看起來就比較不是個人缺陷造成的結果，而是反映了歐洲大使在近代早期亞洲充滿不穩定性的處境。

對於諾伊茲或羅伊這樣的代表而言，從船上登岸的時刻就是突顯自身權威的第一個階段，因此需要特別用心為之。這項舉動本身就充滿意義。[61]船隻的木殼有如一座監獄，雖然必須在其中熬上幾個月或甚至幾年之久，卻也提供了一個令人安心的空間，一個漂浮於水上的歐洲管轄區，大使的權威在其中不受質疑，內部的階級體系也穩固不移。如果說船上安全無虞，那麼陸地上就可能存在著各式各樣的危險。在登上陸地的這個轉移過程中，大使被迫必須親身面對其亞洲東道主可能提供的各種待遇，面對自己無法控制的規則以及自己無法掌控的情境。因此，這個轉移時刻就必須為後續的交涉定下正確的調性。成功的下船儀式能夠堅實確立大使的權威，明白表示他不是普通的旅人，並且確保自己未來能夠獲得特殊的待遇。另一方面，出使任務如果一開始就不順利，接下來即有可能依循這樣的狀況持續發展下去，以致任務還沒真正展開就已注定失敗。

由於不希望這段過程出現任何差錯，使節因此不惜在船上等待數天之久，等到登岸的適當條件確保之後才下船。在印度，羅伊先安排了一場精心規劃的盛大登岸儀式，包括一群「守衛以及裝備最精良的船隻，在我經過之時向我行禮；在我的船隻前方發出最精緻的號角與音樂聲」，然後才終於下船。[62]儘管做了這些準備，他聲勢浩大的隊伍卻還是未能順利前進，原因是當地官員依照長久以來的慣例，堅持搜查大使與他的隨行人員。羅伊提出抗議，表示自己是「一位強大而自由的國王派遣而來的大使」，絕不可能接受這樣的羞辱，結果被迫回到船上，等到雙方協商出別的安排之後才得以上岸。[63]

諾伊茲在日本也依循了類似的模式。一如羅伊，諾伊茲也決心展現自己所持的這項職務具有崇高地位，因此應當獲得特殊待遇。按照慣例，抵達平戶的所有船隻都必須在港口內等待當地官員檢查之後，才能夠讓船員與乘客上岸。諾伊茲認為這種做法對他而言是不可接受的冒犯舉動，因此堅持自己必須獲得立刻上岸的優待，他向前來進行檢查的官員表示，他的職務即代表這類規則不能適用在他身上。他堅持指出，這類「無禮的權威」不可容忍，因為如此將會對他這項使節任務的基礎造成損害。[64]他發現自己的抗議未能引來他所要求的豁免之後，於是決定自力救濟，在沒有接受檢查的情況下即自行上岸。如果平戶的官員不懂得正式使節與一般荷蘭商人之間的差別，那麼他就必須以行動展現給他們看。

這類禮儀滑稽劇在這些看起來微不足道的議題上以如此認真的態度演出，正足以見證展示行為的重要性。諾伊茲在平戶從事的準備活動，就是基於相同的考量。巴達維亞原本的計畫要求一支三十四人的隊伍，但到了日本之後，諾伊茲卻決定把人數增加到七十人。他一心想要進一步壯大聲勢，於是找了一群號角手，以昂揚的號角聲為隊伍的行進伴奏。[65]儘管平戶的官員已經對他先前的行為深覺反感，但他仍然堅持要求他們把當地的旗艦，借給他充當使節團的運輸工具，那是一艘華麗的五十六槳帆船，是平戶大名自身搭乘使用的船隻。[66]遭到拒絕之後，他忿忿不平埋怨自己的使節團遭到輕蔑的對待，完全沒有獲得適度的尊重。[67]

使節團在八月十五日離開平戶，而在五天後抵達下關這座港口城市。他們一行人因為逆風而被困在港口裡一個星期，諾伊茲於是利用這段被迫延誤的時間找人將總督的信函譯成日文。[68]決定在旅程上翻譯這些信函的做法，不禁引人質疑這項至關緊要的工作為什麼沒有在平戶進行——畢竟，那裡的日本商館人員以及藩主松浦氏的家族成員，都是他可以尋求協助的對象。在日本商館館長耐煙羅得後來提報上級的記述當中，他以憤怒的言詞譴責信函翻譯工作的草率處理態度。他慨嘆諾伊茲匆忙行事的做法，並與先前的經驗比較，指出執政官的其他信函都是在諮詢日本官員的情況下仔細翻譯，並且經過再三的詳細檢查。[69]更令人氣憤的是，諾伊茲甚至不肯將原始信函出示給耐煙羅得看，儘管耐煙羅得有過與德川幕府直接交涉的經驗。諾伊茲似乎唯恐那些信函提早曝光，而決心嚴密守護，等到呈遞給幕府將軍的那一刻才傲然揭露於眾人面前。如此造成的結果，就是譯文基本上依照字面翻譯而成，沒有針對收信對象加以潤飾。

風向改變之後，使節團便得以再度啟航，而在九月一日抵達大阪。下船之後，他們向幕府當局提出申請，要求循陸路繼續前往江戶。才兩個星期後，使節團就收到消息，指稱他們獲得授權使用德川政權的驛路與驛館。[70]這項消息除了帶來迎合諾伊茲心意的效果，也就是確立這支代表團的正式使節團地位之外，也促成大使隨行人員的大幅擴張，加入了數十名武士、馬夫，以及抬轎手，而膨脹至兩百四十人。[71]諾伊茲與他的手下從大阪踏上東海道大道這條連接日本經濟與政治中心的東岸道路。由於他們獲得授予正式使節地位，因此得以在這條路旁樹木林立的大道上快速前進，而在十月一日進入江戶的西側市界。

隨著使節團進入這座蔓延廣大的城市，總算連諾伊茲也對他們獲得的崇敬接待感到滿意。[72]在平戶藩官員的伴隨下，使節團隊伍緩緩穿越經過特別打掃而且灑上沙子的街道。如同在這個時期抵達江戶的其他使節團，諾伊茲一行人也吸引了大批群眾圍觀。為了確保使節團的行進不受干擾，幕府當局已封閉了週邊的連接道路，於是大使即可順利通行而不受旁觀群眾的阻礙。在封閉區之外，數以千計熱切想要目睹這群異國訪客的民眾聚集在街道兩旁。根據使節團日記的記述，「大批人潮秩序井然靜靜坐著觀看我們通過」。[73]不過，隊伍抵達市中心附近的住宿地點之後，諾伊茲要求更多尊榮待遇的天性又隨即浮現。如同其他外國使節，他們也受到安排，住宿於一間暫時徵用的佛教寺廟。[74]在缺乏其他適當建築的情況下，寺廟於是被視為最適合接待大群外交人員的場所，遠比另一個選項合適得多：由幕府當局徵用地方大名的宅邸。不出所料，諾伊茲並不這麼認為，而在堅稱他們的住宿地點不適合「招待這類人員」之後，才因為被告知這是幕府將軍特別下令的安排而同意接受。[75]

諾伊茲安頓下來之後，獲得了與松浦隆信（一五九一－一六三七）首度會面的機會。松浦隆信是平戶的大名，也是荷蘭人與德川幕府交涉的指定中間人。由於他統治的區域深深依賴對外貿易的收入，因此松浦隆信是荷蘭東印度公司在日本最始終如一的盟友——儘管他這樣的立場也完全是出於自利的考量。[76]不過，荷蘭人如果捅出婁子，他也最容易遭到牽連。因此，後來隨著這支使節團的前景顯得黯淡無光，這位大名也就主動切割諾伊茲，而加入了譴責這名荷蘭大使的陣營。不過，在初期的會面當中，由於大勢判斷起來是有利的，因此諾伊茲在他的記述當中提及自己對於「這位〔荷蘭〕人之友」的信任，也保證自己一定會全力配合松浦隆信的一切提議。[77]

十月三日，一小群高階幕府官員要求檢視大使的官方信函，以便在江戶城的正式呈遞典禮前事先核可信函內容。當天稍晚，對方捎來訊息向諾伊茲表示那些信函看來大致上可以接受，但仍需要稍加修改。看來只是一些源自翻譯的小問題，只要修改幾個字即可輕易解決，至少根據松浦隆信的說法是如此。更令人振奮的是，伊丹康勝這位頗具影響力的德川幕府官員自告奮勇協助諾伊茲以合乎「日本形式」的方法修改信函內容，以便能夠立刻呈遞給幕府將軍。[78]那晚下起一陣大雨，整座城市都籠罩在雨幕中，積水也從廟宇的屋瓦上奔流而下。

第二天早上，在雨勢仍不停歇的情況下，諾伊茲派遣副大使穆瑟前往平戶大名的院落與伊丹康勝會面。

穆瑟原本預期會是一場友善的討論，結果卻是一場漫長的質問，原因是幕府當局對於這個使節團的確切本質愈來愈感疑慮。這場質問以伊丹康勝為首，但在場的還有兩名僧侶，在日記裡被稱為「日本教士」，他們兩人靜靜坐在一旁，記錄著穆瑟的回答內容，以便事後呈報江戶城。[79]在穆瑟眼中，這兩名靜默不語的抄寫員看起來令人深感不安，而日記裡只要是提到這兩個人的段落，就瀰漫著一股幾乎是觸碰可及的焦慮感。那兩人是「奸邪狡詐的人」，不能受到信任，會威脅到使節任務的成功。[80]荷蘭東印度公司本身是一個深深執迷於保存記錄的組織，甚至因此造就了近代早期世界最龐大的檔案之一；而穆瑟既是這間公司的員工，想必對於抄寫員習以為常，所以也就不禁引人納悶他為何會感到如此不安。

對於遠渡重洋前往新大陸的歐洲人來說，書寫和火藥與鋼鐵一樣，皆屬於某種強而有力的科技。在歐洲，帝國的宣傳人士洋洋得意於書寫與保存記錄的能力所帶給他們的「文字優勢」（借用一名作者提出的用語）。如果說語言是人類與動物的分野，那麼書寫就區別了不同種類的社會，為某些社會賦予了優勢。如同伯恰斯（Samuel Purchas）指出的：「上帝還在這裡添加了另一項恩典，因此不但人類能夠以前者勝過野獸，一個人也能夠藉由這一點勝過另一個人；在所有人當中，有些人藉著運用文字與書寫而被人視為文明有禮、友善合群，也擁有虔誠的宗教信仰，而缺乏這種能力的人則是被視為粗俗野蠻。」[81]他指出，由於新大陸的民族所擁有的記憶工具僅限於語言，因此只能永遠被困在當下。相對之下，歐洲人則是藉由書寫的能力，獲得了一種永生性，能夠與「教長、先知、使徒、牧師、哲學家〔或者〕史學家」產生連結，而得以超越於生命不停流逝的時間之上，因此使得他們與他們在美洲發現的那些野蠻人截然不同。[82]

來到亞洲的歐洲人則是遇到了擁有高度讀寫能力的社會，書寫在其中具備許多不同功能。荷蘭人發現這個政權受到持續擴張的官僚體系所支撐，其統治奠基於文字資料的不斷累積。面對這樣的文化，歐洲人所謂的「文字優勢」即不復存在，而歐洲人在新大陸表現出來的那種典型自信也隨之流失。那兩名僧侶「在我們話都還沒說完之前就把一切寫了下來」，而他們的筆刷在紙上書寫的輕柔聲響，也就提醒了穆瑟雙方都在保存著記錄。[83]倡導在新大陸從事擴張行動的歐洲人士雖然能夠洋洋得意於當地原住民欠缺過往記錄的情形，身在亞洲的歐洲人則是必須面對一套他們無力掌控的書面歷史。就是在這一刻，穆瑟才明白意識到這項使節任務的成敗不僅取決於荷蘭人的書寫，也取決於日本人的書寫。實際上，這項使節任務之所以失敗收場，就是因為德川幕府的外交檔案保存了荷蘭東印度公司過往的代表團記錄。這兩名大使雖然試圖矇混過關，卻擺脫不了該公司先前造訪日本的使節團所留下的書面證據。伊丹康勝的兩名抄寫員抄錄下穆瑟匆促編造出來的解釋之後，只需檢視他們自己的記錄，即可找出一連串證據確鑿的矛盾之處。

穆瑟原本就已經緊張不安，而他努力維持的鎮定姿態更在不久之後蕩然無存。這場訊問由一個簡單的問題開始：「諾伊茲究竟是從哪裡來的？」這位副大使回答指出，他「從爪哇出發，經由大員而抵達江戶」。[84]對方立刻提出第二個問題。諾伊茲是「由荷蘭國王還是巴達維亞派來謁見日本皇帝〔幕府將軍〕」？穆瑟試圖在這兩個明確選項之間提出一個折衷的答案，於是回覆說諾伊茲「從荷蘭共和國來到東印度協助政府事務。巴達維亞總督派遣他和另一名合格人員前來日本，感謝皇帝〔幕府將軍〕陛下對我們展現的友誼，並且請求這份友誼能夠在未來持續下去」。他的回答隨即受到通報至江戶城，而揭露了這兩名大使來自巴達維亞，因此與「荷蘭國王」毫無關聯。如此造成的結果，就是剝除了先前的使節辛苦建立的外交架構，導致荷蘭東印度公司與幕府將軍的互動框架不再穩定無疑。

伊丹康勝把焦點轉向具有高度重要性的信函問題，繼續追問進一步的細節。他逼問道：「這些信函的書寫與簽署地點是在荷蘭還是巴達維亞？」在節節高升的壓力下，穆瑟於是聲稱總督本身就擁有相當於國王的地位。他表示，這些信函不是來自荷蘭，而是「由身在巴達維亞的東印度國王（Connick in Indien op Batavia）書寫以及簽署」。既然信函與大使都是來自巴達維亞，那麼他們帶來的禮物呢？再一次，穆瑟又尋求採取折衷之道，而回答指出「大砲和其他大部分的禮物都是從荷蘭運送而來」，但至少有部分禮品的確是來自巴達維亞。

回到政治支持者的問題上，伊丹康勝詢問道：「巴達維亞國王」這個日本人不熟悉的人物，和「荷蘭國王」以及大使本身有什麼關聯？他們是不是全都屬於同一個王朝，並且擁有相同的血統？穆瑟這次不再採取對頭銜與地位模糊處理的方式，而是選擇以明確的謊言回答，指稱「巴達維亞國王與荷蘭國王是血親，因此他們的互相聯繫相當頻繁。大使是一位重要人物，是東印度的委員，在血統上不遜於國王」。確立了使節團的來源之後，伊丹康勝接著逼問穆瑟他們出使日本的真實目的。這位副大使原本不願承認他們除了向幕府將軍表達感激之外還有其他意圖，但終究不得不坦承諾伊茲其實是前來商討發生在大員殖民地的事件。

這個問題為這場漫長的審問畫下了句點，終於，穆瑟首度有機會從那一連串持續不斷的問題轟炸當中喘一口氣。這場經驗深深令人不安，猶似遭受審判，只見一個問題接著一個問題，全都以「極度無禮而且充滿權威的口吻提出，彷彿我們是劣跡昭彰的罪犯一樣」。[85]不論從什麼角度觀之，都可以明白看出這兩位大使面對的情勢已然改變，而這項使節任務的命運雖然在短短幾天前看起來還穩固無虞，現在卻已陷入危機。在穆瑟受到質問之後的幾天裡，伊丹康勝受到幕府當局命令，針對這些意料之外的發展深入探查，故又數度訊問了兩位大使。由於他們並非由「荷蘭國王」派遣的這項中心事實已經確切無疑，因此這時關注焦點也就轉向了總督這位人物。幕府官員想要知道他是什麼人，以及他的職務是否確實「具有適當資格派遣大使往訪幕府將軍」。[86]回答這些問題，進而證明這支使節團確實應當受到正式認可的責任，就落在了諾伊茲肩上。87

江戶迷宮

諾伊茲遭遇的狀況雖然來自於荷蘭東印度公司的獨特性質，但其中的基本問題其實和近代早期亞洲的許多歐洲大使所面對的問題並無二致。像是羅伊、諾伊茲，或是其他類似的人物，都因為無法決定自己面對的條件而被迫只能設法融入既有的外交準則。不過，他們一旦嘗試這麼做，經常就會發現自己的使節團連自己最基本的期待都達不到。諾伊茲的處境又更加艱困，原因是自從荷蘭東印度公司初次接觸日本以來，德川幕府的外交慣例在後續年間已變得愈來愈僵化。當初蒲伊克與凡登布羅克正在日本對於外交往來接受度特別高的時刻抵達，諾伊茲的時機則是遠遠沒有那麼幸運。自從第一位幕府將軍去世之後，德川政權就愈來愈沒有彈性，愈來愈不容許外來使節偏離該政權所設定的外交規範。只有受到認可的元首，並且採用正確的外交語言，才允許和幕府將軍通信。只要在禮儀上有任何缺失，就可能導致信函或使節團立刻遭到拒斥。

舉例而言，在一六二七年，也就是諾伊茲抵達江戶的那一年，幕府官員駁回了一封來自交趾支那的信函。交趾支那是東南亞的一個新興國家，曾與德川家康互通過許多信件，該信函被認為「太過無禮……不適合呈遞給幕府將軍」。[88] 就算是與日本有過長期接觸歷史的強大政體所派遣的正式使節團，只要該國統治者的正當性有任何疑慮，也可能遭到相同的待遇。這正是暹羅國王在一六三四、一六三五—三六、一六五三與一六五五—五六年陸續派遣一連串使節團所遭遇的下場，原因是他從前任國王手上奪取權力的做法遭到了質疑。[89] 德川幕府對待這些使節團的基調頗具說明了一些事情，一名官員指出：「鑒於暹羅是個由叛徒謀害國王而篡位的不義國家，因此幕府將軍沒有接受那封信函。」[90]

持續不斷的質問把諾伊茲拉進了一座迷宮，一座令人頭昏腦脹的迷宮，在每個轉折處都必須為這個使節團的主張提出更多的辯護。對於這位深深執迷於自身威信的大使而言，這樣的待遇實在令人難以忍受，他對自己的權威一再遭受攻擊的現象感嘆不已。[91] 這些看似無窮無盡的審問都聚焦於三項關鍵主張上，不是遭到幕府當局質疑，就是根本不予採信。第一，這位大使堅稱總督本身是一位握有主權的統治者。身為「我們的東印度領地的絕對君主」，他擁有的權力並不遜於傳統的國家元首，因此也應當受到相同的待遇。[92] 諾伊茲提出這項論點的時候，毫不猶豫地採用了先前已經由穆瑟使用過的那種國王用語，把總督稱為「我們的國王」以及荷屬東印度的國王。[93] 為了杜絕日方對他的說法存有任何懷疑，他更是直接拿日本的體系比擬，指稱荷蘭人看待總督的方式就像是德川幕府的臣民看待幕府將軍的方式一樣。[94] 諾伊茲認知到自己必須為荷蘭使節的來源從執政官轉為巴達維亞的情形提出合理解釋，他因此指稱東印度國王與荷蘭國王在政治上是幾乎相同的人物，擁有一樣的「權勢與實力」。[95]由於如此，再加上他們兩人經常通信，因此派遣使節團來到日本的不管是荷蘭還是巴達維亞的統治者其實沒有差別。所以，諾伊茲堅稱他的使節團與先前的代表團提出的說法之間並沒有任何矛盾之處。

諾伊茲雖然一再強調總督的地位，對方的問題卻絲毫沒有稍歇。如同其他歐洲大使，他也難以提出證據支持自己號稱他的主人所擁有的實力。他每天遭遇的挫折，與十七世紀一件對於荷蘭東印度公司外交活動的想像作品形成了強烈對比。那是一幅韋尼斯（Jan Baptist Weenix）的畫作，描繪了范推斯特（Johan van Twist）這位大使往訪比賈布爾（Bijapur）蘇丹路途上的情景。[96]在這幅畫裡，這位荷蘭使節與當地官員騎馬並行，後方的背景可以看到一支強大的荷蘭東印度公司艦隊。這名大使雖是到印度尋求幫助，卻不論從哪個面向來看都是此一交流當中的主導人物，能夠掌控協商的走向，只需表明他有那一大群船隻以及船上冒著煙的大砲，即可支持他的主張。實際上，這種形象與大多數使節團面對的現實天差地遠。孤身處在江戶的諾伊茲，完全無法找來證人或者一支聚集的艦隊以證實巴達維亞的實力。相反地，他唯一能夠採取的策略，就是提出一項又一項毫無證據的說詞，盼望適當的組合能夠說服聽者採信總督的地位。

由於無力證實自己的宣告，諾伊茲只能提出含糊的威脅，一再抱怨自己不受尊重，並且

圖2.3｜范推斯特擔任往訪比賈布爾蘇丹的大使，作於一六四五—六〇年左右。韋尼斯。阿姆斯特丹國家博物館提供

警告說「這些情形要是讓我們的那位閣下知道了，一定會引起他的不悅」。[97]羅伊在印度也遭遇了類似的命運。羅伊收到指示他必須讓蒙兀兒帝國驚艷，他需要把英國國王描述成：「在海上的權勢與實力，讓我們在基督教世界的各大君主當中擁有崇高的聲望與權威，更是其他所有國家恐懼的對象。」[98]不過，真正到了蒙兀兒帝國的宮廷之後，羅伊卻發現自己無力證明自己對於英國權威的說詞，以致和諾伊茲一樣只能依賴吹牛和虛張聲勢的做法。[99]由此造成的結果就是陷於危殆的處境，導致羅伊和諾伊茲這樣的代表顯得有如某日本觀察者對這名荷蘭東印度公司使節提出的批評：「比較像是騙子（bedriegers），而不是大使。」[100]

諾伊茲無力證明自己的說詞已經是個夠

大的問題，但情勢在幕府當局開始拼湊他們本身的證據之後更是每況愈下。日方提出的第一項證據是總督寫給幕府將軍的信函。奧伯（Miles Ogborn）曾對英國信件進行分析，他認為如果說外交信函是歐洲打進亞洲的關鍵工具，那麼這些信函也充滿了先天性的問題。大使不但「呈遞蹩腳的禮物，呈遞的手法也經常拙劣不已，而且還經常呈遞出蹩腳的信函」。[101]這些信函經常不是文筆笨拙就是翻譯粗劣，一旦交給當地官員之後，即有可能瞬間從一份不合格的外交文書變成一件真正會帶來危險的物品。諾伊茲攜帶的那封總督信函正是如此。這封信原本應該是一件關鍵道具，用來強化大使的權威，結果卻反倒成為一項沉重負擔，壓得整個使節團更加抬不起頭來。

除了信中明顯沒有提及執政官之外，問題主要在於其中最平淡無奇的一句話，也就是信函結尾的「陛下恭順的僕人」這句可見於當時許多荷蘭書信當中的結尾敬語。在日文譯本當中，這句話翻譯成「內の者」這個通常用在低階臣屬或僕人身上的用語。因此，幕府官員立刻抓住這點當成證據，認定總督並非那兩名大使所聲稱的強大元首。咬𠾖吧國主如果真是一位國王般的人物，怎麼會堅持使用如此「卑微恭順」（ootmoedige）的字眼，不僅違反日本的外交慣例，也絲毫不符合「主權統治者的作風」？諾伊茲在回答中解釋指出，這句敬語只是「一般的荷蘭習慣」，是無關緊要的客套話，不帶有任何真正意義，應當單純置之不理。[102]不過，這項解釋並沒有平撫幕府官員的疑慮。他們在幾個星期後再度會面討論使節團的命運之時，就又提起了這句話的問題。

這兩位大使彷彿是站在被告席接受審判的罪犯，隨著幕府官員又開始召喚證人而產生更加不利的意涵。如果說荷蘭共和國是一個遙遠的形象，能夠輕易被荷蘭東印度公司的代表任意形塑，依照東印度的利益所需而呈現共和國的政治安排，那麼位於日本貿易圈邊緣的巴達維亞可是全然不同的另一回事。荷蘭人雖然努力為巴達維亞呈現出最美好的形象，但他們卻無法壟斷日本對於那座城市及其管理者所能夠獲得的資訊。幕府官員可以詢問若干群體，包括以九州為基地而在荷蘭東印度公司總部附近從事貿易的商人、受過荷蘭人雇用以填補勞動力短缺的日本水手與傭兵，以及日本國內去過巴達維亞的中國人社群成員。十月七日，諾伊茲收到消息，得知江戶城正在找尋去過東南亞而對巴達維亞及其主事官員擁有第一手知識的人士。我們雖然不知道完整的細節，但後來似乎找到了一個在荷蘭東印度公司的船上服務過的水手，由他證實了總督其實比較是官員而不是君主。[103]

由於那名證人的見識來自較早的時期，早於本章一開始描述的東印度公司將重心從荷蘭共和國轉移到巴達維亞之前，因此諾伊茲面對這項證詞之時，即反駁說那麼一個無知的證人顯然對巴達維亞缺乏真正的認識。他要是真正謁見過總督，就絕對不會對總督的地位或權威有所懷疑。儘管如此，綜觀了總督的信函以及這類陳述之後，幕府官員不為所動地得出一項結論，亦即總督不可能是「擁有絕對權力的國君，而必定是荷蘭國王的臣屬或僕人」。[104]諾伊茲雖然把卡本提耳比擬為幕府將軍，但幕府官員心目中卻另有一個遠遠沒那麼體面的人選；他們向兩位大使指出，總督比較像是長崎奉行，只是個權責有限的下屬官員，沒有資格主張元首地位。

兩位大使提出的第二套說詞，則是涉及總督在既有外交秩序當中的地位。為了說服幕府官員採信這個使節團的正當性，諾伊茲堅稱巴達維亞在國際秩序當中占有明確界定的地位，因此也就沒有基礎可以質疑總督直接對幕府將軍派遣使節團或者呈遞信函的權利。巴達維亞並非如幕府官員以為的那樣是個新近發跡的區域，而是早就已經融入了全球外交網絡中：「我們的總督……派遣大使出使中國、暹羅、亞齊與北大年的首要國王，還有爪哇與波斯的皇帝、蒙兀兒皇帝（全世界數一數二強大的君主）；以及其他許多統治者。在所有這些出使任務中，他的權威或者絕對的實力都從來不曾遭受到任何的質疑。那些大使受到的接待都與主權國王派遣的使節無異。」[105]既然那麼多的國家，包括亞洲政治的超級強權在內，都沒有拒絕巴達維亞派遣的使節團，那麼幕府將軍有什麼權利反對？諾伊茲後來又一度回歸這個論點，但提出了另一組國家。他指出：「總督的大使獲得了（日本）周圍的所有國王和君主接受，包括中國、暹羅、亞齊、北大年、摩鹿加、安汶、班達，以及其他許多國家，」而且總是受到應有的尊榮待遇。[106]

這項論點試圖翻轉形勢，指稱違反既有禮儀的不是荷蘭東印度公司，而是德川幕府，原因是他們對整體的外交全景缺乏理解。其他歐洲使節也以同樣堅定的態度提出過這項論點，以既有的外交秩序要求他們應該獲得認可。在印度，羅伊指稱自己對於適當外交作為的解讀不純粹只是來自「英國的慣例，而是（來自）全世界的共識」。[107]不過，問題同樣又是出在難以提供證據，於是兩位大使隨即開始以編造的說詞強化他們的論據。諾伊茲提出的那一長串外交夥伴乍看之下雖然頗具說服力，實際上卻禁不起檢驗，而且不只包括安汶與班達群島這些小島（荷蘭東印度公司在那些地方的成功乃是藉著威迫當地領袖屈服而得到的成果），也包括該公司外交人員尚未能夠叩開大門的中國。實際上，巴達維亞的使節團根本無法進入中國內陸，而且直到數十年後，在明朝滅亡之後許久，總督派遣的一個正式使節團才終於抵達北京。[108]

最後的第三套說詞，則是聚焦於大使的角色上。如同這個時期的其他歐洲使節，諾伊茲也是懷著一套對於外交本質的明確預期而抵達日本。在這些預期當中，最主要的一項就是大使不但是其主人本身的代表（在這個例子裡是巴達維亞總督），而且也能夠代表他與外國統治者直接進行交涉。這個觀點其實反映了荷蘭東印度公司的標準政策。該公司利用使節追求高度明確的目標，包括爭取對方讓步、協商條約，以及透過與對方元首及其朝臣面對面商談以解決特定議題。最成功的大使能夠帶回與對方簽署的條約，內容明確界定自己的主人在外國領土內的權利與特別待遇。這種看待外交的功利觀點反映了這個組織的本質及該組織對公司損益投以最優先的關注。在卡本提耳和其他總督眼中，使節團是一項投資，目的在於獲取遠超過其相關支出的報酬。因此，每一項外交任務造成的龐大開銷，都必須帶來更大的收益。就諾伊茲的這個使節團而言，他們希望藉此對於台灣與日本之間的貿易獲得絕對的控制權：創造出的經濟價值將會比派遣使節團可能造成的支出高出許多倍。

德川幕府對於大使的角色則是懷有非常不同的觀點。再一次，揭露此一歧異的又是那封信函，或者說得更精確一點，是其中為諾伊茲賦予協商權限的條款。荷蘭使節被告知，這類語言是「陳情者」的語言，但不是大使會做的事。[109]在首位幕府將軍不斷嘗試新做法之後，德川幕府的外交實踐到了一六二七年已確立出一套大致上儀式化了的固定模式。外國使節團的抵達雖是外交活動中的關鍵事件，但卻是成了確認既有秩序的機會，而不是透過對話將既定政策推往新方向。在托比對於德川幕府外交活動的研究當中，他以極具說服力的方式指出，在這種做法之下，代表團於是成為精心排演的盛大慶典當中的要角，而這些慶典的目的在於呈現出一幅理想化的國際政治圖像，以幕府將軍為中心。套用托比的說法，這些慶典提供了機會，能夠「創造出一套東亞世界秩序的幻象，不但具有日本特色，也以日本為焦點」。[110]

在這項目標之下，大使自然沒有扮演協商者的空間，也沒有與宮廷直接對話的機會。造訪江戶的使節不該帶著一份要求清單前來，甚至也不該準備一套打算與幕府將軍直接討論的議題，而是應該在預先安排的表演當中好好扮演他們的角色，完成之後即離開，不對德川幕府的秩序基礎造成任何干擾。[111]當時一名日本官員充分概述了這種外交觀，指稱「使者或大使……是由他們的國君或君主派來向幕府將軍致敬的人員，只是為他獻上祝福，而沒有其他意圖。相對之下，帶著禮物前來尋求好處的人士則完全是另一回事。他們呈獻禮物是為了謀求回報，而不是出於對皇帝〔幕府將軍〕真正的敬意」。[112]雖然協商的空間確實存在，卻應該是在使節任務的邊緣空檔與指定的中間人磋商，而不是在江戶城的大廳裡。[113]

在諾伊茲眼中，陳情者與大使之間沒有明白可見的差別，因為這兩種角色在極為根本的層面上互相重疊，以致無法區分開來。和先前一樣，他訴諸國際常態支持自己的論點，指稱「大使的律則與本質不只在荷蘭如此，在法蘭西、英格蘭、西班牙、義大利、日耳曼，甚至是土耳其也都是一樣，還有對其他君主與統治者而言也都相同」。[114]如同其他使節，諾伊茲也是奉命前來把禮物與信函呈遞給幕府將軍以及他的顧問，同時還要討論雙方一致關注的事務。幕府將軍如果不願接受他的要求，大可直接拒絕而把大使遣送回國。實際上，他的判斷可以說是幾乎完全搞錯了重點。德川幕府關注的不是如何回應荷蘭東印度公司的要求，而是根本拒絕接受大使扮演陳情者角色。荷蘭人如果想要討論特定的議題，大可找平戶藩的官員，因為他們是荷蘭東印度公司與江戶之間溝通的指定中間人；但使節團絕對不可能與幕府將軍直接對話。為了進一步強化這項訊息，松浦隆信要求諾伊茲簽署一份文件，承諾他如果確實獲得接見，絕對不會試圖向幕府將軍提出任何要求。這位大名堅持指出，諾伊茲只能呈上他的信函，並且感謝幕府將軍「對我們國家展現的寬宏大量」。[115]

經過一個星期的質問之後，兩位大使已疲累不堪。他們針對總督的權勢、他在國際外交秩序當中的地位以及大使的適當權利所提出的說詞，在面對持續不斷的審問之下，被徹底拆穿。諾伊茲當初進城的尊榮禮遇已成了遙遠的記憶，現在他有愈來愈多的時間都只能擺出惱怒不滿的表情，埋怨著他不是奉派前來向日本人解釋荷蘭政府的本質與型態。隨著他的絕望感受愈來愈深，把問題怪罪在別人頭上的需求也就愈來愈高。他的猜疑首先落在日本通譯人員身上。他們如果不是能力不足，連最簡單的概念也無法正確傳達，否則就是奸險狡詐，故意扭曲話語內容以破壞這項使節任務。原本對平戶大名懷有的信任也隨即消逝無蹤。諾伊茲認定那位大名不是「我們的朋友，不然至少也是沒有權限能夠促使我們的任務獲得良好結果」。[116]

隨著他們對原本的盟友所懷有的信任逐漸降低，對於敵人的惡意所懷有的恐懼也因此升高。兩位大使於是愈來愈把他們遭遇的所有問題都歸咎於末次平藏，也就是那個一心想要保持日本與大員的貿易連結暢通的長崎商人暨官員。在他們的想像中，他策劃了一場龐大的陰謀，一路延伸到德川幕府的最高層級。由於他是在幕後操縱的黑手，因此使節團一切的不幸遭遇必定都是他的傑作。兩位大使還堅持指出，這一切又因為日本人的性格缺陷而雪上加霜。諾伊茲堅稱日本的居民全都說謊成性，總是不斷找尋機會騙人。他把自己的感覺濃縮為一項全面性的欺騙公式，宣稱日本列島上每十個人當中只有一個可以信任，而且就算是這個人說的話，也有百分之九十是謊言。[117]持續不斷的欺瞞以及日本人冥頑不靈的不肯變通，導致根本沒有協商的空間，甚至也沒有理性思考的空間，兩位大使困在無盡的循環裡，只能向一個無法瞭解他們的民族不斷重複同樣的說詞。[118]

拒斥與罪責

使節團在這種負面氛圍裡又待了三個星期。每一天，情勢似乎都持續不斷惡化，後來兩位大使已然成為囚犯，沒有特殊許可即不得離開宿舍。[119]終於，幕府官員在十一月五日召來荷蘭使節宣布他們的最後裁決。這一次，一個名叫卡龍（Francois Caron）的下級商務員奉派出席，而不是那兩位疲憊不堪的大使。他得到的不是好消息。土井利勝這位幕府將軍的高階顧問宣布指出，這支使節團已正式受到拒斥，原因是總督只不過是「荷蘭國王」的臣下，所以顯然沒有資格派遣外交使節團謁見幕府將軍：

他們認為卡本提耳是我們的荷蘭國王手下的僕人，或是他手下僕人的僕人。他們從信函的謙卑結尾得出這項結論，尤其是「陛下恭順的僕人」這句話，因為這句話只能解讀為出自一名低階僕役之手。……此外，他們從沒聽過爪哇或巴達維亞，而且來自這兩個地方的船隻也從來不曾到過日本。……他們經過仔細討論之後，不得不做出這項結論：我們不是由荷蘭國王派遣的大使。因此，他們無法接待我們，我們應當立刻離開。[120]

這段描述與《異國日記抄》裡針對這場會面所留下的日本記錄相當一致：

> 有人呈獻一封來自荷蘭的信函，〔原本〕由肥前〔守〕松浦〔隆信〕中介。這封信由爪哇的一名臣屬撰寫，以假名與漢字寫成。爪哇是一個與荷蘭地位相等的國家〔等輩ノ國〕。由於荷蘭人不識字〔不懂日文〕，因此指使來自爪哇的人員撰寫那封信。……我們從沒聽聞過來自爪哇或是其臣屬的信函。〔這份文書裡〕有許多古怪的部分。至於「內の者」這句話，使節解釋說他懂得這句話在日本意為臣屬。無論如何，這封信函相當失禮，即便是〔像荷蘭〕這樣的盜賊國家，我們也從來不曾聽聞過這種情形。[121]

這兩段記述都強調了這支使節團在抵達江戶之後就一直深受困擾的眾多問題。第一，這個代表團顯然不是來自「荷蘭國王」，而代表團本身的成員也承認這一點。第二，德川幕府從沒聽過巴達維亞或爪哇。第三，德川幕府不願接受像卡本提耳這樣的低階官員所寫的外交信函。這兩段記述都明確提及信末的敬語：這句敬語被視為證明總督地位低微的確鑿證據。「內の者」，也就是「陛下恭順的僕人」這句話譯成日文的結果，屬於臣屬而不是君主的用語，所以在正式外交通信當中沒有存在的空間。

儘管事前的徵象看起來就頗不樂觀，但德川幕府卻是出乎意外的徹底拒斥，而這也表示這兩位大使不但沒有向幕府將軍爭取到新的特別待遇，還連江戶城都沒有機會踏進去。考量到這項使節任務的失敗之慘與花費之高，絕對必須要有人負起責任，但諾伊茲打定主意不會是他。不過，儘管他竭盡心力找出一長串的代罪羊，巴達維亞的官員還是置之不理，而斷定他必須為這場慘敗負起責任。[122]在記錄裡顯得輕率、好鬥而且極度偏狹的諾伊茲，雖然不是率領外交使節團的合適人選，卻也不能把這項結果完全歸咎在他頭上。他本身擔任大使的不足之處，無法改變德川幕府所持的論點——這項論點在十月四日與伊丹康勝首度會面之後就一直沒有變過。在後續的另一場會面裡，平戶大名對於問題出在哪裡提出了簡潔扼要的解釋：「我們原本以為你是直接來自荷蘭的大使，因此對你禮遇有加。不過，我們一旦發現你是來自爪哇或查雅加達或巴達維亞的一位不知名的國王或總督，皇帝〔幕府將軍〕就不願和你見面以及談話。」[123]

因此，一六二七年的使節團之所以失敗，原因是他們和「荷蘭國王」沒有關聯，接下來即是因為幕府官員拒絕承認總督從事外交活動的權利。這兩個問題都和諾伊茲本身的言行舉止沒有多少關係，儘管他的表現確實對事情沒有幫助。就算是最高明的外交官，也絕對難以化解存在於這項使節任務核心的基本矛盾。德川幕府已在一六〇九與一六一二年接受了「荷蘭國王」的使節團與信函，因此在一六二七年拒絕接受荷蘭東印度公司這項偷天換日的拙劣手法。也就是說荷方把一位元首換成另一位，但卻沒有為這樣的轉變做好準備。基本上，由於日本政權能夠檢視本身的外交檔案，而為過往關於荷蘭權力結構的說詞找出證明，因此他們所做的只不過是指出荷蘭東印度公司本身的代表曾經針對執政官所提出的說法，要求對方保持前後一致而已。

幕府將軍與荷蘭東印度公司之間的衝突雖然令兩位大使感到意外，但這個結果其實已經悄悄醞釀了一段時間。主打執政官的形象所提供的外交偽裝本來就不是一種永久的安排，因此該公司及其在亞洲的首席官員遲早必定得主張自己獨立從事外交的權利，而不再向聯省共和國尋求協助。結果就是在一六二七年在外交權上引發衝突，導致諾伊茲因為無力強制要求對方承認公司地位而落實公司的協商條件，所以只能在慌亂中勉力為他上司的地位辯護。德川幕府由土井利勝明白表達的最後回應，就是把總督貶斥為一個無權從事外交的低階官員。[124]於是，荷蘭東印度公司對日本的外交策略也就因此陷入混亂。最後，這個使節團的命運即是一道赤裸裸的提醒，顯示一個像荷蘭東印度公司這樣的混合型組織，一旦試圖強力打進具有自身規則和預期的亞洲外交圈裡，沒有必然成功的保證。正如諾伊茲見證到的，外交是一件非常困難的事情，即便是準備最充分的大使，也很有可能會像他一樣被人當成「騙子」，困在離家數千里的陌生國度裡，手上只有一份毫無幫助的文書。

CHAPTER

3

幕府將軍的忠心臣屬

我們願以陛下忠心臣屬的身分，流盡我們的最後一滴血以服務幕府將軍以及保護日本領土。

——范迪門總督，一六四二

在一六二七年的諾伊茲使節團以潰敗收場之後，有兩個著名的場景可以代表荷蘭人在日本逐漸確立的地位。第一個場景是一幅熟悉的形象，可見於數十項記述當中。在這個場景的中心，可以看到荷蘭方的日本商館館長匍匐在江戶城寬敞的接見廳地面上，禮物整齊堆疊在一旁，而他向廳堂彼端坐在陰影中的那位態度冷淡的幕府將軍獻上「Oranda kapitan」（荷蘭長官）每年一次的問候。第二個場景也是眾多記述當中常見的內容，其發生地點距離德川幕府的權力中心有幾百英里之遠，位於九州的一個偏遠地區。一六三八年，荷蘭東印度公司的船隻白霜號（Rijp）在島原藩的原城附近下錨。在這座破敗但仍然宏偉的堡壘當中，荷蘭船員發現了數以萬計與德川政權處於衝突狀態中的反抗人士。不過，白霜號卻不是前來為反抗人士提供幫忙。相反地，船上的砲手隨即開火，對著反抗者的營地發射數百枚砲彈，造成數十人死傷。

在坎普法記述荷蘭人在日本處境的著作裡，這兩個熟悉的場景都被描寫成一套上對下強押所造成的結果，是一種羞辱性的措施，「由這個異教宮廷〔德川幕府〕毫無顧忌地強加在」不情不願的荷蘭東印度公司身上。[1] 把荷蘭人放在這種被動受害者的角色當中雖然顯得頗為合情合理，但這樣的評估卻剝除了他們的主動性。也就是說，造就了這些時刻的那套架構，其實是由荷蘭人共同建構而成。只要不再把責任自動歸咎於德川幕府，即可明白看出這兩個場景其實都源自荷蘭東印度公司對日政策的刻意轉變，而這項轉變乃是諾伊茲的使節團遭遇失敗之後所帶來的結果。從一六三〇年代初期開始，荷蘭東印度公司就設計了另一套新的外交策略，其派往日本的使者不再呈現為「荷蘭國王」或者巴達維亞統治者的代表，而是重新包裝成幕府將軍的忠心臣屬。荷蘭代表一再強調自己只希望成為克盡職責的臣屬，隨時準備提供服務，從而打造出一套獨特的順服修辭，奠定了他們與幕府將軍互動的基礎。由此造成的結果，即是一套儘管明顯不平等卻極度耐久的互動架構，一路存續到十九世紀。

相對於諾伊茲的慘痛失敗，荷蘭東印度公司在一六二七年之後的對日外交記錄則是遠遠成功得多，原因是他們以「適應」取代「衝突」作為外交主旨。然而，荷蘭東印度公司的使者雖然藉著這種適應做法而在德川幕府的秩序當中獲得一席之地，卻也因此付出了代價。轉移至次主權臣屬這種新類別當中，導致荷蘭人失去了當初諾伊茲奮力捍衛的外交權，也使得荷蘭東印度公司無法使用他們最可靠的一項政策工具。另一方面，這種經過調整的形象也帶有其本身的要求。德川幕府不是單純接受荷蘭人宣稱自己是忠心臣屬的說法，而是提出了具體的要求，指定日本商館館長需跟其他臣屬一樣，參與必須盡到的禮儀，結果就是每年一度的參府（hofreis），並需要為修辭冠上繁重的禮儀要求。日本商館館長在江戶城的接見廳裡磕頭，並不是以大使的身分這麼做，而是以忠心臣屬的身分，實際上，荷蘭東印度公司在一六二七年之後就不曾再派遣正式使節團前往日本。就像德川幕府體系中的其他臣屬一樣，荷方也必須在持續不斷的順服表演當中充分扮演自己的角色。[2]

更讓人憂心的是，該公司的這種新形象偶爾也必須做出實際上的服務。荷蘭東印度公司的使者極度不安地發現，口頭上的誇飾言語不一定足夠，他們也必須盡到忠實臣下的義務，提供船隻與士兵對付德川幕府的敵人。於是，原本僅是諂媚性的謊言，為了滿足這個難以對付的政權而提出的空洞言詞，就因此而產生了實質的效果。隨著時間過去，口頭上的言語和禮儀還有服務行為全部混雜在一起之後，也就變得愈來愈難以區辨究竟是誰在欺騙誰，也難以看出表演與真實之間的界線。

荷蘭東印度公司願意以這種修辭應對一位亞洲的統治者，這點並沒有太特別。歐洲企業在亞洲經常使用「臣屬」或「忠實的僕人」這類詞語爭取當地的君主為他們賦予政治上的正當性，藉此掩飾他們的活動。印度就是一個著名的例子，英國代表在那裡雖然滿口忠實服務的言語，實際上卻是大幅擴張影響範圍，並且進一步掏空了蒙兀兒帝國的結構。然而，順服的修辭在日本造成的影響卻頗為不同。這種言詞沒有為荷蘭東印度公司開闢出運作的空間，而是產生具體化的結果，造成困住荷蘭東印度公司並限制其行為的圍牆。

本章要探究荷蘭人自命為「幕府將軍的臣屬」這種概念的起源、發展，以及造成的影響。[3]本章的目標在於呈現荷蘭東印度公司的使者如何針對幕府將軍設計出一項新協議的初步大綱，並且探討這項新協議的核心邏輯如何逐漸演變，最後終究逸出他們的掌控，產生出乎意料的實質內容。為了做到這一點，本章將會針對一項觀念進行追蹤，從這項觀念最早在一六三〇年出現開始，談到參府的做法，再到島原之亂以及後續的發展，試著藉此證明，荷蘭東印度公司在日本的活動史上，看似截然不同的事件其實可以連結起來，形成一則連貫的敘事。

語言和修辭

在諾伊茲的使節團失敗之後的幾個月裡，由於日本商人與台灣的荷蘭當局爆發衝突，因此這個外交問題也就暫時被推到了一旁。在荷蘭東印度公司官員努力化解這場危機的同時(這段過程將於第六章探討)他們也爭執著另一個問題:僵局一旦化解之後,該怎麼重新建立外交關係。儘管幕府將軍不願接見來自巴達維亞的大使已是確切無疑,但是對於該怎麼採取下一步卻沒有共識。在接替卡本提耳擔任總督的顧恩眼中,這個問題的解決方法明白可見:荷蘭東印度公司必須重拾以往的外交模式,而且應該盡快為之。顧恩決定,在一六二七年致幕府將軍信函當中那位神秘消失了的執政官,應該要來個出乎意料的重新現身。

打定主意之後,他於是寫信向當時的執政官亨德里克請求提供一封致日本統治者的信函。顧恩認定這麼一份文書必然能夠「消除所有紛擾」,營造倒帶重來的效果,從而讓諾伊茲那個不幸的使節團之前的平和狀態接續下去。[4]這位總督不是唯一得出這項結論的人。諾伊茲花了幾個星期的時間奮力解釋巴達維亞的權威之後,也認定一封來自「荷蘭國王」的信函會是重啟對日外交互動的關鍵。[5]回歸以執政官為核心的協商模式,具有一項明顯可見的優勢,即幕府官員雖然堅決不肯接受來自巴達維亞的使節團,但對於一個攜帶了由「荷蘭國王」所撰寫的適當信函的代表團而言,與日本往來的大門仍然是敞開的。但這麼做對於公司而言卻也是一大倒退。如同前一章詳細闡述過的,荷蘭東印度公司在這段時期的外交活動要旨,就是想要擺脫對於執政官的依賴,故而將焦點轉向巴達維亞城,這座堡壘也因為這樣的目標,其身為外交活動樞紐的地位愈來愈穩固。

顧恩雖然滿心希望盡快取得執政官的信函,但仰賴一個遠在歐洲的人物賦予外交正當性的做法，其中一個問題就是任何互動都會因此遭到長時間的延宕。結果，在亨德里克的信函送抵巴達維亞之前，這位總督就在任上去世，而把問題留給了繼任者。在偶然的情況下，這個職務落到了斯北科思這個日本老手身上，他曾是平戶商館的第一任館長，在與德川政權打交道方面也無疑是公司員工中經驗最豐富的一位。儘管十七人董事會認為他不是擔任總督的合適人選，而迅速採取行動終結了他的任期，但斯北科思在一六三三年受到公司偏好的布勞威爾取代之前，仍然促成了兩項重要的政策轉向，而重新定位了荷蘭與日本的關係。第一個轉向化解了台灣的危機，第二個轉向則是對於和德川幕府的互動奠定了一套新的外交策略。

斯北科思沒有採用顧恩的計畫，等待來自亨德里克的信函，而是決定荷蘭東印度公司必須適應新情勢。與其回頭重拾「荷蘭國王」臣民的身分或者繼續爭取德川幕府對於巴達維亞的承認，他闢出了第三條路，把荷蘭人推入一個新的外交類別。

斯北科思初次體現他的做法，就是在一六三〇年從巴達維亞送往江戶的兩封信函。[6]他刻意不提任何外部權威，而向德川幕府指出：「尼德蘭人將會在一切事務上向陛下（幕府將軍）提供忠實的服務，毫不亞於陛下對本身的日本臣屬（haere Majt eigen vassalen）所懷有的期待。」[7]這句話乍看之下雖然似乎是沒什麼重要性的客套話，實際上卻重塑了荷蘭東印度公司與幕府將軍的關係本質。在一六三〇年之後，荷蘭人身為臣屬的概念就逐漸下滲，而成為一項標準主題，受到荷蘭東印度公司派往日本的使者、斯北科思之後的歷任總督，甚至是德川幕府官員一再反覆提出。儘管確切內容可能不盡相同，但背後的邏輯卻基本上不變。公司使者曾在不同的時刻分別聲稱他們希望「成為陛下〔幕府將軍〕的臣屬」，他們從今「以後都是日本國的忠實臣屬」，以及他們應當被視為「陛下的忠實臣屬」。[8]這種呈現方式在剛開始採取的用語還頗為平淡，但後來就愈來愈誇張，在一六四二年達到高峰，當時一名總督在一封送往江戶的信函中宣稱自己和他的屬下都不惜流盡「最後一滴血以服務幕府將軍以及保護日本領土」。[9]

這樣的說詞也受到荷蘭東印度公司的盟友採用，包括松浦家族也確保這套言詞在公司與德川幕府的互動當中持續不斷受到提及。在一項特別重要的事件裡，松浦隆信親自插手修改了來自巴達維亞的文書，以符合這種重塑之後的形象。一六三三年，斯北科思的繼任者布勞威爾寫信向江戶的高階幕府官員感謝他們重啟貿易。[10]這份文書的內容雖然沒有什麼特別具有爭議性的地方，卻沒有提及荷蘭人的臣屬身分。因此，松浦隆信收到這封信之後，便決定加以改寫，以便符合斯北科思的呈現方式。經過改寫的信函徹底確立了荷蘭人在日本的地位，懇求幕府將軍「把荷蘭人視為陛下本身的臣民（eijgen volck te houden），並且指使我們為他服務。您如果願意如此看待我們，我們將永懷感激，因為我們希望終生服務陛下」。[11]

幕府將軍身居這套封建結構標籤的體系頂端，當然有許多可以稱為臣屬的部下。那麼，與日本打交道經驗豐富的斯北科思聲稱荷蘭人相當於德川政權「本身的日本臣屬」，所指的究竟是什麼對象？這個問題的答案，可以在兩份現存的荷蘭東印度公司致德川幕府信函的日文譯本當中找到線索。第一份翻譯自斯北科思在一六二〇年所寫的那份信函，第二份則是譯自范迪門在一六四二年寫給江戶的信函。[12] 這兩份譯本都是出自荷蘭東印度公司雇用的翻譯人員的手筆，而「譜代」一詞也是兩份譯本中最常用來指涉荷日雙方關係的字眼。「譜代」一詞指的是世世代代從屬於另一個家族或群體的臣屬或僕人，而且有記錄證明他們長期以來都是如此忠心；這個字眼到了這個時期已和德川體系當中的一個特定群體形成了深厚的連結：也就是譜代大名。

在德川家康打造的協議之下，所有的大名都宣誓效忠幕府將軍，而且至少在理論上是幕府將軍的忠心臣屬。不過，他們的效忠程度與可靠性上卻存在著巨大的落差。身在最外圍的是「外樣」，他們只在一六〇〇年的關原之戰期間或者戰後才承認德川幕府的權威。這個群體包括了像薩摩藩這種與德川政權的關係深富敵意的地區。相對之下，譜代大名則是世襲臣屬，在德川家族崛起之前就已是該家族的盟友。[13] 這個群體由深厚的紐帶與政府緊緊繫在一起，是國家的關鍵支撐力量，不但為江戶持續擴張的官僚體系提供人員，也為幕府將軍賦予行政實力。他們由此換得的回報，就是能夠仰賴這些職務的薪俸支持生活，因為許多譜代大名在土地方面的收入都非常有限。如此造成的結果，就是一套彼此互賴的體系，確保他們對於政府長久存續的全心奉獻。[14]

我們雖然沒有辦法確定荷蘭人是否刻意使用了「譜代」這個詞語，但這個字眼與荷蘭人扮演的角色之間卻有極高的相似度，令人無法不予理會。譜代大名是德川體系當中最傑出的忠心臣屬，對於荷蘭人強調自己長久效忠德川政權的形象而言也是個顯而易見的參考對象。就算我們無法確定這兩者之間有所關聯，卻也可以明白看出荷蘭人不是把自己比擬為低階的僕人，而是大名這種地位較高的臣屬；所以荷蘭人後來受到要求、必須盡到與這些官員相同的禮儀義務，也不是偶然的結果。

為了支持這樣的說詞，自斯北科思以降的荷蘭東印度公司官員像大名一樣，也致力於建構一套服務系譜，可讓他們直接連結德川家康——也就是日益擴大的德川集團的中心人物。由於荷蘭東印度公司的第一艘船隻在一六〇九年才抵達日本，當時已是關原之戰過後九年，所以該公司也就無法宣稱自己對那場重大的勝利有所貢獻。不過，該公司卻可聲稱自己和德川時期的第二場重大戰役（也就是始於一六一四年的大阪城攻城戰）有所關聯，儘管此一關聯非常有限。在這場關鍵戰役中，德川家康的部隊消滅了豐臣秀吉的兒子豐臣秀賴（一五九三—一六一五），就此除去另一個正當性來源，而確保了德川政權的穩固。在一六三〇年的信函裡，斯北科思指稱荷蘭人「在大阪之戰忠實服務德川家康陛下，為他提供了他們位於平戶的所有大砲與砲手」。[15]

這個說法在表面上看來雖然沒什麼問題，實際上的細節卻是複雜得多。如同日本的許多群體，荷蘭人與豐臣秀吉的年輕繼承人之間的關係其實比他們表面上看起來還要模稜兩可。斯北科思剛抵達日本擔任商館館長的時候，曾經試圖兩面討好，不只向德川家康獻上禮物，也送禮至大阪城，以防豐臣氏的支持者取得上風。[16]戰爭爆發之後，荷蘭東印度公司的商人為德川幕府的部隊提供了軍事物資，但並非免費為之，而是希望藉著軍事用品的需求增加而從中獲利。[17]所謂提供砲手的說法更是不堪深究。一六一五年九月，在攻城戰結束後的幾個月，德川幕府要求荷蘭人提供一名砲手長「為陛下服務」。[18]當時唯一合格的人選是格里岑（Claes Gerritsen），但他的船隻需要他，而且平戶的主管評議會也不打算把這麼一名有用的員工交給幕府將軍。於是，他們挑選了一個嗜好杯中物的砲手長，名叫安德里森（Frans Andriessen），結果他因為表現極糟而在蒙羞的情況下受到召回，所以幕府將軍的要求也就沒有得到滿足。[19]荷蘭人的服務系譜雖然在一開始看起來不是特別具有說服力，但在一六三七年的島原之亂後就顯得可信得多，原因是荷蘭東印度公司的使者得以將自己和德川時期三大衝突當中的兩場扯上關聯，指稱「我們在大阪戰爭中服務了德川家康陛下，也幫助現任皇帝（幕府將軍）——願他長久在位——對付天草與有馬（島原）的叛徒與天主教徒」。[20]

在一六三〇年之後，荷蘭人身為臣屬的概念也用來為荷蘭東印度公司與德川幕府的溝通提供一套架構。藉著這種方法，公司使者即可採取遭受委屈的臣屬這種姿態提出申訴，也能夠指出一長串的忠實服務記錄而為他們提出的新要求賦予正當性。他們一旦面對遭受限制的困境時，就立刻把自己呈現為遭到冤枉的屬下，擁有一份毫無瑕疵的服務記錄，卻在沒有犯錯的情況下遭到懷疑。他們只要稍微受到懷疑，就會以誇大的言詞突顯內心的煎熬：「得知高層對於荷蘭人所懷有的看法，令我們深感痛苦，尤其我們又是陛下〔幕府將軍〕的忠實臣屬，不惜〔為了服務他〕而冒上生命與財貨的風險。我們相信陛下必定會理解並且看出這項事實。」[21] 一六四二年的一封信函又更進一步，感嘆荷蘭人完全無法理解幕府將軍新施行的限制，因為他們「總是以謙卑盡責的忠實臣屬身分為日本國服務」。這些沒有道理的懷疑令他們深感受傷，以致他們寧可離開日本，也不願受到幕府將軍的懷疑，「因為我們的忠實與誠摯……就像正午的太陽一樣昭昭在目」。[22]

不過，這種裝模作樣如果沒有受到江戶理睬，或甚至是帶來像諾伊茲與穆瑟在一六二七年遭到的那種審問，那麼這樣的做法就毫無意義。幕府官員雖然徹底排拒了那兩位大使針對總督提出的說詞，對於荷蘭人將自己呈現為臣屬的接受度卻是高出許多。於是，當初對於卡本提耳寫給幕府將軍的信函不假思索地予以拒斥的那些高階幕府代表，卻毫不猶豫地回應荷蘭人把自己呈現為忠心部屬的文書，顯然毫無異議地接受了這種新形象的範疇。[23] 在這樣的過程中，他們把荷蘭東印度公司的代表在過去提出的說詞拋到一旁，而接受了這種新的共識：荷蘭人如果希望把自己呈現為幕府將軍的臣屬，那麼同樣為了自身利益而願意與荷蘭東印度公司保持關係的德川政權，顯然也相當樂於同意這樣的做法。因此，公司代表也就沒有遭到像諾伊茲的日記裡詳細記載的那種猛烈質問。

儘管如此，我們絕對不該將同意與真心相信混為一談，而且德川幕府的官員也不太可能會真心相信這些說詞的真實性，尤其是荷蘭代表宣稱自己不惜為了服務幕府將軍而流盡最後一滴血的誇張言詞。德川幕府表現出來的態度，是明白願意接受這些概念所形成的架構，做為與荷蘭東印度公司交涉的依據，也依此安排該公司的使者在日本受到的待遇。實際上，我們後續將會討論到，德川政權真正關注的是維持效忠的表象，而不是化解潛藏在荷蘭人自命為臣屬這種行為背後的矛盾。

對於曾經把總督比擬為主權國王的荷蘭東印度公司使者而言，轉移至幕府將軍臣屬的地位帶有什麼意義？斯北科思這項策略的核心要旨，就是對於自身的外國人性質提出基本上的否認。藉著將荷蘭人擺在忠心部屬的這種角色當中，他主張荷蘭人不再希望被視為外人，而是渴望與幕府將軍的其他臣民同樣成為「陛下的忠實臣屬，而不是外國人」。[24]此舉造成的結果，就是把身在日本的荷蘭使者拉進一個國內的政治環境裡，因此縮小了他們那個世界的疆界，使其受限於幕府將軍的權威。在他採取這項舉動之前，荷蘭東印度公司的使者向來號稱自己代表一個位於日本以外的主權權威，而利用這項關聯主張自己與幕府將軍協商的權利，就像傳統國家的代表一樣，只是這個外部權威本來是執政官，在一六二七年之後則是轉變為總督，從巴達維亞的堡壘致函江戶當局。

這種訴諸外部權威的主張雖然提供了進入外交圈的管道，卻也為互動設定了極高的標準，等於要求日本官員承認巴達維亞城的權威做為交流的起點。相反地，斯北科思採取的新呈現方式有效消除了這種要求，因為這種做法要能夠順暢運作，只需要幕府將軍同意荷蘭人宣稱自己是忠心臣屬的說詞即可。這麼一來，荷蘭東印度公司的使者就不是由他們與一位外部資助者的關聯所界定，而是由他們與幕府將軍本身的關聯而界定，因此也就抹除了過去對他們的外交嘗試造成許多困擾的那個問題：你究竟代表什麼人？這種修改過後的架構簡化了荷蘭東印度公司在日本的角色，不再從事正式外交活動。諾伊茲努力試圖在德川外交秩序當中為荷蘭東印度公司爭取一個和其他主權行為者平起平坐的地位，斯北科思則是選擇撤退至一個新的次主權類別裡。由於臣屬是與國內的國君連繫在一起，因此也就不必撰寫外交信函，不必派遣使節團，也不必證明自己有權與幕府將軍直接通信。

扮演臣屬的角色這項決定雖然消除了一系列的障礙，卻也是一種撤退，捨棄了該公司在亞洲其他地區視為理所當然的若干權利。在荷蘭人自命為臣屬的概念於一六三〇年首度提出之時，巴達維亞已經轉變為一個外交樞紐，身處於一套愈來愈廣大的國際關係網絡的中心。儘管諾伊茲習於誇大，但他聲稱總督「地位極為崇高，派遣大使出使晉見中國、暹羅、亞齊與北大年的國王，還有爪哇與波斯的皇帝、蒙兀兒皇帝」，這項基本主張的確是基於事實。[25]擔任臣屬的角色，隱含的即是捨棄了這些外交特權。與其設法說服日本人相信總督派遣使節團的能力，斯北科思決定轉而尋求幕府將軍的庇蔭，而不再要求荷蘭代表必須受到和其他傳統國家的使節一樣的待遇。事實證明，這種做法不是暫時性的撤退。在一六三〇年之後，荷蘭東印度公司就沒有再派遣正式使節團前往日本。因此，巴達維亞派往印度、波斯以及亞洲其他強國的那種華麗代表團，在日本也就找不到類似的例子。[26]

此一退讓的幅度非常大。使節團雖然成本高昂，而且也總是有失敗的可能，卻一直都是荷蘭東印度公司在亞洲的重要政策工具。在將近兩百年的時間裡，每當公司面臨危機、希望獲取重大讓步，或是單純想要向一名亞洲統治者爭取某種東西，就會採用這種武器——也就是帶著文書、禮物以及一套明確目標的正式外交使節團，由巴達維亞派遣而出。這就是為什麼當初卡本提耳會派遣諾伊茲出使日本，為的就是化解因為大員而引發的不斷升高的緊張關係。此外，這也是為什麼荷蘭東印度公司持續依賴這種代表團解決嚴重問題。斯北科思竟然願意採取截然不同的做法，而且他的繼任者還繼續沿用，就顯示了當時荷蘭東印度公司有多麼走投無路，也等於明白承認了該公司的代表在爭取日本承認其主權地位上遭遇了多大的困難。與其像諾伊茲那樣不斷宣告總督的外交權，該公司的代表選擇了採取適應性的轉向做法，藉此鞏固一套與幕府將軍交流的持續性架構。如此一來，該公司雖然成功與江戶建立了穩定的關係，但是從該公司一六〇二年獲得日本特許狀當中所列出的三項權力來看，捨棄巴達維亞的外交特權仍是一大撤退，而且是後來多次撤退的第一次。

鑒於此一退讓的本質，也就難怪荷蘭東印度公司有些官員偶爾會考慮回歸派遣使節團的做法，但這些計畫都很快就遭到捨棄。[27]引人注意的是，即便在幕府官員明確要求派遣使節團的時候，荷蘭人也不願這麼做。讓我們稍微把時間往後快轉一段時間，布雷斯肯斯（Breskens）事件之後就是如此——赫塞林克在他於二〇〇二年出版的重要著作裡以高超的文筆記載了這起事件。一六四三年，十名荷蘭水手在意外情況下於日本北部的「南部港」（Nanbu）上岸，而因此遭到逮捕。幕府官員同意釋放這些水手之後，要求荷蘭人從荷蘭派遣一支使節團前來感謝德川政權的寬厚。[28]赫塞林克認為這項要求直接來自幕府將軍本身，原因是他希望能有一支來自「荷蘭國王」的華麗使節團穿行展示於他的首都裡，而赫塞林克這樣的猜測也確實沒錯。

暫且不管荷蘭東印度公司的官員認為他們的員工遭到日方逮捕乃是違法的行為，重點是這項要求對他們造成了一個問題。幕府將軍既然要求使節團，他們就必須做到，但他們能夠派遣什麼樣的代表團？

到了一六四六年，當日本要求使節團的時候，荷蘭東印度公司已不再打算採用「荷蘭國王」的外交模式，因為這種模式已在其所有營運區域遭到揚棄。此外，由於有過諾伊茲的經驗，所以公司也不願從巴達維亞派遣帶有總督的信函與禮物的正式使節團。面對這個難題，公司最後選擇派遣一個古怪的代表團，由一名病入膏肓的大使率領，原因是他們預期他會在抵達日本之前病逝，藉此製造混亂，轉移德川幕府對於這個使節團達不到預期目標所可能感到的不滿。結果幕府官員對這樣的狀況深感困惑，並以某種方式承認了這支使節團的其他存活成員，但卻認為他們絕不能夠晉見幕府將軍，而且幕府官員也不再提起從荷蘭派遣使節團的要求。這個結果確立了斯北科思在多年前就已得出的結論，亦即荷蘭人在日本完全一籌莫展，無法回頭採取派遣使節團的政策工具。

回到我們原本在談論的時期，在一六三〇年代初期，德川幕府官員對於建立一套與荷蘭人互動的可行架構所表現出來的興趣，遠遠高於鼓勵派遣新的使節團。因此，他們也就樂於接受荷蘭東印度公司把荷蘭人呈現為臣屬的那些文書，甚至也沒有反對該公司較為矯飾的說詞。實際上，德川幕府不只是單純容忍這種概念，而是進一步對該公司的修辭添加了大量的禮儀要求，從而為斯北科思最早提出的這種概念賦予了出乎意料的分量，並且創造了適當的條件，使得荷蘭人「身為臣屬」的這個概念能夠在日本發展茁壯。

參府

一六三四年四月，日本商館的人員得知他們從現在開始必須每年到江戶向幕府將軍致敬。[29]這項宣告雖然沒有大張旗鼓，卻是歐洲人在亞洲受到的一項持續時間最長的禮儀要求，也就是「參府」，亦即每年造訪宮廷。這項要求基本上毫無中斷地從一六三四年持續到一八五〇年。參府的儀式，尤其是最後由商館館長在幕府將軍面前以頭抵地的儀式高潮，受到了數以百計的陳述所記載，也是荷蘭東印度公司在日本的形象當中一個極為熟悉的特色，這個形象如此突出以致當初之所以會出現這種儀式的原因變得模糊不清。[30]因此，大多數的學者雖然都同意參府嚴格來說是始於一六三四年，對於促成這項儀式的原因以及這項儀式為什麼會發展成這樣的形式卻沒有明確的共識。[31]不過，我們要是仔細檢視這些謁見活動的本質，即可清楚看出參府在許多面向上而言其實是對於順服的修辭所做出的直接回應。簡單說，這項儀式把身在日本的荷蘭東印度公司代表放進了他們聲稱自己所扮演的角色當中。因此，這項儀式的起源乃是荷蘭東印度公司於一六三〇年所採取的外交策略轉變。

德川幕府在一六三四年開始要求荷蘭東印度公司從事一年一度的江戶之旅，當時有兩種選項能夠為日本商館館長造訪宮廷的活動提供遵循的模式。第一種選項是組織國家使節團。荷蘭最早派往日本的代表團便屬於國家使節團，但這種模式最典型的例子，是在漫長的德川時期當中持續不斷來到日本的朝鮮與琉球王國的代表團。

使節團模式含有四項特色，是不論來自何處的代表團都共有的。第一個特色是時機。使節團不是常態性的活動。使節團只有在發生特殊事件的時候才會來訪，例如新任幕府將軍的就任典禮，所以使節團其實相當罕見。在超過兩百年的時間裡，只有十二個來自朝鮮的使節團抵達日本，而琉球王國派遣的使節團雖然比較多，卻也只有二十個。[32]第二，使節團應當獲得中央政權的正式支持。通常含有數百名成員的使節團隊伍一旦踏上日本領土，就會立刻得到財務資助，有時不免對德川幕府以及他們行經的藩造成難以承擔的支出。[33]第三，使節團抵達江戶的身分是外國權力的代表。大使本身雖然可能是頗有影響力的人物，但他們的主要角色是扮演元首的代表，所以他們最重要的責任就是呈遞他們所攜帶的外交信函。[34]第四，使節團一旦抵達江戶，就會被納入盛大的典禮當中，最後的高潮即是在江戶城的接見廳裡呈獻正式的問候。[35]這些典禮的目的雖然在於彰顯幕府將軍在日本政治秩序中的核心地位，卻也賦予了外國權力代表的大使相當的地位。

很明顯地，荷蘭人的參府完全沒有這些特色，而是採取了另一種專為幕府將軍的國內臣屬所設計的樣板，而且這種樣板的終極呈現就在於商館館長受到要求必須每年造訪宮廷。德川幕府在一六〇〇年掌權之後，大名就在一種不成文的預期下必須定期前往德川幕府的總部。到了德川家康於一六一五年去世之時，許多大名都已成為幕府將軍宮廷的常客。[36]這項制度雖然確保了臣屬定期造訪江戶，卻帶有相當程度的彈性，主要取決於各藩本身的時間表。這種情形在一六三五年出現改變，就在荷蘭人的參府活動開始的一年後。當時德川幕府發布一項命令，要求大名「輪流〔交代〕到江戶服侍。他們必須在每年夏季的四個月間前往那裡〔參勤〕」。[37]著名的參勤交代制度即是由此開始，大名謁見幕府將軍的活動於是從一種自願性的行為轉變為固定的義務。

大名造訪活動的最後高潮雖然也是獲得幕府將軍的接見，但這麼一套針對國內部屬設計的制度，可以想見完全不同於為了使節團而發展出來的模式。首先，這套制度具有固定不變的時間表，規定大多數的大名都必須每年前往江戶。[38]由於所有的花費都必須由藩自行承擔，因此這種安排基本上即是要求每位大名撥出一大部分的收入投入這項反覆進行的旅程。抵達江戶之後，這些大名就必須參與典禮，而這些典禮都是為了彰顯一項直截了當的訊息：亦即德川幕府的支配地位以及各藩的順服。就這樣，參勤交代制度鮮明呈現出，池上英子所說的：德川幕府利用這套方法「強制大名（原本擁有相等的地位）接受一種階級式關係，以幕府將軍為主人，大名則是順服的臣屬」。[39]

荷蘭人的參府與大名的參勤交代制度之間的關聯，在荷蘭東印度公司員工的眼中明白可見，因為他們直覺地就把這兩者拿來相比。參與過兩次造訪宮廷活動的坎普法指出：「所有的大名與小名，也就是所有地位較高與較低的地方領主，每年都會來到幕府將軍的宮廷。他們藉著問候以及呈獻禮物向幕府將軍致敬：其中地位最高的——也許可以稱為握有較大或較小封域的領主——能夠親自謁見幕府將軍，而地位較低的則是受到一群官員接見。這項慣例也實施在我們傑出的荷蘭公司的僕人身上。」[40]坎普法雖是日本習俗的敏銳觀察者，但由於參府的每個階段都極為近似於大名的做法，也具有類似的權威與順服關係，所以這是一項相當自然的結論。只要把這兩種儀式放在一起比較，即可明白看出。要證明這一點，幾乎是隨機挑選任何一個例子都可以，因為參府的做法在兩百多年間一直維持著驚人的一致性。不過，若要找個代表性的例子，我們可以聚焦於瓦赫納爾（Zacharias Wagenaer）在一六五七年造訪幕府將軍宮廷的行程。[41]他在江戶停留的時間除了最後遭遇災害慘重的明曆大火之外，其他經歷都平淡無奇，遵循著一條早已確立的道路，而這條道路後來也受到他的數十個後繼者追隨採用。

瓦赫納爾在一六五六年八月抵達長崎，接任日本商館館長的職務。正式的交接典禮在十一月舉行完畢之後，他就開始準備前往江戶的旅程，因為這是每一位新任館長最急迫的任務。不同於由特殊事件引發的使節團，參府是一種法律要求，不能置之不理，不能延遲太久，也不能大幅改變。因此，這是包含在荷蘭東印度公司與幕府將軍的關係當中的一種儀式。如同大名，日本商館的歷任館長必須定期前往江戶，但他們的時間表其實比大多數藩領主所必須遵循的還要繁重。典型的參勤交代時間表要求大多數的大名每隔一年到江戶一次，只有幕府將軍總部鄰近地區地位較低的譜代才需要每年造訪江戶。然而，荷蘭人位於九州的基地雖與江戶距離遙遠，卻奉命必須每年造訪幕府將軍的宮廷，只有在最特殊的狀況下才得以免除這項義務。[42]

瓦赫納爾完成一切必要的安排之後，在一六五七年一月十八日（或是明曆二年的十二月四日）從長崎出發。他出發的時間點相當重要。如同大名造訪宮廷的行程，參府的確切時間表也經過逐漸的演變而愈來愈嚴格。參府活動在一六三四年開始之時，荷蘭人得到的建議是在日本年結束之前抵達，以便能夠在日本曆的一月獲得接見。[43]一六四〇年代期間，接見時間通常提早至日本曆十一月或十二月；但到了瓦赫納爾從長崎出發之時，接見時間又挪回了原本的時間點，通常在日本曆的一月十五日或二十八日。[44]這個時間點提供了一些彈性，可讓商館館長選擇自己的出發時間，當然前提是他必須及時抵達江戶。不過，這個自由空間在一六六〇年遭到抹除，德川幕府開始規定商館館長必須在一月十五日從長崎出發。[45]這項決定使得參府活動與大名的進宮慣例一致，坎普法因此指出：「正如幕府將軍為帝國內的每一名領主與臣屬規定年度進宮旅程的出發日期，荷蘭人也被指定了日期，也就是日本曆的一月十五日或十六日，對應於我們曆法中的二月。」[46]

從長崎出發之後，瓦赫納爾循海路抵達大阪，然後再走陸路前往江戶。[47]國家大使能夠得到德川幕府資助一切的開銷，但商館館長則是必須自行負擔所有的旅費，而且這種旅費相當可觀。在大阪，瓦赫納爾雇用了八十五名腳夫與四十六匹馬，以便將他們一行人送到幕府將軍的首都。[48]除了這些花費之外，還得加上住宿（包括旅程途中以及在江戶）、飲食，以及諸如茶葉與菸草等其他雜項物品的支出。[49]計入一切開銷之後，瓦赫納爾的總花費高達一萬五千八百九十三荷蘭盾。[50]由於這是每年的固定花費，因此也就成為商館的沉重負擔，不

圖3.1｜荷蘭人往訪江戶的隊伍。大英圖書館提供，Sloane Manuscript 3060，folio 501

論該季的貿易利潤多寡都必須支出這筆費用。不過，這種負擔對於大名而言更是難以承受，原因是他們沒有一個跨國組織的龐大財務資源可以仰賴。對於許多大名而言，參勤交代造成的開支吞沒了他們一大部分的收入，導致資源耗竭以及累積高額債務的後果。[51]

經過一段疾行之後，瓦赫納爾在一六五七年二月十六日抵達江戶，正好趕上看見這座大城市東側冒出黑煙。[52]第二天，他發現接見時間訂於二月二十七日，也就是日本曆的一月十五日。儘管這是瓦赫納爾第一次參府，但他必定已經知道這項儀式會是怎麼一回事，因為在他之前的歷任館長自從一六三四年以來就一再參與了幾乎一模一樣的典禮。參府的形式雖與大名的參勤交代近似，但參府的儀式高潮卻也標誌了商館館長在德川幕府體系中的獨特地位。在江戶，像是平戶藩領主這樣的低階大名，都是集體參與接見活動，眾人在接見廳裡俯伏在地，以這種儀式性的行為向身在高台上而局部隱身於視線之外的幕府將軍表現自己的順服。[53]在沒有任何其他空間改變的情況下，本身握有相當權勢的大名也就淪為靜默無聲的參與者，被迫遵循一套他們無力改變的劇本。相對之下，商館館長則是享有個別接見的特別待遇。不過，這點主要是因為商館館長在德川幕府秩序當中處於一個模糊不清的位置，而不是因為擁有特別高的地位。

接見活動雖然經常需要經歷長達幾個星期的等待，但實際上的接見時間卻只有短短幾秒鐘。瓦赫納爾在日記裡描述了典禮過程：「我俯身把臉貼近地面，隨即聽到有人高喊『荷蘭長官』。然後樂聲響起，典禮就結束了。」[54]在他之前的另一名館長，針對自己在三年前造訪江戶的經驗留下了更詳細的記述：

> （經過二到三個小時的等待之後），我突然受召晉見日本君主（幕府將軍）。我拘謹地跟在筑後守大人（井上政重）與（甲斐）喜右衛門正述身後，穿越一條廊道，然後在大目付老先生（井上政重）偶爾要求我「快點，快點」的催促聲下快步前進。我們繞過宮殿外面，轉過兩個角落，經過一個裡面有各藩藩主齊聚的大廳，然後來到我們的禮物

放置的地方。我在那裡受到指示俯伏在地，把臉貼在地面的木板上（我甚至沒有踏上地毯）。老中〔幕府最高階官員〕們與幕府將軍站在廳堂彼端，安藤書院番頭大人高聲呼喊：「阿蘭陀甲必丹。」我如果說我看見這位威勢崇隆的國君比我聽見他的聲音還要多，那麼我就是在說謊。[55]

在接見當中，幕府將軍站在接見廳的最遠端，因為距離和光線的關係而局部隱身於商館館長的視線之外。這樣的安排在於將國君與懇求者之間拉出了最大空間，因為他們兩人分別身在這間寬敞大廳的兩端。瓦赫納爾決心更清楚窺見他的效忠對象，於是違反了指示，在起身的時候刻意抬頭，而得以在寬敞的廳堂彼端看見一個陰暗的身影「站在陰影當中」。[56]

在參府活動的持續期間，荷蘭代表總是單純被宣告為「Oranda kapitan」，意為「荷蘭長官」，這個稱謂說明了一些事。因為相對於使節團的大使，這個稱謂並未指涉任何日本以外的人物。由此造成的結果，就是界定了瓦赫納爾在一個受到幕府將軍的權威所約束的國內政治秩序當中的位置，他不是某個更高權威的代表，而是單純被宣告為幕府將軍領土內一小塊區域的長官。這個標籤在一六四一年之後更是恰當，因為商館在當時從平戶遷移到長崎港內的出島這座人工小島上，於是出島也就成了一個由商館館長控制的獨立荷蘭飛地。在這塊面積僅有一・三一公頃（約三千坪）的一小片土地上，「荷蘭長官」算是掌管了一個領地，連

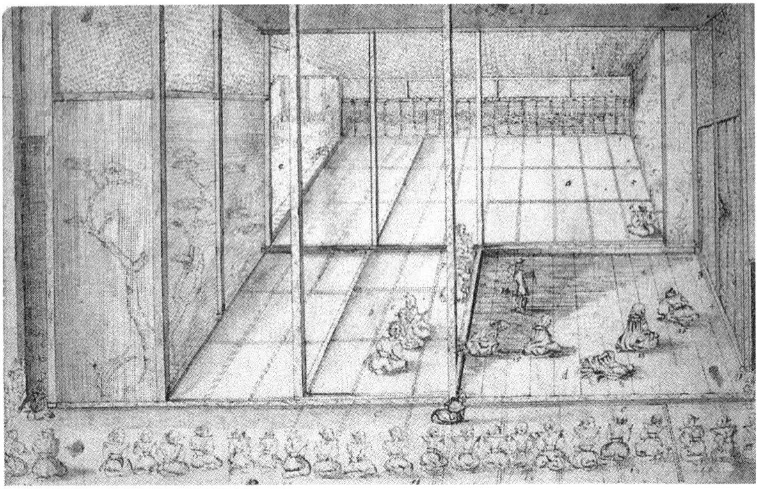

圖3.2｜坎普法晉見幕府將軍。這幅圖描繪了商館館長獲得正式接見之後的另一場較不正式的會面。不過，這幅圖可讓我們看到大廳的寬敞程度與布局。如同圖中所示，荷蘭人在這次會面中獲准進入了大廳本身。Sloane Manuscript 3060, folio 514

同其本身的法律和行政組織一應俱全，只不過是縮到了極小的規模而已。

接見的地點雖然傳統上都被指為「大広間」，亦即大廳，但典禮的實際舉行位置卻可能複雜得多。大広間是城堡內的一個關鍵典禮空間，劃分為六個不同區域，而什麼人能夠進入哪一個區域都受限於嚴格的階級制度。舉例而言，一位低階大名也許會在大廳內一個地位較低的區域向幕府將軍致敬，而比較高階的官員則可能處於地位較高的區域。[57]不過，商館館長經常被推出大広間之外，只能置身於周圍的遊廊。瓦赫納爾就是如此。根據

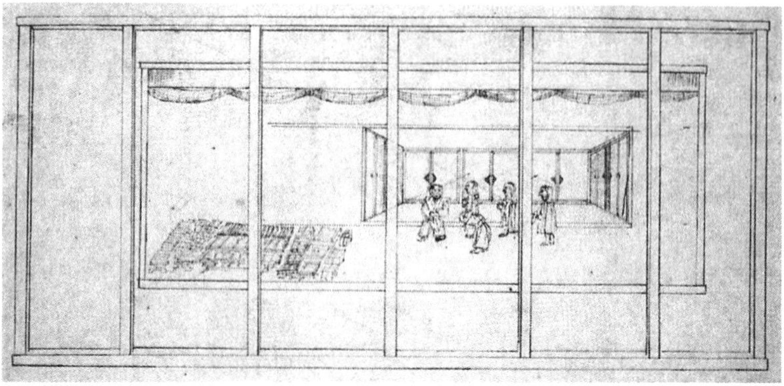

圖 3.3｜接見廳以及呈獻給幕府將軍的禮物。大英圖書館提供，Sloane Manuscript 3060, folio 512

《通航一覽》的記載，他的「禮物排列在大廳的遊廊上，荷蘭人〔就在那裡〕向幕府將軍致敬」。[58]在三年前往訪江戶的哈帕特（Gabriel Happart）指出，他不准踏上大廳的地毯，而是必須把臉抵在遊廊的木地板上。[59]

由於遊廊是個似乎屬於又似乎不屬於主要接見廳的中間區域，所以選擇這裡正好充分體現了商館館長所處地位的本質。商館館長一方面似乎是大名，另一方面又似乎不是，所以只能徘徊在大廳的邊緣，他參與了和「幕府將軍的臣屬」相同的禮儀，但不是每次都能進入他們使用的那個空間。[60]有時候，荷蘭人還會更進一步被推到大広間最外緣這個令人不太自在的地方。瓦赫納爾在一六五九年回到江戶接受第二次接見之時，只能在遊廊外圍的外側走道上向幕府將軍致敬。[61]這種情形與外國大使的對比相當明顯，因為外國大使都能夠獲准進入大廳內一個地位遠遠崇高許多的區域。此外，如同托比指出的，這兩者在用詞上也有所區別。使節團是獲得「接見」，荷蘭人以及他們的禮物則只是單純受到「御覽」，而這個用詞也再度標誌了他們的特殊地位。[62]

在接見當中，商館館長必須在荷蘭東印度公司的年度進獻物品旁邊以額頭抵地。在荷蘭的記錄裡，這些物品稱為「schenkagie」（禮物），但這個通用性的名詞未能傳達這些物品在這種情境當中帶有的實際意義。日本的記載就比較明白，稱之為「貢禮」（「入貢」或「獻物」）。[63]這些物品不是一名元首送給另一名元首以代表雙方友誼的使節團禮物，而是臣屬獻給宗主的儀式性物品。因此，這些物品也就相當於大名抵達江戶所必須進貢的禮品。[64]由於效忠關係是互惠的，因此幕府將軍也會回贈「時服」，也就是季節性的服裝，在商館館長停留於江戶的時間結束之際送交給他。根據一六六四年的一份記述：「他〔長崎奉行島田久太郎忠政〕指向放在我身旁不遠處的三個大禮盤。每個禮盤上都放著十件服裝（rocken）。他說這些服裝是陛下的回禮，我必須收下帶回。我道謝之後，爬到那三個禮盤中間的那一個前面，然後俯伏在地，頭抵著盤上一件服裝的袖子。」[65]對於荷蘭人而言，這類在日本以外幾無商業價值的物品令人深感挫折，因為他們根本無從藉此回收參府造成的花費。不過，如同以上的描述明白指出的，他們深知這項交易所帶有的重大象徵意義，所以還是依照規矩行事。再一次，這種做法同樣與大名近似，他們從江戶返回自己的藩國之時也會收到相仿的物品。[66]

幕府將軍的接見雖是參府的高潮，卻不是商館館長在江戶停留的最後一項活動，還有另一項活動提醒他身為仿臣屬的角色。在整個一六四〇年代期間，德川幕府官員都會定期向荷蘭商館發布指示，要求他們避免接觸葡萄牙人，並且確保航向日本的船隻沒有載運傳教士或者基督教宣傳品。一六五九年，這種做法轉變為一套正式的書面命令，在商館館長停留於江戶的時間結束之際交到他手上。瓦赫納爾第二度到日本任職的時候，他在第一次接受接見的十天後又被召回大廳裡，再度被帶到遊廊上，俯伏於幕府將軍面前。他在那裡收到一份命令，由一名廷吏宣讀，四名高階幕府官員在場。[67] 這些命令的確切內容隨著時間而變，逐漸添加新條款，最後終於在一六七三年定型為六條指示。在參府的漫長歷史中持續向荷蘭東印度公司代表下達的這六條命令當中，其中兩條尤其引人注意。[68]

第一，德川幕府禁止荷蘭人與在一六三九年被逐出日本的葡萄牙人有任何往來，不論是政治、商業或外交上的往來。為了督導落實這項規定，德川政權要求荷蘭東印度公司針對他們可能會遇到葡萄牙人的所有場合提出一份清單，以便調查任何關於這兩個國家互相通信的傳聞。第二，也是更重要的一點，則是商館館長必須通報一切關於天主教擴張新領域或者打算派遣人員航向日本的消息。經過一段時間之後，這項要求就轉變成了每年在長崎向幕府官員彙報正式情報。這些後來稱為《荷蘭風說書》（意為「荷蘭人的傳聞報告」）的文件，原本只聚焦於伊比利半島的強權，但包含範圍隨著時間演替而愈來愈廣，演變到後來如某名商館館長所言，荷蘭東印度公司必須提供「各式消息，包括戰爭、談和、戰役、勝敗、政權接替、國王逝世，以及其他訊息，由通譯人員報告以及謄錄」。[69]由於德川政權缺乏其他消息來源，於是開始把這些報告當成不可或缺的情報管道，報告內容也依據德川幕府本身的關注目標而調整，從十七世紀對於天主教的執迷，逐漸轉變為十九世紀對於西方帝國主義浪潮的關切。[70]就這方面而言，《荷蘭風說書》構成了荷蘭東印度公司對於德川幕府的一個具體而且明確可見的服務，一年接一年持續不斷地推出。

不可能出現在使節團當中的這份六條命令，又進一步強化了商館館長與大名之間的相似性，因為大名從江戶返回自身藩地的時候也會收到幕府將軍的指示。每年宣讀這些命令又是一個機會，讓荷蘭東印度公司代表展現他們身為忠心部屬的角色。在這項典禮當中，他必須伏跪在地，肅靜等待，而在典禮完成之後，則必須以熱切的回應確認自己的忠心。[71]一名商館館長宣告指出：「我們願意遵循皇帝〔幕府將軍〕的指示，也將永遠努力為日本國服務。」另一名館長表示：「皇帝〔幕府將軍〕、朝臣〔老中會議〕與全日本都可堅信我們對於這個國家的忠心。」[72]

藉由這些做法，參府活動將荷蘭人直接隸屬了幕府將軍的國內臣屬，因此，斯北科思以及其他荷蘭東印度公司代表對於他們在日本地位的描述，與這種經過重塑的進宮謁見形式之間的關聯絕對不是巧合。參府的出現其實與荷蘭東印度公司在一六三〇年之後的策略密不可分，是這種策略把公司員工刻意定位在這樣的角色裡。不過，這一切雖是始於自荷蘭東印度公司自身的政策轉向，卻也將荷蘭人推上了一條不熟悉的新道路。一開始的順服修辭其實頗為鬆散，缺乏真正的細節。更重要的是，這種修辭除了以模糊的言語宣告效忠之外，根本沒有包含任何真正的義務。德川幕府要求他們以類似於參勤交代慣例的做法每年往訪江戶，即是為荷蘭人身為國內臣屬的概念賦予了具體形式，提供了商館館長一套必須遵循的固定劇本。於是，本來只是為了撫平和德川政權打交道的困難而編造出來的權宜修辭，就被加上了沉重的禮儀負擔。

這一切不免引起幾個明顯可見的問題。荷蘭人怎麼能夠同時有兩種身分？一方面如此明確地身為外國人，是德川時期許多令人驚奇的記述所描寫的對象，但另一方面卻又能夠扮演國內臣屬的角色？如果他們首要的隸屬對象是幕府將軍，那麼幕府官員一再提及的荷蘭「國王」或者巴達維亞總督又是怎麼一回事？[73]另外，商館館長的領地上只有少少幾名荷蘭員工，又怎麼能夠表現得像大名一樣（並且獲得類似的待遇）？要瞭解這一連串明白可見的矛盾如何能夠被容許，就必須稍微檢視德川政權的本質，因為這個政權對於這類矛盾展現了驚人的包容能力。

德川幕府並不容易界定。這個政權的核心存在著一項基本矛盾，一方面是統治整個日本列島的中央政府，另一方面是數十個具有半自治地位的藩，握有相當程度的財務、軍事與法律權力。實際上，正是因為這項基本矛盾，所以史學家有時候才會以矛盾式的名稱界定這個政權。舉例而言，賴世和（Edwin Reischauer）就曾經提出一句名言，指稱德川幕府治下的國家是「集權封建」這種最罕見的政治異數的例子，亦即這個政權沒有完全中央集權，也不是全然封建。[74]近來的研究顯示，這類矛盾超越了德川政權的基本結構，而及於其日常運作方式。和本書主題最相關的就是盧克・羅勃茲（Luke Roberts）出版於二〇一二年的開創性著作，該書內容聚焦於德川幕府與各藩的互動。[75]在德川時代的文獻裡，大名雖然被呈現為毫無相異性而且受到政權嚴密控制的僕人，但他們與幕府的關係卻含有大量的矛盾。如同羅勃茲指出的，一位大名可能會為了幫助自己獲得接受而同時呈現出已逝與活著的狀態，也可能「在德川官員的共謀之下」對於自己的藩地提供虛假或具有誤導性的資訊，儘管德川官員在這些問題上理當非常注重精確的情報。[76]

羅勃茲認為，德川政權之所以願意容忍看似明顯可見的矛盾，主要是源自兩種關鍵概念之間的區別，但這個區別很常遭到忽略：一種概念是「裡」，也就是（通常）隱而不顯的內部，另一種概念是「表」，也就是呈現於外的表面，而這兩種概念對於德川幕府的運作都是不可或缺。德川幕府的治理仰賴於區隔這兩個類別，各藩只要在表面上呈現出徹底順服的假象，德川幕府就允許他們在自己的地盤裡擁有相當程度的自主權。這種做法造成了對於表演的高度重視。羅勃茲寫道：「表現出忠誠義務的能力——此處指的是表面上的表演，就算實際上沒有盡到忠誠義務也不影響這種表演——是德川幕府施行權力的一項關鍵工具，能夠有效保持國內的和平。」[77]因此，這個政權也就願意容忍各藩內部種種分裂性的行為，只要那些行為隱藏在毫無瑕疵的恭順表現背後即可。

另一方面，大名也能夠隨著情境與觀眾不同而採取多種不同的身分。根據羅勃茲的說法：「行為者的身分與主體性會隨著他們在『表』或是『裡』的空間行事而出現巨大變化，從而揭露出其所在的政治單位的性質。」[78]由於羅勃茲體認到藩內使用的是一種語言，而政權與大名往來的文書當中又有另一套相當不同的用語和觀念，因此他能夠在德川幕府時代各藩看似矛盾的身分當中找出一致性。那些藩有時候看起來像是獨立的政治單位，相當於邦或國家；但如果從別的觀點來看，卻又顯得只是德川幕府體制當中的從屬元素，只是國家政體當中的次主權部分。[79]

一個同時活著又死了的大名或是一個擁有雙重政治地位的藩，與商館館長在德川日本當中所處的不尋常位置，這兩者之間的距離其實沒有乍看之下那麼遙遠。實際上，荷蘭東印度公司的順服修辭得以產生作用，就是因為羅勃茲描述的那種區別，亦即內部（「裡」）身分與外部（「表」）表面之間的差異。商館館長在商館內的實際地位與所作所為，重要性並不如該公司的代表在江戶參府時的言行舉止以及他們表現出徹底順服的意願。在參府活動於一六三四年開始之後，荷蘭人就是在這個範疇裡表現得極為可靠。相對於諾伊茲那個搞得一團糟的使節團，像瓦赫納爾這樣的商館館長都非常善於遵循德川政權為他們提供的劇本。羅勃茲的說法如果沒錯，「德川幕府的關鍵要求就是所有人都必須表現出順從與恭敬的姿態，不讓亂象溢出於他們的領地之外」，那麼荷蘭東印度公司的代表到了這個時候已經學會在這方面繳出優異的表現。[80]

這種可靠的表演，呈現在一六三四年之後記錄荷蘭人造訪宮廷的德川文獻當中。[81]在這些簡短的記述裡，荷蘭人被描繪成忠心而且可靠的僕人，總是在正確的時間抵達江戶，行使適當的禮儀，並且只要受到告知就會離開。每年的情形雖然稍有不同，但基本模式都是不變的：荷蘭人（「蘭人」或「阿蘭陀人」）帶著他們的貢品（「入貢」）抵達城堡，接受幕府將軍或高階官員（如果幕府將軍沒空的話）過目（「御覽」），然後接見儀式即告結束。[82]從政權的觀點來看，「表」的徹底順服假象獲得確保，於是商館館長就能夠和其他藩地領主一樣，在「裡」的領域中自由維繫另一個不同身分，只要這種身分不打破表面而影響與幕府的關係即可。

不過，為了維持這種假象，荷蘭東印度公司及其代表必須付出相當的努力。參府活動在一六三四年開始之時，當時最早的參與者並未對這種新安排表達特別厭惡之情。相反地，荷蘭人樂於接受這種定期入宮晉見的做法，認為這是最為明確的徵象，顯示他們與幕府將軍的關係經過多年的顛簸之後終於開始穩定下來。不過，這種滿足感後來卻逐漸消退，原因是那些要求並未隨著一年年的過去而有所放鬆。到了一六五〇年代，在瓦赫納爾入宮晉見兩次之後，參府這種要求誇大的順服表現以及遵守嚴格時間表的活動已變得愈來愈令人難以忍受，使其主要參與者感到精疲力竭，而他們的反感也浮現於他們的日記當中。一名商館館長在一六五四年感嘆指出：「我們通常稱之為接受日本幕府將軍接見，但比較貼切的說法應該是稱之為恭敬、臣服表演（這麼說更合乎事實）、卑躬屈膝，或是另一種卑微的宣誓效忠（homagie）。」[83]不過，身在日本的荷蘭使者儘管在內部文件當中抱怨連連，卻也明白自己沒有力量可以改變這種典禮的形式或者每年入宮的要求。

乍看之下，參府活動可以延續如此之久實在令人難以理解。這種活動在一百五十年以上的時間裡持續不斷每年舉行，直到一七九〇年為止，期間荷蘭人總共造訪宮廷一百六十七次。[84]一七九〇年，德川幕府終於改革了這項制度，但也只是把每年一次的參府改成每五年一次，但典禮的形式完全沒變。因此，最後一次的參府舉行於一八五〇年，就在培理的艦隊抵達江戶灣的三年前而已。於是，這項活動持續的時間比荷蘭共和國以及荷蘭東印度公司本身還要久——這兩者都在十八世紀末期即告崩解。在這段期間，參府典禮的本質維持了驚人的一致性。自從參府開始之後，期間雖然發生了重大的政治變化，但瓦赫納爾如果看見十九世紀的參府活動，必定還是會覺得非常熟悉。

這點可以明白見於朵夫（Hendrik Doeff）這名商館館長的記述當中。他總共入宮四次，分別在一八〇四、一八〇六、一八一〇與一八一四年。朵夫和十七世紀的商館館長一樣，也是在一個固定的日子從長崎出發，沿著一條熟悉的路徑前往江戶，到了那裡之後再參與一場固定不變的儀式，只是他至少得以獲准進入大廳間：

我穿越一個木頭廊台，被人帶進一百張地墊大的廳堂。……我獨自跟著長崎奉行走進接見廳，看見禮物放在我的左手邊。……我向幕府將軍致敬，方法和日本國內的所有領主一樣，這時一名政府朝臣介紹了我，高喊：阿蘭陀甲必丹。然後，站在我身後幾呎的長崎奉行拉了拉我的披風，示意接見活動已經結束。整個典禮的時間頂多只有一分鐘。[85]

期間，朵夫也看出了自己的地位與大名的相似性，提及他向幕府將軍致敬的方式「和日本國內的所有領主（大名）一樣」。[86]他在接見典禮過了幾天後又回到大廳，收下德川幕府標準的六條命令，包括禁止與天主教強權接觸的這項過時命令。儘管荷蘭人原本將自己呈現為日本國內臣屬的做法已是許久以前的事情，十九世紀的商館館長仍然被迫扮演斯北科思在那麼多年前的信中初次勾勒出來的那種角色。由朵夫的經驗可以明白看出，一旦扮演了這種角色，就無法輕易加以拋棄。

從言語到行動

參府雖然為荷蘭東印度公司的臣服修辭賦予了具體型態，卻不是該公司的使者必須將自己的話語付諸實踐的唯一案例。在斯北科思寫下那封信的八年後，荷蘭人發現自己出乎意料地捲入了對付幕府將軍的敵人的軍事行動。島原之亂是一場始於一六三七年的日本國內反抗行動，帶有濃厚的基督教色彩；而荷蘭東印度公司參與鎮壓這場反抗行動的做法，長久以來都一直備受爭議。在（通常都是非荷蘭人的）批評者眼中，該公司竟然為了服務一個外國統治者而不惜攻擊與自己信仰相同的教徒，實在是不可原諒的行為。德裔的坎普法指稱該公司涉入這起事件令人不齒，後來的一名美國作家則是描述指出：「這項行為……因為證據確鑿而無可否認，也因為太過邪惡又惡名昭彰而無可辯解。」[87]相較之下，荷蘭作家（包括幾名曾在日本商館任職過的人士）則是奮力反駁「無知的外國人……〔從〕最令人不齒的角度看待這起事件」的傾向，聲稱荷蘭東印度公司的商館館長只是單純受到要求協助鎮壓國內叛亂者而已。[88]

這種來來回回的指控與辯護，並無助於解釋該公司為什麼會捲入這起事件。現代學者提出解釋，認為荷蘭人其實是受害者，因為德川幕府官員設計了這項考驗，藉此確認荷蘭人是否能夠受到完全的信任。[89]他們的推論是，如果荷蘭人願意以自己的大砲對準同教的信徒，那麼就可以相信他們會徹底遵守幕府將軍的反基督教禁令。不過，這個解釋雖然簡單明瞭，卻是仰賴於這麼一項前提假設：面對數十年來第一次對德川政權的權威所提出的重大挑戰，幕府官員在忙著鎮壓的同時，還先暫停下來，為一個人數不多的外國群體設計一項忠誠考驗。這項理論一旦追溯其源頭，更是顯得不盡可信，因為這項理論的依據是一句號稱出自一名德川幕府指揮官口中的話語，後來經由二手或三手轉傳到荷蘭人耳中。[90]

要瞭解是什麼因素促成荷蘭東印度公司捲入這起反抗事件，首先必須降低一些直覺式的指控。[91]一旦排除某些譴責荷蘭人行事惡毒的直覺式指控，就會發現這起案件其實沒有某些作家呈現出來的那麼駭人。島原之亂雖然有一部分是基督徒的反抗，但同時也是天主教徒的反抗，由耶穌會士在九州數十年來的傳教行為所引起。在荷蘭東印度公司於一六三八年對反抗者的營地開火之時，該公司在亞洲與葡萄牙和西班牙這兩個天主教強權及其當地盟友已經惡戰了將近四十年之久。在歐洲，該公司的祖國荷蘭共和國抵抗西班牙入侵的歷史又更加長久。因此，奉派前往島原的那艘船上的船員，對於以暴力對付天主教目標並不陌生，故而那些反抗者也不因為信奉基督教就享有特別的豁免。

然而，有一點還是不免令人感到驚訝，也就是荷蘭東印度公司一再拒絕把資源投注於非必要的軍事活動上，卻竟然願意動用船隻與人員鎮壓一場國內反抗行動，儘管此舉絲毫無益於公司的獲利，而且還會耗用寶貴的資源以及擾亂貿易的時間表。[92]該公司究竟為什麼會做出這項決定，也一樣需要解釋。荷蘭人不是受制於德川幕府提出的考驗，而是自告奮勇採取這項行動，並且宣稱這是他們身為幕府將軍的忠心臣屬所負有的責任。同時間，荷蘭東印度公司使者與負責鎮壓反抗行動的幕府官員之間的互動，也大量充斥了斯北科思於一六三〇年使用的那種修辭。這一切都顯示島原的事件與本章描述的那種外交策略轉變具有直接的關聯。實際上，荷蘭東印度公司因應那場反抗行動的做法，就是一種明確的證據，顯示君臣關係的概念在該公司與幕府將軍的互動中具有多麼核心的地位。

荷蘭人於島原開火的幾個月前，事態就顯示出，忠心服務的口頭話語如此容易地能夠轉變為實際行動。在一六三七年下半年，長崎的官員開始以愈來愈明白的話語暗示荷蘭人應該自告奮勇執行一項充滿野心的計畫，攻打馬尼拉這座受到西班牙殖民的城市。[93]這項攻擊行動，用意在於懲罰西班牙，原因是一支西班牙艦隊在多年前（一六二八年）擊沉了一艘帶有德川幕府發放的貿易通行證的日本船隻。[94]這個想法延續自先前一項攻打馬尼拉的嘗試，當時在那艘日本船隻遭到擊沉之後就隨即展開安排，卻因為負責偵察該市防禦措施的松倉重政這位大名去世，又沒有明確的接任人選，因此無疾而終。[95]不過，長崎的官員在一六三七年重拾這項計畫，原因是他們看出了一個討好江戶上級的機會，那就是結合日本軍力與荷蘭航海科技，並藉此構成報復西班牙人的一種低成本方法。此舉還有更加吸引人的一個效果，那就是可望永久斷絕傳教士經由馬尼拉來到日本的管道：當時這種現象已愈來愈引起德川官員的擔憂。

一六三七年九月，兩名長崎奉行——馬場三郎左衛門利重（一六三六—五二年在職）與榊原飛驒守職直（一六三四—三八年在職）——從幾個受到捕捉的道明會修士口中得知，馬尼拉的殖民政府打算持續派遣傳教士進入日本。[96]他們因應這個威脅的方式，就是設法將荷蘭人拉進攻打馬尼拉的計畫。這兩名奉行在十月三十日展開這項計謀，質問商館館長為什麼荷蘭人任由「馬尼拉不受攪擾」。他們指出那座城市如果受到攻擊摧毀，將會令幕府將軍大感欣悅。[97]這些話的含意非常明白：身為德川政權的忠實僕人，荷蘭人應該預期幕府將軍的願望，而自告奮勇對付他的敵人。荷蘭東印度公司雖然原本就與西班牙人處於戰爭狀態，但那兩名奉行提出的計畫仍然帶有極大的風險。馬尼拉自從一五七一年建城以來，已經成為亞洲一片防守最嚴密的歐洲飛地，厚實的城牆上架有重砲，還駐有一支龐大的守軍。[98]攻擊行動如果失敗，可能會重創荷蘭東印度公司的艦隊、造成大量傷亡，並且永久損及該公司的貿易活動。商館館長非常清楚這些危險，於是極力抗拒兩名奉行的提議，指稱在日本的荷蘭人比較是商人而不是士兵，也缺乏發動這麼一場戰役所需的資源。

第二天，遊說活動改由長崎的代官這名下屬官員接手。他表示自己已準備了一份請願書，可供荷蘭人簽署之後呈往江戶。這份文書採用了忠心臣屬一心想要服務主人的那種言語，以明確的姿態主動提供荷蘭東印度公司的船隻、人員與軍械以進行這場戰役：

> 近來，我們（荷蘭人）得知馬尼拉的居民違反了皇帝（幕府將軍）的禁令，派遣教士前來，殊不知教士在日本是受到禁止的。因此，他們在各位閣下眼中乃是罪犯（misdadigen）。最高當局如果決定摧毀這座城市，每年都有不少船隻航行到日本的荷蘭人隨時都能夠提供我們的船隻與大砲為當局服務。我們請求各位閣下的信任，並且相信我們在任何事務上都絕無例外地隨時準備為日本服務，而這也正是我們向各位閣下呈獻這份請願書的原因。[99]

這份文書充滿了潛在的危險。提供軍事支援的承諾一旦以書面方式呈遞至江戶，就再也不能收回，因此這份請願書就相當於一份契約，只要德川政權決定重啟攻打馬尼拉的計畫，巴達維亞就必須提供人員與船隻。

商館的代表不願做出這樣的空白承諾，於是設法婉拒，指稱這麼重要的事情必須依循指揮系統呈報總督決定。那名代官顯然早就預料到這樣的回答，隨即要求該公司實踐其承諾：「太膽小了吧。你在說什麼？我沒興趣（知道）你們的行事方法，你絕對也不會希望奉行聽到這種答案。你應該要說：『啊，這就是我們期待已久的美妙時機。』這麼一來，我們就可以向（幕府將軍）陛下證明我們隨時準備為日本服務。』我要把你們拒絕所可能帶來的後果告訴你。首先，你們會被視為毫無意願的騙子，因為你們總是宣稱自己隨時準備竭盡全力為日本服務。」[100]他接著指出，他總是向自己的上司表示荷蘭人值得信賴，而且隨時準備為幕府將軍服務，運用他們的「力量、船隻和軍械，而且忠心與投入的程度與陛下自己國內的領主無異」。荷蘭人如果已經做出了這麼多的承諾，現在卻拒絕提供服務，那麼他們的話語就會「被人知道全是謊言」。[101]

這些話雖是出自日本官員的口中，卻幾乎完全呼應了荷蘭東印度公司代表本身所表達的想法，而且也能夠讓人體會到荷蘭人身為臣屬的觀念已經多麼廣為散播。不過，重複提出的話語雖然有效強化了該公司本身想要呈現的形象，卻也顯示了身在日本的荷蘭人根本無力控制這種話語的中心邏輯。正如那名代官的話所明白展現出來的，到了一六三七年，最早由荷蘭東印度公司使者提出的那些觀念和修辭已不再只限於東印度公司內部，而是該修辭也受到各有不同利益的種種群體所取用。那名代官只是單純複述荷蘭東印度公司的忠心宣言，就為荷蘭人提供了一份必須遵循的劇本，如同參府活動那樣要求他們實踐他們宣稱自己所扮演的角色。

在商館裡，負責執行的評議會討論那份請願書。其成員隨即體認到他們的處境有多麼危殆，一方面恐怕會被人揭穿他們的空洞言詞，另一方面則是可能必須參與軍事行動。他們不能直接對那份日本官員代寫的請願書置之不理，因為這樣就等於承認自己過往宣告的服務意願是個騙局。評議會的成員感嘆指出，這麼做將會導致荷蘭人被視為「騙子與缺乏意願的人」，因為他們「在此之前已多次提議為日本提供協助與服務」。[102]另一方面，我們也不難理解評議會為什麼不願做出無限期的承諾，選擇獻上荷蘭東印度公司的「船隻與武器等海軍實力為日本服務」。在兩種選項都不特別吸引人的情況下，最後的決定是傾向於對日方讓步。評議會認定違反已經提出的承諾比提供支援更危險，於是決議志願提供六艘軍艦：四艘帆船以及兩艘快艇參與攻擊行動。[103]

馬尼拉計畫還來不及執行，島原的情勢發展就迫使德川幕府將注意力轉向國內的問題。十二月十七日，一項消息傳到平戶，指稱「有馬地區的居民或者農民發動叛亂，以武力反抗他們的領主」。[104]這場造反的起因是居民對於當地大名課徵的重稅愈來愈不滿，但那個區域本來就是個隨時可能引爆的火藥庫，於是這場造反立刻擴散到天草島，島上數以百計的村民都拿起武器。隨著造反運動的規模逐漸擴大，逃避德川幕府壓迫而躲藏起來的基督徒也開始響應支持。在平戶，荷蘭人收到消息說那些村民放火焚燒了神社和廟宇，而另外搭建妝點有耶穌與聖母形象的教堂。[105]這些武裝簡陋而且缺乏補給的反抗者很快就遭到抵禦，於是在經過一連串的挫敗之後，選擇固守於原城這座位在島原藩的廢棄堡壘內。這座堡壘三面環海，又有厚實的城牆，即便在破敗的狀況下也還是一座令人望而生畏的要塞。為數三萬的男男女女和兒童就聚集在那裡，等待著江戶無可避免的回應。

這場造反令德川政權大感震驚，因為其挑戰來自於一個出乎意料的地方。德川政權派遣板倉重昌率領一支大軍前去平定動亂並且恢復秩序。這支軍隊以最快的速度進發，在一六三八年一月中抵達九州。[106]由於不久之前才討論過馬尼拉戰役的事情，而且這場造反又對德川幕府的權威造成了立即性的威脅，商館館長庫庫巴卡（Nicolaes Couckebacker）因此別無選擇，只能立刻提供支援。在一封日期標注為一月十七日的信件裡，他以毫不含糊的言詞提出這樣的提議。他採用忠心臣屬這種已經耳熟能詳的語言，向板倉重昌承諾指出：「你如果有任何需要，只要是我們能力所及，就請直接下令，因為我們隨時準備獻上忠實的服務。」[107]由此帶來的結果，就是荷蘭東印度公司自告奮勇參與這場戰役，同時也明白指出（在沒有受到德川官員催促的情況下）荷蘭人隨時準備履行他們身為忠心部屬的角色。

日方不久之後就提出了第一項要求。一月二十七日，長崎代官寫信要求庫庫巴卡運送大量火藥補給聚集在原城附近的幕府部隊。[108]庫庫巴卡送出六桶火藥之後，在二月五日決定再度提出另一項服務提議，這一次的對象是與幕府部隊的主力駐紮在一起的長崎奉行：「我們謹向各位閣下呈上這封信函。……我們準備了大砲與砲彈，以備各位閣下認為有此必要。各位閣下只要一下令，我們就會立刻提供。……如果有荷蘭人能夠為各位閣下服務的任何事物，請直接向我們下令。」[109]這項提議促成了另一項要求，庫庫巴卡在二月十日收到把額外的火藥以及五門大砲運往島原的指示。他回信給那名長崎代官，誇稱自己已將手上最強而有力的大砲送去為幕府將軍的戰役服務。[110]

在雙方書信往來的同時，板倉重昌的戰役卻遭遇了一個接一個的挫折。兩次攻擊行動只造成了大量傷亡，卻絲毫沒有損及反抗者的防禦工事。江戶對於戰役的進展感到不滿，於是決定以松平信綱與戶田氏鐵這兩名將軍接替板倉重昌。不過，板倉重昌在他們抵達的時候已經喪命，他在二月十四日的第三場同樣毫無成果的攻擊當中陣亡。松平信綱與戶田氏鐵體認到正面攻擊不太可能成功，於是選擇採取長期圍城的做法。荷蘭人就是在這個時候受到要求履行他們的承諾，商館館長在二月十九日收到指示，必須派遣一切可用的「船隻與大砲」前去參與圍城作戰。[111]這項命令把荷蘭東印度公司從僅僅提供物資支援的邊緣地位拉了進來，要求他們直接參與作戰行動。商館館長雖然不想要把他僅有的幾艘艦艇派去從事沒有明確時程的服務，但在忠心服務的承諾前所下達的要求不能夠輕易拒絕。儘管如此，他至少可以降低可能的損害，於是庫庫巴卡隨即指示兩艘停泊在日本港口的其中一艘荷蘭東印度公司船隻航行到陸地的視線以外。做了這項安排之後，他就搭上名為白霜號的第二艘船隻，在二月二十一日朝原城出發以親自主導這項遠征行動。

四天後，庫庫巴卡舉行了他與松平信綱、戶田氏鐵還有兩名長崎奉行的第一場會議。和我們的預期不同的是，從會議中的討論內容看來，他們顯然絲毫不認為一艘荷蘭東印度公司的船隻參與德川幕府的作戰行動有任何奇怪之處。相反地，正如該公司本身提出的修辭，這些官員也把白霜號的抵達描述為過往承諾的自然延伸，指稱荷蘭人「在超過三年來的時間裡一再表示他們希望以自己的船隻、大砲與人員為陛下以及日本提供服務。他們一再希望能有這樣的機會，於是現在履行了「他們的服務」。[112]白霜號的出現顯得正常無奇，而荷蘭人也只是另一群臣屬，前來履行對他們遙遠的主人所負有的責任。的確，德川幕府的指揮官明白指出這項關聯，提及荷蘭人「和其他領主一樣呈獻了他們的服務」。[113]換句話說，荷蘭東印度公司參與國內戰役的行為沒有任何特殊之處；這只是德川政權動員其臣屬的合理結果而已。

白霜號及其船員立刻接到任務。在接下來的兩個星期裡，荷蘭砲手以船上的大砲對原城發射了超過四百枚砲彈，同時也在岸上集結了一組排砲。[114]我們雖然難以評估荷蘭東印度公司的貢獻究竟造成了多大的影響，德川幕府官員卻堅稱他們對於損壞敵方的規模相當滿意，一名從原城裡逃出來的叛逃者也報告說營地裡每天都有「五、十或十五人死亡或者受傷」。[115]反抗者雖然無法反擊，荷蘭東印度公司方面卻仍然有傷亡。三月十一日，一個名叫吉利斯（Gillis）的石匠在維護白霜號上的一門大砲之時，因為大砲爆炸而喪命。德川幕府的指揮官得知這件事情之後，向庫庫巴卡承諾他們必定會向幕府將軍呈報這名荷蘭人的犧牲，而後來荷蘭東印度公司也為此獲得一小筆補償金。[116]第二天，例行性的砲擊出現暫停，原因是庫庫巴卡收到允許白霜號離開的許可。他仍然扮演著盡責臣屬的角色，而提議繼續駐守崗位直到衝突正式結束為止，但日方向他保證他們已不再需要該公司的服務，原因是圍城部隊已聚攏於堡壘周圍，所以繼續砲擊已不再安全。就在庫庫巴卡準備離開的時候，他被告知荷蘭人提供了極有價值的服務，而且他們的參與都在「每天往返遞送的郵件當中」持續彙報給幕府將軍。[117]整整一個月後，德川幕府的部隊終於攻進城堡，將仍然倖存的反抗者屠戮一空，終結了這場造反行動。

攻打馬尼拉的計畫與荷蘭東印度公司參與島原圍城作戰這兩起事件的結果雖然非常不一樣，貫穿其中的主題卻是相同。在這兩個案例中，荷蘭東印度公司的使者都受困於自己過往說過的修辭，而被迫必須扮演「熱切想要提供服務」的忠實部屬的角色。從斯北科思在一六三〇年首度提出荷蘭人扮演臣屬角色這種概念的那封信，到後來荷蘭東印度公司參與軍事行動對付幕府將軍的敵人，這兩者之間只相隔不到十年，因此這項概念演變的速度之快實在不禁引人注目。在白霜號出現於原城外海之時，荷蘭人身為臣屬的概念已變得出乎意料的具體，必須以行動實現言語的承諾，而且商館館長也沒有能力可以抗拒。在島原事件之後，幕府官員對於派遣遠征軍攻打馬尼拉或者其他外國目標的這種宏大計畫逐漸失去了興趣，但認定荷蘭人會繼續連同幕府將軍的其他臣屬一起提供軍事服務的假設卻維持不變。[118]由於後來沒有其他戰爭或者衝突可讓荷蘭東印度公司提供船隻或水手，因此這種服務就轉變為先前提過的《荷蘭風說書》這種每年提出情蒐報告的型態，而這種做法在漫長的德川時期當中也成了該公司最重要的軍事服務。

「帝國之華，國家的守護者」

忠心服務的觀念隨著時間過去而愈來愈具重要性，並且變得愈來愈具體，使得荷蘭東印度公司在日本的經驗不同於其他歐洲海外事業在亞洲的經驗。歐洲代表藉著聲稱自己是強大亞洲統治者的臣屬，而披上本土主權的外衣，並不是罕見的現象。不過，這種修辭基本上都是暫時性的，只是用來開闢一個空間以供調整關係之用。荷蘭東印度公司與馬塔蘭（Mataram）這個位於爪哇島上的強大王國互動的方式即是如此，他們在那裡也使用了這樣的語言。[119]該公司原本與馬塔蘭常年不斷爭吵，直到一六四六年才商定一種安排，刻意把荷蘭人定位為臣屬。在最後的確立文書當中，總督承諾向馬塔蘭進貢稀有的禮物，而且該國的統治者如果「與敵人發生戰爭」，荷蘭人也將提供支援。[120]不過，這套架構雖然存續了幾年的時間，重點主要卻是在於提供喘息的空間，而不是要求持續的奉獻。經過一段時間之後，巴達維亞即得以藉著支持王位的競爭者而把自己從臣屬轉變為那個王國裡的主要政治勢力。[121]到了最後，原本的臣屬獲得了政治權力，曾經被認同的宗主則是被迫扮演一種新角色，成為荷蘭東印度公司的附庸國。

一個更有名的例子是在印度，英國東印度公司原本在那裡宣示效忠蒙兀兒皇帝。十八世紀初，英國的使者對宮廷提出的請願書都採用了忠心僕人的語言。孟加拉行政長官羅素（John

Russell）在一七一二年寫的一封信，即可讓人見識到這種通信的內容：「本請願書的執筆人羅素，有如最細微的沙粒，額頭就像是陛下腳凳的頂端，而陛下則是絕對的君王，也是宇宙的支柱。……我們英國人，在目前為止得以免除關稅而在孟加拉、奧里薩（Orixa）與比哈爾（Beharr）進行貿易（唯一的例外是蘇拉特〔Suratt〕），是陛下最恭順的奴隸，隨時專注聆聽您的命令。」[122]不過，隨著蒙兀兒帝國的勢力逐漸衰微，英國的影響力逐漸擴大，印度主權的概念於是轉變為一種權宜性的虛幻表象，可供英國人任意操弄以增進他們的利益。在這樣的背景下，一七五〇年代與六〇年代發生了英屬印度的著名戰役。英國的使者宣稱他們打仗不是為了自己的利潤，而是為了維護他們那位遙遙在彼的領主之權威，藉此將擴張運動粉飾為防禦性的行為，聲稱其目的在於保護蒙兀兒主權的整體架構。

這樣的說詞協助了創建這座亞洲英帝國的主角人物克萊武宣稱（至少在一開始的時候是如此）：自己採取的行動純粹是為了維護「大蒙兀兒帝國的權力」。[123]在首都，已然喪失實權的皇帝也被迫採用同樣的語言，將一七六五年的布克薩爾戰役之後，英國人被授予孟加拉、比哈爾與奧里薩這三個省分的收入權，可視為忠心奉公的獎賞。於是，英國東印度公司也就獲得讚揚為「崇高威武，在所有的顯赫貴族當中最為顯貴，在所有的卓越戰士當中居首，是寡人的忠實僕人與真誠支持者，全然值得寡人的榮寵」，克萊武更獲得這項頭銜：「帝國之華；國家的守護者；英勇神武；在戰爭中堅毅不搖。」[124]在這個案例中，誇大的順從與奉公修辭掩飾了實際上的動態，事實上，政治正當性與經濟讓步的主要利益都回流到了歐洲夥伴的手上。這類虛幻的表象一旦不再符合他們的需求，簾幕就會掀開，而暴露出雙方關係的真相。[125]

在日本，這種說詞造成的效果卻相當不一樣。在那裡，服從修辭的背後沒有歐洲強權的逐步擴張，雙方關係也沒有進一步傾斜。同樣重要的是，荷蘭人身為臣屬的概念在對於荷蘭東印度公司不再有價值之後，並沒有就此消散，影響力還反倒與日俱增。隨著荷蘭人在德川時期從事著一年接一年的參府活動，表演與實質關係於是變得愈來愈難區分，我們也愈來愈難確定荷蘭人究竟只是扮演著這種角色，還是真正變成了德川政權的忠心僕人。德川時期的官方文獻在這方面絲毫沒有任何模糊之處，日方將荷蘭人呈現為盡責的臣屬，在德川秩序的範圍內忠心履行他們受到分配的責任。

在這方面最可參考的典籍，也許就是十九世紀的《通航一覽》這部彙編了德川幕府外交關係的文獻。在這部包羅廣泛的記述當中，其內容劃分為若干篇章，詳細記載德川幕府與眾多外國群體的關係。這些關係又進一步區分為若干類別，包括通信、造訪日本的行程、爭論的議題等等，大體上這些分類方式是這整部彙編當中的標準模式。不過，記載荷蘭人的篇章雖然也包含了這些類別，卻還多了一節在這部厚重典籍的其他部分看不到的內容。所以，荷蘭人也就因此不同於其他一切與德川幕府建立關係的的外國群體。標題單純取為「奉公」的這一節，描述了荷蘭東印度公司年復一年向歷任幕府將軍善盡義務的表現。[126]這一節記載了長達數百年的忠心奉公，包括島原之亂與數十份《荷蘭風說書》的情報報告，藉此證明荷蘭人的忠誠。由此造成的整體效果，就是模糊了表演與實質之間的界線。如果說荷蘭人一開始只是假裝身為忠心的臣屬，打算藉此哄騙日本人以謀取利益，那麼他們後來倒是把這個角色扮演得極為稱職，持續的時間又極長，以致他們在日本實際上放棄了其他一切身分。從德川幕府的觀點來看，他們確實成了盡責的部屬，是可靠的忠心臣屬，能夠和國內的其他臣屬一樣為德川政權提供服務。於是，在一六三〇年代匆匆套上的一項偽裝，就此恆久存續了下來，而且還黏附得愈來愈緊，到後來根本無法卸除。

就這樣，外交上的衝突促成了一套新的互動架構，只見荷蘭人藉由自我轉變的做法以求在德川秩序當中獲取一個穩固的位置。不論怎麼看，荷蘭東印度公司在外交上的調適幅度都非常大。在短短幾十年的時間裡，該公司身在日本的代表就經歷了數次的角色轉換，先是荷蘭國王的使者，接著是巴達維亞一位尊貴總督的大使，最後成為幕府將軍的忠心臣屬。在這個過程中，荷蘭東印度公司對於自己提出的說法一再退讓，最引人注目的是關於總督地位的說法，不僅如此，他們還對公司特許狀第三十五條當中列出的主權權力做出退讓。類似的過程也發生在日本周圍的海域，荷蘭東印度公司的船長在那裡發現自己發動戰爭的權利同樣受到德川幕府的限制。

PART
2
暴力

CHAPTER

4

驚濤駭浪

基督徒〔是〕海上的雄獅……上帝將那個變動不定的元素交給他們主宰。

——傅萊爾（John Fryer）轉述蒙兀兒皇帝奧朗則布（Aurangzeb）的話語，一六九八

要〔在日本〕展現我們的利爪或是使用暴力，都是完全不可能的事情，除非我們想要離開這座國度而從此不再回來。

——《論荷蘭東印度公司對日貿易的現況》（*Consideration of the Present State of the Company's Trade in Japan*），一七〇七

如果說外交是一座艱困的舞台，歐洲人在這座舞台上被迫只能以不足的工具執行複雜的命令，那麼大海無疑就是近代早期世界當中可供歐洲人稱霸的典型空間。[1]不同於那些迷宮般的首都，令諾伊茲及其他大使在其中難以找到路線，大海則是具有令人安心的開闊性，也

能夠任意加以影響。此外，歐洲人在海上也握有毫無疑問的優勢。在十六與十七世紀開始推進亞洲海域的海外事業都是航海組織，專長於海上戰事，也帶有重砲與堅實的船隻設計這兩項令人害怕的科技組合。因此，也就難怪歐洲的海外事業從一開始就高度仰賴利用海上實力在亞洲建立據點的做法。[2]葡萄牙人就是如此，他們率先開創這種策略，利用優越的海軍兵力控制城市與貿易路線；而後來的競爭對手，例如荷蘭東印度公司，也同樣把船艦上的大砲當成關鍵策略工具。

歐洲航海技術的力量確實毫無疑問。實際上，推進亞洲海域的歷史充斥了交戰的記述，其中一再提及來自歐洲的船隻能夠徹底打敗為了對抗它們而集結起來的遠遠龐大許多的艦隊。[3]這類交戰促使奇波拉（Carlo Cipolla）與帕克（Geoffrey Parker）等史學家把航海技術視為「歐洲崛起」的核心要素。在帕克眼中，搭載大砲的船艦是一場世界其他地方無可比擬的軍事革命所帶來的產物，而這種船艦也讓歐洲人得以在近代早期的亞洲海域掃除一切可能的敵人，達成稱霸地位。[4]他指出，「一項海戰革命……發生於近代早期歐洲，其重要性不遜於陸戰革命，因為海戰革命開啟了一條道路，使得歐洲能夠在近代早期的大半時間對全世界大部分的海洋行使霸權」。[5]在這種觀點當中，一五〇〇年就是海上控制權翻轉到歐洲人手上的時刻，儘管他們在陸地上還未能建立起勢力。

這類主張促使一群修正主義史學家重新檢視歐洲航海技術的傳統論述，方法是檢驗一群亞洲的菁英國家或組織如何成功挑戰歐洲的海上霸權。在這方面最值得注意的一項近期研究，就是卡薩勒（Giancarlo Casale）主張曾有一段與歐洲對外探險平行發展的鄂圖曼探險時期。[6]其他史學家，例如蘇布拉馬尼亞姆或歐陽泰，則是指向阿曼的亞魯比王朝（Ya'rubi Dynasty）或者下一章將會討論到的鄭氏家族海上網絡，他們不僅足以和歐洲艦隊互相匹敵，更能對抗其他海上兵力的強勁競爭對手。[7]

面對歐洲優勢問題的第二種探究方式，則是把辯論焦點從科技以及船隻設計的細節或者砲火的效率轉向這些科技在其中運作的政治與法律環境。於是，這種論點也就對下述假設提出了質疑：亦即歐洲海上火力乃是一種常態性配備，只要一有需要即可隨時動用。但如同最近發生在伊拉克或阿富汗的衝突所顯示的，即便是最強而有力的科技優勢，也需要有特定的條件才能夠受到有效使用。在近代早期亞洲，這些先決條件極少出現，因此潛在應用做法與實際上的應用結果也就存在著相當大的落差。除了少數成功戰役的例子之外，更有其他許多的反例，顯示有效運用優越科技的能力遭到環境條件的局部限縮、大幅遏抑或是徹底壓制。

要理解為什麼會有這樣的狀況，一個方法就是從大海的形象談起。我們思考近代早期亞洲的海洋時，通常習於兩種描繪方式。歐洲在十七世紀繪製的地圖，把海洋呈現為大體上空白的空間，只受到相等格線的分割，而且沒有任何可資辨識的特徵。[8]呈現歐洲勢力在亞洲活躍狀態的現代地圖，雖然可讓我們對海上活動獲得比較充分的理解，卻也一樣可能造成誤導，因為其中總是以鮮明的箭頭直接穿越空白的水域，標示貿易航線與商品的流動。這兩種描繪方式當中都有一項引人注目的欠缺，就是看不出沿岸的亞洲國家對海洋所具有的政治或法律影響力。這種形象正合乎著名的十七世紀荷蘭學者格勞秀斯提出的概念，亦即海洋世界是所有航海人皆可自由通行的獨特開放空間，只受自然法的原則所支配，而不受制於任何一個國家的法規。[9]在一六三三年他為探討自由海洋的知名著作所繪製的一幅頗具揭露性的封面圖畫裡，可以看到一艘歐洲船隻高掛著自然法的旗幟航行在大海上，不受任何陸地統治者的命令干預。[10]

實際上，海洋遠比這些形象所顯示的還要複雜得多。本頓（Lauren Benton）在她探究近代早期世界主權的開創性著作裡指出，儘管「海洋的自由發展成為一項法律原則，歐洲人仍然體認到海洋空間其實交織著帝國控制的通道」。[11]在她眼中，海洋上存在許多受到各種法律和管轄權規範的不同區域，有如一片司法拼圖，充滿了需要解譯的「管轄權迷宮」。[12]本頓的焦點雖然主要集中在歐洲的法律上，但這些迷宮有一部分也可以追溯到亞洲的統治者、官員以及行政人員，他們的影響力促使近代早期的海洋轉變為「受到法律分割的的斑駁空間」。[13]

這項說法如果看起來不是那麼不證自明，部分原因是一名印度統治者提出過一句充滿不屑的名言，指稱「海上戰爭是商人的事務，不值得尊貴的國王關心」。這句話有時被視為反映了亞洲菁英對於海洋所抱持的普遍觀點。[14]如果接受這是一種普遍性的觀點，那麼像蒙兀兒印度這樣的陸地強國自然不會關注航海發展，而且基本上任由歐洲人控制這個他們毫無興趣的領域。不過，這些言論並不代表事情的全貌。即便是最以陸地為中心的政權，只要被充分提醒，也有可能會對海洋領域這個「變動不定的元素」進行干預。[15]在大多數的案例當中，他們採取的都不是最醒目的做法，例如建立自己的艦隊，而是選擇性地借用法律方法。這種做法一旦結合了懲罰違法行為的手段，例如對陸上的歐洲資產或人員施行報復，即可限制海上武力的使用。

在一項深富洞見的分析當中，古普塔（Ashin das Gupta）把這種互動關係稱為「陸地與海洋之間……的勒索平衡」，亦即歐洲艦隊雖有能力劫掠屬於亞洲國家或者至少宣稱與亞洲國家有關係的船隻，卻因為害怕在陸地上遭到報復而不得不自我節制。[16]這種情形造成的結果，就是兩方之間細膩而且不斷變動的平衡：一方是歐洲船隻的力量，另一方則是以陸地為基礎的法律結構所具備的約束力，在許多情況下，亞洲國家藉此對海洋發揮影響力的做法都遠遠更加可靠而且經濟，不必面對維持一支艦隊所無可避免的那種龐大開銷與科技挑戰。這種管轄權被加以劃分的做法雖然時斷時續、缺乏一致性，而且基本上是即興為之，但在亞洲海域裡約束載砲艦艇的效力卻可以說是勝過其他任何因素。要瞭解歐洲海外事業在其中運作的那個世界，我們必須將本頓描述的那片法律拼圖疊加在空白海洋的地圖上。唯有這麼做，我們才能明白能夠運用科技優勢的空間多麼有限，從而徹底抹除無可挑戰的歐洲海上霸權這種概念。

歐洲科技與亞洲法律之間的緊張關係是這兩章的核心，而這兩章將會檢視荷蘭東印度公司、海上暴力以及德川幕府這三者的交會。荷蘭東印度公司在一六〇二年獲得特許狀，其中就為其賦予了招募軍隊的權利。等到該公司在七年後抵達日本之時，已經擁有堪稱是東亞海域最頂尖的船隻以及無疑是那片海域中最強大的海上火力。荷蘭東印度公司艦隊的力量又受到一套富有彈性的法律架構所強化，即便是最具野心而且匆促發動的戰役，也能夠受到這種法律架構的包容。為了合理化他們使用武力的行為，荷蘭東印度公司的高層訴諸一個內容豐富的法律工具箱，其中充滿了像格勞秀斯這種作家的著作，而格勞秀斯就是因為辯護荷蘭人在亞洲的活動而嶄露頭角。藉著這種做法，荷蘭東印度公司的行動於是一再被稱為合法的私掠行為（在公司內部的認知也是如此），而不是非法的海盜行為；是具有正當性的武力，而不是不必要的暴力；是追求更高目標的合法行為，而不只是卑鄙的掠奪。[17]在這些因素的結合下，荷蘭東印度公司因此頻繁使用暴力，在其進入亞洲之後的頭十年間尤其如此。[18]實際上，該公司除了被人描述為「全世界最大而且資本最雄厚的私掠公司」之外，也是最活躍的一家私掠公司，反覆不斷對歐洲以及各區域的當地競爭對手發動戰役，博爾施伯格（Peter Borschberg）近期的著作就明白顯示了這一點。[19]許多學者因此指稱武力的使用從一開始就是「荷蘭東印度公司的市場策略當中必要而且整體性的一部分」。[20]

面對德川幕府，荷蘭東印度公司遇到的是一個海洋資源非常有限的國家，有時甚至對海洋抱持明確的敵意，尤其是在一六三〇年代發布「鎖國令」之後。布特（W. J. Boot）說的確實沒錯，德川幕府雖然統治了一群島鏈，但就某些方面而言卻把自己定義為「一個內陸農業帝國」。[21]儘管如此，荷蘭東印度公司卻發現自己在日本周圍的海域極為無力。這種出人意料的發展不是因為德川幕府擁有一支海軍（在本書探討的這段時期的大部分時間，日本都沒有足以稱得上是海軍的部隊），而是因為德川政權的法律工具所帶有的本質。[22]荷蘭東印度公司抵達日本之後，就捲入了德川幕府的法律秩序當中，而大幅侷限了該公司對付三個主要競爭對手的自由，那三個對手分別是以日本為基地的商人，還有葡萄牙人以及中國貿易商。如此造成的結果，就是該公司在使用手上最有力的武器之時礙手礙腳，後來這種能力更是幾乎完全遭到壓制，以致這個原本看似能夠稱霸日本周圍海域的組織備受挫折。

德川幕府在遏制周遭海域的海上暴力相當成功，但它卻從來沒有著手限制海上暴力活動，也沒有先規劃好的一套完整藍圖。德川幕府最有效的工具是一套海上通行證制度，稱為「朱印狀」。不過，這套制度是因為別的原因而建立，也和歐洲的海上掠奪行動無關。在跟葡萄牙與中國相關的船運方面，德川幕府的管轄範圍雖然逐漸擴展至荷蘭東印度公司原先的營運範圍之外，但幕府的反應不是先有一套藍圖，而總是斷斷續續、即興式的，且總是被動的。這種反應不是由中央驅使的結果，而是源自於遭受委屈的商人個別提出的抗議，有些是在幕府將軍的宮廷上提出，後期則是向長崎奉行投訴。隨著投訴不斷流入，江戶和長崎也因此轉變為國際仲裁的空間，只見幕府官員召集裁決海上爭端的臨時法庭，聆聽發生在數百乃至數千英里以外的紛爭。這些案件最後造成的結果，就是擴展德川幕府的法律工具，在數十年間從個別船隻擴張成為日本列島周圍的一條環帶，最後更是涵蓋延伸至遠洋的航道。此一過程的每個階段，都更進一步限制了荷蘭東印度公司的行動能力，不只一次在該公司決心使用武力的時候阻止其大砲開火。因此，只要檢視德川幕府對於荷蘭東印度公司在日本的私掠行為所做出的回應，即可得到極佳的證據，證明即便是實力最強大的歐洲海外事業，也逃不過法網的束縛。

海上通行證

歐洲砲艇下錨停泊於外國港口中，準備攻擊當地的船運，直到獲取政府政策的改變為止。以上這種圖像雖然傳統上都是與十九世紀聯想在一起，近代早期亞洲也很常見。[23]對於荷蘭人而言，砲艇外交是一項熟悉的政策工具，而最早前往亞洲的遠征隊也一再利用武力壓迫當地政治菁英採取行動。實際上，前身公司的遠征隊與一位亞洲統治者「萬丹的蘇丹」的初次邂逅，就是以暴力結尾，荷蘭的船隻「封鎖港口，發射槍砲，極力以凶惡粗暴的行為挑釁那座城鎮」。[24]荷蘭東印度公司在一六〇二年成立之後，該公司的船長也採用了類似的策略。整體而言，運用暴力主要能夠達成兩種目標，一種是藉著迫使港口城市敞開大門而獲得進入國內市場，另一種則是在雙方建立關係之後，利用暴力這種談判籌碼爭取更好的貿易條件。不過，也有許多案例令人摸不透暴力背後的確切邏輯。[25]

這類策略的目標從小型港口政體到巨大帝國都有。舉例而言，在一六二二年，荷蘭東印度公司對中國宣戰。該公司的高層對於一連串打入中國市場的嘗試皆以失敗收場深感挫折，於是認定一場速戰速決的戰役最有機會能夠將明朝官員逼上談判桌。他們主張中國的冥頑不靈以及明朝官員不願開放港口接受外國商業往來的態度明確違反了自由貿易的自然法，而這樣的說法彰顯了暴力行動非常容易能夠找到合理化的藉口。荷蘭東印度公司艦隊的司令接獲指示「對中國人宣戰，並且盡量對他們造成損害，對於船隻、地方或人員都不要有所留情」。[26]這項命令用詞平淡，採取了巴達維亞偏好的那種冷靜而且近乎技術性的語言，但隱藏在這種表象背後的卻是對於那個區域最強大的國家所發動的一場野心勃勃的攻擊行動。由此帶來的結果是一場漫長的戰役，以脆弱的中國船運和沿岸社群為攻擊對象，但是卻未能達成該公司追求的目標。

在成功開啟了貿易的那些亞洲地區，荷蘭東印度公司也繼續依賴武力解決棘手的問題以及改善貿易前景。舉例而言，該公司在一六四八年針對隸屬於蘇拉特這座蒙兀兒港口的印度船運發動了一場猛烈的戰役。[27]這項行動的起因相當複雜，始於一六四一年，在荷蘭東印度公司攻占麻六甲這座關鍵的葡萄牙港口之後。荷蘭東印度公司希望船運都能夠通過它所剛取得、位於多條關鍵航線上的新港口，於是命令來自蘇拉特的商人必須直接航行至麻六甲，而不准暫停於馬來半島與蘇門答臘北部的港口，原因是他們若行過那些港口就都能夠購買到商品，因此不必再支付通行費。由於這項政策有害蘇拉特的貿易，因此遭到當地商人與官員的強力抗拒。一開始，雙方都企圖壓迫對方讓步，但這場爭端在不久之後就轉變成暴力行動，有一群人攻擊荷蘭東印度公司位於蘇拉特的商館，打傷了幾名員工，還劫掠了大量商品。[28]雖然不清楚是誰下令發動這場攻擊，但巴達維亞總督認定至少必定是因為蒙兀兒官員縱容了這起事件，這種想法確實有點道理。於是荷蘭東印度決定他們必須「動用武器尋求賠償」。[29]這一場私掠行動可望達到一石二鳥的效果，一方面補償商館在攻擊事件中遭受的損失，另一方面也強迫蒙兀兒當局確保由蘇拉特出發的船運遵守荷蘭東印度的新政策。

一六四八年七月，一支由巴倫祖恩（Arent Barentszoon）指揮的艦隊被派往印度沿岸，奉命俘虜所有從紅海航向蘇拉特的船隻，等到蘇拉特當局接受荷蘭東印度公司的要求才予以釋放。巴倫祖恩收到的命令還包括，對方如果不立刻做出讓步，他就必須「告知當地長官我們將攻擊所有的摩爾人船隻；也將阻擋對摩卡（Mocha）、波斯、巴索拉亞丁（Bassora Aden）以及其他地區的一切貿易；而且只有在收到四十萬盧比的保證金之後才會中止這項措施」。[30]這項行動一開始很不順利，但在次年九月，這支荷蘭艦隊終於俘獲兩艘載有豐富商品的船隻，其所有人是與蒙兀兒政權關係密切的古吉拉特商人。荷蘭東印度公司因此獲得極佳的議價地位，於是經過一段短暫的談判之後，當地長官就同意了巴達維亞大部分的要求，包括賠償商館損失、准許建造一座倉庫，以及承諾禁止由蘇拉特出航的船隻與東南亞的港口自由貿易。[31]得到這樣的結果之後，巴達維亞總督欣喜不已地向上級表示，荷蘭東印度公司的處境藉著使用武力而獲得大幅改善，因為「摩爾人現在已經看見並且體驗到……我們能夠封阻他們全部的海上貿易」。[32]

就這樣，巴達維亞只要遇到棘手的情境、過於有力的競爭對手，或是冥頑不靈的官員，就會立刻掏出武器。實際上，由於採用暴力的行為太過頻繁，十七人董事會因此認為自己必須出面干預，指示下屬「對於在各地以強制力與武力維持貿易的政策稍加節制」。[33]在針對波斯船運發動的一場特別猛烈的攻擊之後，他們埋怨總督太輕易訴諸這類策略：「我們認為太快了：我們無法接受這樣的狀況，亦即在沒有尋求任何理由或者正當性的情況下就對別人發動攻擊。我們無法向自己或是世人辯護這種立場。」[34]

荷蘭人在亞洲其他地區雖然不吝於把私掠行動當成武器使用，卻從來不曾把砲口對準日本的船運以迫使德川官員改變政策或者變更貿易條件。實際上，德川幕府與荷蘭東印度公司的關係極為引人注目之處，就是不但缺乏暴力，也完全沒有該公司和其他亞洲國家打交道之時所慣用的那種策略。這種現象不是因為日荷雙方缺乏衝突點（實際上，該公司在許多案例中都覺得自己遭到德川幕府的不公平對待），而是因為一種文件持久不衰的力量，也就是朱印狀。

朱印狀這種海上通行證制度可能起源於一五九〇年代，後來在十七世紀的頭十年間於德川家康治下發展完全。[35]這項制度要求所有稱為「朱印船」的離境船隻都必須申請特殊的貿易通行證，授權持證者從事單獨一次由日本前往指定目的地的航程。[36]申請雖然需要高階幕府官員的支持才能順利通過，但任何以日本為基地的商人只要擁有適當的人脈即可取得這種通行證。[37]在相關記錄開始出現的一六〇四年之後，總共發放了三百五十六張通行證，對象包括大名、日本商人以及外國貿易商，准許他們航行至東亞與東南亞各地的港口。這套制度持續了將近三十年，最後在一六三五年廢止，當時德川幕府轉而開始限制離境的航海交通。

通行證制度的建立有兩個原因，但是都與歐洲海外事業（例如荷蘭東印度公司）絲毫無關。第一個原因和日本長久以來被當成國際海盜集散地這段令人頭痛的歷史有關。在十六世紀期間，日本列島是數以千計海上強盜的根據地，他們發動了許多造成慘重損失的襲擊行動，主要是以中國沿海為目標，但也廣及東南亞的繁忙航線。德川家康在一六〇〇年掌權之後，決心提振長途貿易，但要做到這一點，就必須要有一道機制可讓港口當局辨別日本海盜與合法商人。由此帶來的結果就是朱印狀，由日本出發的船隻一旦在外國港口下錨，即可出示這種具體證件。為了廣為宣導這樣的新安排，幕府將軍於是寫信給東南亞各地的統治者，向他們告知現在所有日本商人都必須攜帶這種文件。德川家康說明指出，來自日本的帆船如果沒有德川幕府發放的通行證，就應該受到禁止入港並且拒絕進行貿易的處分。[38]要求以日本為基地的商人申請由中央政府發放的通行證，也滿足了一項重要的國內需求。藉著提供一套從事長途貿易的架構，德川幕府因此能夠管制大名，藉由發放通行權，管制他們能否出航在有利可圖的航線上。實際上，朱印狀制度可以視為一種更廣泛的針對大名的控制方案裡，其中包括了前一章描述的參勤交代。這種做法使得德川政權能夠先是剝奪海上貿易帶來的利潤，後來又更進一步徹底壓抑這個收入來源，使得西部若干最強大的藩地無法再藉此充盈財庫。[39]

不過，這些通行證雖然滿足了明確的需求，卻也為德川幕府帶來一項風險。德川家族雖然擁有龐大的軍隊，但他們對於日本的統治卻是藉由威信與聲望的組合，只有在迫不得已的情況下才會實際採取強制的手段。[40]這樣的安排讓德川幕府即使沒有長期可資依賴的武力，仍可對一個由超過兩百位大名組成的聯盟維持控制。德川幕府採取的控制策略包括廣為宣傳此一假象：亦即幕府將軍的優越軍事實力（「武威」）能夠強制獲取各方的敬重，更適當的說法是獲取各方的臣服，而且不只在日本的國界內如此，同樣重要的是在國際政治的領域中也是如此。[41]事實證明這個假象相對而言頗為容易維繫，因為不同於在一五九二年對朝鮮發動侵略行動的豐臣秀吉，德川幕府大體上都以在國內行使權力為足，而沒有刻意要讓自己的旗幟飄揚在日本列島以外。由於德川政權沒有對外派遣部隊或正式使節團，因此這些軍事神話也就沒有遭到戳破的機會。

朱印狀是這項政策當中一個持續性的例外。船隻只要帶有這種文件，等於是獲得幕府將軍的特別給予授權，於是在遙遠的海域和港口中成為德川幕府權威罕見的國外前哨。由於國家的聲望直接投注在這些船隻上，因此朱印船只要遭到攻擊，那麼不論這樣的事件發生在什麼地方，都會被視為「對國家權威的直接挑戰」。[42]這類案例很少見，在超過三百份的朱印狀當中，只有三份遭到某種形式的侵犯。不過，在這三個案例當中，德川政權都做出了超乎比例的反應。[43]帶來的結果，就是為這些船隻賦予無可磨滅的德川法律權威印記，並且讓所有人知道違犯行為必定會帶來迅速而且具體的懲罰，就算這樣的違犯事件發生在距離日本幾百英里遠的海上也不例外。

荷蘭人在一六一〇年親眼目睹了這種情形，就在日本商館成立的幾個月之後，當時德川幕府針對多年前發生在澳門的一項侵犯行為而對葡萄牙人施行嚴厲的懲罰。一六〇八年，一艘屬於有馬晴信這位九州著名藩主所有的朱印船在成功航行至柬埔寨之後，於回程途中抵達了澳門。由於船上的日本船員涉入一場暴動，葡萄牙當局因此處決了至少一名滋事者。德川官員得知這起事件之後（幾乎可以確定這則轉述扭曲了事實，突顯了葡萄牙人的罪責）隨即認定葡萄牙人侵犯了有馬晴信的貿易許可，決定採取行動。後來，澳門的克拉克帆船（葡萄牙在東亞的商業活動全都仰賴這種船隻）抵達長崎，就為德川官員提供了他們所等待的機會。在一六一〇年初，由於葡萄牙人沒有交出那艘船的船長，日本部隊就發動攻擊，摧毀了這艘船隻。[44]這起事件的消息傳到日本商館之後，剛上任的館長隨即寫信向他的上級指出，那艘船上「非常昂貴的貨物〔遭到〕日本人焚毀擊沉，他們在皇帝〔幕府將軍〕的命令下試圖以武力劫奪那艘船」。他顯然對葡萄牙人遭受的損失規模深感震驚，估計指稱貨物總值「達八百萬達克特（ducat），是截至目前為止運抵日本的貨物當中最值錢的一批」。[45]更加令人震驚的是，居然只是因為一件相對而言頗為輕微，而且在當代的許多港口中必定也相當尋常的事件，就導致這筆巨大的金額沉沒在長崎港的海底。

套用一名荷蘭東印度公司人員所寫的文句，這項「昂貴的克拉克帆船遭到摧毀」的事件，深烙在荷蘭人心裡，讓他們更加謹慎在日本可做與不可做的事情（尤其是後者）。[46]這起事件以及從中應該學到的教訓，成了從平戶送往巴達維亞的文書當中經常出現的一個主題。[47]德川幕府不惜以徹底超乎罪行比例的手段遂行報復，使得荷蘭東印度公司的官員認定自己在任何情況下都絕對不該授權攻擊帶有德川貿易通行證的船隻。在實務上，由於很難辨認個別船隻是否帶有朱印狀，在浪高風大的海上隔著遙遠的距離觀察更是如此，因此所有受到辨識為日本所屬的船隻就一律不會受到攻擊。對荷蘭東印度公司的指揮官下達的一項典型命令指出，他們如果「在馬尼拉或其他地區沿岸遭遇日本帆船，絕不能損傷對方，而應該任由對方恣意來往」。[48]就這樣，荷蘭船隻奉命必須向日本航海人展現全然的友誼，不論在哪裡遇到他們都是如此。

侵犯朱印狀所可能帶來的後果極為可怕，使得即使日本船隻航行至荷蘭東印度公司的封鎖區，也會被縱放。舉例而言，一支荷蘭艦隊在一六一八年任由這麼一艘船穿越封鎖線而將補給品運入馬尼拉灣。一份西班牙記述指出：「十一月初，敵人處於灣口，一艘日本船隻卻航行了進來。那艘船抵達馬尼拉島的港口伊羅戈斯（Ilocos）之後，得知敵人就在他們航抵這座城市必須經過的通道當中。不過，由於這艘船帶有日本皇帝〔幕府將軍〕發放的證件，所以無所畏懼，因為荷蘭人在涉及他們自己的情況下非常尊重皇帝〔將軍〕的證件，在這些海域對於所有帶有那種證件的日本船隻都給予自由通行權。」[49]荷蘭人對於不能侵犯幕府將軍的通行證極為重視，不惜付費平息任何涉及日本商人的事件，就算牽涉其中的船隻帶有那種文件的可能性微乎其微也是一樣。[50]

除了不想被視為對日本船隻交通造成阻礙之外，荷蘭東印度公司對於朱印狀的重視也形塑了他們整體上對於德川幕府政策的回應方式，而將一個通常頗為好鬥的組織轉變成膽怯的模樣。在亞洲其他地區，任何對貿易具有負面衝擊的限制都可能形成海上暴力行動的藉口，但日本的狀況卻是非常不一樣，荷蘭東印度公司就算對於最嚴苛的規範也是默默接受，從來不曾訴諸武力。德川政權的第二位幕府將軍在一六一六年決定關閉該公司位於日本中部的貿易站，並且限制該公司的使者只能在兩個港口進出。這項限制雖然大幅限縮了荷蘭東印度公司對於日本市場的通行權，也消除了一切迅速賺取利潤的希望，該公司卻還是乖乖接受而沒有提出猛烈的抗議。[51]同樣地，對日貿易在一六二八年遭到中止，雖然從巴達維亞的角度來看並不公平，而且身在日本的荷蘭東印度公司員工還有數十人被關進牢裡，但是即便是該公司最強硬的高層人員，也都不願使用武力。[52]相反地，如同一名高階官員扼要指出的，該公司的策略變成了「不惜捨棄一切盡力迎合日本的需求，以便安然收割商業活動的成果」。[53]

海上暴力在亞洲海域雖是一項強而有力並且事實證明是個有效的武器，荷蘭東印度公司卻從來不打算在日本用這種武器賭上一把。朱印狀在日本船隻周圍畫上了一條明亮的界線，荷蘭東印度公司的領導高層在這套制度存續的三十年間從來不曾刻意跨越這條界線。從更廣泛的角度來看，德川幕府在保護日本船運方面很成功，幕府創造了一套通行證與保護的制度，把亞洲其他地區的狀況在遇到日本人時，就被有效翻轉了過來。葡萄牙人在十六世紀於印度洋建立了一套海上控制制度，就是奠基在發放一種稱為「cartaz」的通行證。航經那個區域的商人都必須取得這種證件，然後再到一個受到葡萄牙人控制的聚落支付關稅。[54]如果有人拒絕這麼做，那麼他們的船隻只要遇上葡萄牙戰艦，就會遭到登船檢查並被擊沉。這套後來在十七世紀受到荷蘭人採用的發放證件與收取通行費的制度，使得歐洲的通行證成為印度洋最有價值的文件。相對之下，在東亞海域，則是由德川幕府發放的通行證為脆弱的貨品提供了最可靠的保護。於是，這類文件變得極度引人覬覦，甚至吸引了西班牙與葡萄牙船長的興趣，因為他們也看出這種文件的價值，可以保護他們自己的船隻不受攻擊。[55]荷蘭東印度公司的航海人雖然因為朱印狀制度而綁手綁腳，但德川幕府法律的影響卻不僅限於保護日本船運，還及於該公司的歐洲競爭對手，其中最引人注意的就是葡萄牙人，他們是荷蘭東印度公司在日本海域、一場凶猛的私掠行動所試圖瞄準的對象。

法律和暴力

荷蘭人帶來亞洲的除了一船船的異國商品之外，還有一種新式的衝突，也就是在世界各地多個戰區同時進行的全球戰爭。像是德瑞克（Francis Drake）這樣的英國冒險家雖然斷斷續續地攻擊了西班牙人在新大陸的利益，荷蘭人卻是最早發動系統性的戰爭，不僅連續不斷，也毫不理會任何地理限制。凶猛的私掠行動雖然很快就成了荷蘭東印度公司營運活動當中的一個標準元素，但隸屬該公司的船隻首度試圖在亞洲攻擊葡萄牙船隻的做法卻引發了高度爭議，且在聯省共和國的法庭裡造成一連串的法律糾紛。我們之所以對此知之甚詳，一大部分的原因是這些事件促成了格勞秀斯若干最知名的著作。不過，荷蘭東印度公司的行為合法性所引起的爭辯不僅限於歐洲大陸。[56]實際上，歐洲的第一場全球戰爭乃是發生於擁擠的亞洲政治與法律環境裡，其中存在著數十個國家，每個國家面對自己的海域和港口經常遭到具有高度破壞性的新式衝突侵襲，各自都有不同的反應方式。[57]

根據一名協助催生了荷蘭東印度公司的著名政治家所言，這家公司在一六〇二年成立之時，目的是要「對西班牙人與葡萄牙人造成傷害」。[58]不過，在這家公司能夠轉變成一個「將歐洲的戰爭帶到亞洲」的工具之前，首先必須克服一系列的法律障礙。所有航向亞洲的荷蘭船隻雖然都獲得授權可以抵抗來自伊比利半島的攻擊，但荷蘭東印度公司的創建者所設想的那種攻擊策略卻沒有先例，也無法確定這種做法具有合法性。後來出現的測試案例，是聖卡塔琳娜號（Santa Catarina）這艘葡萄牙船隻在一六〇三年受到范希姆斯科（Jakob van Heemskerck）指揮的荷蘭艦隊掠奪所引發的紛爭。俘獲於新加坡海峽的聖卡塔琳娜號，是一件價值幾乎不可置信的戰利品，船艙裡載運了超過三百萬荷蘭盾的貨物。不過，這項行動的合法性以及范希姆斯科是否有權俘虜這艘船隻也都存在著嚴肅的問題。[59]

身為貿易行動的領導者，范希姆斯科絕對有權抵抗任何企圖阻礙其艦隊的對手，並且為自身遭受的損害獲取適當的補償，但他沒有發動攻擊的合法權利。[60]因此，關於他的行動是否具有正當性、他是否逾越了自己的權限，以及這件戰利品應該怎麼處理，就都充滿了不確定性。[61]聖卡塔琳娜號事件也進一步促成了關於攻擊策略合法性的整體性辯論。反對者指控攻擊性的私掠行為是非法的，而且就算嚴格來說不違反法律，至少也是不道德（會對荷蘭的國家名譽造成永久損傷）；此外，這種策略將會導致長期損失，原因是能夠有效運用在其他地方的資源遭到了不當配置。[62]

范希姆斯科雖是受到其中一家前身公司所派遣，但他的辯護卻獲得荷蘭東印度公司的熱切聲援，因為這家公司在一六〇二年成立之後，已接收了那些組織的資產。該公司的代表提出「各種法案、著作、證詞以及其他文件」以支持他們的論點，並且要求海軍部「做出決定性的判決，扣押克拉克帆船及其貨物，將其宣告為正當的戰利品」。[63]他們為范希姆斯科的行為所提出的辯護，又因為另一項事實而更加有利，亦即葡萄牙沒有派代表出席審判，因此關於伊比利半島背信棄義的指控也就沒有受到反駁。一六〇四年九月九日，阿姆斯特丹海事法庭裁定「該位艦隊司令俘虜那艘克拉克帆船的行為擁有充分理由，因為那艘船屬於葡萄牙人及腓力三世的臣民所有，而他們是聯省共和國及其東印度貿易的敵人」。[64]

這份由自然法與國際法（ius gentium）等各種截然不同的概念拼湊而成的判決，雖然為范希姆斯科的行為抹去了違法的污點，卻無助於將支持私掠行動的論點法制化。[65]這項工作落到了格勞秀斯身上。他是一名年輕的荷蘭法學家，後來成為荷蘭東印度公司最重要的辯護者之一。格勞秀斯的重大成就是釐清關於私掠行動的諸多複雜論點，將它們條理一致地制定於一套總體的法律架構當中。[66]在一份標題為「論捕獲法」（Commentary On the Law of Prize and

Booty）的手稿裡，其中一章在一六〇八年出版為《海洋自由論》（*Mare Liberum*），格勞秀斯在其中對於荷蘭在亞洲的私掠行動提出了截至當時為止最有系統也最完整的辯護。這麼一來，他就徹底消除了「對於荷蘭東印度公司的攻擊策略是否合法」所懷有的疑慮，並且為這家新公司的未來行動提供了一套富有彈性的法律架構。格勞秀斯的目的在於透過無懈可擊的論述壓倒一切可能的反駁，他為那場攻擊事件提出了一系列獨特的正當理由，指稱范希姆斯科從事的是一場私戰暨公戰，其中公戰方面是代表兩個不同的主權權威而戰。格勞秀斯主張這些解釋不但個別都能夠成立，結合起來更是使得這項論據無可辯駁。

他首先指出，被范希姆斯科當成攻擊目標的葡萄牙人，為了獨占亞洲貿易而以武力與詐騙這兩種策略致力排除荷蘭人，根本違反了自然法的原則。[67]由於東印度沒有適當的法官能夠針對這種違法行為採取行動，因此范希姆斯科完全有權藉著攻擊葡萄牙人的船隻以懲罰他們，而這當然也包括聖卡塔琳娜號在內。[68]這項主張極為大膽，意圖將那位荷蘭艦隊司令從無端攻擊者轉變為自然法的執行者。范伊泰蘇姆（Martine van Ittersum）稱之為「法律理論與實踐當中的一大創新」，而這項論述也為荷蘭東印度公司賦予了在世界各地攻擊葡萄牙船運的無限權利。[69]而且，彷彿這樣還不夠，格勞秀斯又為攻擊聖卡塔琳娜號的行為賦予另一種正當性，將其描述為代表聯省共和國所發動的一場公戰。[70]他為了闡述這個論點，首先著手證明聯省共和國是個正當組成的國家，有權授權這樣的行動，而不是一個叛亂聯盟對自己的前主人西班牙國王所發動的非法反抗。他提出的主張是，一個國家可以擺脫「某些君主的統治，藉此解放自己，而不被描述為叛亂民族」（四一四）。荷蘭對抗西班牙的戰爭如果基本上是合法的，那麼身為荷蘭國家僕人的范希姆斯科自然完全有權參與其中，並以合法交戰人員的身分發起攻擊行動。

第三項，同時也是最後一項論點，則是聚焦於亞洲統治者的權利。格勞秀斯指稱范希姆斯科實際上是代表柔佛國王發動一場公戰——柔佛是個重要的蘇丹國，橫跨馬來半島南端和蘇門答臘。他這個主張的起點是，柔佛「長久以來一直被視為是個主權公國」，因此與歐洲的國家擁有相同的權利（四三二）。不過，該國的統治者雖然「擁有發動公戰所必要的權威」，卻還是必須先有遭受不平的事實，於是格勞秀斯提供了一連串他國的犯行，包括剝奪該國國王從事自由貿易的權利，以及葡萄牙人各式各樣的違法行為（四三四）。由於柔佛國王無力自行開戰，因此爭取荷蘭人的幫助，荷蘭人順理成章成了他的守衛者（四三六）。於是，在格勞秀斯的論點當中，荷蘭人就被重塑為地方權利的擁護者，是富有同情心的盟友，樂於幫助地方上的君主對抗共同敵人。不過，他以慣常的技巧，迴避了荷蘭人必須把戰利品轉送給該國的這件事。聖卡塔琳娜號既然是以柔佛的名義去俘獲的，那麼按照邏輯就應該交給柔佛的統
71 治者，但格勞秀斯主張透過沒有明言的默契，那艘船隻以及船上所有的貨物都讓予了荷蘭人。

藉著結合公戰與私戰的概念，格勞秀斯發展出了一套強而有力去合理化攻擊行為的法律語言，對於荷蘭東印度公司的海上暴力行為幾乎全都可以適用。閱讀一頁頁艱澀的合理化論點，我們很容易完全臣服於這部權威的法律傑作，認定這樣的干預論點連同荷蘭法庭裡一連串的有利判決，想必終結了關於合法問題的一切爭議。但實際上，這種爭端的各種不同版本卻還是不斷在亞洲各地的港口與城市裡上演，迫使荷蘭東印度公司的官員需要為其員工的行為辯護。在這些案例當中，他們面對的不是荷蘭法庭這種受到控制的環境，而是亞洲中立的空間。不像聖卡塔琳娜號案件中的法庭辯論，當時葡萄牙人不在場，在亞洲這種中立的空間，情況則是不僅葡萄牙人在場，法官也不見得會做出有利荷蘭人的判決。該公司的使者發現，在歐洲可以達到極為有效的法律合理化邏輯，一旦移植到亞洲即有可能失去效力。在日本，荷蘭人就很難為自己攻擊葡萄牙海上交通的行為成功辯護。

在日本的葡萄牙人

葡萄牙人在一五四二年出現於日本之後，很快就在日本列島的商業網絡當中占據了一席之地。這樣的成果幾乎全是出自偶然，因為中國與日本原本藉著「勘合貿易制度」維繫了有限度的正式商業連結，但此一連結在那套制度瓦解之後即告斷絕，從而造就了一片真空。一五四七年，葡萄牙商人填補了這片真空，透過他們剛在澳門設立的基地，提供了日本人購買中國商品的可靠管道。[72]在歷經與數個藩合作的實驗後，他們最終以長崎做為他們在日本的主要終點站，於是這座城鎮隨即崛起成為一座繁榮的商業轉口港。「澳門－長崎」這條葡萄牙在東亞貿易的主要航線，雖然也有其他商品流動於其中，但主要是奠基在絲綢與白銀的交易上。抵達長崎的克拉克帆船運來中國的絲綢與絲綢商品，換取日本的銀條。這種交易的數量相當驚人。在一六〇三年遭到俘獲的一艘克拉克帆船載有超過八萬公斤的絲綢，另外，有名旅人估計葡萄牙人在日本「每年運出六十萬以上的銀十字錢（crusado），而且全都是由日本的白銀鑄成」。[73]

葡萄牙人雖然扮演了重要的經濟角色，但他們這個群體到了十七世紀初卻在日本充滿爭議，而且與德川幕府的關係也變得愈來愈緊張。這樣的緊張關係有一大部分來自於他們與耶穌會教士的密切關係。耶穌會教士在日本推行了一項積極爭取信徒的運動，而在一六一四年被逐出日本列島。[74]隨著德川幕府對基督教的敵意愈來愈強烈，幕府對於葡萄牙商人的疑心也就愈來愈重，而他們也經常在沒有實質根據的情況下遭控對日本的基督教社群提供協助以及偷渡教士進入日本繼續進行傳教工作。[75]德川政權雖然很可能滿心想要直接把葡萄牙人隨著耶穌會教士一起逐出日本，但在找到中國貿易的替代管道之前，他們沒有本錢斬斷澳門－長崎航線。因此，他們被迫必須容忍葡萄牙人，但彼此互不信任，只是因為雙方都希望維持中國商品持續流入日本而不得不勉強與對方和平共處。

荷蘭東印度公司試圖將其全球戰爭帶入日本海域的同時，正值德川幕府與葡萄牙人處於緊張關係。荷蘭人在一六〇九年抵達日本之時，早已瞄準了往來於長崎與澳門之間的葡萄牙船運。如同先前探討過的，荷蘭東印度公司在日本設立商館完全是私掠行動失敗造成的結果，在該公司的初期歷史當中，海上劫掠行為至少與貿易占有同等地位，而且經常還具有遠遠更高的優先性。思及私掠暴力可能得到的利益，這樣的情形並不令人意外。鑒於航行在澳門與長崎之間的克拉克帆船所載運的貨品價值之高，而且這些商船又都是依照固定時間以緩慢的速度單獨沿著固定航道航行，因此在荷蘭東印度公司高層眼中是個令人難以抗拒的目標，在長達數十年的時間裡一直令他們著迷不已。不過，該公司在日本附近的海域上實際發動的第一場海上暴力事件，卻與來自澳門的大船無關，而是聚焦於聖安東尼奧號（Santo Antonio）這艘價值與重要性都不高的葡萄牙小船。荷蘭東印度公司俘獲這艘船隻的行為，為該公司提供了首次測試，測試在日本海域攻打葡萄牙人會面臨如何的後果。結果引發了一場激烈的法律糾紛，雙方齊集於幕府將軍的宮廷裡，決意申辯己方無罪。

一六一五年八月，在日本商館成立的六年後，一艘名為雅加達號（Jaccatra）的荷蘭東印度公司快艇劫奪了正在從澳門航向日本途中的聖安東尼奧號。這起事件發生的時間，正值該公司與葡萄牙的戰爭再度升溫，原因是一項暫時停戰協定在一六〇九年生效之後不久，就因為雙方都指控對方違反協定內容而告瓦解。[76]聖安東尼奧號遭到俘獲的地點是在女島附近，這座島和其他四座島嶼共同組成一個小島鏈，稱為男女群島，位於九州西岸外海一百英里（一百六十公里）出頭處。[77]女島無人居住，也缺乏經濟價值，卻因為兩項特質而使其重要性遠超過其大小。首先，這座島嶼是個關鍵航海路標，標誌了通往日本列島的正確路徑。由於女島的形狀獨特，一名觀察者將其描述為「高聳嶙峋」，因此很容易辨認，所以在當時的航海指示中具有重要地位，不論是歐洲還是日本的航海指示都是如此。[78]舉例而言，女島深為荷蘭人所熟知，也出現在范林斯霍滕（Jan Huygen van Linschoten）的《東印度水路誌》（Itinerario）裡。這部著名的一五九六年手冊，是荷蘭東印度公司在亞洲的航海人不可或缺的輔助工具。[79]

除了扮演門戶的角色之外，女島還有另一項比較沒有那麼明確界定的功能。對於歐洲的航海人而言，這座島嶼標誌了日本本土最外圍的界線。[80]在航向日本列島的途中，經過幾天看不見陸地的時間之後，水手都會熱切找尋這座島嶼的蹤跡，藉此確知自己已經抵達日本列島。只要經過女島，就表示從開放海域進入了日本海域。不過，從江戶方面來看，這種觀點卻遠遠沒有那麼明確。在經由海路來到日本的歐洲人眼中，這座島嶼雖是一個熟悉的地標，但對於江戶而言，這座島嶼卻是位於德川統治疆域的最外圍。因此，相對於歐洲文獻裡那些充滿自信的宣告，這段時期的日本官方記錄對於女島的地位卻遠遠沒有那麼明確。實際上，直到聖安東尼奧號的案件之後，我們才看見日本中央政府首度確認這座島嶼屬於日本的一部分。[81]

聖安東尼奧號遭到俘虜之後，在八月十八日被帶進高知港這座距離日本商館幾英里遠的次要港口。[82]荷蘭東印度公司的戰利品抵日引起了一陣繁忙的活動，包括在平戶與長崎，在平戶，荷蘭商館的主管評議會開會討論這艘船的俘虜行動，在長崎，葡萄牙商人及其盟友立刻展開了行動。結果，葡萄牙人的反應不是採取軍事行動，不是召集戰艦或者對荷蘭東印度公司的船運展開報復攻擊，而是採取法律行動，並且藉此提出抗議要求德川幕府採取行動。他們提出的主張很簡單：荷蘭人在明確的日本海域裡沒有權利俘虜葡萄牙船隻，因此德川幕府必須出面干預，不只懲罰該公司，也必須強迫他們提出賠償。

葡萄牙人及其日本支持者提出的這項主張，可以援用與德川政權的司法特權本質有關的關鍵先例。在戰國時代（一四六七—一五六八），由於缺乏中央政府的治安維護措施，而且武器又極易取得，再加上「訴諸暴力的習慣——受到私法正義與自力救濟的傳統所認可」，因此造就了無窮無盡的衝突空間。[83]因此帶來的結果，就是一個衝突盛行的時代，家族、村莊和軍閥在一連串看似沒有盡頭的衝突當中不斷互相對抗。豐臣秀吉掌權之後，致力於建立國家對於武力使用的獨占權。[84]這種後來受到德川幕府延續並且進一步擴展的管制進程，包括消除各家族發動戰爭的具體手段（透過各項敕令，例如一五八八年著名的刀狩令），以及消除自力救濟的法律基礎。這些統一了日本的統治者先是設法減少、接著徹底抑制私人暴力行為，並且在此一過程中高度強調自己身為法律仲裁者的角色，負責裁決發生於日本列島上的一切暴力衝突。貝莉（Elizabeth Berry）充分提出了這項論點，指稱「統一政權在政治上的強硬姿態……只表現在一個領域裡：和平維護」。[85]

這段追求和平的過程，以及對於任何衝突都必須接受法律仲裁的堅持，並不侷限於陸地上。如同夏平斯基（Peter Shapinsky）明白指出的，這種做法也延伸到日本周圍的海域，只見豐臣秀吉逐步剝奪了先前自主行事的「海上霸主」（也就是主要活躍於瀨戶內海的海上大名）從事非國家暴力行動的權利。夏平斯基指出，「豐臣秀吉大致上成功統一了國家之後，即開始強制推行自己身為暴力行動唯一許可者的地位」。[86]他採取的做法，是堅持發生在日本海域的所有暴力衝突都必須接受中央政權的仲裁，而藉此彰顯自己對於日本周圍海域所握有的主權。[87]鑒於這種對於維護和平的高度重視，再加上我們如果接受葡萄牙人的說法，認為聖安東尼奧號確實是在日本海域遭到俘虜，那麼就有強烈理由可以主張這起事件和其他未經許可的暴力行動一樣，必須受到中央政府的裁決。

不過，如果說聖安東尼奧號遭俘事件在日本歷史上有明顯可見的前例可循，但這起事件也有其相當獨特之處。這起事件標誌了荷蘭東印度公司的全球戰爭首度侵入日本海域，把一場基本上屬於歐洲的衝突從一座遙遠的大陸搬了過來。因此，該公司的代表也就完全做好了為這起劫奪行為的合法性提出辯護的準備，指稱這起事件應該視為一項受到正當許可並且合法發動的戰爭行為：雖然的確是暴力沒錯，卻不屬於日本政權的法律管轄範圍內。從這個角度看來，聖安東尼奧號事件就與過去那些涉及海盜團體或者個別軍閥的海上暴力事件相當不一樣，所以也就無法確定德川幕府會怎麼回應。

這起案件的重點不僅在於那艘船隻本身。不論從什麼標準來看，聖安東尼奧號都算不上是一件豐厚的戰利品，與澳門—長崎航線上的克拉克帆船相比之下尤其如此，而且這艘船上載運的貨物毫無引人注目之處，主要是黑檀木與白鑞。[88]雙方注重的，都是在於建立先例。德川幕府如果對這起事件置之不理，選擇不伸張其身為仲裁者的角色，或是支持這項劫奪行為，那麼就為將來攻擊澳門—長崎貿易航線的行動奠定了基礎，尤其是這條航線完全抵擋不了荷蘭東印度公司的海上劫掠行為。另一方面，如果德川政權的判決有利葡萄牙人，即可能對荷蘭東印度公司造成慘痛的後果，因為該公司可能會因此被迫中止在日本海域的私掠行動，而且還必須賠償葡萄牙的損失。

荷蘭東印度公司的辯護由時任商館館長的斯北科思主導，他就是後來策劃了該公司對日外交策略轉向的那名公司官員。斯北科思一得知聖安東尼奧號事件的消息，隨即著手準備「以日文撰寫的意見書」為公司的立場辯護。[89]其中一份意見書送給了長崎奉行，因為他是相關的當地官員；另一份送給本多正純，他被描述為「〔幕府將軍〕的顧問主席」。由於德川幕府曾收過一封信，得知荷蘭與葡萄牙的一六〇九年停戰協定，因此斯北科思的第一步就是解釋兩國為何恢復了敵對關係，並向本多正純說明西班牙與葡萄牙沒有遵守他們的承諾，「而是說話不算話，並且企圖對我們造成一切可能的傷害」。因此，身在日本的荷蘭人收到「我們的〔毛里茨〕親王下達的明確指示……向對方開戰並且造成盡可能多的傷害」。[90]因此，該公司的船隻若是在海上遇到伊比利半島的船，絕對不能任由對方通過，而是有義務要發動攻擊。

這些信函在八月十八日送出之後，商館就又回歸其正常事務。不過，到了主管評議會在九月十日再度召開會議的時候，已經明白可以看出他們必須再採取其他做法以對抗葡萄牙人的壓力。他們選擇的解決方案是派遣一支代表團前往德川幕府暫時所在地的京都，在幕府將軍面前直接「申辯我們與葡萄牙人對立的立場」。[91]身為商館館長，斯北科思受到交付率領代表團的任務，但評議會也召來了蘭登斯汀，也就是當初愛情號上的其中一名船員，自從一六〇〇年以來就待在日本。[92]為了確保能夠得到有利的決定，斯北科思獲得授權不惜一切花費。不過，評議會雖然願意掏錢，卻難以找到能夠引誘幕府官員支持荷蘭人的適當禮物。由於平戶的倉庫裡沒什麼值錢的東西，因此必須派遣使者到長崎向葡萄牙商人購買一些「美麗」的商品，就像當初第一支荷蘭東印度公司使節團在一六〇九年抵達日本的時候一樣。[93]這點當然存在著明顯可見的反諷，亦即荷蘭人竟然必須暗中向葡萄牙人購買商品以便在雙方的爭端當中捍衛自己的權利，於是評議會也指示他們的使者必須切實保密，透過多名中間人行事，以防這項交易的消息洩漏出去。為了進一步確保他們能夠獲得有利的裁決，評議會決定把己方一艘船上的一門大砲獻給德川家康，因為他一直都對歐洲軍事科技表現了興趣。這些物品連同打算送給其他幕府官員的禮物，開銷總額於是來到兩千七百三十四荷蘭盾——對於尚未開始賺取利潤的商館而言是一筆極大的金額。[94]

九月二十四日，斯北科思率領代表團抵達伏見這座位於京都附近的重要堡壘，結果發現葡萄牙使者早已在那裡遊說德川幕府做出對他們有利的決定。[95]葡萄牙人的在場與聖卡塔琳娜號事件形成了強烈對比。那起事件雖然為荷蘭東印度公司在亞洲的私掠行動奠定了基礎，卻是在阿姆斯特丹海事法庭裡接受荷蘭法官的判決。而在當下的這個案例中，則是雙方的代表各自帶著其本身的論點和盟友齊聚於一個中立空間，在一群獨立仲裁者面前提出申辯。一如預期，葡萄牙代表主張那場攻擊行動發生在「國王〔幕府將軍〕的海域」，完全是在「日本的疆域」裡。[96]在英國設立於日本的商館，館長考克斯（Richard Cocks）目睹了這場紛爭的過程之後寫道，葡萄牙人「向皇帝〔幕府將軍〕提出申訴，原因是荷蘭人在他的領土內攻擊了他們」。[97]

這類主張取決於一項認知，亦即聖安東尼奧號遭到的攻擊必須被視為海盜行為。亞洲各地的葡萄牙代表對於提出這種主張擁有豐富的經驗，因為這是他們向當地統治者譴責荷蘭人的標準論點，藉此剝奪荷蘭人在該區域取得一席之地的機會。在中國，荷蘭人被描述為「普世的強盜」，而且是「所有海域裡最凶惡的海盜，其他所有公國都對他們避之唯恐不及，將他們視為其疆域裡最大的危險」。[98]在日本，葡萄牙使者於聖安東尼奧號事件之前就曾數度提出過類似的指控。舉例而言，愛情號在一六〇〇年抵達日本之時，其船員就遭到猛烈譴責為「萬國竊賊與強盜，如果允許他們活下來，將會對陛下及其國家的利益造成傷害：因為任何民族來到這裡必定都會被他們恣意劫掠」。[99]葡萄牙代表並且指出，任何老實從事商業活動的表象都只不過是個障眼法，目的在於掩飾該公司活動的真實本質。因此，一封葡萄牙信函指出，就算荷蘭商人「載運貨物來到貴國，〔並且聲稱那些貨物是經由貿易取得〕，也絕對是徹徹底底的謊言」，因為那些商品純粹都是透過武力掠奪而來的結果。[100]

荷蘭人身為海盜、永久處於法律之外的無祖國掠奪者這種角色，將他們排除於國際秩序之外。後來向德川幕府提出的一項申訴指出：「荷蘭的海盜船肆虐於公海上。……由於他們是不折不扣的海盜，因此其他國家都不准他們入港停泊。」[101]聖安東尼奧號遭遇的攻擊如果被視為海盜行為，那麼結論就只有一個。海盜行為在日本周圍的海域被列為非法行為已有數十年之久，也有一項訂定已久的禁令禁止海盜團體把日本列島當成基地。一五八八年，德川家康的前任統治者豐臣秀吉採取了一項著名的措施，禁止海盜活躍於「〔日本〕諸藩國的海域」，也對庇護或支持海上掠奪者的團體施予嚴厲的懲罰。[102]就這些事實來看，荷蘭東印度公司顯然背負了雙重罪責，一方面是因為那場攻擊發生在「諸藩國」周圍的海域，另一方面則是因為雅加達號將其戰利品帶到日本，從而把日本列島再度變成了海盜的巢穴。

面對這樣的指控，斯北科思提出主張維護該公司對於遭俘船隻所握有的權利。他把女島究竟是否屬於日本領土的討論推到一旁，而堅稱攻擊聖安東尼奧號的行動不論發生在何處都是合法的。他的論點奠基於一項核心主張，亦即荷蘭東印度公司的私掠活動是為一個正當國家奉公的合法戰爭行為。他指出，身在亞洲的荷蘭人收到親王的命令（那位人物在這個時期仍然被理解為「荷蘭國王」）必須「在海洋與陸地上以一切方式（對西班牙人與葡萄牙人）發動戰爭，並且盡可能造成最大的損害」。[103]因此，像雅加達號這類船隻的船長不是海盜首領，而是軍人，「受到明確的指示，只要遇到對方的船隻，絕不能不予攻打、任其通過，而是必須試圖俘獲對方，就算為此犧牲性命也在所不惜」。[104]這麼一來，他們就沒有個人選擇的空間，當然也沒有追求個人財富的空間；荷蘭人只是單純處於戰爭中，而任何遭遇西班牙或葡萄牙船隻的事件（即便對方是沒有武裝的貿易船也不例外）都必須視為這場廣泛衝突的一部分。

這項辯護雖然仿照格勞秀斯的論點，卻欠缺他為那項論點賦予充分效力的交疊論述。部分原因是格勞秀斯用於為攻擊策略賦予正當性的其中一項關鍵主張，亦即荷蘭東印度公司是亞洲君主對抗伊比利半島暴政的自然盟友，這點在幕府將軍的宮廷上並沒有獲得什麼效果。這不是因為荷蘭人沒有努力強調這一點，荷蘭使者在日本其實一再提起毛里茨在一六一〇年十二月寫給德川家康的信函裡所提出的指控，亦即西班牙統治全世界的野心對於德川幕府造成了直接威脅。[105]為了支持這項論點，他們編造了一套龐大的稱霸計畫，葡萄牙人、西班牙國王與耶穌會教士都涉入其中，他們全都共同致力於破壞日本的穩定。如果可以讓日本人把西班牙的暴政視為貨真價實的威脅，那麼荷蘭人就會自然而然成為盟友，因為他們也面臨過並且克服了相同的危險。不過，荷蘭人雖然一再提出這項論點，幕府官員卻無意加入對抗西班牙的戰爭，因為西班牙人在這段早年時期仍然被視為潛在的貿易夥伴。因此，斯北科思只好捨棄荷蘭東印度公司是亞洲君主的自然盟友這種概念，也無法將攻擊聖安東尼奧號的行動描述為一場共同抗爭的一部分。

他採取的做法是把這場衝突與幕府將軍劃清界線，堅稱幕府將軍不該干預荷蘭東印度公司的戰事，就算這些戰事延展到了日本沿海也是一樣：「我們謹向皇帝陛下（幕府將軍）提出這項請求：我們若是在陛下的領土周圍遭遇葡萄牙人或卡斯提爾人，〔請允許我們〕以戰爭手段向對方造成盡可能多的損害或者俘虜其船隻。」[106]這項提議雖然採用了典型的卑微言詞，卻大膽宣告了該公司有權遂行其全球戰爭而不受亞洲的法律架構所阻礙。發生在女島外海的這種事件，只是「交戰的敵人之間的事情（vianden oorloge mett malcanderen），也必須從這個角度加以看待」。[107]說得更直白一點，他認為幕府將軍應該置身事外，而把對於航向日本的船運所發動的攻擊認可為合法的戰爭行為，他堅稱荷蘭東印度公司的全球衝突應當優先於當地的法律架構。

不久之後，荷蘭代表團就收到了回應。由於德川政權真正關注的是國內事務，包括擊敗豐臣秀吉繼承人的戰役已接近尾聲，所以在這場官司上的動作相當迅速。幕府官員在九月二十六日向荷蘭人告知指出，他們把那艘「帆船、人員以及一切相關物品」都授予荷蘭人。[108] 這項決定深具重要性，原因有幾個。首先，這項決定確認了女島及其周圍的海域屬於日本的一部分。荷蘭東印度公司的使者在俘獲聖安東尼奧號之後首度針對女島的地位提出疑問，當時商館人員明白希望德川幕府會直接宣告自己的管轄權不及於海上，因此也不包含這串無人居住的孤立島鏈。舉例而言，荷蘭東印度公司後來在更遙遠的海上航道從事私掠行動，幕府官員就宣稱那些行動超出於他們的管轄範圍之外。[109] 但在一六一五年，德川幕府的做法卻恰好相反，將女島周圍的海域確認為日本的一部分，因此受到幕府將軍的管轄。這麼做的結果，就是把這座島嶼確立為日本本土最外圍的界線，並且向歐洲航海人確認他們必須把這座島嶼視為幕府將軍的領土。就這樣，女島在德川時期的後續期間都一直保有這個地位，在《日本分形圖》這類地圖集當中被描繪為日本領土的外圍標誌。[110]

第二，這項決定確認了德川幕府扮演法律仲裁者的角色。面對一項沒有涉及德川臣民的歐洲衝突，幕府官員沒有置身事外，而是接受了雙方提出的申訴，並且在審視他們的論點之後做出裁定。藉著採取這樣的行動，德川政權有效突顯了自己有權擔任海上爭端的仲裁者，儘管這麼一項爭端是介於兩個外國群體之間，而且是發生在距離日本中部的政權所在地達數百英里遠的地方。由此帶來的結果，就是確立了任何未經授權的暴力（不論動機為何或者參與者是誰）都需要接受中央政府的仲裁。如同豐臣秀吉的做法，此舉實際上確認了中央政權對於日本列島周圍海域的海上主權，雖然這樣的主權只及於和仲裁暴力爭端有關的一組有限權利。[111]

然而，如果說這項決定確認了德川幕府對於發生在日本海域裡的任何海上紛爭進行仲裁的基本意願，那麼其中對於德川法律保護的範圍以及哪些人提出的申訴可望獲得補償，也做出了極為有限的定義。德川幕府在做出裁決之前，先派了一名使者與身處這場爭議核心的那些遭到俘虜的葡萄牙海員直接對話。後續的訊問只聚焦於一個問題，彰顯了德川政權關注重點：他們的船隻是否持有幕府將軍的「許可章」——也就是朱印狀？[112]那些俘虜坦承他們沒有這種通行證之後，面談旋即終止，而他們希望獲得保護的請求也遭到駁回。儘管聖安東尼奧號是在日本周圍的海域上遭到俘虜，但德川幕府一得知這艘船沒有朱印狀，就完全無意對其提供保護。此舉傳達出來的訊息非常明白：德川政權關注的對象僅限於朱印船，而這起事件如果沒有涉及這種船隻，那麼德川政權就不打算施行懲罰，也不打算要求賠償。

前述這一點明確無疑，但是德川幕府對於荷蘭人私掠行動的基本合法性所抱持的觀點卻沒有那麼清楚明瞭。幕府官員雖然沒有像日後他們對荷蘭東印度公司的海上攻擊活動所採取的態度那樣將這起事件譴責為海盜行為，卻也沒有為斯北科思主張雅加達號船長的行動應該被視為合法戰爭行為的論點提供背書。可以明白看出的是，把聖安東尼奧號交給荷蘭東印度公司的決定，並不是源自對於荷蘭人私掠活動的肯定態度，而是因為德川幕府對於朱印船的重視勝過其他一切航向日本的船運。

對於葡萄牙人而言，這項判決雖是一項明顯可見的挫折，但至少提供了一絲細微的希望。這項決定雖然對聖安東尼奧號的船東不利，但德川幕府藉此確認了自己是日本海域所有暴力行為的法律仲裁者，就算是源自歐洲內部衝突的暴力行為也不例外。[113]在聖安東尼奧號事件的後果當中，可以明白看出幕府將軍的宮廷能夠受到推促而發揮國際法律節點的功能，成為海上紛爭的陳情、調查以及仲裁空間。這點在短期上雖然提供不了什麼撫慰，卻有可能經過長期的努力而說服德川幕府將不持有朱印狀的船隻也納入其保護範圍內。

荷蘭東印度公司則是從這起事件當中得到了一項非常不一樣的教訓。斯北科思與他的上司並不認為這樣的裁決不利於他們的未來，而且他們將在聖安東尼奧號案件當中獲得的成功解讀為德川幕府對於該公司的私掠行動表達了明確的支持，未來也將擴展到豁免其後續行動的罪責。即將成為總督的顧恩便採取了這樣的角度，他愈來愈確信荷蘭東印度公司可以對航向日本的葡萄牙船隻發動範圍更大的私掠行動，就算這麼做會導致衝突，甚至擴張至幕府將軍的港灣內也沒關係。顧恩在一六一五年之後所寫的信件流露出一股頑強的信念，認定德川幕府如果不是明確贊同荷蘭東印度公司的私掠行動，不然就是對此漫不在乎，而且幕府也不必然把沿岸的海域，甚至是其港口視為特別的專屬區域。這種態度造成的結果，就是莽撞追逐戰利品，而終於引起德川幕府的反撲。

擴大與升高

聖安東尼奧號上的戰利品分配完畢之後，荷蘭東印度公司的注意力自然就又轉回那個在海平線上閃閃發亮的大獎，也就是澳門—長崎航線上的克拉克帆船。顧恩寫給日本商館館長的信件反映了他對於俘獲這艘船的重視程度，在信中指出：「你如果能夠提供建議，告訴我們如何誘捕從澳門航向長崎的克拉克帆船，請不吝於告訴我們，好讓背負著重擔的公司能夠獲得些微的喘息。」[114]他們不需要有什麼特別激勵，就願意採取行動。因為商館員工總是垂涎地看著這些船隻泊入長崎，卸下數量龐大的商品，這令他們本身貧乏的貿易活動相形失色。只要能夠劫奪這麼一艘船，他們的命運將會就此轉變，荷蘭東印度公司位於平戶的駐地也將從一個偏遠荒僻的地點搖身變為該公司的龐大帝國裡「獲利最高的貿易站之一」。[115]

經過多年的嘗試之後，他們終於等到了對於這種來自澳門的大船發動攻擊的完美機會。經由包括范林斯霍滕在內的若干線民的努力，荷蘭東印度公司對這些船隻掌握了極度詳細的資訊，包括航行指引以及時間表。[116]此外，平戶也為該公司的行動提供了理想的基地，就位在澳門—長崎航線終點的附近。在聖安東尼奧號事件順利解決之後，最後一項條件似乎也宣告到位。幕府將軍的判決使得該公司的幾位高層人員認定他們能夠把自家的戰事直接帶進長崎，而且也應該這麼做，因為克拉克帆船抵達那裡之後正處於最脆弱的狀況。抱持著這樣的想法，顧恩於是在一六一七年四月下令派遣黑獅號（Swarten Leeuw）與加萊賽號（Galiasse）這兩艘船隻，指示他們只要發現目標停泊於長崎港內，就發動攻擊。[117]

黑獅號與加萊賽號在航向日本的途中與另一艘荷蘭東印度公司的船隻會合：這艘船是老太陽號（Oude Sonne），由艦隊司令蘭姆（Jan Dirckzoon Lam）指揮，而他也在會合之後接掌了這支遠征隊的領導權。這一小支艦隊在七月三日抵達長崎，發現自己早到了，完全見不到克拉克帆船的蹤影。面對在長崎下錨或是封鎖港灣入口這兩項選擇，蘭姆決定進入港口等待那艘大船自動落入他的手裡。[118]這支艦隊才剛下錨，就隨即傳來了克拉克帆船即將抵達的消息，據估離長崎只有八到十里格而已。不過，他們認為自己能夠劫奪那艘船隻而不引起日方強烈反彈的希望馬上即告煙消雲散，原因是長崎的日本官員著手遏阻了該公司的攻擊策略。長崎奉行谷川藤廣和那座城市的許多菁英一樣，葡萄牙貿易也攸關他個人的利益，於是他就在這時搭乘一艘小船出海，要求蘭姆放棄攻擊克拉克帆船的打算，並且立刻離港前往平戶。不甘於對近在眼前的獵物放手，蘭姆拒絕了這項要求，堅稱自己奉有劫奪葡萄牙船運的明確命令，就算必須在長崎港內動手也在所不惜。來自長崎的回應迅速又強烈。蘭姆指出，他「受到長崎奉行明白指示，不得對〔那艘克拉克帆船〕造成些微的傷害，並且必須立刻離開……否則我們就會遭到武力阻止」。[119]為了證明自己的決心，谷川藤廣召集了八十艘滿載士兵的駁船，下令只要荷蘭東印度公司的船隻對那艘克拉克帆船輕舉妄動就發動攻擊。駁船在開放海域上雖然不足為懼，在長崎港的狹隘海峽當中卻是可怕的威脅。於是，蘭姆只好選擇撤退。

後來，荷蘭人對於航向馬尼拉的中立船運發動攻擊的消息傳到日本，又進一步挑起了荷蘭東印度公司私掠行動所引起的爭議。為了執行迫使西班牙人退出菲律賓的整體計畫，該公司於是把目標瞄準持續不斷往來於中國與馬尼拉的帆船。舉例而言，在一六一七年，該公司將總值高達八十二萬三千一百三十四荷蘭盾的財物以及若干名俘虜放置在日本商館，全部是他們從至少七艘中國帆船劫掠而來的成果。[120]一名觀察者對於如此豐厚的戰利品深感訝異，而在筆下以充滿羨慕的語氣提及「他們從中國人那裡偷來的大量生絲、塔夫塔綢、綢緞、天鵝絨以及瓷器，原因是他們近來劫掠了許多帆船」。[121]

如此大量的掠奪品以及為數如此之多的被俘水手送抵平戶，在當地造成了強烈震撼。藩地當局無法確定荷蘭東印度公司這些掠奪行為是否合法，於是在心懷擔憂的情況下扣押了該公司的船隻，並且警告他們在收到幕府的指示之前不得賣掉那些商品。有部分的爭議來自，荷蘭東印度公司對於中國船運的攻擊看起來非常近似於一五八八年豐臣秀吉禁令遏止的倭寇劫掠行動。當地許多居民對於那起事件記憶猶新，因為這裡畢竟曾是海盜的根據地。一名平戶藩官員看出了這兩者之間明顯的近似性，於是向港口的一名英國居民表示，他認為幕府將軍一定不會允許荷蘭人攻擊中國船運，因為豐臣秀吉早已禁止了這種活動。[122]除此之外，荷蘭東印度公司還面對了另一個障礙，也就是平戶人口眾多的中國人社群，他們對於自己的同胞遭到的攻擊發起了激烈抗議。著名的中國船長李旦就向斯北科思嚴詞抱怨，並且要求登上其中一艘遭俘的帆船。[123]他的要求雖然遭到拒絕，但他還是設法和幾名俘虜談了話，他們都哀嘆自己遭到「極度殘酷」的對待。[124]他們聲稱荷蘭人不是把船員帶回當成俘虜，而是把大多數人直接拋進海裡淹死。

如同聖安東尼奧號遭到劫奪之後的情形，引起了一連串直達幕府將軍宮廷的法律抗議，從而確認了德川幕府做為仲裁海上爭端的角色。不出所料，第一件投訴來自於李旦，可是差不多在同一個時間，也有另一件投訴從一個意料之外的地方冒出。蘭姆在他的正式報告裡指出，他有六、七名部下登上一艘被俘的中國帆船，結果那艘船在一場颱風中和他的艦隊失去了聯繫。[125]那艘船上為數約有三十或四十人的中國船員隨即把握這項逃脫機會，壓制了那一小群荷蘭人。[126]他們把船駛到鄰近的薩摩藩，然後募集了一筆錢，以便「在皇帝（幕府將軍）的宮廷上呼籲對他們（荷蘭人）進行法律制裁」。[127]這群投訴者指出，不同於和荷蘭人已經交戰多年的葡萄牙人，中國商人與荷蘭東印度公司毫無恩怨，但該公司卻攻擊了他們，「這樣的舉動毫無法律和正義可言，也沒有事先向他們宣戰，儘管中國人把對方當成朋友，並且在萬丹、摩鹿加群島、北大年、暹羅、日本及其他地方持續和他們交易買賣」。[128]在此同時，其他商人群體也聚集在幕府將軍的宮廷上控告荷蘭人。考克斯概述這波抗議浪潮指出：「西班牙人、葡萄牙人與中國人……全部有志一同，前往日本宮廷投訴，嚷嚷荷蘭人是令人鄙夷的竊賊或海盜。」[129]

不過，儘管中國人受到荷蘭東印度公司的掠奪而蒙受最大損失，德川幕府卻拒絕出面干預。不同於在日本海域上遭到劫奪的聖安東尼奧號，對於航向馬尼拉的船運所發動的攻擊是發生在距離日本列島遙遠的海面上，幕府官員堅決表示他們沒有管轄權。[130]因此，中國商人如果希望尋求賠償，就應該向中國當局或者菲律賓的西班牙總督提出申訴。[131]不過，令荷蘭人感到不妙的是，這項拒絕帶有一項保證，亦即以後的攻擊事件如果發生在日本海域裡，德川幕府就會採取行動。當時身在江戶的考克斯寫道，幕府將軍承諾，海上暴力行為如果發生在他的「管轄範圍」內，或是「在〔他的〕統治疆域裡」，他就會下令加害者賠償對方。[132]

這項承諾代表德川幕府對於私掠活動的態度已更趨強硬，也首度顯示德川政權對於什麼樣的行為在其所屬海域中可以接受的定義可能會修改。日本商館的人員明白看出了這種轉變，而他們本來也就對於荷蘭東印度公司漸趨敗壞的名聲愈來愈感擔憂。在貿易商品流入的數量如此之少，輸出的掠奪品又如此之多的情況下，商館在許多觀察者眼中已然淪為一座海盜倉庫。商館館長迫切想要改變這種印象，於是懇求他的上司以手邊現有的商品裝滿一百箱運來日本，不管那些商品是否能夠販賣獲利。他解釋指出，這麼做將可讓荷蘭人至少呈現出「正直商人」的形象，淡化愈來愈強烈的海盜污名。[133]不過，卻沒有商品送來。到了一六二一年，商館尋求扭轉情勢的時間已然用完了。

一六二一年敕令

一六二一年九月十四日，當時館長任期已近尾聲的斯北科思收到了江戶發布的一項新命令，禁止荷蘭人（以及同樣在平戶設立了基地的英國人）把武器運出日本，也不准雇用傭兵，還有最重要的一點：不得從事海上暴力行為。根據荷蘭文獻裡的描述，他們受到告知「荷蘭人與英國不得在日本周圍的海域從事海盜行為（rooven）」。這段描述可以和日本敕令的原文並置比較，這項敕令發布於元和七年五月二十二日，亦即一六二一年七月十一日，其中以幾乎相同的用語重複了這道訊息：「荷蘭人或英國人不得在日本周圍的海域（日本近き海上に）從事海盜（八幡）行為。」[134]

這是荷蘭東印度公司的一大挫敗，因為德川官員首度將該公司的活動明言譴責為海盜行為，並且將「八幡」一詞套用在荷蘭人的私掠行動上。一六〇三年出版於長崎的日文與葡萄牙文辭典（《日葡辭書》）是當代用語極為珍貴的參考資源，其中把這個詞語定義為劫掠外國領土。[135]在日本，這個詞語最常用於指涉的對象，就是十六世紀期間從散布於九州及日本列島其他地區的基地向中國發動突襲的倭寇海盜。八幡海盜是沒有祖國的掠奪者，僅以殘暴著稱，而且這個用語全然只有負面意義。斯北科思在寫給上司的信中感嘆指出：「海盜一詞在日本是非常可恥的稱呼，而且與俘虜敵人船隻的意思極為不同。……我們的做法被他們宣告為海盜行為，且被視為海盜。」[136]荷蘭代表雖然曾在幕府將軍的宮廷上信心滿滿將私掠行為稱為一種正當活動，受到普世認可的戰爭邏輯所支持，但這種論點到了一六二一年已告崩解，只能由商館館長收拾善後。

一六二一年敕令為荷蘭人染上了揮之不去的海盜色彩，導致他們在後續數十年間必須一直努力抹除這種負面形象；從此荷蘭東印度公司失去了申訴的空間，也沒有多少運作的空間。荷蘭人攻擊葡萄牙人的行為雖然一度被視為大體上可以接受，但德川幕府卻沒有將那種行為與荷蘭人在近期和中國商人發生的衝突區分開來，而在一六二一年敕令中禁止荷蘭人劫奪「任何船隻，不論是日本、中國，還是葡萄牙的船隻」。[137]如此造成的結果，就是抹除了一切細微辨別的可能性，也無法再藉著模糊合法性的界線而促使行為獲得許可。從此之後，荷蘭東印度公司的船隻只要發動攻擊，不論背後有多麼正當的理由，都一律會被視為海盜行為，而且只要發生在日本海域裡，就會立刻受到處置。該公司非常明白這個標籤所帶來的危險。一六二一年敕令的消息傳到巴達維亞之後，一名高階官員隨即強力呼籲抹除這個標籤，這樣荷蘭人才能恢復名聲，重新被人視為代表「一個穩定的強大國家」。[138]

不過，要做到這一點並不容易，而且巴達維亞也提供不了什麼指引。除了減少到日本執行海上任務的船隻數目之外（這個步驟也隨即受到採用），他們並不清楚該怎麼甩除「荷蘭人只是駕著空船來到〔日本〕的海盜」這種印象。[139]單純退一步，再次主張荷蘭東印度公司行動的基本合法性，也沒有多少幫助。格勞秀斯在歐洲提出的那一套強而有力的論點，移植到日本之後就站不住腳，在這個極度不確定的環境中，法律根本無法發揮影響力。看起來，唯一的選項就是希望這個污名能夠隨著時間流逝而逐漸褪去。但實際上，八幡的污名對荷蘭東印度公司身在日本的使者所造成的困擾卻一直持續至十七世紀下半葉。在一六二一年敕令發布過了幾年之後，一名德川官員又向荷蘭人提醒了這一點，指稱「你們是每天從事海盜行為的這種形象，已經深深烙印在陛下〔幕府將軍〕的心目中」。[140]

不過，荷蘭人雖然被貼上了海盜的標籤，卻也被歸屬於一種特殊的類別，而得以繼續在日本活動。當初豐臣秀吉禁止所有海盜把日本列島當成基地，但德川幕府對於荷蘭人則是採取了比較務實的對待方式，一方面試圖減少荷蘭東印度公司最嚴重的暴力行為，另一方面也允許他們繼續待在日本，原因是德川幕府認為荷蘭人畢竟是個有用的貿易夥伴，儘管還遠遠算不上是可靠。由此造成的結果，就是為該公司提供了一個特別的豁免條件，原因是那項敕令的意思似乎是說，只要是在幕府官員視線之外的遙遠海域上，荷蘭東印度公司就可以自由從事他們的海盜行為。

從法律角度來看，一六二一年敕令將德川幕府的管轄權大幅擴張至日本周圍的海域。德川幕府雖然早在一六一五年就確認了自己對於那些海域握有合法權利，卻是以範圍極度有限的方法為之，堅稱其保護只及於朱印船。六年後，德川幕府則是實質上為日本列島周圍海域的所有船運提供了安全保障，不論那些船隻是否帶有朱印狀。如此一來，德川幕府即大幅擴張了自己的法律管轄範圍。這個政權在先前只是保留了自己扮演法律仲裁者角色的權利，現在則是明白表示自己會對一切未經授權的暴力行動施以懲罰。套用泰依（Emily Tai）形象鮮活的描述，德川幕府這麼做即是標示了日本周圍海域的範圍，而且荷蘭人不可能視而不見。[141]在一六二一年之後，荷蘭東印度公司官員（例如授權派遣船隻進入長崎港的顧恩）已愈來愈明白看出幕府將軍不打算放棄對於海洋的控制權，而任由荷蘭人在海上為所欲為。面對該公司愈來愈激烈的活動，德川政權藉著框出日本列島周圍一條定義鬆散的界線，以管轄範圍之內的所有船運，從而封鎖了該公司的私掠行動。

一六二一年敕令雖然沒有規定荷蘭人如果繼續在「日本附近的海域從事海盜行為」應該受到什麼懲罰，但商館內部對於這種懲罰的嚴重性早已沒有任何懷疑。因此，荷蘭東印度公司身在日本的代表最關注的事情，就是確保這項禁令不會遭到比他們還強硬的上司置之不理，因為那些上司可能會認定他們可以強硬逼迫幕府將軍退讓。在一六二一年底接替斯北科思擔任商館館長的卡姆帕斯（Leonard Camps），對巴達維亞寫了一封措辭嚴正的信函，堅稱在日本港口對澳門克拉克帆船採取任何動作都必定會帶來災難性的後果。他警告，荷蘭東印度公司絕對不能把日本政權當成他們在東南亞遇到的那些小政體那樣對待。幕府將軍「不是望加錫國王，他絕不會容忍自己的港口或海域遭到侵犯。我相信望加錫〔國王〕一定也不希望遭到這樣的侵犯，只是他缺乏實力（遏止這種情形）。不過，日本並不缺乏這樣的實力。願神保佑這點永遠不必受到證實。」[142]

荷蘭東印度公司的使者雖然決定不測試德川政權的決心，卻決意確認幕府將軍的「管轄」（jurisdictie）範圍（套用他們的用語）。斯北科思寫道，該公司必須特別投注心力得知「國君〔幕府將軍〕的法律和管轄權在海上涵蓋的範圍有多大」。[143]這麼做的目標是要找出「確切的界線」，以便畫在地圖上，明白標示日本管轄權的確實範圍。如果不畫出這樣的界線，「日本周圍的海域」就可能以無可預料的方式向外擴展，從而涵蓋該公司認為遠遠超出幕府將軍權威範圍之外的海域。斯北科思警告指出，他們如果無法得到「進一步的解釋，那麼我們在日本周圍〔的海域〕俘虜葡萄牙或西班牙貨船的行為就可能會帶來危險」。[144]

不過，儘管他們不斷催促，江戶方面卻沒有提出進一步的釐清。在無法確知幕府將軍的管轄範圍有多大的情況下，荷蘭東印度公司被迫只能採取最謹慎的策略，一開始是停止在日本海域攻擊葡萄牙船運的行動，後來更是不再攻擊所有往返於澳門與長崎之間的克拉克帆船。到了一六三〇年代，荷蘭代表已一再向德川官員承諾他們的船隻不會攻打航向日本的葡萄牙船運，「儘管對方是我們的死敵」。[145]由此造成的結果，就是在這個一度看來注定會帶來重大報酬的區域實質上中止了該公司的全球戰爭。後來一支荷蘭艦隊遇到了四艘滿載商品的葡萄牙帆槳船（這是取代了克拉克帆船的小型船隻）正在航向長崎的途中，就任由它們安然通過，「以免在我們的日本貿易當中再度引起任何麻煩」，儘管「眼睜睜看著這麼吸引人的獎賞航行而過實在是非常困難的事情」。[146]由於無法藉著武力切斷葡萄牙與日本的貿易，也無法透過持續的攻擊大幅削弱對手的地位，荷蘭人只好純粹在商業活動中與對方競爭。結果就是葡萄牙商人持續稱霸，原因是在沒有暴力介入的情況下，葡萄牙商人遠遠更加有能力因應善變的日本市場。博亞簡（James Boyajian）說得好：「只要葡萄牙帆槳船得以頻繁航抵長崎，荷蘭東印度公司在日本的貿易就只有……對手的零頭。」[147]這種情形一直持續到一六三九年為止，原因是葡萄牙人在那一年終於因為島原之亂而被逐出日本。

就這樣，荷蘭東印度公司不受地方法律當局阻礙而從事其全球衝突的決心，就與德川幕府的海上主權產生了碰撞。結果是該公司官員退卻，被迫接受德川管轄權的範圍，放棄他們在日本海域運用暴力的權利，這項權利是不受德川幕府同意的。荷蘭東印度公司在日本的私掠行動雖是獨立歷史事件，卻可以連結至一段長遠得多的過程，亦即獨立團體在日本海域運用武力的能力逐漸受到限制，接著更是全面受到壓抑。實際上，德川政權對待荷蘭人的方式，與豐臣秀吉對付稱霸瀨戶內海的海上霸主的做法確實有些相似之處。因此，德川幕府壓制荷蘭東印度公司武力活動的做法，也就能夠歸入一項延續了數十年之久的過程當中——這項過程始於一五八〇年代，當時日本的統一者初次開始打壓未經授權的海上暴力行為。

不過，這段歷史雖可歸入更長期的歷史發展當中，但其中的成員卻也存在著一項明顯可見而且非常重要的差異：一方是在夏平斯基的開創性研究當中占有中心地位的半自主性國內行為者，例如能島村上家族；另一方則是像荷蘭東印度公司這樣的組織，主張自己擁有發動戰爭的主權。儘管如此，這兩者卻都屈服於一項類似的過程。當初豐臣秀吉馴服「海上霸主」的做法是消除他們從事自主暴力行為的權利，後來德川幕府也以同樣的手段馴服了荷蘭東印度公司——至少對於該公司在日本周圍海域的活動是如此。對於這兩個團體而言，最後的結果都是一樣的：就是被納入一套國內秩序當中，為了尋求中央政權的接納而被迫放棄運用海上暴力的權利。[148] 想想荷蘭東印度公司的海上優勢以及野心之大，這實在是一項極為重大的轉變。該公司的船隻在一六〇九年初次出現於平戶之時，日本似乎為該公司的私掠行動提供了一個豐碩的狩獵場。葡萄牙人在九州雖然紮有深厚的根基，但他們主要由速度緩慢的克拉克帆船行駛澳門—長崎之間，極易遭受攻擊。不過，荷蘭人在通往日本的航道中唯一俘獲的葡萄牙船隻，卻只有聖安東尼奧號這艘價值不高的小船而已。結果是從來不曾部署過任何船隻，也不曾在憤怒中開過火的德川幕府，竟然成功馴服了當時活躍於亞洲的海上強權當中最令人望而生畏的一個，而且還封鎖了這個海上強權對其敵人的攻擊行動。

CHAPTER 5 權力與申訴

如果把所有主張自己有權使用武器的人都稱為海盜，那麼世界上就不會有幾個親王與國王，而只會有許許多多的海盜。

——范迪門總督，一六四二

一六六三年，七名奄奄一息的中國水手被海浪沖到五島列島這個位於九州海岸附近的小島鏈。他們的船在幾個星期前從廣東省的潮州朝日本出發，卻在途中遭遇一場猛烈的風暴，而被吹斷了一枝船桅。在船員努力裝上新帆之時，看見海平線上出現了一艘陌生的荷蘭船隻。那艘荷蘭船隻不是前來幫忙。結果，這艘中國帆船因為拒絕接受檢查，就遭到對方開火攻擊，從荷蘭船上射出的重砲彈在他們的船殼上打出一個個大洞。倖存的船員被迫棄船，只能緊抓著船隻殘骸求生，在海上漂蕩了幾天之久，才被海流沖上日本的海岸。被荷蘭人砲擊，後來又漂蕩在東海的冰冷海水，導致死亡人數相當多，而那艘船與船上載運的昂貴貨物也付諸流水。倖存下來的水手決心為他們遭受的損失向荷蘭東印度公司尋求全額賠償，因此隨即向長崎奉行這位日本沿岸最高階的幕府官員提出申訴。

這批中國人提出的文件，以及其他中國申訴人為了抗議荷蘭東印度公司的行動而向德川當局提出的類似文件，即是本章的分析對象。在第四章探討的那個時期，德川幕府透過朱印狀制度允許海上貿易，甚至就某些面向而言也主動鼓勵這種貿易；但在本章檢視的這個時序較晚的時間點，德川幕府的外交政策則是由一連串的海洋限制所界定，也就是所謂的鎖國命令。禁令頒布於一六三三至一六三九年間，似乎彰顯了退出海洋的決心。由於這些命令實質上禁絕了日本的商船船隊，因此似乎表示日本徹底放棄對海洋的責任，而任由像荷蘭東印度公司這樣的組織在通往日本的海道上為所欲為。不過，我們要是仔細檢視荷蘭人在這些年間的經歷，就會發現一幅非常不一樣的圖像。德川政權雖然大幅減少進出日本列島的海上交通量，對海洋卻仍然握有高度的影響力。

為了突顯這種持續不斷的影響力，本章不再聚焦於幕府將軍位於江戶的宮廷，也就是各方針對葡萄牙船運遭到攻擊而進行辯論的地方，而是要把焦點轉向長崎如何崛起成為一個本身即可處理申訴、調查與仲裁的空間。這段敘事裡的主角是中國商人，亦即在一六三五年之後聚集於長崎的一群背景多元的貿易商，又稱為唐人。在沒有管道可以訴諸江戶的情況下，他們於是轉向長崎奉行，結果長崎奉行也就因此成為涉及荷蘭人引起的海洋爭端當中的積極參與者。從一六三〇年代開始，通往奉行所的道路就成了中國商人極為熟悉的一條路，因為他們企圖利用德川法律劃出一個可讓他們套上申訴人身分的空間，而遞交了一連串的法律申訴案，為他們遭遇的事件要求賠償，就算這些事件的發生地點遠在當今的台灣與越南也不例外。長崎身為國際法律中心的現象，又不禁讓人對於把這個時期的日本視為一個孤立國家的傳統觀點產生進一步的懷疑（這種觀點早就已經受到托比與荒野泰典等學者的研究徹底動搖），因為由這個現象可以看出，在鎖國命令頒布了許久之後，德川政權仍然持續透過沿海地區的官員干預遙遠的海洋爭端。1

德川幕府出人意料地活躍，其必然結果就是荷蘭人在通往日本的海道上繼續備受挫折，而這些案例也提供了進一步的證據，顯示荷蘭東印度公司一直難以運用手上最強大的武器。在該公司的官員眼中，長崎的崛起是他們極不樂見的一種發展，因為這表示他們只要對稍與日本有所關聯的中國船運採取暴力行為（許多例子都顯示荷蘭東印度公司希望攻擊的正是這種對象）即可能在那座城市引來申訴案以及長崎奉行的調查。就算巴達維亞沒有受到要求提出補償，也必須面對日本官員一再探查的困擾，要求他們為自己的行為提出解釋，而且只要沒有得到回應就威脅採取報復行動。這樣的監督雖然令人反感，卻不是唯一的問題，更令人感到挫折的是，就像當初該公司派遣船隻攻打葡萄牙船運一樣，該公司攻擊中國海上交通的行為也終究促成德川幕府法律管轄範圍的擴張，在這段時期從日本列島周圍的海域延伸到了遙遠的海道上。結果就是荷蘭東印度公司的活動又遭到進一步限制，而這種限制的最高峰出現在一六六〇年代，當時該公司被迫放棄了一次極為重要的海上攻擊行動。

本章先從長崎的中國私家商人談起，接著再將焦點轉向與兩位人物有關的商業網絡，一位是鄭芝龍，另一位是他鼎鼎大名的兒子鄭成功；他們領導的強大海上組織稱霸了中國周圍的海域。因此，本章參考了杭行、白蒂（Patrizia Carioti）、歐陽泰、包樂史以及其他學者對於鄭氏家族所提出的一連串創新研究，這些研究共同重新評估了東亞海上情勢的本質。同時，本章也希望更完整呈現出德川幕府的法律層面。[2]由此浮現的近代早期海洋形象充滿了複雜性，其中的水域交雜纏繞著本頓所描述的那些管轄權與法律的界線。

長崎的中國人社群

九州，是這個日本列島的傳統海洋中心，中國商人社群在當地擁有漫長的歷史。日本的戰國時代，中國城開始在九州島上的各地冒出，原因是當地強人熱切想要獲取海上貿易所帶來的財富，而歡迎中國人前來。到了十七世紀初，中國人社群已愈來愈集中於長崎這個重要的樞紐，第一位通譯（通事）也在一六〇四年受到任命，負責在中國商人與長崎當局之間居中協調。[3]這個初始時期的關鍵人物是李旦，他獲選為「日本長崎、平戶以及其他地區所有中國人」的首領暨指揮官。[4]他在任期間正是中國人社群在日本的政治影響力達到巔峰的時刻。在他死後，就再也沒有別的人物能夠像他那樣獲得整個中國人社群的效忠。一六三五年，德川幕府著手為九州的外國人口和中國人口之間劃定明確界線，限制中國商人及其家人只能居住在長崎。這項決定推升了長崎這座城市的中國人口，不僅人數迅速增加，也促成帆船交通的大量湧現。[5]

日本的文獻雖然一致將這個群體的成員稱為「唐人」，但這個用詞卻忽略了這個社群的多元性，其中包含許多不同族群，各有自己的方言、組織，以及貿易利益。[6]唐人商人涉入各式各樣的商業網絡，其範圍不僅及於中國，也延伸至東南亞各地的轉口港。在一六四一年航抵長崎的九十七艘中國船隻當中，有兩艘來自柬埔寨、三艘來自交趾支那，還有三艘來自越南東京。在後續年間，也有來自暹羅及東南亞其他國家的船運。[7]不過，這些商業網絡雖然相當成功，卻也極為脆弱。像荷蘭人這樣的歐洲商人享有國家許可的商業組織保護，在遭遇危機的時候更可享有母國政府的保護，但中國商人卻沒有這樣的擔保人。由於日本與中國之間的商業往來受到官方禁止（自從一五四七年以來就是如此），因此與中國大陸直接進行貿易的商人其實都是走私販，他們出現在長崎即是直接違反了明朝的法律。儘管中國官方的管轄範圍有限，令這些唐人商人有恃無恐，但他們的船隻一旦遭遇攻擊或是商品遭遇損失，一樣無法仰賴任何法律架構爭取賠償。因此，他們面對海上掠奪行為毫無抵禦能力，而這類事件又在荷蘭船隻侵入東亞海域之後大幅增加。

在荷蘭東印度公司於一六〇二年成立之後的頭數十年裡，曾經幾度積極以中國商人為攻擊對象，在一六一七年對中國—馬尼拉貿易航線發起攻擊行動，又在一六二二年攻擊中國沿海船運。雖然沒有組織性的攻擊行動，暴力卻是潛伏在表面之下，隨時可能爆發。蘇布拉馬尼亞姆描述了該公司的行動總是「採用暴力這種老套手段」，指稱「荷蘭東印度公司只要一現身，暴力就緊隨而至，不論是訴諸行動還是潛在的暴力」。[8]這種偏好使用武力的傾向，有一部分是衍生自這項事實：亦即該公司自從成立以來，大半的時間都在與眾多的敵人或競爭對手作戰，因此其武裝精良的船隻在亞洲海域上也就隨時處於備戰狀態。此外，荷蘭東印度公司也強硬執行在公開海域上檢查中立船隻的權利，以便確認那些船隻以及船上的貨物來自何處。一旦加上翻譯錯誤、互相猜疑以及在風高浪大的海面上溝通的困難等等情況所可能觸發的種種衝突，結果就是一連串的暴力事件，而且就算沒有巴達維亞的直接命令，這樣的事件也還是不免發生。

中國商人對於荷蘭東印度公司的崛起各有不同因應方式。一個常見的預防性策略是在出海之前先取得某種保護，例如通行證或者旗幟。因此，中國帆船上飄揚著奧蘭治親王的旗幟並非罕見的現象，有時還會加上「奧蘭治萬歲」這句口號。[9]第二種策略則是和本章比較直接相關，也就是利用申訴。對於已經發生的事件向幕府申訴，提出抗議。如同我們先前看過的，最早的這類申訴是由李旦以及其他中國人代表直接向幕府將軍的宮廷提出。不過，這些管道隨著時間過去而紛紛關閉，於是中國商人這些沒有正式地位的私家貿易商，也就被排拒於江戶之外。結果，中國人只好轉而向長崎提出，尤其是長崎奉行所。這個時期的奉行所由兩名官員輪流進駐。[10]

我們很容易可以理解中國商人為什麼會向奉行所提出他們的申訴案。長崎雖然還有其他官員，但只有奉行這個由德川幕府派駐九州的高階代表擁有足夠的權勢可以下令進行調查、蒐集事證，並且做出裁決。每一位奉行對於中國人社群的態度雖然各自不同，對於荷蘭東印度公司的私掠行為卻是全都沒有絲毫支持之意。身為負責確保日本貿易航線安全的主要官員，他們完全沒有理由容忍對於這套網絡從事攻擊行動的人，尤其是在事證確鑿的情況下。因此，長崎奉行自然而然就會傾向於審酌那些申訴案（至少不會拒絕），並且接受臨時海事仲裁法庭召集人的角色。下一節將檢視兩份分別在一六三五與三七年提交長崎奉行的這類文件。這兩份文件雖然都沒有獲得有利的裁決結果，但證明了長崎成為重要法律中心的新興角色。在短短幾年的時間內，前往奉行所提起申訴的人潮絡繹不絕，其中一名官員嘆息道：「我每天都會聽到中國人的抱怨。」[11]

忠實而正直的百姓

一六三五年九月，兩名中國商人向長崎奉行榊原飛驒守職直（一六三四—三八年在任）與仙石大和守久隆（一六三五—三六年在任）提交一份書面申訴，為一場發生在荷蘭東印度公司的殖民地台灣島附近的攻擊事件請求賠償。荷蘭使者一心想要知道自己面對的是什麼狀況，於是取得了一份申訴書，而收錄在商館的《日誌》裡：

我們是一群每年都會到日本從事貿易的百姓，去年也來過。由於我們搭乘的帆船狀況很糟，因此向閣下提出請求而獲得同意購買一艘受到扣押的帆船。我們在九月二十日離開〔長崎〕，然後在十月六日於海上遭遇荷蘭人。他們對我們說：「善良的好朋友們，到大員來從事貿易吧。」由於我們每年都會去那裡貿易，所以接受了他們的邀請到了那裡去。可是，他們不但奪走我們的船隻，還用武力搶走我們所有的白銀和貨物，並且將我們所有的船員強迫送去雅加達〔巴達維亞〕。我們對此深感苦惱。我們針對這件事向荷蘭人提出了許多陳情與要求，得到的回答卻是我們遭到劫奪的帆船是海盜船，因此是正當的戰利品。我們說我們這艘船是在去年向長崎的官員們購買的。我們還說，誠如他們所知，我們是每年都會到大員貿易的人。

確立這些事實之後，申訴書的最後一段提出了重點：「我們深具信心，也希望（閣下會處理這起事件），因為我們是每年都在日本的保護下從事貿易的百姓。不管是其他中國人還是住在這裡的日本人，都知道我們是正直的百姓，而且全世界都知道我們這艘帆船是向各位閣下購買的。我們恭請閣下審酌這起事件。真正令我們深感憂心的不是金錢、商品與帆船的損失，而是（我們被帶走的）那三十一個恐怕會喪失性命的人。」[12]這份文件首先把申訴人確立為正直的商人，受到長崎的各方所熟知。身為經常與日本列島貿易的商人，他們的商業活動受到「日本的保護」，但荷蘭人卻剝奪了這項保障，不僅劫走貨物，還擄走了他們大多數的船員。不過，這份文件雖然對於遭俘的水手表達痛惜，但終究還是和其他向長崎提出的申訴案一樣，重點也在於金錢，目的就是要促使荷蘭東印度公司為其受到指控的罪行提出賠償。

這份申訴書敘述的案情雖然直截了當，但實際狀況卻似乎遠遠不是那麼黑白分明。目前可得的文獻顯示荷蘭東印度公司確實在大員附近劫奪了幾艘中國船隻的商品，但後來一個與這些船隻有關的代表團前往巴達維亞提出陳情，總督就隨即做出了安撫性的措施，同意為那些遭到扣押的商品提出補償，目的也許是為了確保中國人繼續前往那座荷蘭的新殖民地從事貿易。[13]在這項程序仍在進行的同時，另一群商人（也就是一六三五年向長崎奉行提出那份申訴書的撰寫者）卻前往長崎提出了他們自己的補償要求。因此，他們的文件看起來顯然是一項投機舉動，企圖在這起案件獲得解決的消息傳到日本之前藉此多賺一筆。鑒於長崎與巴達維亞之間的訊息傳遞需要非常長的時間，他們確實具有操弄的空間，而且無疑有理由盼望能夠在兩個地方同時獲取補償。

收到這項申訴之後，長崎奉行於是要求當時的商館館長庫庫巴卡與申訴人對質。在後續的詰問當中，他表示自己對這起事件一無所知，並且堅稱對方的指控毫無根據。為了進一步削弱申訴者的可信度，庫庫巴卡嘲諷了他們自稱是正直商人的說法，而指稱他們要不是與海盜交易，就是利用自己的船隻從事海盜活動。[14]不過，奉行沒有被他說服，而認定申訴內容必然有所根據。事情會如此進展的部分問題在於荷蘭東印度公司與海盜行為的關聯，這種關聯在一六二一年之後並未消退。由於荷蘭人仍然擺脫不了八幡的標籤，因此不論是多麼令人難以置信的海上掠奪傳聞，都會被幕府官員視為進一步的證據，足以證明荷蘭人的海盜傾向。這點在這項申訴案當中也明白可見，因為那兩名奉行當中較為資深的榊原飛驒守職直向荷蘭人指出，他認為他們每年運到日本的大量商品其實都是藉由海盜行為所得來。他斷言指出，在荷蘭人的掠奪行動毫無所獲的那些年間，他們搭乘前來的船「主要都是空船」。[15]

不過，長崎奉行雖然似乎信服申訴人的主張，但他們實際上能夠採取的做法卻相當有限。德川幕府針對荷蘭東印度公司的私掠活動所提出的一六二一年敕令這項官方政策，把日本周圍海域的海盜活動以及一切海上暴力宣告為非法行為，同時卻也明白表示，只要是這個定義模糊的區域以外的活動，就不受任何限制。發生在日本海域以外的事件，就不在德川幕府的管轄範圍內，而由於這起事件發生在台灣附近，因此長崎奉行也就沒有立場裁定其合法性或者強迫加害者賠償受害者。不過，長崎奉行雖然受限於管轄範圍，卻絕非無能為力，而他們也有許多方法可以為難荷蘭東印度公司的代表。就算他們不能夠施行懲罰，卻也還是能夠在他們的上司表明官方立場之前進行調查（以便確認事件過程）並且施壓（盼望藉此迫使荷蘭人主動選擇和解）。因此，在初次詰問之後，從奉行所傳出的消息即是希望荷蘭人承認錯誤並且提供若干補償，儘管他們在法律上沒有必須這麼做的義務。舉例而言，在一六三五年十二月，長崎奉行的一名下屬就建議商館「補償……（申訴人的）損失」，因為他的上司希望確實保障與日本貿易的船隻。[16]不過，該公司也同樣堅持拒絕接受這樣的和解。經過幾個月的頑強抗拒之後，庫庫巴卡終於取得證據，證明這起事件的受害者已在巴達維亞獲得補償。[17]

這起事件雖然沒有造成直接行動，卻確認了長崎是這類申訴的公開法庭。日本商館的人員在不久之後就又再度受到提醒了這一點。一六三七年八月，另一群中國商人向榊原飛驒守職直以及在前一年接替仙石大和守久隆的馬場三郎左衛門利重（一六三六—五二年在任）提出申訴。他們控訴指出，在「六月六日，我們從交趾支那搭乘我們的帆船出海。同月十二日，在與廣州相同高度〔緯度〕的一個名叫台州（Taijchum）的地方，我們遇到了一艘荷蘭人的船隻。他們大部分的人都登上我們的船，硬是把我們拖到大員，後來才放了我們。」[18]荷蘭人在過程中扣押的商品包括六百七十七張魟魚皮、大量的沉香木，以及水手的衣服，他們還聲稱那些衣服是直接從他們身上剝下來的。[19]

再一次，長崎奉行又站在申訴人這一邊，下令當地官員檢查當時停泊在港口內的所有荷蘭東印度公司船隻的貨艙。為了讓檢查人員確知搜查目標，他們附上了那些中國申訴人提供的遭劫商品清單。[20]這兩位奉行深知自己只要稍有不慎，就有可能從適當訊問變為越權行事，因此強調就算找到了那些遭到扣押的商品，他們也不打算懲罰荷蘭人，因為他們對於「荷蘭人在海上從事的海盜行為」沒有直接管轄權，[21]搜查的目標只是要查出事情真相而已。後續的檢查雖然沒有發現那些遭劫商品，長崎奉行卻向商館館長明白表示他們對於事情的真相毫無疑問。他們指出：「我們無法證明荷蘭船隻劫奪了那艘帆船的說法……〔但〕我們確信你們一定做了這件事。」他們並且進一步斥責荷蘭人，聲稱「我們雖然無法指揮或者禁止你們在海上的行為」，卻對這些指控深感擔憂。[22]

一六三五與三七年的這兩項申訴雖然都沒有得到期望的結果，卻建立了一個隨即受到唐人商人善加利用的重要先例。這兩份申訴書雖然存在許多缺陷，卻都獲得奉行接受也促成了某種形式的調查。因此，中國商人發現長崎奉行是願意伸出援手的協助者，能夠介入海上爭端並且迫使荷蘭東印度公司做出回應。由此造成的結果，就是開啟了一條通往德川法律架構的可靠道路，只要出現適當的申訴案，即有可能產生對申訴者遠遠有利許多的結果。對於這些基本上沒有祖國而且必須在危險的海洋世界中活動的商人而言，這可是一項珍貴無比的發現，難怪後續的申訴者都不惜跋涉遙遠的距離到長崎，以便利用長崎做為法律中心。

對於荷蘭東印度公司而言，這個先例則是沒有那麼正面。長崎奉行雖然不敢逾越一六二一年敕令的範圍，卻展現了一種令人苦惱的傾向，不但樂於接受針對發生在遠離日本列島的事件所提出的申訴，而且還樂於加以調查。這群被荷蘭人譏諷為先天的騙子、「狡詐又邪惡」而且不可信任的人，提出的指控卻如此容易獲得認同，荷蘭東印度公司官員因此認為這種現象造就了一個過度縱容的環境，以致任何申訴都有可能被提出。[23]一名商館館長感嘆道，誣告完全不會受到懲罰，因此任何指控者都可以單純撤案，然後再提出另一項同樣毫無根據的申訴。[24]

雖然確實有人提出虛妄不實的申訴，但這卻不是該公司最擔憂的情形。遠遠更為嚴重的問題在於這麼一個法律中心的崛起，不但不受巴達維亞的控制，還可受到一群分散各地的商人利用，尤其是這些商人從事貿易的地方，有許多都是該公司最活躍的區域。儘管遭受委屈的船東或商人向來都能夠在大員與巴達維亞（在極少數的情況下也包括荷蘭共和國）直接向荷蘭東印度公司當局提出申訴要求補償，但那些地方的裁決方向都是一面倒對該公司有利，因為荷蘭東印度控制那些地方。[25]大員與巴達維亞都是該公司的城鎮，一切事情都必須經過總督的同意，而該公司的活動在荷蘭共和國也不乏支持。不過，長崎則是個不同的空間，該地是個中立法庭，當地的官員都傾向於把海上暴力視為海盜行為。在那裡，荷蘭人面對的不是公司高層主管或者偏袒他們的法官，而是一個相當不一樣而且遠遠沒那麼可靠的仲裁者。還有一個揮之不去的可能性也同樣令人不安，就是江戶如果像先前在一六二一年那樣重新界定自己對於海洋的管轄權，那麼長崎奉行就恐怕會獲得新的權力，而得以對荷蘭東印度公司的活動施行懲罰。

長崎申訴管道的開通，再加上活躍的奉行、樂於執行德川政權對於該公司私掠行動的官方政策，在荷蘭海員與行政官員眼中海洋變成了一個充滿高度不確定性的地方。這點可以見諸於一場針對鄭芝龍所規劃但並未實際執行的攻擊行動當中。鄭芝龍是荷蘭東印度公司的危險對手，他日益成長的商業帝國對於該公司的東亞策略基礎造成了威脅。不過，荷蘭人雖然認為自己有充分理由可以攻擊附屬於鄭氏海上網絡的船運，卻沒有機會這麼做，反而是落入了一場與幕府官員的漫長協商，最終也沒有得到滿意的結果。

鄭氏家族的威脅

在一六〇四年出生於福建的鄭芝龍，最早在澳門這個葡萄牙據點展開他的事業，接著搬到平戶，藉著和李旦的密切關係而崛起成為一號人物。[26]到了一六二〇年代，鄭芝龍已將活動範圍移到福建周圍的海域，在中國傳統上具樞紐地位的外海飛黃騰達，在繁忙的航道上成為眾多海盜首領之一。一六二八年，明朝採用了以海盜制海盜這種常見手段，招撫了鄭芝龍，為他授予海防游擊的官位。[27]獲得官方支持之後，他隨即剷除各方對手，成了一個強大海上網絡的領導者。

就鄭芝龍的活動區域來看，他與荷蘭人及其位於大員的殖民地產生密切接觸乃是無可避免的情形。在荷蘭文獻裡被稱為一官的鄭芝龍，原本與荷蘭東印度公司合作，藉著向該公司的代表提供部分劫掠所得以換取庇護，但這樣的關係很快就開始出現了裂縫。主要的紛爭在於從中國大陸流向大員的中國商品。荷蘭東印度公司在一六二四年登上大員島之時，荷蘭使者曾經獲得明朝官員含糊不清的保證，承諾他們會確保中國商人經常造訪這座新殖民地。不過，不像該公司認定的，這項協議其實從來不曾獲得中國政府背書，而且也幾乎從一開始即告失敗。前往大員的中國貿易商少之又少，該公司認為自己獲得承諾的大量商品也完全沒有出現。隨著鄭芝龍在周圍海域的影響力逐漸成長，該公司的官員愈來愈認定是他阻礙了貿易，而在一六三三年七月決定採取行動，對他的艦隊發動突襲。他們雖然打了一場勝仗，但戰役情勢隨即就轉為對他們不利，原因是鄭芝龍立刻帶著一支由一百五十艘船隻組成的強大艦隊前來反擊。[28]

達成脆弱的和平之後，荷蘭東印度公司官員別無選擇，只能與鄭芝龍合作。大員的經濟命運必須仰賴絲綢從中國沿海省分持續流入，而只有鄭芝龍的海上網絡能夠有效保證這一點。在雙方的衝突於一六三四年落幕之後，鄭芝龍同意向荷蘭人穩定提供中國商品，而他至少在一開始也信守了這項承諾。結果就是荷蘭東印度公司輸入日本的絲綢數量增加，因為當時日本仍是這類商品最重要的市場。進口額在一六三五年是八十五萬五千零九十四荷蘭盾，到了一六三七年則是增加一倍以上，達到兩百零九萬四千三百七十五荷蘭盾，接著在一六三八年又進一步增加到三百萬八千二百零九荷蘭盾。[29]隨著絲綢大量湧入，荷蘭東印度公司又在此時獲得一項出乎意料的利多，原因是他們在市占率方面最主要的競爭對手葡萄牙人在一六三九年被逐出了日本。最大的勁敵消失之後，該公司在日本的前景終於看來一片光明，而後來大員長官在一六四〇年又與鄭芝龍續訂合約之後，這種愈來愈樂觀的感受又獲得了進一步的支撐。[30]

不過，荷蘭人這個即將邁入日本貿易黃金時代的期望，卻在短短一年後即告破滅，原因是屬於鄭芝龍的船隻開始抵達長崎港，從而取代了該公司的中間人角色。一六四一年六月，剛被遷到出島的荷蘭東印度公司使者在沮喪之餘，記錄了一艘屬於「中國人一官」的帆船載運著豐富的商品航抵長崎港的平靜港口。[31]在後續幾週，又接著來了五艘「大帆船」，全都載運著大量的絲綢，沒有經過荷蘭東印度公司的中介就直接注入了日本市場。[32]為這項突然的入侵唯一提出的解釋，就是大員長官沒有足夠資金買下那些船隻的商品，才導致它們繼續直接航向長崎。不過，比較有可能的真相是鄭芝龍單純看到了一個機會，能夠捨棄不必要的夥伴而直接打入這個區域最有利可圖的市場。[33]由此帶來的結果，就是荷蘭東印度公司與日本的貿易大幅減少，進口額從一六四〇年的超過六百萬荷蘭盾滑落至一六四一年的一百零二萬兩千九百零八荷蘭盾，再到一六四三年的五十二萬九千三百五十七荷蘭盾。[34]

在巴達維亞，總督范迪門面對了每況愈下的情勢，而且看來注定只會變得愈來愈糟。他在一六四二年寄給十七人董事會的一封信件指出：「只要中國人從中國載運大量的絲綢與絲綢商品前往日本，公司在那裡就無法生存。」[35]在兩個可行的選項當中，一是放棄設在日本的商館，二是利用該公司優越的海軍實力遏止這種入侵現象，他偏好第二個選項，而他寫給日本的信函也反映了這種「利用武器伸張我們的權利」的決心，打算在鄭芝龍的船隻航向日本列島的途中加以攻擊。[36]不過，如果說發動強力攻擊的需求明白可見，該公司還是必須處理一個棘手的問題，也就是日本可能會有的反應。不像前任的著名總督顧恩那樣毫不猶豫地派遣一支艦隊直接進入長崎港攻擊那裡的敵人船運，范迪門必須採取謹慎許多的態度。

他確實有許多值得擔憂的理由。攻擊日本最重要的一個貿易夥伴，恐怕會損及該公司的地位，並且破壞該公司與德川幕府的關係。此舉可能帶來的法律後果也同樣令人不安。就算他們能夠在遠遠超出陸上官員視線之外的開放海域上俘獲鄭芝龍的船隻，過去的案例也已經明白顯示這樣的行為仍然有可能在長崎引起法律訴訟。更重要的是，范迪門完全不希望他的代表被拖到德川官員面前，讓德川官員決意要求荷蘭東印度公司為其攻擊行動做出賠償。面對這個充滿不確定性的法律環境，他決定在採取行動之前先尋求幕府官員的保證。於是，他展開了一場持久的遊說行動，目的在於說服德川官員認定該公司計畫採取的行動具有基本的合法性。范迪門的希望是，如果能夠說服德川政權接受這項行動的正當性，那麼日方也許就會放棄對於鄭氏船隻的一切管轄權主張，就算是在日本海域內也不例外，並就此不再干預該公司的戰爭。

然而，問題是德川幕府曾經拒絕了一切這類論點，在一六二一年選擇將該荷蘭東印度公司的所有私掠行動都貼上海盜行為的標籤。因此，范迪門被迫臨機應變，拼湊出一項令人難以信服的法律理由，而在一封於一六四二年六月向幕府將軍的高階顧問所呈上的信函裡首度提出：

> 中國政府已經注意到，雖然國王﹝皇帝﹞禁止該國人民與日本貿易，而且違者以死論處，但現在從中國航向日本的帆船與商品卻比以往更多。因此，當局以中國國王﹝大明皇帝﹞的名義命令我們出海追回他們的商品與人民。收到這項命令之後，我們希望向閣下傳達此一訊息，藉此得知日本政府會有什麼反應，因為我們仍然希望保有陛下﹝幕府將軍﹞的歡心，而不想被當成海盜，畢竟我們從來都不是海盜。如果把所有主張自己有

權使用武器的人都稱為海盜，那麼世界上就不會有幾個親王與國王，而只會有許許多多的海盜。[37]

這封信的日文翻譯所採取的用語更是直接：「由於大明把通往日本的貿易航線宣告為違法，因此大明的官員向我們下令指出，我們只要遇到中國船隻，就應該沒入其商品與人員，不論那些船隻位在哪個國家的海域。」[38]

提出這種解釋的目的，是要將使用武力的行為連結至一個國家，但范迪門不是主張荷蘭東印度公司的私掠行動應該被視為荷蘭政府的合法延伸，而是把關聯的對象指向一個非常不同的政體：明朝中國。鑒於該公司在二十年前才剛與中國開戰過，而且鄭芝龍實際上還是一名高階明朝官員，這樣的說法實在是極為大膽。不過，這麼做確實有幾個好處。這種說法不是把荷蘭東印度公司的海上行動連結於幕府官員所知極少的一個位在歐洲的遙遠政府，而是連結於一個熟悉的區域強權，儘管這個強權已注定將在不久之後瓦解。德川官員非常清楚中國與日本之間的直接貿易遭到了明朝禁止，而且荷蘭東印度公司被指派為這項政策的執行工具雖然出人意料，卻至少不是無法想像的事情。一旦建立了中國皇帝與荷蘭船長的連結，對於鄭氏船運的攻擊行動就都能夠呈現為合法執行官方禁令的行為，而不是海盜式的襲擊活動。范迪門在信函結尾提出一項熱烈的訴求，目的在於重新喚起正當戰爭的邏輯，藉此洗刷該公司一直揮之不去的海盜污名，而隱隱批評了德川幕府過去將所有海上暴力都貼上海盜行為的傾向。他指出，德川政權先前雖然未能辨別非法掠奪行動以及為了服務「親王與國王」而發動的正當戰爭，現在卻必須認知這兩者的重要差異。如果不這麼做，就會導致一個混亂的世界，士兵被視為匪徒，水手被當成海盜，正當政策也變成非法行為。

由於這封信函沒有獲得任何正式回應，范迪門只好把焦點轉向長崎，因為這座城市是一切可能紛爭的最前線。如果可以說服長崎奉行接受荷蘭東印度公司的正當戰爭論點，那麼他們就比較不會因為中國商人提出的申訴而採取行動，於是該公司也就能夠獲得所希望的運作空間。一六四三年，范迪門送了兩封信到長崎，一封的致函對象是長崎奉行，另一封的對象則是一個名叫海老屋四郎右衛門的當地商人，因為荷蘭人認為他是一名有用的盟友。[39]寫給海老屋的信件為該公司計畫的行動提出了詳細的合理化解釋，而新任的商館館長范艾瑟拉科（Jan van Elserack）後來抵達長崎之後，主要就是重複了這封信裡的論點。這個論點以一項熟悉的主張為主，聲稱由於中國商人違反了「他們國王的明確命令」，所以是荷蘭人可以正當攻擊的對象，那只不過是根據明朝皇帝的命令行事而已。這點又搭配了其他論點，目的都在於促使長崎奉行信服該公司主張的正當性。[40]范迪門特別重提中國官員在一六二四年提出的為大員提供商品的承諾。藉著此一承諾，他得以指稱鄭氏商人罪加一等，因為他們不僅違反了中國皇帝的規範，也打破了與荷蘭人訂定的協議。為了防止這樣說服力還不夠，他又斷言中國商人也違反了德川幕府的禁令，私下偷渡天主教相關物品與教士進入日本。他堅持指出，一旦把這些理由全部結合起來，荷蘭人即有絕對的權利可以「俘虜並摧毀」航向日本的中國船隻。[41]

范艾瑟拉科在一六四三年七月底，抵達長崎之後，立刻把信函呈交給海老屋與當時的奉行山崎權八郎正信（一六四二—五〇年在任）。不過，奉行還來不及回覆，這名商館館長就出乎意料地遭到長崎的中國人社群先發制人，因為他們已發起了一項法律請願行動。[42]范艾瑟拉科在九月二十八日發現一群唐人商人向山崎提出陳情，請求他禁止任何人攻擊他們從長崎返回母港的船隻。[43]第二天，范艾瑟拉科就收到長崎奉行起草的一份文件，要求荷蘭人保證在獲得江戶的正式許可之前不會採取任何行動：

> 在此之前（在過去二、三十年或更久以來），荷蘭人的首領向日本當局保證他們不會攻擊或者損傷任何航行於中國與日本之間的帆船。……你們的人員聲稱你們打算俘虜一官的帆船，但是不會在得知日本政府將如何反應之前採取行動。因此，我命令你們在獲得皇帝〔幕府將軍〕與日本當局的許可之前，不得攻擊或損傷任何從中國航向日本或是從日本航向中國的中國帆船。你們如果違背這項承諾，將以死論處。[44]

長崎奉行所只要收到航行於中國與日本之間的帆船失蹤的報告，就會立刻下令調查，如果必要也將刑求商館人員以獲取資訊。

長崎與巴達維亞的荷蘭東印度公司使者都看出這份文件無疑是一份「危險的文書」，一旦受到簽署，將會成為該公司沉重的負擔。[45]還不必思考更廣泛的影響，這份文件就已顯示荷方的做法已然失敗，無法說服長崎官員同意自己的強硬行動，而且范迪門精心建構的論述在日本也沒有獲得任何進展。此外，這份文件也大幅擴張了長崎奉行的管轄權，與該公司的預期正好相反，該公司正試圖界定並且限制奉行所對於海洋的勢力範圍。荷蘭人如果做出這項保證，那麼他們只要在連接中國與日本的海道上攻擊唐人船運，就會遭到追究責任，不論攻擊行動是否發生在日本海域都一樣。這份文件明白指出，航行於母港與長崎之間的中國海上交通絕對不得受到傷害。由此帶來的結果，就是創造了一個受到奉行所監管的龐大區域，而且這種情形也沒有確切的持續時間。德川幕府沒有保證什麼時候會針對荷蘭東印度公司是否能夠攻擊鄭氏船運做出決定，甚至也不曉得會不會回應這項要求。因此，這份文件沒有容許行動的空間，反倒可能會把巴達維亞困在一個不上不下的危險狀態中，荷方將可能面臨嚴重的後果，也沒有保證荷方終究能夠得到有利的結果。

范艾瑟拉科不願做出這樣的承諾，於是聲稱自己缺乏簽署這份文件的必要權限。[46]他抗議指出，荷蘭東印度公司已經飽受中國商人的虛假申訴所苦，那些中國商人都是積習難改的騙子，什麼話都說得出口，一旦獲得這種機會，必定會捏造出虛妄不實的事件以打擊荷蘭人。山崎權八郎面對這樣的抗拒，同時也擔心自己會被人認為逾越了職權範圍，於是放緩態度，向范艾瑟拉科表示他不必簽署這份文件，因為「這不是皇帝〔幕府將軍〕的命令」，而是他自己提出的要求。[47] 這雖是一項重大退讓，但他還是要求對方保證在長崎的荷蘭東印度公司船隻不會攻擊從日本返國的中國船隻。這位奉行說明指出，商館館長必須「通知大員長官與總督……除非〔日本的〕最高當局給予許可，否則前來日本的中國商人都不得受到傷害」。[48]

長崎奉行的反應傳到巴達維亞之後，攻擊鄭氏船運的行動而不會引起日本反抗的希望即告破滅。長崎奉行沒有接受荷蘭東印度公司的法律論點，而且似乎決心擴張自己的管轄範圍，以確保中國通往日本的海上交通。巴達維亞起初的回應是繼續採取同樣的策略，范艾瑟拉科也在一六四四年重複了這項訊息，並再度指出，儘管日方有相反的主張，但該公司完全有權藉著攻打中國船隻而強制執行其法律權利。[49] 不過，始終支持這項做法的范迪門卻在一年後死於任上，於是較為謹慎的繼任者也就終結了這樣的計畫。新任總督范代萊恩（Cornelis van der Lijn）認定敵對行動不是解決方案，因此決定該公司比較好的選擇是開發其他絲綢來源。[50] 不久之後，鄭芝龍本身就淡出了這個舞台，原因是他叛降新成立的清政權之後遭到軟禁。[51]

荷蘭東印度公司未能對航向日本的中國船運發起攻擊行動是一項深具說服力的證據，證明德川幕府對海洋持續握有高度的影響力。巴達維亞擁有船艦，也反覆堅稱自己在發動戰爭方面擁有無懈可擊的理據，但他們展開攻擊行動的嘗試卻只能屈服於日本的抗拒以及中國人申訴的力量。在這場挫折之後的多年裡，長崎仍然是可供中國商人尋求補償的公開法庭，而申訴案也持續不斷流入，對商館造成更多的麻煩，迫使商館必須為該公司在亞洲偏遠地區的各項行動提出辯護。舉例而言，在一六五三年七月，一群剛抵達暹羅的中國海員向長崎奉行呈遞一份書面申訴，要求荷蘭東印度公司為他們在大城附近劫奪自中國帆船的兩萬六千三百六十六張鹿皮提出賠償。[52]商館館長在日記裡詳細記錄了這起事件：「〔近期抵達的〕那些帆船上的人員掀起一陣騷動，揪集了一些日本人……藉此壯大聲勢，共同向奉行呈交了一份書面申訴。」[53]

訊問了荷蘭東印度公司的代表之後，長崎奉行決定不採取行動，但警告荷蘭人不得攻擊任何航向日本的中國帆船，因為那些帆船為幕府將軍及其臣民供應了必要的商品，對於日本經濟的運作不可或缺。[54]總督聽聞這項警告之後，在他的筆下痛斥了德川官員的這種態度：「明白可見，他們打算不擇手段保護中國人，雖然中國人對於公司在世界各地的〔活動〕而言都是一大困擾。……儘管如此，為了在日本安然從事貿易，我們不論喜不喜歡都還是必須遵守他們這些非法的命令。」[55]這類申訴更加深化了長崎做為法律攻防處所的角色，並且建立了一套模式——後來荷蘭東印度公司與鄭芝龍的兒子，也就是人稱國姓爺的鄭成功產生衝突，這套模式就發揮了重大的影響力。

布略克倫案

一六五七年六月十二日，賀格孫號（Hegersom）、守衛號（Wachter）、布略克倫號（Breukelen）和於爾克號（Urk）這四艘荷蘭東印度公司船隻從巴達維亞出發，往北航向大員。[56]六月三十日，布略克倫號在越南海岸附近的崑崙島（今越南Côn Đảo）遇到了一艘中國帆船。這艘帆船從當今的新加坡附近的柔佛啟航，船上的人員後來聲稱他們打算經由福建廈門航向日本。[57]廈門轉口港具有特別的重要性，因為當時那裡受到鄭成功的控制。鄭成功與他的父親決裂之後，在明朝政權於一六四四年遭到清軍推翻之後的漫長抗戰當中，成了反清復明的重要指揮官。他以廈門為根據地，對於新成立的清朝政府展開一場長期戰役，陸續攻擊各地的滿洲人據點，最後更企圖占領中國前首都南京，但這場野心遠大的行動終究以失敗收場。

為了支持自己的作戰行動，鄭成功建立了一套龐大的海上網絡，從他位於福建的根據地延伸至亞洲各地的港口。這套網絡在巔峰之時，是中國商人最大的組織，該組織活躍於亞洲，自然也是巴達維亞的競爭對手。[58]一名荷蘭官員扼要說明了這種競爭關係，指稱鄭成功的「實力與權勢大為擴張，稱霸了沿海地區……他致力以一切方式成為貿易霸主，建立壟斷地位。為了達成這個目標，他派遣許多貿易帆船前往日本、越南東京以及其他有利可圖的地方」。結果就是把這套網絡轉變為荷蘭東印度公司官員所謂的「我們身側的一根可怕芒刺」。[59]如同他的父親，鄭成功也特別鎖定對日貿易，因為對日貿易提供了無與倫比的獲利機會。鄭成功的船隻最早出現於一六五三年，然後在短短幾年內就在航抵長崎的中國海運當中占了大宗。舉例而言，在一六五七年的貿易季節，日本商館的記錄顯示共有四十七艘中國帆船抵達（其中二十八艘來自安海，十一艘來自柬埔寨，三艘來自暹羅，兩艘來自廣南，兩艘來自北大年，一艘來自越南東京），全都屬於「國姓爺這位大商賈及其追隨者」。[60]

由於鄭氏海上網絡與荷蘭人爭相控制相同的市場，因此也就產生許多摩擦的機會。所以，在國姓爺於一六六二年入侵台灣而終究造成雙方的公開敵對之前，就已經發生了許多暴力衝突。一六五七年發生的狀況就是如此，當時布略克倫號沒有受到巴達維亞直接下令攻擊鄭氏船運，在越南附近遇到了先前提及的那艘帆船。布略克倫號看出了一個輕易劫取戰利品的機會，於是逼近了那艘位在遠處的船隻。這兩艘船才剛進入開火距離，戰役就已宣告結束，原因是布略克倫號一開砲，中國船員就立刻選擇投降。一小群負責押送捕獲船的船員奉命將這艘船駛向位於台灣的荷蘭殖民地。由於受到俘獲的中國船員約有五十人，若全數留在船上可能會造成他們以人數優勢反抗押送人員而奪回船隻，因此這些中國船員就被分散於這一小支荷蘭艦隊當中。對於後續事件而言，最重要的一群是其中被分配到「於爾克號」的十一名俘虜，他們最後抵達了長崎。[61]俘虜分配完畢之後，布略克倫號和於爾克號就繼續原本的航程，卻在途中因為遭遇不良天候而告分散。布略克倫號在八月七日抵達目的地，在大員附近下錨。不過，殖民地長官還來不及針對那批戰利品的正當性做出裁決，就發生了一場災難。暴露的錨地遭到強浪沖擊，被俘帆船的纜繩因此斷裂，被沖向岸邊，在荷蘭東印度公司的主要堡壘視線內撞毀沉沒，導致七人死亡。[62]由於關押其他俘虜已不再有意義，於是他們就在大員島上獲得釋放，然後他們隨即便為自己遭遇的損失提出賠償要求。

在此同時，仍然載著十一名中國俘虜的於爾克號則是陷入了困境。這艘船雖然航行到了大員的視線範圍內，卻未能抵達錨地，而被強風與洋流愈帶愈遠。在飲水耗盡、其他補給品的存量也都低得危險的情況下，這艘船不斷被帶向北邊的日本。由於補給品極度匱乏，因此於爾克號不可能等待天氣好轉再前往熟悉的長崎港。所以，船長博克（Gerbrand Bock）決定航向最近的陸地，盼望能夠獲取淡水。[63]他們朝著一道陌生的海岸線慢慢接近，結果擱淺於九州薩摩藩附近的淺水當中。就在船員努力想要讓船隻脫困之時，一名俘虜發現這是脫逃的好機會，於是跳進水裡游向岸邊。這是一項危險的賭博之舉，因為他是在一個對於基督教傳教士的滲透行為保有高度警戒的地區尋求幫助。不過，此舉立刻就獲得了成果，因為這名逃犯接觸到了同情他的當地官員，而促使他們決定針對這起事件展開調查。登上於爾克號之後，他們發現另外的十名俘虜被關在甲板下。

由於薩摩藩主對於荷蘭人沒有管轄權，也無意捲入一場複雜的案件當中，因此決定將那艘船以及船上的中國俘虜交給幕府官員。於爾克號被拖離淺水，獲得重新補給，然後被押送到長崎。這艘船在正值日本盂蘭盆節的八月二十三日抵達，引起了眾人注意。於爾克號抵達之後，時任長崎奉行的甲斐庄喜右衛門正述（一六五二—一六〇年在任）決定把船上的長官與船員軟禁在一間空倉庫裡，好讓他從事詳盡調查。[64]我們在第三章提過的商館館長瓦赫納爾奉命訊問船員，並且把他們的回答謄寫下來，以便與中國俘虜的供詞互相比對。

瓦赫納爾顯然對這件事頗感不安，於是準備了二十二個問題，後來向於爾克號的二副暨保安官博克提出。[65]這些問題完整記錄在商館館長的日記裡，內容涉及劫奪行動的每個面向，首先是最基本的細節，包括艦隊的組成與啟航日期，後續則涉及其他遠遠困難得多的問題，例如布略克倫號為何決定發動攻擊。最後這個問題回答起來尤其棘手，特別是後來已明白可知在六月十二日從巴達維亞出發的四艘船隻都沒有接到攻擊中國船運的指示。那麼，布略克倫號的船長（他當然無法到現場作證）為什麼選擇攻擊那艘帆船？根據博克以及他同船海員的說法，那艘船之所以遭到俘虜，原因是船上的人員提不出通行證（zeepas）表明其出發地與目的地。布略克倫號的船長認為這點頗為可疑，於是認定那艘帆船必然是與荷蘭東印度公司的敵人進行貿易，因此是合法的攻擊對象。[66]

這項說法雖然被呈現為最終的解釋，但實際上在荷蘭文獻裡卻只是幾種可能理由的其中之一而已。最有可能而且也受到最多文獻支持的解釋，就是布略克倫號的船長在沒有正式命令也沒有任何具體理由的情況下純粹自行發動了攻擊，原因是他看到了一艘唾手可得的船隻，可在沒有什麼風險的情況下讓自己和他的部屬發一筆橫財。[67]實際上，從那二十二個問題的回答當中，很快就可以看出在六月三十日遇到的那艘中國帆船並不是他們唯一的獵物。根據博克的供述，布略克倫號及其同夥船隻還追擊了另外四艘船，分別在六月二十九日、七月六日、七月十四日以及七月十七日。其中三艘逃過了他們的追擊，第四艘則是不得不予以釋放，原因是那艘船帶有暹羅發行的正式通行證。布略克倫號的行為證明了朗斯福德（Virginia Lunsford）指稱海上掠奪行動會「愈滾愈大」的說法。[68]對於身在海上的荷蘭東印度公司指揮官而言，一旦在開放海域上遇到唾手可得的獵物，那麼非法海盜（zeerover）與受到合法授權的私掠者（kaper）這兩者之間原本就已相當寬鬆的區別，更會徹底消失無蹤：「這些遙遠的殖民點與邊疆地區普遍存在著一種『百無禁忌』的態度，合法與非法行為不僅並存，而且具有一種共生關係，幾乎毫無分別地混在一起。在這些區域，所謂的海盜表示一個人可以同時扮演多種角色，在同一個案例中可以是私掠者，也可以是海盜，端看觀者的觀點以及當下時刻的需要而定。」[69]如果這起事件確實如表面上看來的那樣，是為了個人利益而劫奪商品的行為，那麼劫掠而得的財物實在貧乏得令人失望，只有少量的「lakenen」（哆囉絨，一種絨布）與錫，還有其他價值不高的商品。[70]

瓦赫納爾那些問題被記錄下來之後，這份文件隨即翻譯成日文而呈交給長崎奉行。商館館長在等待裁決的時候，記述了城裡瀰漫著一股憤怒的氛圍，荷蘭人被譏諷為海盜，於爾克號則是被指為「荷蘭人的賊船」。[71] 第二天，荷蘭東印度公司雇用的一群卸貨工人朝著於爾克號船員受到軟禁的那間倉庫的窗戶丟擲石頭，並且叫罵著說他們會因為海盜行為而被釘上十字架。[72] 情勢在九月二日又更加惡化，瓦赫納爾得知布略克倫號俘獲的那艘帆船已經在大員沉沒了，從而粉碎了他的希望，無法將這些被俘的水手單純遣返至大員取回他們的船隻。[73] 他在日記裡坦承指出，這項消息絕對會製造更多問題，而對荷蘭人在日本的商業活動造成進一步干擾。就在他對於後續發展焦躁不已的時候，那十一名中國水手抵達了長崎，堅決要採取行動。他們遵循既定管道，在九月五日向奉行所提出了一份正式申訴書。[74] 這次奉行沒有親自處理，而是認為這起事件太過嚴重，必須尋求上級的意見，於是將這份文件轉送到江戶。

這項申訴觸動了德川首都的敏感神經。原本的劫船事件雖然發生在距離日本數千英里遠的海上，但德川政權對於荷蘭人引發的這些不斷流入的申訴顯然已經感到厭倦，於是決定該是採取行動的時候了。一六五七年十月十二日，瓦赫納爾與即將接替他的布舍里翁（Johannes Boucheljon）受召前往長崎的奉行官邸，收取德川當局發布的一項新命令。[75] 這項命令共由三個部分構成，而真正的殺手鐧就在最後一部分。於爾克號獲准離開長崎，因為這艘船並未涉入原本的攻擊行動，但德川幕府下令必須對那艘帆船的船東所遭遇的損失提供若干賠償。最後，德川幕府要求荷蘭人不得追逐或損害航向日本的中國帆船。在瓦赫納爾與布舍里翁看來，這項命令無疑代表了某種新發展。在荷人毫無預警的情況下，江戶首度將其管轄權擴張至日本周圍的海域以外，連結了日本列島與遙遠港口的貿易航道，而且還直接出面干預，下令提供賠償。

不過，儘管有種種可能的影響，這項命令當中卻也存在著不少彈性空間。在沒有詳列任何細節的情況下，這項命令並未明定提出賠償的地點以及確切金額，也沒有要求訂定時間表。不意外，身在日本的荷蘭東印度公司代表因此選擇以拖待變，希望德川幕府要那些中國人獲得賠償的決心終究會隨著時間過去而消退。另一方面，那些遭受委屈的商人也可以被送往巴達維亞去尋求賠償，而他們一旦到了荷蘭東印度公司的那座總部，官僚作業就有可能拖上幾個月或甚至幾年的時間。一開始，不作為的決定似乎獲得證明是全然正確的選擇。長崎沒有再收到進一步的申訴，而後來布舍里翁到江戶從事年度晉見之旅，也得知幕府將軍尚未針對中國船運發布正式敕令。[76]因此，就當下的狀況看來，要求荷蘭人不得攻擊唐人船隻的警告僅是一項建議，而沒有法律的約束力。

到了一六五八年初，荷蘭東印度公司看來已經擺脫了麻煩，所以商館館長想必認為自己成功規避了責任。但實際上，第一次申訴套在商館上的法律網已經開始逐漸收緊。八月，另一群中國商人抵達長崎針對布略克倫號事件提出申訴。[77]這群人的領導者是那艘帆船的船長本身——《日誌》裡稱他為陳軫官（音譯自「Tantsinquan」）——因此是一個更具威脅性的代表團，決意要為這起案件追求正義。[78]陳軫官表明自己已在大員與巴達維亞尋求過賠償，但都沒有得到合理的結果，於是向甲斐庄喜右衛門正述與黑川正直（一六五〇—一六五年在任）這兩位長崎奉行提出一項新的申訴案。兩位奉行因此找來荷蘭通譯，要求他們說明荷蘭人為什麼還沒有做出賠償。在這項申訴當中，陳軫官估計自己損失的商品價值為三萬兩左右，這個數字與最後的賠償金額極為接近。[79]

在長崎，布舍里翁繼續設法拖延，聲稱鄭成功已向巴達維亞提出十萬兩的賠償要求，因此必須等到那邊處理完畢之後，才能開始討論陳軫官的申訴案。[80]在雙方都互不退讓的情況下，這起案件於是不斷拖延下去，但已經逐漸可以明白看出荷方必定需要提出賠償，不論是在長崎還是巴達維亞。不過，塵埃落定之前，德川幕府就先著手落實了一六五七年的命令。一六五九年十月，回鍋擔任商館館長的瓦赫納爾收到一份幕府命令，禁止對於中國船運的一切攻擊行動。其中的相關規定只單純指出：荷蘭人「不得以海盜行為（八幡）侵害經由海路航向日本的中國船隻（唐船）」。[81]這份敕令雖然一如往常地簡短，卻是德川幕府因應荷蘭東印度公司私掠行動的一項重要進展。首先，這項命令毫不留情地提醒了荷蘭人，儘管他們竭力區別「主張使用武器的權利」與海上劫掠行為，卻還是擺脫不了海盜的污名。和先前一樣，「八幡」一詞困住了荷蘭東印度公司，導致該公司沒有空間可以提出陳情、協商特殊豁免權，或是爭取更細膩的裁決，以便在禁止大多數攻擊的情況下仍可能允許某些攻擊行動。

另一方面，這項裁決也大幅擴張了德川幕府的管轄範圍。德川幕府在一六二一年禁止了日本周圍海域的所有八幡行為，一六五九年的敕令則是聚焦於一個群體，而不是特定的海上空間。這項敕令有效主張了對於唐人商人的法律權利，使得他們首度被納入德川幕府的保護。由於這些人在往來於其母港與日本的途中都受到這項敕令的保護，因此德川幕府的司法管轄範圍也就在地理上大為擴張。也就是說，這項敕令帶有一個沒有明言的效果，那就是沿著一系列的海上航道而將法律界線外推至日本的主要貿易夥伴。在一六五九年之後，任何歸屬於中國船隻或「唐船」這個廣泛類別當中的船運都得以豁免於攻擊，而且任何一位船長只要能夠設法證明自己是在航向日本的途中遭到攻擊，即可望在長崎爭取到賠償。這點對於荷蘭東印度公司而言特別難以忍受，因為這樣表示所有「經由海路前來日本的中國船隻」都可享有德川幕府的法律結構保護，不論那些船隻距離長崎有多遠。於是，長崎奉行對於廣大的海上區域獲得了治安權。

在德川幕府對於荷蘭東印度公司私掠行動持續不斷的因應作為當中，一六五九年的敕令代表了一種新的演變，也是一個漫長過程裡的最終階段。在此一過程中，德川政權對於自身法律權利的定義先是從朱印船的甲板上擴大至日本列島周圍的一片範圍，最後則是涵蓋了許多整條的貿易航線。布略克倫號的莽撞行為雖是一六五九年敕令的導火線，但促成這項敕令的力量顯然已經醞釀了數年之久。德川政權雖然偶爾發布聲明表示貿易不重要而且商人地位低落，卻必須依賴中國商人維繫日本列島與外界商業網絡的連結，並且確保日本經濟所需的重要商品能夠穩定流入。[82]中國船隻帶來的商品數量一向都比荷蘭船隻多，海上暴力如果不受約束，恐怕就會減少中國船隻的到來。一名高階幕府官員對於這項新命令的背後原因提出了最佳的陳述，指出荷蘭人「應該避免劫奪中國帆船，因為那些船隻為本國提供了許多必要商品」。[83]另一名官員提及日本不能沒有中國商人帶來日本的「絲綢產品、藥物以及其他商品」。[84]因此，德川政權主張自己對於貿易航線的管轄權，即是為了確保流入日本的商品供應不會中斷。

在長崎，新敕令的消息顯然令陳軫官大受鼓舞，於是他繼續進行幕後協商以推動他的申訴案。一六六〇年十月，長崎奉行又在通往最後解決的漫長道路上踏出了另一步，為賠償的基本要求列出了兩萬七千零九十六兩的數字。[86]隨著奉行要求荷方提出賠償的決心愈來愈堅定，荷蘭東印度公司的態度也變得愈來愈強硬。在一六五七年的時候，該公司還有意提出一定程度的補償，盼望藉此安撫鄭成功，因為他是個非必要不該輕易激怒的強大敵人。不過，隨著雙方之間的關係愈來愈惡化，荷蘭東印度公司官員也就愈來愈不願做出任何讓步。到了一六六〇年，已經日益能夠明白看出鄭成功將目標對準了台灣，打算把台灣轉變成一座固若金湯的基地，藉此繼續他反抗清朝的戰役。[86]身在日本的荷蘭東印度公司官員緊張不安地辯論著這些計畫的同時，也堅持認為他們不考慮「為這裡的中國人給予任何賠償，也絕不能承諾未來會這麼做」。[87]商館館長質問道，這群商人既然與那個對於公司的關鍵東亞殖民地造成威脅的大對頭有所關聯，他們怎麼能夠接受這群人的求償？

儘管荷方如此抗拒，壓力還是持續不斷上升。一六六二年十月，在距離第一項申訴提出的五年之後，該公司身在日本的使者被逼到了牆角。在別無選擇的情況下，他們於是同意把全額的賠償金交給長崎官員。[88]布略克倫號案件雖然經歷多年才得到結果，卻具體證明了申訴的力量，以及即便是最強大的歐洲海外事業也不免輕易陷入法網當中而無法脫身。短短幾年後，就又出現了另一項涉及荷蘭人與中國商人的法律爭議，而進一步限制了荷蘭東印度公司採取行動對付敵人的能力。

克拉維斯科克號事件

在布略克倫號案件終於獲得解決的同一年，荷蘭東印度公司遭遇了堪稱是自從六十年前成立以來最大的一項挫敗，也就是該公司的大員總部熱蘭遮城經歷一場漫長的圍城戰役之後遭到鄭氏部隊攻陷。面對如此慘重的損失，又沒有資源能夠奪回台灣島，巴達維亞於是決心對鄭氏船運展開反擊，一方面藉此為殖民地遭到征服獲取些許補償，另一方面也是為了重振該公司遭到擊碎的名聲。[89]為了達成這些目標，該公司組織了一支強大的艦隊，共有十二艘船以及七百五十六名水手與五百二十八名士兵，由博特（Balthasar Bort）負責指揮。[90]這支艦隊在一六六二年六月從巴達維亞出發，奉命攻擊任何與鄭成功有關的船運，包括航行於中國與日本之間的那些運有豐富商品的貿易帆船。因此，這次不再有任何含糊之處，博特受到明確授權，即便在日本海域裡也可以使用武力俘虜目標船隻。[91]深知如此激烈的行動必定會引起日本回應，荷蘭東印度公司於是指示出島上的使者向幕府官員告知這項計畫，但同時也明白表示他們的上級決意對鄭氏船運採取報復行動，不管幕府將軍是否同意。[92]他們堅稱該公司擁有萬國法所賦予的絕對權利，可以在任何時間與任何地方攻擊這類目標。[93]這項舉動造成的結果，就是為德川幕府與荷蘭東印度公司私掠行動的衝突再度鋪下了道路。

最後，不是博特的艦隊引起無可避免的對立，而是該公司的一艘定期貿易船。一六六三年八月二十九日，荷蘭東印度公司一艘名為克拉維斯科克號（Klaverskerk）的平底貨船遇到了一艘啟航自廣東省潮州的中國帆船。[94]這艘中國帆船受到目擊之時，正位於女島以南才七十五英里（一百二十公里）處，航行在通往日本的海道上。[95]因此，和布略克倫號攻擊的那艘船隻不一樣的是，這艘帆船的目的地毫無疑問是長崎。克拉維斯科克號逼近之後，船長發現那艘來自潮州的帆船早已陷入困境，原因是其桅杆已在不久之前的一場風暴中遭到吹斷。那艘船上的中國船員雖然無法脫逃，卻拒絕允許克拉維斯科克號的水手登船進行檢查，於是荷蘭人便以武力回應，以砲火將那艘帆船「打成碎片」，顯然即將沉沒。[96]克拉維斯科克號不再理會對方，回歸原本的航線而在九月一日抵達長崎，然後船長將這起事件的詳細經過報告了時任商館館長的英戴克（Hendrick Indijck）。儘管這項攻擊行動沒有獲得實質戰利品，卻也沒什麼理由擔憂後續影響，因為那艘帆船會有船員存活下來的機會微乎其微。[97]所以，這起事件顯然是荷蘭東印度公司對抗鄭氏勢力的戰爭當中一項雖然微不足道但輕易獲致的勝利。

不過，日本商館卻在九月十一日收到消息，得知那艘遭到摧毀的船隻有七名中國水手在五島列島被沖上岸。[98]幾個星期後，另一群生還者又在女島的荒僻斜坡上被人發現。[99]這兩群生還者恢復健康之後，隨即前往長崎，以很快的速度採取完全在意料之中的行動，也就是向奉行提出申訴。他們要求荷蘭人提出一百五十箱（十五萬兩）白銀的賠償，這個龐大金額遠遠超過陳軫官所獲得的賠償。[100]江戶的官員收到長崎信使快馬加鞭送達的申訴書之後，即發現克拉維斯科克號案件令他們深感左右為難。[101]荷蘭東印度公司雖然無疑違反了德川政權適用於所有航向日本的中國船隻的一六五九年敕令，但鑒於鄭成功與荷蘭人之間的開戰狀態，日本的反應顯然也應該有所節制。等到江戶收到克拉維斯科克號事件的消息之時，德川政權早已得知鄭氏部隊攻占了荷蘭人位於大員的聚落，而一再不斷介入這場看來必定會持續多年的衝突，絕對不會是江戶樂見的前景。[102]

最後，德川幕府選擇採取折衷做法，發布一項決定，在一六六四年二月一日送抵長崎。這一次，原版的日文敕令與荷蘭文翻譯都留存了下來，前者內容如下：

不久前，女島附近發生了中國船隻遭到攻擊的事件。這是一件極度令人髮指的事情，也絕對應該受到懲罰。不過，我們認為這項舉動是為了報復國姓爺對台灣的攻擊。在萬治四年（一六六一年）六月，長崎代官收到一封信函，指稱台灣遭到攻擊。幕府將軍得知了這項申訴，因此這次的事件獲得原諒。但從此以後，航向日本的中國船隻如果遭到攻擊，就算距離日本很遠，他們（荷蘭人）也會受到懲罰。這點必須傳遞至荷蘭。此外，荷蘭人也應該前來……江戶請安。到了江戶之後，他們就會受到告知進一步的指示。[103]

這是一項好壞參半的訊息。令荷蘭人感到振奮的是，這份敕令沒有用上「八幡」一詞，也沒有如過去那樣直接把荷蘭東印度公司的私掠行動指為海盜行為，而是認知到了該公司正處於一場持續進行的衝突當中，而且此一衝突乃是由鄭成功侵略台灣所引發。但另一方面，德川幕府也把克拉維斯科克號事件譴責為違反過往命令的「令人髮指」（不届き千万）之舉，明顯應該受到懲罰。這份敕令的最後結論是對這起事件給予僅此一次的豁免權，並且要求荷蘭人到江戶與德川政權直接討論這起事件。

一六六四年三月，新任商館館長沃格抵達德川首都聆聽敕令中提及的「進一步的指示」。經過一場漫長的訊問之後，他受到要求必須「誠摯說明，你認為陛下（幕府將軍）既已禁止劫奪前來日本貿易的帆船，並且宣布這種舉動將引起他最強烈的不悅，那麼你對這起事件有什麼感想」。[104]沃格的回應是堅稱荷蘭東印度公司與國姓爺的戰爭和德川幕府無關，因此江戶不需要對克拉維斯科克號事件做出決定：「我們在雅加達（巴達維亞）的總督一直不瞭解，而且至今也無法明白，我們對於國姓爺這個毫無信義的中國人發動正義戰爭（rechtveerdigen oorlogh），藉以報復他們在福爾摩沙與大員對我們造成的重大損失與傷害，為什麼會算是對日本的不當行為？」[105]不過，幕府官員並不認同這樣的邏輯，而是繼續堅持任何對於鄭氏船運的攻擊都是不可接受的行為，但同時也為克拉維斯科克號事件提供一個規避制裁的漏洞，指稱這起事件是「由對於日本慣例一無所知的生手所犯下」。[106]這項開脫之詞也伴隨了一個熟悉的條件，指稱要是再對中國船運從事任何攻擊，將會引來立即的懲罰，而且沃格也受到告誡，這種情形要是再度發生，荷蘭人將會得知「陛下（幕府將軍）的命令有多麼嚴正」。[107]

這些回應具備矛盾本質，使得我們很難解讀其中的真意。由於當時在這個區域有一場進行中的戰爭，因此我們可以把這項決定解讀為德川幕府有所退縮，不再像先前那樣堅持懲罰一切攻擊中國船運的行為，不論攻擊行為發生在何處。不過，一旦檢視了荷蘭東印度公司對於這個看似幸運的結果所做出的反應，就會發現這樣的評估不是很有說服力。該公司在這起事件之後的政策，明白顯示克拉維斯科克號事件的豁免帶來了相反的效果，亦即進一步強化德川政權對於通往日本列島的海道所握有的管轄權。違反幕府將軍的法律有一種明顯可見的懲罰，就是把荷蘭人逐出日本，而我們也可以清楚看出他們曾經討論過要針對這起事件施行這種懲罰。[108]這樣的決定雖然可能令日本人感到滿意，卻也不免潛藏著危險。

把荷蘭人趕出日本將會使得他們完全處於德川幕府的管控範圍之外，從而變得更具威脅性。荷蘭東印度公司一旦不再害怕會在陸地上遭受報復，即可絲毫不受阻礙地推動攻打鄭氏船運的戰爭，而可能斷絕了通往日本的關鍵貿易航線。商館館長與一名當地聯繫人之間的談話，就可讓人看出德川政權面對的兩難：「住在江戶的一名商人告訴我們……在我們抵達江戶之前，他受到朝臣召喚詢問：荷蘭人如果被〔逐〕出日本，中國人帶來的貿易是不是會如他們聽聞的那樣成長為當前的兩倍？他們回答說不會，如果荷蘭人遭到驅逐，來自中國的貿易不會增加，只會減少。荷蘭人無疑會竭盡全力讓中國人無法抵達日本，阻礙他們的航運。」[109]這段話出自一名與荷蘭東印度公司擁有長期接觸經歷的當代觀察者，內容扼要概述了荷蘭人被逐出日本可能造成的後果，以及這項決定可能帶來的危險。

最後，如同上述這段話明白顯示的，德川幕府要能掌控荷蘭東印度公司取決於必須將該公司的使者保持在管控範圍內，才有可能在未來懲罰他們。因此，德川幕府必須做的是把荷蘭人保持在左近，並且確保他們受到足夠的威嚇，而不會敢再採取這種激進的行動。後來德川政權的決定正是達到了這樣的效果。儘管沒有立即遭到懲罰，荷蘭東印度公司的官員卻深知只要再次違反德川幕府的法律，就會導致不可接受的懲罰性後果。因此，巴達維亞收到德川政權這項警告的消息之後，隨即中止對於航向日本的鄭氏船運採取行動。總督雖然提出抗議，指稱該公司完全有權從事合法戰爭，卻也指示下屬向德川幕府告知他已經收到幕府將軍的命令，並且會予以遵從。[110]這項訊息在一六六五年九月被忠實傳達，當時商館館長向長崎奉行告知該公司已經因為幕府將軍的敕令，對於航向日本的中國海上交通完全放棄了一切攻擊行動。[111]就這樣，德川幕府成功阻止了一項原本意志堅決的海上行動，化解了商品流入日本可能遭到阻擾的危機。[112]

荷蘭人被迫接受一項他們無法改變的敕令，於是再度忙著確立德川幕府管轄權的確切範圍。如同他們當初在一六二一年敕令發布之後採取的做法，荷蘭東印度公司官員試著在地圖上畫出幕府將軍管轄權的界線，以便在這些界線之外採取行動。身在日本的商館館長奉命確認德川幕府的管轄權在海上的延伸距離到底有多遠。[113]舉例而言，一艘鄭氏帆船如果在從中國航向馬尼拉的途中於台灣海峽受到劫奪，那麼這會算是一件正當的戰利品，還是又會遭到德川法律權利的干預？[114]商館館長必須竭盡全力追問出確切的答案，藉此得知該公司究竟在距離日本多少英里以外才可以自由行動。[115]不過，和先前一樣，德川官員仍然拒絕提供進一步的細節，於是荷蘭東印度公司只好被迫採取最謹慎的態度，避免對中國船運從事任何攻擊行動。

這種情形造成的長期效果，就是使得荷蘭人別無選擇，只能和屬於鄭氏海上網絡的商人和平競爭。暴力威脅消除之後，台灣與長崎之間的貿易隨即蓬勃發展。在一六六三至一六七三年間，總共有一百一十一艘船從當時由國姓爺之子鄭經統治的台灣航抵長崎，帶來大量的商品，也侵蝕了荷蘭東印度公司的獲利。[116]杭行估計鄭氏網絡與長崎之間的貿易帶來的年收入介於五十六萬四千零三十七兩與六十萬五千四百六十四兩之間。他指出，由此可見「在長崎，鄭經維繫了鄭氏家族勝過荷蘭人的優勢，就營業額與收入來看，至少占有日本市場的一半」。[117]

法律之海

就荷蘭東印度公司所擁有的船隻及其強而有力的法律正當性語言來看，這個組織無疑是個令人望而生畏的海上強權。此外，該公司也習於採用暴力，把海上武力當成推行政策的基本工具。不過，在日本周圍的海域，以及連接了日本列島和其他亞洲港口的海道上，卻極少看到這種證據。不論從什麼角度來看，這個堪稱為「全世界最大而且資本最雄厚的私掠公司」在一六〇九年之後的成功記錄實在貧瘠得驚人，不論是對葡萄牙還是中國船運都是如此。[118]

遭受委屈的商人在長崎或江戶提出申訴的這段歷史，顯示海上情節不一定會結束在弱小的船隻投降或者遭到摧毀，而且我們也不能只是單純聚焦於科技而不考慮科技在其中運作的政治環境。這些文件以及德川幕府的反應，都令人注意到近代早期的海洋不是一般想像中的空白區域，不是沒有法律的廣闊空間，可供歐洲人恣意使用他們優越的海上火力。相反地，像荷蘭東印度公司這樣的組織一再發現，自己有可能在轉瞬之間落入法律架構的限制當中，很可能在他們堅決採取行動的時候剝奪了他們的行動能力。

前一章依據本頓的著作指出，海洋可以視為一個無可預測的空間，充滿法律規範，而且存在著「管轄權迷宮」。[119]於是，前一章主張我們可以把一份畫有法律界線的地圖疊在一般人熟悉的那種把海洋畫成空白空間的地圖上，從而為近代早期的海洋呈現出一幅較為精確的影像。只要檢視荷蘭東印度公司在日本的私掠行動，即可讓我們得知這麼一幅地圖的其中一部分可能會是什麼樣貌。德川幕府的法律界線原本只是一堆有限的分散小點，標示了帶有朱印狀的個別船隻，在這個時期卻膨脹為一條定義寬鬆的界線，環繞著日本列島周圍，接著又再度擴張而涵蓋了延伸遙遠的航道。由此造成的結果，就是荷蘭行政官員與船長只要打算抬出他們的大砲，即不免被迫面對一個複雜的法律環境。於是，荷蘭東印度公司被有效限制住，導致他們難以使用自己最強大的武器。

PART 3

主權

CHAPTER 6 插旗亞洲

大員是個沒有國王或領主的地方，因此他們〔日本人〕對那裡握有的權利和你們一樣多。

——松浦隆信，一六三三

一六二五年，兩艘日本船隻抵達台灣島西岸的大員灣。[1]這座海灣受到一片沙洲半島的保護，其輪廓對於那兩艘船的船長與船員而言相當熟悉，因為他們幾年來都一再航行到這座島嶼和中國商人會合，以避開明朝官員的監視。不過，他們這一年站在甲板上眺望陸地，卻發現景色有了先前沒見過的變化。那片半島上矗立著一座小堡壘，面對著大海，並且受到突出的海軍大砲保護。這座草草搭建而且外牆低矮的建築物看來並不令人害怕，與近代早期散布於日本各地的那些龐大城堡相較之下尤其如此。不過，這座堡壘的建造卻標誌了台灣歷史上的一個關鍵時刻。這個鄰近於中國卻長達數百年來都沒有納入中國政府控制的島嶼，在短短幾年內就受到劇烈轉變，將其從一個無國家的空間轉變為荷蘭東印度公司的「美麗殖民地」。[2]

殖民大員是該公司在東亞最大膽的實驗。這項舉動是該公司特許狀的第三十五條條款所帶來的直接結果，因為這個條款賦予了該公司在亞洲各地建造堡壘與要塞的權利。結果，此舉造成的影響就如漣漪般擴散至整個東亞地區。由於荷蘭東印度公司主張自己對外來船隻擁有管轄權，而強制施行貿易限制並且要求支付稅金，所以立刻與日本貿易商產生了衝突，因為他們使用這座港灣早已有多年的時間。隨著這些日本商人與江戶的幕府官員陸續對這種排他性策略展開抗拒，該公司的回應即是採用一套有關主權與所有權的強硬法律語言——他們先前與歐洲競爭對手產生類似紛爭的時候，就以這種語言取得了絕佳效果。

每當歐洲人對亞洲的區域主張主權，經常不免引發爭議並且造成一系列的口頭爭端以及更加暴力的衝突。這些紛爭在歐洲擴張的歷史當中是個傳統的分析主題，也產生了大量的研究著作。舉例而言，探討歐洲人在亞洲的歷史著作裡，大部分都會有一個段落敘述荷蘭與英國的東印度公司爭取香料群島主權的漫長鬥爭。[3]這類研究都一致聚焦於歐洲人之間的爭端，把主權鬥爭呈現為一個封閉循環，採用一套共通詞彙進行爭議。亞洲政治行為者如果出現在這樣的敘事裡，大體上都是心不甘情不願的參與者，其主權不免遭到持續不斷的侵蝕；要不然就是沉默的盟友，從一邊被拋到另外一邊。不過，歐洲人對一個邊緣地帶主張主權的行為如果不是引起另一群歐洲人的反應，而是引發了一個亞洲國家的反應，結果會是如何呢？或者，在歐洲人之間的爭端當中極有效果的所有權語言如果遇到了不一樣的聽眾呢？

大員灣的衝突提供了一個稀有例子，呈現亞洲國家與一個歐洲海外事業對一個中立空間爭奪權利的案例。這場衝突又為巴達維亞帶來更多挫折，因為荷蘭人發現——就像他們當初企圖為激烈的海上攻擊行動賦予正當性的時候一樣——自己對於合法權利所精心建構的論述在幕府官員面前根本毫無效用，因為他們完全不抱持相同的假設。更糟的是，荷蘭人與日本人對於該怎麼處理像大員這麼一個區域的想法存在著一道鴻溝，這導致衝突不斷升高，原因是荷蘭東印度公司的使者依據一套在日本毫無意義的歐洲劇本解讀德川幕府的行為，而將雙方之間的爭端推向危險的境地。

如同這些要點所示，要理解這場因為大員而起的衝突，最好的方法就是將其視為兩種世界秩序的碰撞。一方是典型的歐洲模式，對殖民地主張直接主權，再藉著訴諸共同的慣例與儀式賦予正當性。與此相對的則是一種階級式的外交關係模式，這種模式援引自中國，但因德川政權的需求而有所修改，以進貢這種自願臣服為核心，並以這樣的條件賦予正當性。認知這樣的碰撞，有助於解釋這項衝突為何會出現後來那樣的發展。此外，這種認知也可讓我們拿這個時期與後來的十九世紀互相比較，十七世紀的案例確實與十九世紀那個西方模式與東亞國際秩序碰撞的較為著名的例子存在著明顯可見的平行之處。[4]不過，這兩個例子當中的敵對雙方雖然類似，十七世紀這項衝突的結果卻是非常不同。相對於十九世紀那種一般人較為熟悉的動態，日本政府並未接納歐洲觀點式的國際關係。相反地，當時是西方這一側被迫退讓而改變其原本的主張。

在本書描述的三類有限衝突裡，大員爭端是時間最短而且範圍也最小的一個。相對於為了外交權利而發生的鬥爭（荷蘭人因此從自主的大使轉變為忠心臣屬），以及為了暴力而進行的角力（造成荷蘭人放棄了重要的海上攻擊行動），這項衝突的長期後果並沒有那麼明顯可見。舉例而言，這項衝突沒有造成荷蘭東印度公司的台灣殖民計畫就此瓦解，甚至連暫停也沒有，而是直到一六六二年才遭到鄭成功的軍隊推翻。但儘管如此，這項衝突還是有其後果。最顯而易見的是，這項衝突再度顯示該公司的法律詞彙在日本的效力是多麼有限。正如荷蘭人發現自己無法說服德川幕府接受他們有權在日本海域從事私掠行動，他們也一樣無法說服江戶接受他們是大員灣的合法擁有者。結果，該公司對於自己的主權權利不可侵犯的堅持只好再度讓步，而改採比較迎合日本方面的政策。另一方面，這場為了主權而發生的衝突直接造成了該公司與幕府將軍的關係出現裂痕，最後結束於一項引人注目的投降舉動，亦即把前大員長官交給德川幕府處置——此一結果將在第七章描述。

大員殖民地

荷蘭東印度公司在一六〇二年成立之後，陸續實驗了許多策略，以求插手其所覬覦的中國貿易。隨著一連串的遠征隊連第一層的地方官員都突破不了，荷蘭東印度公司的領導者於是在一六二二年決定改而採取試圖控制澳門的新策略，因為那是唯一一個位於中國本土的歐洲聚落。為了達成目標，荷蘭人組織了一支強大的艦隊，共有八艘船隻與超過一千名的水手與士兵，由雷爾生（Cornelis Reijersen）指揮。儘管這支艦隊武力強大，澳門的防禦又相當薄弱，但攻擊行動卻以失敗收場，艦隊在傷亡慘重的情況下被迫撤退。[5]由於未能攻占澳門，雷爾生於是著手執行次要命令，也就是在中國沿岸附近建立一座設防的基地。[6]台灣雖然明顯可見是設置這麼一個聚落的合適地點，但受到選定的地點卻是遠遠小了許多的澎湖，位在中國與台灣之間的海峽裡。

占領澎湖群島的行為，再加上為了迫使明朝官員開放貿易而積極推展的私掠行動，引發了預期之中的反彈。距離最近的福建省地方當局要求荷蘭人拆除堡壘並且撤離澎湖群島，因為他們認為那座群島是中國領土，不可受到外國侵略。荷蘭人拒絕之後，情勢便陷入僵局。一六二四年，中國組織了一支由一百五十艘帆船戰艦與一萬名士兵構成的龐大部隊，「繼續進行對我們的戰爭，不把我們逐出澎湖群島以及中國管轄範圍之外不肯罷休」。[7]面對即將來襲的敵軍，荷蘭人只有幾百人的兵力，由剛接替雷爾生的宋克（Martinus Sonck）指揮。[8]在兵力遠遠不如對手的情況下，宋克的最後一絲希望即是與中國官員協商出折衷方案。他推想，如果能夠達成適當的妥協，中國官員應該會樂於避免衝突，結果這樣的推想確實沒錯。

在此一背景下，台灣於是成了雙方都能夠接受的選項。不同於澎湖群島，台灣位在中國政治秩序的邊緣，被鄙夷為「海外」，與中國皇帝沒有任何關聯。[9]因此，如同荷蘭文獻一再重複指出的，台灣「位於中國管轄範圍之外」(buyten de jurisdictie van China)，可以恣意占領。[10]移往台灣對雙方都有利。荷蘭人在那裡的營運可以不受限制，由台灣海峽隔離明朝官員的目光，而中國艦隊的指揮官也可宣稱自己將一群危險的外國人驅離皇帝的領土而藉此請功。雙方在八月底達成協議，荷蘭人受到告知說他們只要拆除澎湖群島上的堡壘並且退到台灣，貿易關係就會開放，並可確保商品的穩定供應。[11]

這項協議的條件雖然大體上可以接受，宋克卻迫切需要取得更確切的承諾，最好是由明朝高階官員簽署的一份正式合約。不過，後來明顯可見不會有這麼一份合約，於是他只好憑藉著自己已經得到的那些含糊承諾而下令遷往台灣。荷蘭人雖然認定明朝透過這項協議而將台灣的主權移轉給了他們，而且後來也這麼主張，但中國的記錄卻顯示這只是相對低階的官員為了把荷蘭人逐出中國領土而從事的暫時安排。這項安排從來就不是荷蘭東印度公司的文件當中所想像的那種具有約束力的承諾或者確切的割讓——這點可明白見於《明史》這部明朝正史當中，其內容把這場戰役簡單描述為一場擊退外國侵略的勝仗，結局是荷蘭人「遂揚帆去……澎湖之警以息」。[12]

首任長官的宋克為荷蘭東印度公司挑選了位於台灣島西岸的大員，作為新基地的設置地點。[13]這項決定使得荷蘭人與西拉雅族產生了接觸——西拉雅族是台灣原住民當中的一個部族，分布於台灣西南部的沿岸平原。[14]荷蘭東印度公司在大員附近發現了四座西拉雅族村莊：新港、蕭壠、目加溜灣與麻豆，人口總數估計超過一萬。這四座村莊在荷蘭殖民地的頭數十年裡扮演了關鍵性的角色。[15]荷蘭人新聚落的大員灣是一座天然港灣，由一片彎鉤形岬角與外海隔開。不過，荷蘭人沒有直接遷移到台灣本島，而是選擇在這座半島上建造一座堡壘，因為這個位置在防守上比較有利。[16]這座原本取名為奧蘭治但後來改為熱蘭遮的堡壘，成了該公司在台灣的殖民中心。

熱蘭遮城的管轄權一開始僅限於半島的沙岸，但很快就擴展到台灣本島，先是延伸到無人占據的區域，接著又將新的土地與人口納入其管轄當中。荷蘭東印度公司長官在他們位於堡壘附近的總部採取了歐洲殖民控制一連串常用的手法，包括派遣考察隊勘測海岸線、設置新城鎮、建造堡壘與倉庫、引進墾殖人口、把原住民社群納入管轄、建立登記與課稅制度，以權威手段來刻畫土地與人群，重塑大員的面貌。由此造成的結果，就是荷蘭人對台灣島上一個日益擴展的區域握有直接控制權，紮下難以刨除的深厚根基。

荷蘭人突然出現於大員的情形，引起了幾個群體的反應，包括馬尼拉的西班牙人、中國海盜集團（例如鄭芝龍領導的那個集團），以及日本商人。結果，對這座新殖民地帶來最立即性威脅的是最後這個群體。以日本為基地的商人在過去數年來就經常航抵大員，因此無意放棄這座興盛繁榮而且完全不受規範的貿易集散地。可想而知，一連串的衝突繼之而來，破壞了荷蘭東印度公司與幕府將軍的關係。

限制與抗拒

在該公司遷往大員之時，日本與台灣島之間早已存在穩固的貿易連結。荷蘭東印度公司官員注意到每年都有兩、三艘日本帆船抵達大員購買鹿皮，以及和滿載絲綢前來的中國帆船會合。[17]日本—大員航線原本受到中國商人社群的支配，尤其是該社群的首領李旦。不過，他在一六二五年去世之後，這條航線就落入了兩名商人暨官員的手中：末次平藏與平野藤次郎。[18]荷蘭人雖然非常清楚這連結的存在，卻無意任由日本商人在大員自由從事貿易。這種態度雖是出自一項擔憂，擔心日本人會破壞荷蘭人在中國賣家與日本市場之間扮演中間人角色的計畫，但這態度也合乎該公司在亞洲各地採行的商業策略。荷蘭東印度公司是個非常無法容忍競爭的組織，所以只要有可能就會藉著排除潛在對手而建立貿易獨占權，以便霸占最有利可圖的商品。實際上，這種排他性策略成了該公司令其他歐洲競爭對手最感不滿之處，例如英國東印度公司就對這類策略一再提出激烈抗議。

一六二五年五月，巴達維亞送了一封信到大員，指示殖民地長官宋克阻止日本商人在那裡貿易。[19]不過，這封信還沒送到，幾乎可以確定是由末次平藏與平野藤次郎所擁有的兩艘日本帆船就抵達了大員灣。[20]在沒有明確指示該怎麼做的情況下，宋克選擇對那兩艘船課稅，而不是徹底禁止對方從事貿易。他向那兩艘船的日本船長告知，現在他們從大員帶走的所有商品都必須支付百分之十的稅。他所提出的理由是，稅金收入將會用來支應熱蘭遮城的建造成本以及荷蘭人為了促成貿易所必須花費的其他防衛開銷。那兩位日本船長的回應，則是指稱他們在荷蘭人抵達之前，就已經在大員從事貿易達數年之久。由於他們透過自己的努力把這座海灣轉變為一個繁榮的貿易集散地，因此完全不覺得有任何理由應該為該公司的防禦工事負擔成本，因為他們不需要那些防禦工事，而且他們也不懂為什麼要為了進入一座向來都可供人自由貿易的港口而支付通行費。在雙方持續進行協商的同時，這兩艘帆船上的日本商人購買了價值七萬兩的生絲及其他商品。[21]由於這項交易的數量相當龐大，而且日本商人又全額以白銀支付，因此隨即推升了生絲的價格，從而打亂了荷蘭東印度公司本身的貿易計畫。眼看日本人仍然拒絕繳稅，宋克於是改採強硬伸張公司權利的策略，從他們的貨倉沒收了十五石（相當於九百公斤）的生絲。[22]

這起事件的消息隨即傳回日本，幕府官員於是針對這項政策申斥了布羅蓋爾（Isaac Brogaert）與穆瑟這兩名公司使者。他們兩人準備離開江戶返回商館的時候，被告知幕府將軍頗為不悅，因為他「得知大員的荷蘭人長官打算向在那裡從事貿易的日本商人收取通行費」。[23]商館館長耐煙羅得收到這項消息之後，沮喪地預測指出，「通行費的徵收將會在這裡引起大麻煩」，而且恐怕會動搖該公司在日本的地位。[24]

第二場衝突緊接著發生。一六二六年，另外兩艘帆船（其中一艘由深受末次平藏信任的副手濱田彌兵衛擔任船長）載運著大量白銀抵達大員，據估約有三十萬兩。[25]熱蘭遮城的新任長官德韋特（Gerrit de Witt）決意捍衛公司的市場，於是向這兩艘船的日本船長表示他們可以從事貿易，但必須遵守一項重要限制。他們在大員雖然可以自由做生意，但不得購買生絲，因為那是島上最有價值的商品，並且在荷蘭東印度公司的貿易計畫中占有重要地位。[26]不久之後，通往中國的航道又引發了另一場衝突。前一年，濱田彌兵衛經由協商而獲得福建的商人同意運送一大批生絲，但由於台灣海峽的海盜活動激增，因此這批貨物仍未運出，而需要有人到中國去載運。[27]明顯可見的解決方案是由濱田彌兵衛與他的屬下直接航向福建，這點令荷蘭人深感顧慮，因為他們擔心武裝強大的日本船隻出現在中國海域可能會引起明朝官員的敵意，導致荷蘭人因此無從取得來自中國大陸的商品。

經過一再爭取之後，德韋特終於同意允許日本人航向中國，但提出嚴格的條件，要求對方使用比較小而且武裝也比較沒有那麼精良的船隻，以免被誤以為是帶有敵意的艦隊。不意外，濱田彌兵衛拒絕冒險以這種船隻航越台灣海峽，因為台灣海峽是危險的海域，不但充斥海盜，也不受任何管轄當局監督。他抗議，荷蘭人沒有權利禁止他航向中國。關於這些議題的協商拖延了幾個星期，導致貿易為之停擺，也減損了日本人的利潤。後來，濱田彌兵衛這艘帆船的船東末次平藏聲稱自己因為這些限制而損失了兩百石左右的生絲（約等於一萬兩千公斤）。這樣的說法雖然可能有所誇大，但他的營收顯然遭受了壓力。[28]

因此，到了一六二六年，衝突的形勢已經明白確立。一方是荷蘭東印度公司官員，他們主張自己對大員握有主權，因此有權完全禁止貿易、對外來船隻課稅，或是施加任何的限制。另一方則是日本商人，他們拒絕承認荷蘭人宣稱自己是大員灣主人的主張，也不認為荷蘭東印度公司可以僅僅憑著自己建造了一座小小的堡壘，就要求對原本自由的活動進行監督。為了打破僵局，巴達維亞採用了先前在面對其他歐洲強權的紛爭當中頗有成效的策略，企圖以言詞辯論說服幕府官員接受該公司對於大員所握有的優越權利，以及該公司進駐台灣島的法律基礎。由此帶來的結果是一項堪稱前所未有的嘗試，企圖把主權與所有權這種歐洲特有的語言運用於日本。

該公司在向其代表發布的指示以及送往日本的文件當中，為自己的主張提出了一套標準邏輯，全都奠基在一項精心建構的敘事上。在平戶，商館館長收到詳細指示，描述該怎麼說明公司對於大員握有的權利，而首度前往日本的荷蘭東印度公司使者也獲得授予幾乎一模一樣的論述，以便在與幕府官員進行討論的時候提出。[29]口頭說明一旦沒有帶來適當的反應，該公司也隨時準備送出長篇文件，包含長達多頁的嚴謹論點，目的在於徹底證明為什麼「荷蘭人對於這片土地擁有無可置疑的主權」。[30]多年來，這類解釋具備了引人注目的一致性，一再回歸同樣的劇本，不斷提出同一項訊息，強調荷蘭東印度公司的權利具有無可辯駁的本質。

捍衛主權

在送往日本的文件裡，荷蘭東印度公司使者一再提及他們對於大員及其週邊土地的「主權」(souverainiteyt)，儘管他們總是避免指出確切的界線。[31]這類權利不是來自於將台灣或甚至是整個亞洲視為一個無人空間、一片可由第一群抵達的歐洲人主張主權的無主地，相反地，身在當地的公司高層以及身在聯省共和國的法律學者都主動承認當地統治者與人民的政治權利。書寫過大量內容探討這個主題的格勞秀斯就扼要表達了這一點，指稱亞洲的土地和領域「從古到今向來都有他們自己的國王、他們自己的政府、他們自己的法律，以及他們自己的司法制度」。[32]不過，這項認知卻是搭配了一種充滿可塑性的主權概念，能夠輕易轉為對荷蘭東印度公司有利的概念。[33]

該公司把主權視為一種可以輕易移轉的商品，能夠透過許多不同機制取得，其中有些只需要當地統治者或社群最有限的同意。如同凱尼（Edward Keene）指出的，這種觀點的基礎是把主權理解為一套權利的集合（不是一種不可分割的單一整體），可以依照當下的需求而切割分配給不只一個對象。[34]結果就是該公司依據自己對於主權的主張而將營運區域分為三類，而最明白表達了這一點的就是十七人董事會著名的一六五〇年指示。[35]在這三類區域當中，最底層的是像日本這樣的地區，該公司在那裡沒有特權，而且主權的議題也毫無異議，因為他們根本無法取得主權。往上一層是該公司藉由專屬協議而取得局部主權的地區，通常是獲得若干關鍵作物與市場的經濟權利。至於這個金字塔的頂層，則是該公司握有完整主權的土地或聚落，包括巴達維亞與大員在內。由於該公司的資源有限，因此這類空間是相當稀有的商品，只包括少數幾個區域，可由該公司在不受其他政治意志約束的情況下自由營運。

荷蘭東印度公司透過許多不同機制獲取主權，而且這些機制都不免以操弄的手法確保得到攫取利潤與權力的最佳機會。其中最直截了當的一種機制就是「征服權」。[36]在適當的條件下，標舉正義的理由（通常格勞秀斯式對自然法的詮釋通常能夠提出），該公司即可在一場激烈戰役之後對一塊領土主張主權，把戰敗者對於土地與統治的權利移轉給戰勝的一方。[37]荷蘭東印度公司當初占據巴達維亞所在處的那片領域，就是與當地的統治者打了一場短暫戰爭。[38]不過，這種案例並不多，比較常見的主權移轉機制，由當地的管轄當局讓出部分權利，最好是自願為之，但如果必要也可以施加脅迫。達成這種結果的常見載具是條約，在席勒斯

（Jan Ernst Heeres）與史戴波（Frederik Willem Stapel）的外交彙編當中收錄了好幾百份之多。[39] 有些協議把完整主權移轉給荷蘭東印度公司，但比較常見的做法是局部讓與部分主權權利。[40]

該公司在最早簽訂的條約裡所獲得的權利通常極為有限，主要都是涉及對於特定貿易商品的獨占權。但隨著時間過去，該公司藉著蠶食鯨吞當地統治者的權力而逐漸擴張自身的主權範圍。在當今斯里蘭卡那座島上就是如此，該公司於數十年的時間裡逐步累積愈來愈多的權利，終而能夠對這座島嶼的一大部分地區主張主權。[41] 在不可能簽署條約的地方，主權也可以透過時機恰當的典禮加以移轉。這種情形曾在一六三〇年代發生於台灣，當時西拉雅族的幾個村莊向熱蘭遮城呈獻了當地產品代表自己的順服。[42] 在其他的案例當中，荷蘭東印度公司官員則是主張只要單純接受保護，就隱含了至少將局部主權讓與該公司的意思。該公司藉由保護當地人對抗不知何時會出現的威脅，以換取這類權利。[43]

既然有這麼多種機制，那麼大員究竟是怎麼被占據的？而且，另一個可能更重要的問題是，這種所有權的理由是以什麼形式向德川幕府提出？征服權這種最直截了當的理由不能適用於台灣島，因為該公司在那裡沒有經由一場戰役或者其他軍事行動而確立自己的地位。巴達維亞主張自己對大員擁有權利，並且針對這樣的權利提出辯護，其採用的根據是當地的管轄當局將權利讓與該公司的代表。不過，這個問題卻沒有該公司宣稱的這麼簡單，原因是台灣島以及大員灣都缺乏相當於國王或酋長這樣的單獨一名主權人物能夠讓與控制權（即便純粹就理論上而言也沒有)。因此,荷蘭人在日本提出這項主張的時候,就把兩種不同論點搭配在一起,指稱他們與中國當局實際簽訂了合約,而且又獲得西拉雅族人的完全同意。一名荷蘭東印度公司官員指出,大員「經由與中國簽訂的合約以及當地居民本身的同意……而受到合法占領」。[44]

第一項論點訴諸該公司與明朝的戰爭在一六二四年結束之後所授予的權利。荷蘭東印度公司代表向德川幕府解釋這一點的時候,刻意強調了那場衝突的正當性,以免被視為暴力侵略者。其中一人解釋指出:「在二十年以上的時間裡,我國都以適當的方式針對開放中國貿易提出友善的要求,但我們的友善提議卻沒有達到希望的效果,以致我們被迫只能透過戰爭手段追求這項目標。」[45]後續的協議被描述為一項具有約束力的條約,受到明朝高階官員「鄭重批准」,而給予了該公司在大員定居的永久權利,並且保證中國當局會與荷蘭人展開貿易。[46]至於沒有文書證據能夠支持這項說法的尷尬事實,則是輕描淡寫地帶過,而一再反覆主張中國政府允許荷蘭人定居於大員,並且任憑他們使用那個區域。

連同這個論點,該公司也堅稱當地村民自願把大員灣的控制權交給該公司的使者。總督在指示日本商館館長該怎麼呈現這項論據的說明當中,建議他把當地原住居民的「自願接受」強調為該公司權利的一個關鍵來源。[47]依據這樣的論點,一名荷蘭東印度公司官員解釋指出:「我們來到〔大員〕的時候,這塊土地的居民以極度熱情的態度迎接我們……不僅允許我們建造一座堡壘保護自己，從而占據這個地方，而且還欣然請求我們以我們的力量與權威保護庇蔭他們的族人。」[48]為了強化自己的論據，該公司並且極力強調西拉雅族的落後，以許多篇幅描述他們認為那些村莊的貧窮、野蠻以及無政府狀態。此外，這點也為那些原住民將自身領域讓與荷蘭人的舉動欠缺書面合約或正式協議的情形賦予了合理解釋。由於他們是「貧窮而野蠻的民族」，沒有明確的領袖，因此總督描述的熱情迎接行為就具有和正式條約一樣的功能，亦即允許巴達維亞對於周遭的土地獲得所有權。[49]荷蘭東印度公司官員表示，當地村民不但支持荷蘭人控制大員灣，而且還藉著接受熱蘭遮城保護他們不受敵人的攻擊而熱切將自己轉變為殖民地的臣民。[50]結果就是他們放棄政治獨立以換取荷蘭東印度公司的武力庇護——後來，由若干村民組成的一支使節團在一六二七年抵達日本，這一點就突然獲致了相當程度的重要性。

荷蘭東印度公司在必須為自己控制大員灣的權利提出辯護之時，對於伸張主權以阻擋潛在對手已經有了許多經驗，因為當時該公司剛從一場漫長的紛爭當中獲得大致上的勝利。這場紛爭的對手是英國東印度公司，爭奪的目標是對於班達群島的控制權——這座位於當今印尼的小島鏈就像大員一樣，也沒有明白可見的本土統治者。[51]但在日本，荷蘭東印度公司為了主張自己對於大員的權利而發動類似的辯護，卻遠遠不那麼具有說服力。荷蘭人雖然不斷努力主張自己的論點，甚至偶爾還流露出凶狠的態度，但結果卻一直沒有改變，只見幕府官員毫不回應，拒絕聆聽該公司精心建構的論述。就算幕府官員罕見做出回應，也只是駁斥荷蘭人的主張，並且再度重申該公司不能對大員主張特殊權利。

舉例而言，三名德川幕府大老在一六二六年於幕府將軍的宮廷上圍堵了一名荷蘭東印度公司使者，指稱荷蘭人無權阻擋日本商人在大員灣裡從事貿易，因為那些商人造訪那座島嶼已有多年的時間。[52]他們抗議指出，荷蘭東印度公司對於那座島嶼主張虛妄的支配權，是「違反了一切權利和理性（recht en reeden）的不公平」行為。由於幕府將軍不願「繼續容忍如此嚴重的不正當行為」，因此荷蘭人必須立即採取行動開放大員貿易。[53]該公司的主張所受到的反對雖在預料之中，但值得注意的是，就連該公司的盟友也拒絕接受荷蘭人的邏輯。平戶大名的興旺發達雖然在相當程度上仰賴荷蘭貿易的持續成功，卻告知他們，任何想要把大員「據為己有」的嘗試都必定失敗，因為幕府官員「不但知道也會主張大員是個沒有國王或領主的地方，因此他們〔日本人〕對那裡握有的權利和你們一樣多」。[54]

面對這樣的反應，荷蘭東印度公司使者的做法是找出其背後動機以及對荷蘭人不利的潛藏陰謀。有些人主張背後的黑手必定是葡萄牙使者，因為他們總是持續不停地試圖破壞荷蘭人在日本的地位。[55]另外有些人則認定荷蘭人是日本人貪婪的受害者。幕府官員必定暗中投資了末次平藏的船隻，所以才會抗拒該公司正當的主權主張。[56]有些德川官員雖然可能懷有金錢考量的動機，但這點並無法完全解釋德川政權為何執意不肯接受荷蘭東印度公司所主張的邏輯，而且我們對於荷蘭使者所提出的「皆是他人對荷人的陰謀」也絕對不可輕易採信。要完整理解該公司說服日本的努力為何沒有成功，必須再度檢視他們那些論點的實質內容，並且考慮以下可能性：那些論點之所以未能在日本獲得接受，也許是因為這種說法在那裡不太有意義。巴達維亞雖然把自己的主張呈現為基於普世觀念，各方都應該熟知，但實際上卻是源自主權與所有權的這種歐洲式語言，在日本沒有近似的概念。

歐洲人在「對於新領域主張管轄權」這一點上雖然從來沒有一致的共識，卻對主權的主張採用了一種共通的語言，儘管這種語言總是一再受到質疑。[57]由此造成的結果，就是歐洲人都運作於同一項基本架構中：先是承認主權能夠藉由典禮或合約移轉，接著再利用「一套常見的手段」促成這種移轉。[58]這點在先前提及的班達群島紛爭當中明白可見，英國東印度公司代表的不滿之處不在於主權能夠透過條約移轉的概念，而是在於荷蘭人這麼做的方法。[59]因此，雙方的衝突隨即進入一種熟悉而且大致上都可以預測的訴求與反訴求模式當中，藉著對於「萬國法」的不同解讀，強硬支持自身與主權相關的主張。[60]不過，在大員的案例中，荷蘭東印度公司面對的聽眾對於如何能夠取得外國領域的做法卻完全不與他們懷有相同的假設。德川幕府對於像大員這類地區的政治併吞自有一套機制，與歐洲模式大異其趣。

日本型華夷秩序

德川政權放棄在廣泛的中國體系當中占據一席之地之後，即在十七世紀初著手建立自己的國際秩序。有時又稱為「日本型華夷秩序」的這種德川模型仿自中國體系，把日本以及幕府將軍放在中心地位，視之為文明的焦點（華），周圍環繞著一圈一圈愈來愈野蠻（夷）的國家。[61]不過，德川幕府不像中國那樣能夠利用自己的威信吸引這套文明秩序的參與者，而是被迫必須編造一種世界秩序的幻象，想像外部君主都自發性地承認德川幕府的至高地位。為了獲得必要的衛星國，讓統治者願意帶著自己的王國加入德川秩序成為朝貢國，德川幕府不惜採取非正統手段，包括准許使用武力。因此，薩摩藩在一六〇九年獲得首任幕府將軍允許入侵琉球王國這座位於當今沖繩的獨立國家。[62]一年後，遭到俘虜的國王尚寧王依照慣例被展示於德川幕府之前，他領導的王國也被迫成為朝貢國。然而，德川幕府雖以非正統的手段獲取衛星國，卻總是遵循中國體系的那種規範性框架，而那套體系就為併吞這類區域的做法提供了一套總體性的語言。

荷蘭東印度公司染指外國領域是為了獲取直接經濟效益，但德川幕府這麼做卻比較是為了能夠從中獲得的政治正當性。於是，德川幕府也就把重點放在展示上，藉由像是琉球王國這樣的國家所派來的使節團為該政權提供一項強而有力的宣傳工具，用來鞏固幕府將軍的權勢。在這個領域從事了開創性研究的托比，指稱「早期幕府將軍促使聲勢浩大的外國使節團踏上日本領土，以藉此展現其國際正當性的能力，是建立國內正當性的一項強大宣傳工具」。[63]因此，德川幕府對於像琉球王國這類衛星國並沒有致力於實施直接控制，也沒有像荷蘭人對大員那樣努力開發以獲取比較具體的利益。德川幕府與衛星國的關係合乎中國的朝貢制度模式，由邊緣國家自願向比較文明的中心國家進貢，或是如琉球王國的一名國王所言，由「孤立的野蠻依賴國家」向「文明」王國進貢。[64]這種連結由定期抵達的使節團來證實，那些使節團會帶著貢品來到江戶獻給幕府將軍。

歐洲的殖民體系在當時台灣的政治真空的環境中可以蓬勃發展，而德川秩序則是需要有能夠派遣使節團前往宗主國首都的君王或者某種政權。如同特恩布爾（Stephen Turnbull）指出的，這項前提要件導致德川秩序不適合併吞無國家的空間。我們只要檢視荷蘭東印度公司與德川幕府的對台關係之間的對比，即可清楚看出這一點。[65]在薩摩藩的部隊搭船航向琉球王國的同一年，幕府將軍又授權另一支遠征隊設法引誘台灣成為德川秩序裡的朝貢國。這支遠征隊的領導者有馬晴信受到指示要找尋適當的使者，以便將其帶回首都向幕府將軍表達應有的尊崇；[66]如果無法以和平手段取得這樣的使者，那麼他們也獲得授權以武力抓取合適的對象。不過，這些指示雖然提供了許多自由發揮的空間，但不論使用多少暴力也絕對得不到他們希望的結果，因為台灣和琉球王國不同，並沒有單一的統治者。抵達台灣之後，有馬晴信的僕人因為對當地的情形缺乏理解，所以立刻遭遇了反抗。最後，經過一場激烈衝突之後，他們終於從鄰近的村莊帶了幾名俘虜回日本，但幕府將軍對於這個沒有政治地位的群體毫無興趣。[67]

一六一六年，德川幕府決定再試一次，又授權第二支遠征隊前往台灣。這次的領導者是長崎代官村山等安，他召集了十三艘滿載士兵的船隻。[68]然而，村山等安的行動所達到的成果卻還比不上有馬晴信的那次嘗試。這支遠征隊遭到一場強烈風暴吹散，結果只有一艘船抵達台灣，而上岸的部隊又再度引發當地村民以暴力行動激烈抗拒。經過這次慘敗之後，德川幕府就放棄了把台灣拉進德川秩序的一切嘗試，而將焦點轉回國內政治。非常重要的是，這個結果並非如荷蘭人後來所猜測的那樣，是因為德川政權缺乏達成目標所需的資源，而是因為德川幕府的海上併吞模式無法套用在一個像台灣這樣的政治空白空間（不論其使者多麼努力），因為這種空間就像特恩布爾說的，極易受到「火藥與鏟子的語言」說服，對於「朝貢體系的語言」卻是無動於衷。[69]

因此，在為了大員而發生的衝突當中，兩個各自懷有本身慣例、語言和期望的不同世界秩序產生了接觸。一旦認知到這項分歧，要瞭解荷蘭東印度公司的說詞為什麼沒有引起日本回應就會容易得多。荷蘭人不管再怎麼重複同一段經過精心準備的說詞，終究也還是得不到任何進展，因為他們的主張在根本上就與德川幕府的國際關係架構互不相容。因此，他們被視為（至少就日本觀點而言）只不過是一小群歐洲竊占者，雖然坐擁一座不起眼的小堡壘與冠冕堂皇的說詞，但對於台灣沒有管轄權。正如平戶大名所堅稱的，台灣是一個沒有領主或君王的地方，因此荷蘭人對那裡所能夠主張的權利並不比任何一名日本商人來得多。[70]

這個問題無法藉由脅迫解決。歸根究底，荷蘭東印度公司沒有能力把自己的觀點強加給德川幕府，所以他們的主權主張就不免遭到對方置之不理。因此，雙方的互動正與十九世紀的情形相反。在十九世紀，是日本政府被迫放棄德川秩序的標準，而只能接受殖民地與殖民母國的歐洲觀點。在那個時期，一套根深蒂固的政治語彙被迫讓位給獲得了更多說服力的主權與直接占有這種西方秩序。[71]不過，在十七世紀初，卻是歐洲這一方（在這個案例中是荷蘭東印度公司）面對別無選擇的狀況，而只能從自己的主張當中退讓。

到了一六二七年，巴達維亞明白看出自己對於主權的辯護沒有任何進展，於是就像先前在外交與暴力方面的衝突那樣選擇了撤退。總督雖然繼續堅持荷蘭東印度公司對於大員握有絕對的權利（希望還是有可能促成德川幕府的態度轉變），卻採取了讓步舉動，目的在於為衝突降溫。時任總督的卡本提耳不再堅持先前的主張，而決定允許日本船隻在台灣從事「不受阻礙的自由」貿易。[72]藉著放棄限制與課稅措施，他希望能夠避免日本出現更多申訴，並且鞏固荷蘭東印度公司在日本的地位。不過，這種和解的態度還來不及產生任何效益，衝突卻瞬間急轉直上，原因是公司員工誤解了德川幕府對於一群在一六二七年無預警地出現於日本的西拉雅族村民所做出的回應。

來自台灣的使節團

把那群村民帶到日本的是末次平藏，他在一六二五年發生於大員灣的第一場衝突以來，就成了荷蘭東印度公司最堅定的敵人之一。他對巴達維亞的政策深感沮喪，而且又不曉得對方打算讓步，於是決定利用一項巧妙的非正統方案打破僵局。這項方案如果成功，即可望削弱該公司對於大員的主張。一六二七年，末次平藏的船長濱田彌兵衛，在距離熱蘭遮城一英里左右的新港村這座人口約有四百人的聚落當中招募了十六名原住民男子。這群村民在兩名中國通譯的伴隨下被帶往長崎，安置於末次平藏自己的住宅裡，獲得提供服裝與適當的禮物之後，再送往江戶。

這樣的做法不免引人質疑末次平藏為什麼要把一群沒有明顯可見的地位或重要性的人員一路帶到長崎，接著又送到幕府將軍位於日本中心的總部。要回答這個問題，我們必須先看看這些村民在日本受到呈現的方式。[73]明顯可見，來自新港的這些男子不純粹只是被呈現為台灣眾多小聚落的其中一座的居民。既有的文獻顯示末次平藏著手將他們轉變為臨時大使，能夠在德川外交秩序當中扮演角色。荷蘭人在他們位於平戶的基地觀察了這項轉變，而將那群人描述為「搬弄」(gefabriceerde)的大使,「被安置在他的宅邸,受到著裝打扮、訓練與指導,而且還獲得鹿皮作為他們〔進貢〕的本土產物」。[74]換句話說,末次平藏採取了一切做法以確保那群人能夠以外交使者應有的姿態「鄭重晉見皇帝〔幕府將軍〕」。第一步是改造他們的外表。那些村民獲得提供中國服裝以及綁頭髮的緞帶,這樣別人就「不能夠說他們是終生赤裸的民族」。[75]使節團傳統上都會攜帶本土產品,通常是能夠代表其所屬地區的物品,用來當做呈獻的禮物。末次平藏依據這項傳統,為這支代表團提供了鹿皮這種台灣最重要的土產,另外還有一批較具異國色彩的禮物,包括虎皮、毛毯以及孔雀羽毛。[76]這支代表團的領袖尤其受到特別重視,在當代文獻中稱為理加(Dika或Rika),他在這整個活動中扮演了中心角色。抵達日本之後,他就被稱為「福爾摩沙主要領主」(principael heer)或者「那片土地的領主」(heer van dat lant)。[77]荷蘭人指出:「他們宣稱其中一名黑人是福爾摩沙的領主,來到日本是為了晉見陛下。」[78]

藉著這樣的安排,末次平藏企圖喚起德川政權對於台灣島存在已久但當時仍處於蟄伏狀態的興趣。德川幕府在十年內兩度授權派遣遠征隊,就是希望能夠促使台灣派出使者,藉此將這座島嶼納入幕府將軍的影響範圍內。末次平藏置身於九州最重要的港市,必定對這兩次遠征行動有所耳聞,對於第二次行動更是絕對知之甚詳,因為那次行動的策劃者是他的其中一名對手。他也必定知道他們沒有成功,而且主要是因為台灣缺乏中央集權的政治環境,所以無法提出適當的人物。因此，將一群新港村民帶到日本的決定顯然是企圖計勝荷蘭東印度公司，提供日本政權長久以來所尋求的對象，也就是能夠為整個台灣發言的代表。藉著以這種方式呈現這群人，末次平藏的目標就是要把他們轉變為一支有效的使節團，並且由那座島嶼的領主領銜帶到日本。

這個技倆讓德川幕府更直接被拉進與荷蘭人的衝突當中。幕府將軍如果接受這支使節團的身分，而將台灣納為德川外交秩序當中的朝貢國，那麼在台灣島上只擁有一小群部隊的荷蘭東印度公司，就難以繼續將日本水手與日本商人視而不見了，因為這代表日本在台灣擁有直接利益。此外，建立江戶與大員的外交連結也表示德川幕府更有可能會對於保持貿易航線的開放更加積極關注，即便只是為了確保台灣的使節團能夠定期抵達。不過，這一切都取決於德川政權是否願意接受這群人是一支真正的使節團，而且認為理加確實能夠代表台灣發言。

剛開始，幕府官員的反應似乎正合乎末次平藏的期望。在這群村民從長崎前往江戶的途中，他們獲得馬匹、僕人，以及一份通行證——這是個明白的徵象，顯示他們被視為真正的使節團，有資格獲得官方的支持。[79]不過，不論這些發展有多麼令末次平藏感到滿意，情勢卻隨即因為一場天花疫情的爆發而告翻轉，這群村民有一大半都遭到了感染。[80]兩人立刻死亡，其他人則是接受隔離等待疾病痊癒。等到他們恢復了健康之後，這群大使才繼續上路，而在一六二七年十月抵達江戶。他們獲得的接待記述於《異國日記抄》，這部文獻也記錄了荷蘭第一支抵日的使節團：

十一月五日（一六二七年十二月十二日），一個名叫理加的多加佐古〔高砂〕人前來向兩位幕府將軍請安。連同他的人員，共有超過十人來到花園。理加在小遊廊上請安，呈獻的禮物是五張虎皮、二十張毛毯以及二十根孔雀羽毛。他先在主樓（本丸）請安，接著又到西樓（西丸）請安。典禮內容相同，沒有呈獻信函。這一次，來自高砂的人全都感染了天花（疱瘡），而且不知道他們是不是存活得下來。理加也感染了天花，他在獲得接見期間的面部顏色顯得很奇怪。[81]

表面上看來，接待過程顯得相當有利。這群村民雖然明顯感染了天花，卻在西樓與主樓（也就是德川家光與德川秀忠的官邸）都分別獲得接待。記錄中沒有敘明幕府將軍是否在場，但看來這場接見活動至少有高階官員出席。最後，這群村民獲得服裝與六百根銀條的賞賜，伴隨這支使節團的中國通譯則是獲得二十根銀條。[82]

不過，也有些元素看起來與末次平藏精心安排的呈現方式不太合拍。傳統的接見地點是在城堡內，但這群村民卻是在花園裡獲得接待。如果假設德川官員只是想要和天花這種危險疾病保持距離，那麼這項決定當然合理；不過，此舉卻也是第一個徵象，顯示理加沒有被視為台灣的人王。更明確的證據是用於描述理加的文字：他只單純被稱為是多加佐古〔高砂〕人。他不是國王，不是領主，甚至也不是要人，而且《異國日記抄》也沒有提及這支使節團代表一個國家或是任何種類的政治結構。因此，在德川政權的眼中，這個代表團純粹只是幾個村民，從遙遠的邊疆前來向幕府將軍呈獻貢品。幕府雖然沒有拒斥這群人，卻顯然也無意將他們視為合法的大使或者為他們授予任何政治地位。

這點本身不該令人感到意外，畢竟，憑著個人的力量要打造出一支可信的使節團，能夠合乎德川幕府的期待，本來就是一項非常困難的挑戰，就算是以末次平藏的財力與人脈而言也是如此。德川政權願意協助這支使節團前往江戶，顯示接見所謂的「台灣領主」確實深具吸引力，但一看到過於簡樸的實際狀況，原本的興趣即告破滅。末次平藏沒有製造出一支堂皇耀眼的使節團，而且終究只能夠呈現出一小群感染了天花的村民，除此之外，荷蘭人又進一步降低可信度，因為他們堅稱那群村民是藉由欺詐手段被帶來日本的偽大使。

這支使節團雖然必定消耗了可觀的開支，但乍看之下卻是一事無成。結束接見之時，這支代表團的成員看起來似乎將會直接返回他們的村莊，從此悄悄被人淡忘。然而，危機卻就此升高——而且還充滿了戲劇性。此一情形的發生不是因為末次平藏或甚至是那支新港代表團的言行，而是荷蘭東印度公司的反應所造成的結果。歸根究底，一六二七年的這支使節團其實是個製造出來的假象，目的在於迎合德川世界秩序的邏輯。就是因為如此，理加才會扮演向德川幕府輸誠的角色，以一個野蠻國家領導者的身分抵達江戶，希望臣服於文明程度較高的中心國家。不過，荷蘭人卻以另一套不同的符號解讀這支使節團，因此帶來了災難性的後果。

危機升高

從一開始，荷蘭東印度公司的許多使者就認定末次平藏想要利用那群村民將完整主權移轉給幕府將軍，從而讓大員受到德川幕府的控制，把荷蘭人珍視的殖民地轉變為屬於日本所有。換句話說，他們把末次平藏的舉動視為一項強硬的奪權行為，由村民透過一項典禮將主權移轉給幕府將軍，而藉此把台灣島從荷蘭人手上奪走。按照這樣的解讀，這支使節團成了一套「把大員與福爾摩沙的主權」從巴達維亞移轉給江戶的機制，而荷蘭東印度公司官員擔心此舉將會造成日本部隊直接占領大員的結果。[83]我們不難理解這項疑慮源自何處。畢竟，這正是該公司及其競爭對手在競逐班達群島和其他類似區域的鬥爭當中所採取的做法。[84]不過，這卻是一項錯誤的解讀。就算來自新港的這支使節團真正順利達成目標，德川幕府也極不可能會採取措施對大員施行直接政治控制。要把台灣納入中央控制，也就是以荷蘭人想像的那種方式掌握主權，將會需要徹底改造德川秩序，因為這套秩序本是藉著使節與朝貢的語言而維繫海外國家與江戶的關係。

新港代表團在江戶獲得接見的消息傳到商館之後，荷蘭東印度公司的憂慮即更加擴大。公司內的部分人士因此擔心德川幕府的部隊已經開始集結，準備把大員殖民地從他們的手中奪走。在這種不安的氛圍下，駐在日本的商館館長於是在一六二八年二月二十日寫信向上級指出，日本的一支遠征隊將會奉派從長崎出發，「代表幕府將軍占領」大員。[85]他提出的證據是流傳於長崎的謠言，指稱末次平藏正在籌備一支由多艘船艦組成的艦隊，「為了併吞大員而不惜開戰」。[86]還有一份祕密訊息送往熱蘭遮城，警告那裡的守軍準備抵禦可能發生的攻擊行動；而在巴達維亞，總督也同樣擔心這項可能來自日本的威脅：「有些日本人聲稱有十六名來自新港村的人士（他們被祕密帶出大員）向日本皇帝〔幕府將軍〕進貢，而現在日本似乎就打算藉著這項進貢舉動主張對於大員或福爾摩沙擁有的主權。你們在大員絕對不能把我們的權利讓與世界上的任何一個國家，不管是日本、東方國家還是歐洲國家，而是必須堅持這些權利不容侵犯，因為這些權利屬於公司所有，而且我們施行這些權利也一直持續至今。」[87]就這樣，荷蘭使者依照他們自己的劇本解讀德川幕府對於新港代表團的淡漠反應，而假設了實際上根本不存在的野心、從來沒有擬定過的計畫，以及一項毫無事實根據的威脅。如此造成的結果就是促成情勢進一步升溫，荷蘭東印度公司官員因此著手確保該公司的主權不會因為日本的進逼而有絲毫流失。

奉命執行這些命令的官員是諾伊茲，他在一六二七年的使節任務失敗之後成了大員長官。由於他一心想要翻轉自己在上級眼中的印象，因此決心採取一切必要的措施。一六二八年四月，由濱田彌兵衛率領的兩艘日本帆船航抵大員灣，諾伊茲就立刻展開行動，命令下屬搜查那兩艘船隻，沒收船上的一切武器。[88]在搜查過程中，他發現那群新港村民正是搭乘這兩艘船返台，於是隨即將他們關進牢裡。濱田彌兵衛上岸針對這項舉動提出抗議，結果也連同他的幾名船員一起被監禁起來，而且荷蘭人還不提供食物與飲水。[89]諾伊茲把這些做法全部稱為正當的預防措施，以免該公司的主權遭到濱田彌兵衛的「邪惡詭計」所侵犯。不過，實際上沒有任何證據能夠支持日方策劃了侵略行動的觀點。[90]就算荷蘭守軍的兵力不強，兩艘船也顯然不足以發動攻擊。此外，日方對於新港村民在江戶接受接見的記述內容，也明白顯示德川幕府只是單純打發了他們，而沒有任何從事進一步行動的計畫。[91]

不意外，諾伊茲的做法隨即引起了反撲。六月二十九日，獲釋的濱田彌兵衛前往這位大員長官的住處拜訪他。他的來訪雖然明白可見不懷好意，諾伊茲卻還是選擇在沒有任何衛兵的護衛下接見他們一行人，身邊只伴隨著他的兒子勞倫斯以及一名通譯。諾伊茲拒絕允許那些日本人離開台灣之後，濱田彌兵衛和他的手下「就像怒吼的獅子一擁而上」而挾持了他。[92]隨著雙方都有愈來愈多的人湧入，這場衝突看來勢將以流血收場。為了避免這樣的結局並且保全自己的性命，諾伊茲於是出面緩和情勢，結果造成了一項協議，由雙方各自扣押同樣人數的人質，日後再互相換俘。濱田彌兵衛並且堅持在這項協議裡納入補償條款，要求荷蘭人全額補償過往收取的稅金以及他的雇主因為遭受熱蘭遮城干預而導致的貿易利潤損失。最後確定的數字相當龐大，包括全額賠償宋克在一六二五年徵收的十五石生絲，另外再加上兩百石以補償濱田彌兵衛在一六二六年遭到禁止直接航向中國所導致的營收損失。[93]

諾伊茲採取的作為傳到江戶之後，隨即引發強烈的憤慨。濱田彌兵衛的船隻帶有朱印狀，是德川政權極其重視的海上貿易許可證。在德川官員眼中，這位大員長官扣押濱田彌兵衛的船隻、沒收船上的武器並且逮捕船員的決定，對於幕府將軍的權威是一項不可接受的侵犯行為。如果這樣還不夠挑釁，那麼江戶隨即又得知諾伊茲與他的手下竟然沒收了新港村民所獲得賞賜的禮物。他們對於幕府將軍的威望所遭到的雙重侮辱深感氣憤，於是扣押了當時在日本的所有荷蘭東印度公司船舶，沒收船上的貨物，並且將船員關進牢裡。在平戶，商館的人員則是遭到軟禁，與巴達維亞的一切通訊也暫時中斷。由此造成的結果，就是該公司與幕府將軍的關係徹底破裂，後來因為下一章將會描述的那項引人注目的投降之舉，才總算修補了雙方的關係。

CHAPTER 7

放棄大員長官

在日本，再怎麼謙卑都不為過。

——總督與東印度評議會一般書信，一六三八

到了一六三二年初，諾伊茲一度揚升的運勢已然跌到了新低點。他因為嚴重無能而遭到撤除大員長官的職位，在荷蘭東印度公司位於巴達維亞的溼冷堡壘中度過了幾個月的低潮時光。他在該公司的職業生涯雖然明白可見已經結束，卻還沒有遭到正式起訴，因此仍有可能認為上級也許會選擇單純把他送回荷蘭共和國，而不對他施以進一步的懲罰。然而，他卻在五月受到總督召見。在荷日關係已經中斷了四年的情況下，諾伊茲驚恐地發現他的上司竟然準備考慮這種不可想像的做法：將他交給幕府將軍，讓他為自己犯的罪行接受懲罰。

諾伊茲一獲得回應這項提議的機會，就立刻展開了行動。儘管他有許多缺點，但絕對沒有人能夠質疑他的才智。諾伊茲早已確立自己身為書面辯護大師的地位，曾經數度以長篇大

論的文件提出簡潔的論述再加上大量古典典故，而把那些教育程度不如他的上司唬得唯唯諾諾。對他有利的論據看來相當強而有力。他指出，他曾任大員長官，也是東印度評議會的成員，引渡像他如此高階的官員，接受一名「異教徒」君主的審判，是不智而且違法的行為，總結來說就是不可能。[1]荷蘭東印度公司從來沒有採取過這種做法，而且不論該公司多麼希望與幕府將軍重啟關係，也絕對不能夠考慮這麼做。

然而，該公司實際上就採取了這樣的做法，於是諾伊茲在那年九月以囚犯的身分回到日本，面對德川幕府的審判。即便在數百年後看來，放棄這名前大員長官的決定仍然令人感到驚訝，原因是這個決定不僅明顯牴觸該公司的政策，和其他歐洲企業在近代早期亞洲採取的立場也完全不同。不過，如果該公司投降的意味清楚可見，那麼這點真的重要嗎？歸結到底，諾伊茲只是一個人，而且他被監禁四年之後，終究毫髮無傷地離開了日本，而且後來還在聯省共和國開展了另一段遠遠成功得多的職業生涯。[2]因此，放棄大員長官基本上只是個象徵性的舉動；也許可以視之為僅是一項聰明的對策，不但成功化解了與德川幕府的僵局，公司又沒有因此付出任何具體成本，因為這時該公司對諾伊茲的評價早已極為低落。不過，我們要是思考此一決定背後的邏輯、其中涉及的重點，以及交出諾伊茲的後果，那麼以上這項評估看起來就沒那麼具有說服力了。

在最基本的層次上，這起事件可讓我們得知該公司經過先前提及的那些外交與暴力而發生的衝突之後，在日本所占據的地位。由該公司竟然願意考慮引渡一名高階官員的事實，也許就為我們提供了一項最明確的證據，顯示巴達維亞與德川幕府交涉的時候其實沒有多少工具可以運用。因此，交付大員長官的人身其實象徵了德川幕府與荷蘭東印度公司之間在一連串衝突之後逐漸穩定下來的關係。諾伊茲雖然習於誇大其詞，但他在筆下提及任何把他送往日本的計畫都不免違反該公司最基本的原則，卻是寫得沒錯。維護法律主權從一開始就一直是荷蘭東印度公司的優先要務，必須極力固守、避免遭到任何侵犯。該公司自從開始有船隻抵達亞洲海域以來，就堅持對自己的員工保有絕對的司法管轄權，不惜以激烈手段把他們拉離當地的法律體系。因此，交出諾伊茲的決定不僅代表了放棄法律主權，也顛覆了該公司數十年來的慣例。

知道了這一點之後，我們對於引渡諾伊茲的做法有多麼困擾荷蘭官員的現象即可有更深的理解。在他受到引渡之後所撰寫的文件呈現出一件鮮明對比的事：一方面是巴達維亞以最強烈的言詞譴責這名前大員長官，另一方面則是該公司極力想要把他拉回公司的主權管轄之下。諾伊茲持續待在日本就像是一道化膿的傷口，只有把他的人拉回荷蘭的司法管轄之下，才有可能縫合這個傷口。為了達成這一點所採取的做法，最後促成該公司為日本獻上另一項深具揭露性的象徵，藉著呈獻一盞閃閃發光的銅製枝形吊燈這件具體物品代表荷蘭東印度公司的順服。這盞枝形吊燈至今仍然矗立在日光一座彰顯德川幕府權力的神社裡。

罪與罰

在諾伊茲與濱田彌兵衛於大員發生衝突之後，荷蘭東印度公司位於巴達維亞的領導階層一直無法確切得知這項無預警形成的衝突究竟有多麼嚴重，因此也難以確定該怎麼著手重啟與日本的關係。他們的第一步是派遣一名特使到日本調查情勢。這件困難的工作落在楊森（Willem Janssen）頭上，他奉派與德川幕府直接協商以爭取釋放該公司的人員與資產。[3]他在一六二九年九月抵達日本，卻無法取得前往江戶的許可，而只能仰賴一名獲准前往幕府將軍首都的日本通譯為荷蘭東印度公司發言。雖然明顯可見德川政權必定會為發生於大員的事件要求某種形式的懲罰，但楊森完全無法得知究竟會採取什麼形式，只能聽天由命。

幾個月過去，卻一直沒有消息。直到一六三〇年二月，才終於有一封信送抵長崎，向荷蘭人告知幕府的決定。[4]德川幕府認為該公司犯了雙重罪行。扣押濱田彌兵衛的船隻侵犯了德川政權的管轄權，因為這項舉動違反了幕府將軍直接發放的通行證。更糟的是，荷蘭人還惡待了新港村民，包括沒收德川官員在江戶贈與他們的禮物。[5]這些犯行應受的懲罰很簡單。荷蘭人如果希望重啟貿易關係，就必須拆毀該公司在大員的關鍵要塞以及代表荷蘭權力的堡壘：熱蘭遮城。[6]

這項要求雖然令荷蘭東印度公司代表深感震驚，因為他們完全沒有想到懲罰會這麼重，但此舉其實合乎德川幕府對於朱印狀所採行的政策。德川政權從一開始就絕對堅持維護朱印狀體系的完整一致，所以也就表示他們不惜對輕微的違規行為施以不成比例的懲罰。就是由於這個原因，日本部隊才會在一六一〇年擊沉那艘航行於澳門與長崎之間的克拉克帆船，後來又考慮攻打馬尼拉以報復西班牙攻擊一艘朱印船的行為。在一六三〇年，日方認為諾伊茲在大員的行為所應當受到的懲罰，就是夷平荷蘭東印度公司所珍視的那座堡壘，只有這麼一項戲劇性的悔罪舉動，才可重啟雙方的關係。對於江戶的思考邏輯概述得最為簡潔明瞭的一份文件，也許就是平戶大名送給總督的一封信函，信中說明指出：「兩年前，末次平藏的帆船一如以往帶著皇帝〔幕府將軍〕的通行證航抵台灣。由於大員長官在台灣惡待了這艘帆船，因此皇帝才會下令扣押荷蘭船隻。……荷蘭人只要摧毀他們位於大員的堡壘，即可和先前一樣〔在日本〕從事貿易。」[7]

在巴達維亞，新任總督斯北科思斷然拒絕了這項提議。他堅稱幕府將軍沒有權利也沒有管轄權能夠下令摧毀這座堡壘，於是派遣楊森返回日本協商一項可以接受的妥協方案。[8]這一次，荷蘭東印度公司的使者獲准前往江戶，但抵達了那裡之後，協商卻陷入停滯，幾個月緩緩流過而完全看不出有任何進展。[9]到了一六三二年初，問題仍然看不出有解決之道，而且只要該公司拒絕接受江戶指定的懲罰，看起來似乎就沒有化解問題的希望。此外，當下的狀況也無法長久持續下去。自從這起事件發生以來已經過了將近四年，荷蘭東印度公司因此遭受的營收損失不斷累積。在進入不了日本市場的情況下，大員殖民地的經濟就無法發展。貿易的中止每持續一個月，對於該公司在東亞原本獲利豐厚的營運就不免造成進一步的傷害。

情勢雖然愈來愈顯絕望，斯北科思要化解這項危機卻沒有什麼選項可供選擇。面對日本，該公司長久以來最可靠的兩件工具：一件是正式外交使節團，藉著呈交官方信函與禮物而化解問題；另一件則是海上攻擊行動，透過武力迫使政策改變，但兩者都派不上用場。江戶拒絕承認總督是獨立的外交行為者，因此再派遣使節團可能不但解決不了問題，還會製造更多問題。採用武力手段也同樣危險。如果是在亞洲其他地區，荷蘭東印度公司也許會考慮利用自己優越的海上武力中止一切船運，直到對方政府在經濟損失與關鍵貿易航路斷絕的情況下，不得不同意依照該公司開出的條件，重啟雙方關係。第四章曾經提過，該公司在位於蘇拉特的商館於一六四八年遭受攻擊之後，就是採用這種策略而獲致了絕佳的成果。然而，在日本這麼做所可能帶來的危險，卻遠遠超越了一切成功的機會，因此這種做法顯然被討論過，公司內部卻一致認為使用武力不可能達成有利的結果。范迪門雖以授權在亞洲其他地區發動軍事行動而著稱，但他考慮了所有可行選項之後寫道：「藉著報復以及攻擊日本人以維護公司權利的做法，不論就現在還是未來而言都不是明智之舉。」他最後的結論指出：「貿易必須以最和善而且最細心的態度推行。」[10] 既然如此，要怎麼樣才能夠不屈服於幕府將軍的要求又可以打破僵局？

就是在這種背景下，斯北科思與荷蘭東印度公司的其他官員才會開始覺得引渡諾伊茲可能是他們愈來愈少的選項當中最好的選擇。該公司如果不打算放棄大員要塞的磚瓦，那麼也許可以放棄這個殖民地的前長官，希望這麼做足以安撫德川政權。對於斯北科思而言剛好相當方便的是，諾伊茲在當時正拘留於巴達維亞等待審判。自從一六二八年以來，諾伊茲就寫了一連串的信件開脫自己的罪責，但他的上級雖然原本看起來似乎願意採信這些解釋，後來卻愈來愈認定諾伊茲對待濱田彌兵衛、監禁新港村民以及沒收他們在江戶獲得賞賜的禮物等做法過於魯莽。就算真的有遭受日本攻擊的疑慮，他也大可採取更謹慎的因應手段，從而避免日方任何可能的反撲。[11] 經過一開始極其糟糕的表現之後，諾伊茲擔任這座殖民地首席行政官的表現也沒能為自己平反，而且他在殖民地的行為也有些令人擔憂的傳言。到了一六二九年底，巴達維亞已對諾伊茲徹底喪失耐心，而將他召回巴達維亞為自己的行為提出解釋。隨著他在大員任職期間的所作所為進一步受到揭露之後，諾伊茲即遭到逮捕，以待公司決定要怎麼處置他。[12]

這位前大員長官雖然支持者所剩無幾，但要把他引渡到日本卻仍然有些重大阻礙。別的不提，至少在巴達維亞就還沒舉行任何審判，也沒有對諾伊茲提出正式指控。由於引渡的合法性尚未確立，因此對於將諾伊茲送往日本接受懲罰的提議，他也就獲得機會加以回應。於是，他寫了一份冗長的文件，以一個接一個論述嚴密的論點駁斥這項提議，稱之為莽撞、危險，而且明顯違法。諾伊茲抗議指出，他與「理事大人簽約到這些地方為公司服務。我只遵守他們的誓言、命令與撤職決定，對於其他人我一概不理」。[13]因此，任何要求他對另一個權威當局負責的舉動，都只會損及公司在亞洲的地位：「下屬長官如果被迫向〔日本幕府將軍〕……不能對理事大人閣下或是他們的僕人行使支配權或其他任何權利負責，將會嚴重侵犯甚至損害理事大人閣下的管轄權與主權。」[14]

諾伊茲雖然聲稱自己希望為上級服務，卻也堅定主張這件事涉及遠遠更大的問題。他如果被逐出公司的管轄範圍，接受一名外國君主的審判，如此將會削弱該公司的法律主權，而可能帶來災難性的後果。這個說法當然完全是為了他自己的利益著想，但也精確反映了荷蘭東印度公司的政策。自從該公司抵達亞洲以來，就一直致力於為員工的人身劃出一個法律空間，使他們免除於所在區域的主權管轄。[15]如此造成的結果，就是創造了一個法律保護殼，確保該公司的員工雖然在亞洲活動，卻不受亞洲法律的束縛。[16]當然，這不表示荷蘭東印度公司的員工不必負擔任何法律責任，只是說任何違法行為都只能由他們的上級依據一套獨立的法律結構施行懲罰。

這種對於創造法律主體以及維護法律主權的總體性關注，在該公司與當地統治者簽訂的數十個條約當中清楚可見：那些條約對於犯罪行為的裁決都含有規定明確的條款。[17]荷蘭東印度公司在成立之後的頭幾年，最注重的事情是對於行為不檢而可能會到亞洲港口尋求庇護的航海人維持管轄權。在一六〇二年與班達群島一座島嶼上的一群長老達成的協議當中，就明確規定任何荷蘭水手如果犯下罪行而試圖逃上陸地，都必須交還給他們所屬的船隻處理。這份文件的考慮相當周詳，也針對有人可能會利用改變宗教信仰的藉口鑽法律漏洞做出了預防，規定就算逃亡者想要「成為摩爾人」，還是一樣必須送回所屬船隻接受懲罰。[18] 一份在一六〇六年與柔佛國王達成的協議也顧及這個問題，堅決指出「如有荷蘭人因為犯下嚴重罪行或其他違法行為而逃至柔佛國王處，或是國王的臣民〔逃向〕荷蘭人尋求庇護，那麼雙方都必須將逃亡者交給〔管轄〕當局」(1:44)。

後來荷蘭東印度公司開始藉著建立商館與貿易站而登上陸地之後，這些條約也跟著改變，反映該公司這時候擔憂其使者可能會被捲入當地的法律秩序當中。於是，該公司開始堅持治外法權，與歐洲人在十九世紀要求的法律權利頗為近似。在一六〇七年與德那第統治者簽訂的一項條約規定指出：「雙方皆不得傷害對方，但如有一名荷蘭人傷害了德那第人，則他必須受到自己所屬當局的定罪與懲罰，德那第人亦然」(1:52)。在一六一一年與雅加達統治者簽訂的另一項條約則是單純規定，荷蘭人如果犯下危害爪哇人的罪行，那麼荷蘭東印度公司當局保有權利，懲罰該項罪行(1:91)。後來在一六二三年與波斯沙阿簽訂的一份協議，則是聚焦於更嚴重的罪行：「但願不會有這種事情發生，但如果尼德蘭國的人民殺害另一個不論來自哪個國家的人，或是犯下其他罪行，那麼該名犯罪者不會在波斯面對司法，而會受到他之所隸屬的商館或長官的懲罰」(1:189)。

該公司如果在條約的初稿中沒有爭取到這些權利，就會不惜投注多年的努力讓自身的員工免除當地的司法管轄。暹羅就是如此，那裡在一六三六年發生了一項考驗司法管轄問題的事件，原因是兩名荷蘭東印度公司商人在喝醉酒後攻擊了國王兄弟的僕人而因此被捕。不久之後，又有一群荷蘭人跟著淪為階下囚，原因是他們試圖營救先前那兩人，卻因為計畫不周而遭到逮捕。[19]暹羅官員準備處死這群罪犯之時，引發了該公司代表的強烈抗議，於是雙方終於達成一項折衷方案，同意只在形式上確認那群囚犯的罪責，但交換條件是荷蘭人必須承諾遵守「該國的所有法律和慣例」。[20]這項協議實質上導致該公司的人員受制於「當地的法律程序和懲罰，以及暹羅國王的支配——因為暹羅國王即是暹羅法律的頒布者」。[21]因此，這項做法對於荷蘭東印度公司的法律主權造成了不可接受的侵犯，於是該公司在往後三十年間一直不斷努力將其員工拉出暹羅國王的管轄範圍之外。這項目標終於在一六六四年達成，當時該公司在一項與暹羅簽訂的新條約裡納入一個司法條款，規定任何荷蘭罪犯都只能受到他們的上級審判。[22]

這種對於司法管轄權的重視雖然可以輕易辨識出來，其背後的理由卻不是那麼明白可見。一種解釋是單純認為荷蘭東印度公司擔憂當地法律過於野蠻。舉例而言，在暹羅的荷蘭人就詳細描述了各種懲罰手段，包括「流放於沙漠中、發配為奴隸、沒收財產、截斷手腳、下油鍋、五馬分屍……壓入水中、把雙手插入滾燙的油裡、赤腳走在燒紅的煤炭上，或者吞食有毒的米飯」。[23]他們指出，這類野蠻的懲罰雖然可怕，卻又因為司法的專斷性質而更令人無法忍受，審判結果都完全取決於國王一時的喜惡。不過，我們對這些誇大的描述不該盡信，因為荷蘭東印度公司的使者向來習於把不同亞洲君主混為一談，而一致稱之為「東方暴君」，同時又堅稱他們主持的體系根本沒有能力提供適當的法律保護。就算該公司真的對當地法律有所顧慮，也還是無法解釋他們為什麼會堅持獲取全面性的豁免權。實際上，這樣的安排就像十九世紀西方帝國藉著指出真實或想像中的野蠻做法而為治外法權賦予合理性的手段一樣，真正的重點在於保住權利。[24]

綜觀荷蘭東印度公司的歷史，該公司向來都把法律視為其僕人，必須屈從其意志，例如拒絕容忍其他獨立司法機制的存在，以免損及該公司對自身員工的法律控制權。該公司在一六〇二年受到特許成立之時，即獲得授權設置司法官員，而且法律事務在一開始也都由總督及其治理評議會（通常稱為高等行政機構〔High Government〕）直接處理。這種不存在司法與政治權分立空間的安排，隨著司法評議會在一六二〇年成立而至少在理論上出現了改變，由這個評議會負責裁定民事與刑事案件。不過，這個評議會實際上卻從來沒有擺脫巴達維亞城的陰影。[25]法官由高等行政機構直接任命，並且由一名政府成員擔任司法評議會主席。[26]可想而知，裁定結果幾乎從來不曾違背過總督的希望。此外，個人上訴權也受到嚴格限縮。不同於其他歐洲海外事業的員工，荷蘭東印度公司的人員不能使用祖國的法院。[27] 這種規定造成的結果，就是確保了司法機制符合公司利益，並且讓荷蘭東印度公司得以緊密掌控自己的員工。

這種不願接受法律干預的態度也延伸到該公司與外國的往來。該公司極其抗拒外部力量有權針對其員工的行為進行裁定。此處的重點明白可見。把裁定權讓給當地的官員或是統治者，即是接受對方的控制，從而任由對方限制該公司員工可以做什麼以及不能做哪些事情。相對之下，保有法律主權使得荷蘭東印度公司的使者能夠依據他們自己設定的條件協商貿易合約，而且他們如果違反了合約慣例，也可以豁免起訴。此外，這點還確保了這個習於使用暴力的組織能夠繼續把武力當成基本政策工具，而不必擔心這麼做會引發一連串的法律訴訟。巴達維亞最想要避免的，就是發生在長崎的那種狀況：亦即其使者被迫必須在外國法官面前解釋自己的行為，更糟的是如果裁定結果對他們不利，就必須賠償。相對之下，治外法權的安排則能造成和十九世紀相同的結果，確保了「一切可能的優勢，以便追求利潤與權力的最大化」。[28]

荷蘭東印度公司頑強不懈地致力於在員工周圍畫出明亮的界線，並且將他們拉出當地法律的影響範圍，就此看來，理當為諾伊茲確保絕對的保護。就算他的罪行是在日本本土犯下的，該公司正常來說也必定會堅持自己擁有不受外來干預而裁定這起案件的權利。套用該公司許多條約的內容文字，荷蘭人犯罪只能由荷蘭人裁決，而不可能引渡交由外國君主審判。不過，諾伊茲當然不是在日本港口內扣押濱田彌兵衛的船隻，甚至也不是在日本列島周圍的海域。相反地，這項犯行發生在荷蘭東印度公司宣稱為其所有的領域裡，依照格勞秀斯對於主權的定義，在這個地方發生的「行為不受別人的權力掌管，因此也無法由別人的意志撤除效力」。[29]諾伊茲下令監禁濱田彌兵衛的決定也許魯莽，卻絲毫沒有逾越他身為荷蘭東印度公司領域受命長官的權限。如果不堅守這樣的立場，便等於是接受幕府將軍的管轄權及於發生在大員的犯行，從而損及荷蘭人對台灣島的主權主張。因此，從諾伊茲這位前大員長官看來，他應該擁有兩方面的保護：幕府將軍不能對荷蘭東印度公司的人員或亞洲領域主張管轄權，而且犧牲這兩者的任何一者都會對該公司的「管轄權與主權」造成不可逆的傷害。[30]

為了強化自己的論據，諾伊茲指向一件看似能夠證實他這些論點的具體案例。[31]他在一六二六年離開聯省共和國的時候，必定很清楚荷蘭東印度公司派駐於安汶（又稱為安波那）這座印尼小島的長官引發了該公司與英國政府之間激烈的法律紛爭。安汶這起事件不僅和諾伊茲的案子頗為類似，而且對於諾伊茲的辯護而言更加重要的是，這起事件提供了一個令人安心的例子，顯示荷蘭東印度公司對於保護法律主權懷有絕對的決心。因此，難怪諾伊茲在一六三二年著手準備向總督提出的答辯書之時，這起事件就隨即成為重要案例。

發生於安汶的平行案例

安汶事件始於一六二三年二月，當時一名日本傭兵針對該公司設置於安汶島上的一座城堡一再探詢其中的防禦配置與守軍狀況而因此被捕。[32]經過刑求之後，他坦承自己和鄰近一座貿易站裡的英國東印度公司商人共謀奪取那座城堡。荷蘭東印度公司長官范斯俾特（Harman van Speult）獲得這項情報之後，隨即逮捕那群商人並且加以刑求，直到大多數人招供為止。這起陰謀的首腦被指為托爾森（Gabriel Towerson），是英國東印度公司在安汶的首席使者。他招認自己與日本人合謀，打算由自己掌控那座城堡。在取得多份供詞的情況下，范斯俾特召集當地的荷蘭東印度公司員工組成一個評議會（後來稱為安汶法庭承審官）對那些陰謀者判刑。判決結果可想而知，十名英國商人與一群日本傭兵於是在三月九日遭到處死。

諾伊茲在大員的行動與這起事件存在著明白可見的相似之處。兩人都是該公司新進取得領域的長官，也都被迫必須面對身為競爭對手的商人群體對於該公司支配當地市場的計畫所帶來的威脅。這兩人都發現一項發動突襲的陰謀（儘管那樣的陰謀實際上可能並不存在）於是也都採取了激烈的回應措施。諾伊茲僅是扣押濱田彌兵衛的船隻，范斯俾特則是刑求並且處死了十名英國商人。這項行為又因為兩件事實而進一步加深其嚴重性：英國是聯省共和國在歐洲最重要的支持者之一，而且兩家公司在事件發生當時其實擁有結盟關係。

安汶事件的消息在一六二四年六月初傳到倫敦，就隨即引起了憤慨。英國東印度公司的理事提出抗議，指稱這起事件中的司法程序不合常規，完全以刑求取得的供詞為憑。此外，他們也主張荷蘭法庭沒有權利審判英王臣民，並且嘲諷荷蘭人竟然認為一小群沒什麼武裝的商人有可能陰謀劫奪一座防禦完善的城堡。他們決心爭取法律賠償，於是隨即博取英王詹姆斯一世的支持，而明白提出三項要求：荷方必須懲罰范斯俾特以及其他安汶法庭承審官、賠償英國東印度公司的損失，並且「對〔國王的〕臣民提出補償，因為他認為他們的名譽遭到了嚴重損害」。[33] 荷蘭政府如果拒絕採取行動，英王不惜採行適當措施，包括扣押航經英國港口的荷蘭船隻，甚至威脅開戰。[34]

在巴達維亞，行政當局立刻就意識到范斯俾特的做法充滿缺陷，總督寫信向上級指出：「我們很希望這些程序能夠遵循適當的司法標準。」[35] 不過，儘管有這些疑慮，荷蘭東印度公司卻立刻對自己的員工展開積極辯護。在一六二四年匿名出版但傳言指稱是出自該公司一名高階官員之手的宣傳小冊，以極為強烈的言語為安汶事件審理程序的合法性提出辯護。小冊子的作者指出，由於安汶島是透過「公正而且合法的所有權」取得，因此荷蘭東印度公司完全有權「依據尼德蘭的法律」執行審判，而不需要為其官員的行為向英國政府提出任何解釋。[36] 要求把安汶法庭承審官送回歐洲接受進一步調查（並且可能遭受懲罰）的提議都一再受到頑強抗拒。十七人董事會雖然願意舉行調查以獲取更多細節，卻堅稱只能在內部處理，而且該公司對於自身員工所握有的法律權利也絕不能受到侵犯。

不過，英國施加的壓力逐漸產生效果，結果聯省共和國國會在一六二四年十一月駁回了十七人董事會的決定，而同意把安汶法庭承審官召回歐洲接受訊問。[37]隨著英國提出更多威脅，而且又有三艘荷蘭東印度公司船隻在普利茅斯遭到扣押之後，荷蘭領導階層終於在一六二七年九月任命七位法官組成調查小組，確認托爾森及其同胞遭到的處刑是否合法。[38]此舉雖然提供了詳細檢視安汶事件的機會，但是從一開始就可以明確看出這項調查僅是做做樣子，目的在於安撫英方的情緒。[39]這起法院案件拖延了數年之久，英國政府在這段期間一再要求接觸安汶法庭承審官以及對審理結果爭取若干程度的決定權。英國政府堅稱荷蘭國會不能對這起案件主張完全的管轄權，因為這起案件「同樣應受英王陛下與英國各州管轄」。[40]不過，這些要求沒有受到理會，七位法官終究在一六三二年一月做出無罪判決，就此終結了一切司法報復的可能性。[41]

安汶事件的結果取決於對法律主權的捍衛。荷蘭東印度公司在壓力之下確實同意把安汶法庭承審官交給國會，也就是唯一能夠對該公司行使權威的組織，但無論如何那些犯行者絕對不可能被拖出荷蘭的司法管轄範圍之外。荷蘭雖然偶爾必須對英國這個盟友做出安撫的舉動，但荷蘭國會堅持某些界線絕對不得跨越。英國政府實現其威脅而扣押了荷蘭船隻之後，荷蘭國會的回應是做出些微讓步，但仍然把安汶法庭承審官保持在自身的法律體系內。這麼一來，那些犯行者就根本沒有必須向外國法官解釋自身行為的問題。如同一名英國官員所感嘆的，荷蘭人始終主張「完全管轄權」，拒絕接受任何外部組織在這起事件中主張司法權。[42]

在諾伊茲看來，安汶事件似乎充分證實了他自己聲稱絕對不可能把高階官員送到日本去面臨審判的說法。如同他所說明指出的，荷蘭當局一直堅決抗拒英國政府「持續不斷的要求，其中甚至也混雜了威脅，〔而〕從未允許引渡荷蘭的安汶法庭承審官，也不同意在荷蘭領土之外，讓他們接受外國人的審判。[43]諾伊茲堅持指出，荷蘭東印度公司既然不惜與自己結盟時間最久的歐洲盟友開戰也要與范斯俾特及其他安汶法庭承審官站在同一陣線上，那麼自然不可能考慮把他交給日本的幕府將軍。

放棄大員長官

諾伊茲針對總督的提議所寫下的答辯書雖然保存了下來，我們對於終究導致這位前大員長官被引渡至日本的後續討論卻所知極少。之所以會如此，主要是因為這整個過程全然不合常規，對於諾伊茲的正式審判直到一六三三年九月才展開，當時他抵達日本已經超過了一年。不過，明白可見的是，促成引渡決定的因素是一股愈來愈深刻的迫切感，以及認定唯有這麼做才有可能打破德川幕府的貿易禁令——不論這樣的想法有多麼令人難以接受。在這種情況下，諾伊茲就在一六三二年七月十五日被送上瓦爾蒙德號（Warmond）這艘即將出航的船隻，以便將他送往日本為自己的犯行負責。[44]

可想而知，諾伊茲出現在日本似乎令所有人都大感意外。一開始，向來善於投機的這位前大員長官得以將這點轉為對自己有利，堅持自己受到的待遇必須合乎他先前的官階。不過，他實際上是以囚犯而不是特殊使節的身分被送來日本的真相明朗之後，他編造的假象即無以為繼，他獲得的特權也立刻遭到撤銷。[45]在江戶協商數月而毫無成果的楊森得知這項消息之後，隨即向德川幕府提出說明，指稱諾伊茲是在沒有任何條件和限制的情況下交給幕府將軍，可由德川當局任意處置。[46]

從一開始，德川官員顯然就已認知到該公司的退讓幅度非常大。在沒有被要求的情況下，巴達維亞即自行把主犯移轉給德川幕府審判，而且還明白表示德川政權可以任意處置諾伊茲。這雖不是日方要求的懲罰，卻是一項可以接受的做法，展現了荷蘭東印度公司願意無條件屈服於幕府將軍的權威。因此，德川政權的主要關注不是該不該同意這項移轉，而是確認這名囚犯真的是前大員長官，而不是荷蘭人用來誘騙日方撤銷禁令的冒充者。[47]

一名親眼見過諾伊茲的日本海員確認了他的身分之後，楊森就受召與幕府將軍的高階顧問開會，並且被告知幕府將軍對於總督交出主犯的決定相當滿意。[48]諾伊茲的身分既已受到確認，德川政權於是願意重啟關係並且恢復貿易活動。令該公司鬆了一口氣的是，德川幕府同意這麼做之後，並未舉行一場曠日費時的審判，迫使諾伊茲向日本法官解釋自己的行為以及荷蘭東印度公司在大員的政策，[49]而只是接受了諾伊茲必須為這起事件負起責任，就此將他無期限軟禁在平戶，把他和他的同胞隔離開來，監禁在一幢私人住宅裡由警衛看守。

於是，交出前大員長官的決定達成了該公司設定的目標。到了一六三三年，對日貿易又恢復了先前的活躍。不過，把諾伊茲送到日本成為幕府將軍的囚犯雖然成功重啟了雙方的關係，卻也是一項史無前例的放棄法律主權之舉，在該公司歷史上從來沒有出現過類似的情形。在諾伊茲之前，荷蘭東印度公司從來不曾將其員工交由亞洲國家行使管轄權，後來也沒有再這麼做過。如同包樂史所言，諾伊茲是荷蘭東印度公司官員當中「任由亞洲君王處置並且被迫為自己過往的行為請求原諒」的唯一一人。[50]所以，由此獲致的任何成功都付出了高昂的代價。該公司員工與當地法律結構之間的關係在長久以來早已確立了特定的預期，但引渡諾伊茲打破了這種預期，也令人不再信任該公司能夠在與德川日本的交涉中保有自己畫下的界線。另一方面，交出諾伊茲也實質上把德川幕府將軍的地位放置在總督之上，即便是一項發生在荷蘭東印度公司領域裡的犯行，而且涉及該公司的高階官員，最終法律仲裁者也仍是幕府將軍。因此，該公司在那一刻被迫接受了一種不熟悉的角色，成為德川幕府將軍的法律子民——儘管只有一名員工體驗到這項轉變所帶來的效果。

交出諾伊茲的決定雖然顯得出人意料，實際上卻合乎該公司與幕府將軍的整體關係當中的其他發展。該公司對於自己宣稱的主權權利概念早已做出了一連串退讓，而引渡諾伊茲只不過是又一次的退讓。繼先前放棄了從事外交以及在日本海域對其敵人發動戰爭的主張之後，荷蘭東印度公司到了一六三二年已願意為了迎合幕府將軍而捨棄對自身員工的管轄權。這項移交進一步確認了德川幕府的利益總是能夠壓過巴達維亞的希望。放棄那位前大員長官，荷蘭人就等於是承認自己不僅是幕府將軍的忠心臣屬，而且至少在這起案件當中，也是他的法律子民；此外，德川政權的影響力能夠延伸到荷蘭東印度公司領域的中心，從巴達維亞城的城牆裡帶走該公司的一名員工。然而，這項退讓雖是一種廣泛模式當中的一部分，卻也特別令人難以接受。就在該公司的官員準備批准引渡措施之時，他們也對此深感不安。只要檢視諾伊茲抵達日本之後的發展，即可看出他被困在該公司管轄範圍之外的情形有多麼令他的上司深感焦慮。最後，他們決心把事情導回正軌，對於這名前大員長官的人身重新取回控制權。

贖回前大員長官

一六三三年九月，巴達維亞的司法評議會終於召開會議審判諾伊茲。控告書很長，一頁接一頁的內容詳細敘述了他在日本與大員期間的種種犯行，始於他當初那項以失敗收場的使節任務，因為那個使節團就是遭到他的高傲行為所拖垮。[51]在他擔任大員長官期間，他則是過著「荒唐的生活」，徹底放縱自己「污穢下流的慾望」。他雖然「身屬他合法結婚的妻子」，卻與一個名叫波可（Polcke音譯）的「異教女子」上床，後來更與她結婚。[52]除了這些指控之外，他又因為從事私人貿易、帳目不清、擾亂公司船運、欺瞞上司以及在其他許多面向上違反自己的職責而受到譴責。在這麼多的指控之下，最後的判決結果自然毫無疑問。司法評議會總結指出，被告總體來說在極短的時間內造成了非常大的傷害，「嚴重損及公司的利益與荷蘭的國家名譽」。他們的憤怒反映在指控書的語氣裡，其內容一再斥責諾伊茲的「魯莽」（onbedachtsaemheyt）、「草率」（sorgeloosheyt）、「過度高傲」（opgeblasen hoochmoet）以及「懦弱」（cleynherticheyt）。[53]

鑒於諾伊茲的罪行如此多樣又如此嚴重，如果說荷蘭東印度公司只想從此和他斷絕關係而任由他自生自滅，絕對也是不難理解。不過，實際上的發展卻與此相反。從一六三三年開始，荷蘭東印度公司官員就展開堅定的遊說行動以爭取遣返諾伊茲。促使他獲釋出乎意料地成為該公司的優先要務，不惜為此投注時間、精力與資源。這項遊說行動與諾伊茲先前遭到指控的言詞之激烈形成無可忽視的對比，因此不能不加以解釋。諾伊茲雖有盟友，尤其是在熱蘭的商會裡，但沒有任何跡象顯示當時有來自歐洲方面的重大壓力。另一方面，他被軟禁在平戶一幢私宅裡的狀況也不是太糟。諾伊茲雖在信件裡哀嘆自己遭到監禁，卻絲毫沒有他遭到冷酷的看守人員殘暴對待的傳聞，也就無以在巴達維亞引發可怕的想像。

爭取諾伊茲獲釋的反覆嘗試只能從一個面向解釋，也就是認知到他身處於日本將帶給荷蘭東印度公司內部的不安。如同諾伊茲所堅稱的，把他交給德川幕府處置違反了該公司一項最基本的原則，因此也就開啟了一種充滿不確定性的新局面。這位前大員長官的監禁處距離日本商館雖然只有短短幾百英尺，但他卻是處在一個全然不同的世界，脫離了令人安心的荷蘭東印度公司管轄範圍。他身在那個空間的情形令公司高層耿耿於懷，因為在在提醒著他們竟然做出這樣的決定，也顯示巴達維亞無力維護自身法律主權的界線。藉著要引渡回這位前大員長官的人身，該公司雖然無法抹除先前交出他的事實，但至少可望對這項退讓之舉稍加掩飾。於是，該公司的官員就開始持續不斷提出陳情，請求釋放諾伊茲。

一六三三年，庫庫巴卡前往日本接任商館館長之時，受到的指示即是利用一切可能的手段爭取日方交還那位大員前長官，做法包括向德川官員「懇求與說情」。[54]為了協助他達成目標，他獲得授權以這樣的承諾安撫日方：諾伊茲如果獲得釋放，將會被撤除一切職務與頭銜，然後遣送回聯省共和國。到了那裡之後，諾伊茲將永遠不得返回亞洲，也不得在「東印度任何地區」從事任何職務。[55]這項訊息又被一封從巴達維亞送往江戶的信函所強化，信中請求德川幕府交還諾伊茲，好讓總督撤除他的一切職務，並且將他遣回尼德蘭為他自己的罪行接受懲罰。[56]庫庫巴卡抵達江戶之後，隨即呈遞了後續一系列陳情書當中的第一份，同時還臨機編造了一項基本上毫無基礎的保證，指稱諾伊茲如果在日本獲得釋放，那麼他返回歐洲之後將會受到終身監禁。[57]

由於這次陳情沒有獲得任何結果，該公司於是從承諾給予進一步的懲罰轉為以訴諸同情心的方式請求日方釋放諾伊茲。庫庫巴卡雖然早已提及諾伊茲可能心智出了問題，但後續的文件更是把他描繪成一個引人同情的可憐人物。一六三四年九月呈遞的一份陳情書請求日方釋放他的理由是，如果他繼續被迫待在日本，將會命不久長。[58]另一份在一六三五年四月呈遞的陳情書，則是提及他的兒子勞倫斯的命運。勞倫斯在一六二八年遭到幕府官員監禁，後來就死在牢裡：「我們請求各位閣下釋放這名長官。他的兒子先前就遭到各位下令監禁，結果死在那裡。各位閣下已經關押他（諾伊茲）這麼多年，我們擔心他也會抑鬱而亡。我們對他感到同情，因此請求各位閣下留他一條活命，允許他還活著的時候返回他的故鄉。」[59]

在同一年提出的另一份陳情書，又加上了這位前大員長官家人去世的消息，指稱「他的妻兒因為哀傷與想念而從荷蘭來到雅加達找他，但得知他被監禁在一個遙遠的國度之後，即因悲痛而死」。[60]該公司官員顯然認定這份大幅誇張了實際死亡人數的陳情書還不足夠，於是在一六三六年一月提出另一份綜合了以上所有訴求的文件，最後一次試圖打動幕府將軍的慈悲心，但結果一樣是徒勞無功：「這名長官在高層的命令下遭到監禁至今已有四年。他的兒子先前也遭到監禁……而死在牢裡。他的其他家人，亦即他的妻子與兒女，來到雅加達找他，現在也都已去世。他的家人幾乎全都不在了……因此所有首領都懇求各位閣下原諒他的過錯，允許他返回他的故鄉。我們請求各位閣下發揮善心與寬容心，允許他在還沒死之前就能夠離開日本。」[61]這些充滿了濫情誇大訴求的陳情，在橫跨幾年的時間裡以相當高的頻率和迫切性一再提出，明白顯示諾伊茲對於荷蘭東印度公司官員而言不僅僅是一項純理論上的問題。他雖然深受鄙視，但該公司還是希望得回他，並且不惜一再向日方提出要求。問題是，該公司的代表卻看不出該怎麼說服德川幕府改變立場，因為德川幕府顯然無意對這位前大員長官放手。

隨著諾伊茲受到監禁的時間進入第四年，該公司決定改變策略。如同當初在一六三二年決定交出諾伊茲的時候，荷蘭東印度公司現在也沒有多少選項。由於無法利用正式使節團經由直接協商爭取諾伊茲獲釋，也不能以海上武力為後盾發布最後通牒，因此荷蘭東印度公司的使者採取送禮的方式，在一六三六年把一盞特大號的銅製枝形吊燈獻給幕府將軍。事實證明這項做法相當有效，在這盞枝形吊燈送抵江戶才短短幾個月後，諾伊茲就踏上了返回巴達維亞的旅程。德川幕府竟然會在這麼短的時間內選擇對這名囚犯放手，尤其是先前那麼多的陳情書都沒有獲得回應，可見這盞枝形吊燈絕非普通禮物，不像每年參府活動最後所呈獻的那些物品。實際上，這是一件富含特殊意義的物品，因此德川政權隨即收下，並且運往該政權最重要的聖地，至今仍然展示在那裡。

禮物

最早提及荷蘭東印度公司的這件禮物，是在日本商館館長於一六三六年三月二十一日羅列的一份獻禮清單裡。[62]其中的條目只把這件物品簡單描述為一盞共有三十個燈臂的枝形吊燈，但這項說明完全無法讓人體會這盞枝形吊燈的巨大體積以及優美華麗。[63]這盞枝形吊燈非常大，重量將近八百磅，初次展示的時候是吊掛在一個特製的九呎木框上。[64]由於這盞枝形吊燈太大，因此必須拆開運送，而且每一塊都標上日文文字，以便運到幕府將軍的城堡之後能夠正確組裝起來。[65]這盞枝形吊燈的精巧設計也一樣令人嘆為觀止，基部懸掛著一個大圓球，支撐著長長的主幹。燈臂以十個一組分成三組，紛紛向上伸展，看起來的整體效果就像是某種熱帶植物，茂盛的樹枝以優雅華麗的S形從中央的樹幹往外生長。[66]

這盞枝形吊燈也許是由阿姆斯特丹商會在一六三四年所委製，本來的目的只是要當成一般性的禮物，用於提高該公司在日本的地位。不過，從聯省共和國運往日本列島的途中，這盞枝形吊燈的目的卻變得愈來愈明確。等到抵達江戶之時，這件禮物已與一系列明確許多的目標相連結，其中最重要的一項就是爭取諾伊茲獲釋。[67]這項交換的邏輯很清楚，就是希望在多年的陳情之後，透過呈現這份禮物成功促使諾伊茲獲釋。荷蘭東印度公司的使者雖然在一六三六年以前已經向幕府將軍呈獻了好幾百件禮物，但這盞枝形吊燈卻是一件非常不一樣

圖 7.1｜荷蘭人在一六三六年呈獻的枝形吊燈。作者拍攝的照片

的物品。在此之前，每當該公司想要提出特殊陳情，通常都是呈獻實用物品，尤其是大砲。舉例而言，荷蘭代表在一六一五年把一門船用大砲呈獻給幕府將軍，盼望能夠藉此在聖安東尼奧號案件中獲得有利判決，而諾伊茲在一六二七年出使江戶之時也帶了四門大砲。在這兩個案例裡，這些連同火藥與砲彈一同呈獻的禮物，基本上都具有實用性，能夠用於對付德川政權的對手。相對之下，這盞枝形吊燈則是展示性用品，目的在於供人觀賞，愈多人觀賞愈好，而不是拿來使用。

這類巨大的銅製吊燈在聯省共和國相當常見，經常由富有的同業公會捐贈以裝飾歸正教會（reformed churches）。[68] 修利爾（Lunsingh Scheurleer）檢視過這盞枝形吊燈的風格之後，認為可能是赫里松（Joost Gerritszoon）的作品——他在一六四〇年代為荷蘭的教堂製作了幾件類似的物品而打出名號，包括為阿姆斯特丹的老教堂（Oude Kerk）製作了一系列枝形吊燈。這些枝形吊燈雖然沒有保存下來，卻可清楚見於當代繪畫當中，而且看起來和獻給幕府將軍的禮物幾乎一模一樣。[69]當代的觀察者注意到了這種利用明白帶有宗教意涵的物品安撫外國統治者的做法，詩人沃斯（Jan Vos）就寫了一段批評這種行為的韻文：「赫里松不願鑄造銅十字架，於是他製作了一盞銅燈，用來點燃於日本皇帝這個偶像面前。古時候，沒有人會懷著不虔誠的心製作銅十字架。現在，他製作了一件擺在魔鬼的形象前方燃燒的東西；不過，他藉由這件東西獲得的金錢就我看來可望比十字架還多；這難道不是魔鬼的傑作嗎，為了利潤而點燃蠟燭？」[70]在幕府將軍的宮廷這個不時會爆發反基督教情緒的政治中心，提起任何與教會相關的事物無疑都是禁忌。因此，這盞枝形吊燈在這裡之所以能夠發揮功能，不是因為與基督教的關聯，而是因為這是一件醒目的展示物品，能夠使用於許多不同空間當中。在描繪老教堂的畫作裡，那些枝形吊燈所占有的中心地位相當引人注目。高懸於教堂的地板上方，其銅質表面在白色牆面與長椅的深色木頭映襯下閃閃發光。一旦把枝形吊燈上的所有蠟燭點亮，必定更加壯觀，可以看見燭火閃爍映照於明亮的金屬上。在日本，由於這類物品帶有異國色彩，因此效果必定更加震撼；而且從各項記述看來，當代人也確實都對這件禮物深感著迷。

在江戶，一盞巨大銅製枝形吊燈的出現隨即就引起了眾人的興趣。在平戶大名的宅邸組裝起來之後，這盞枝形吊燈就不斷吸引熱切想要親眼目睹這件著名物品的好奇人士前來觀看。實際上，根據荷蘭報告的記載，這盞枝形吊燈的吸引力之大，導致平戶大名為了接待那些出乎意料的大群訪客而花費了一大筆錢。[71]等到必須晉見幕府將軍的時候，這盞枝形吊燈即受到拆解而運到幕府將軍的城堡，然後在接見廳裡視線可及之處組裝起來，以便商館館長能夠把那件物品當背景，從事他一年一度的效忠宣告。[72]從一開始，就明白可以看出德川官員對於這件意料之外的禮物深感欣喜。於是荷蘭人在七月五日就收到正式通知，指稱諾伊茲已獲得釋放，可以自由離開日本。此外，他們還獲得賞賜兩百根銀條，藉此展現幕府將軍有多麼滿意。[73]

該公司以前送過的禮物從來不曾引起、後來也沒有再贏得過如此明確喜好的反應。要瞭解德川幕府為何會出現如此熱烈的反應，必須考慮一下這件禮物的呈獻對象，也就是在四年前掌權的第三任德川幕府將軍德川家光。簡單說，這是一件在適當的時間出現的適當禮物，而且也呈獻給了適當的幕府將軍。他的前兩任幕府將軍雖然都曾利用壯觀的排場鞏固自己的權力，德川家光卻把這種做法帶到了另一個層次。他之所以會如此依賴排場，一個直接相關的原因就是他和自己承繼的這個政權成立最初的那段時刻已經距離得相當遙遠。德川家光出生於一六〇四年，完全錯過了德川氏賴以掌權的關原之戰，而且也因為年紀太小而未能參與大阪攻城戰。所以，他是第一位有幸繼承一個和平國家的幕府將軍，但由此帶來的一項負面後果，就是他不像自己的祖父及父親那樣擁有獲得重大軍事勝利的功績。[74]這位新任幕府將軍在一六三二年掌權之後，隨即以一場規模龐大的威儀展示，鞏固自己的地位，兩年後又率領一支由超過三十萬名士兵組成的隊伍前往京都，這項令人懾服的權力展示又因為琉球王國的使節團來朝而更添威勢。[75]一年後，德川家光把參勤交代制度確立為正式要求，於是大名從此不斷舉行盛大儀式，繞著幕府將軍這顆太陽旋轉。

這些政策雖然造就了引人注目的排場，但那些排場畢竟都只是暫時性的展示，於是這位幕府將軍也就把全副精力投注於在日光建造一座龐大的宗教建築群紀念德川家康逝世二十週年，而且德川家康也已被奉為神祇，稱為東照大權現。[76]這項建築工程極為浩大，動用了將近八十萬人，成本超過五十萬兩黃金。德川家光從父親手上繼承而來的龐大遺產，有將近五分之一都耗費在這項工程上。[77]後來成為德川政權重要聖地的日光東照宮雖然確實具有宗教功能，但也具有同樣重要的國內政治作用。因此，這座建築群的目的乃是在於鞏固德川家光身居日本權力巔峰的地位。

這座建築群至少在三個重要面向上促成這種效果。在先前其他類似的建築計畫中，例如大阪城的興建，德川政權都強迫大名貢獻絕大部分的材料與勞工。[78]但德川家光在一六三四年下令開始興建日光東照宮之時，卻刻意將各藩排除在這項計畫之外，於是這裡也就成了完全由幕府將軍獨力出資、興建並且控制的地點。因此，這座建築群成為德川家族身為日本霸主的權力象徵，也代表了這個家族現在已有實力在不受各藩幫助的情況下，獨自推行龐大的計畫。在他那位聲名遠播的祖父去世之時才十二歲的德川家光，藉著下令對日光進行規模如此浩大的重建工程，與德川政權的創立者建立了具有高度能見度的直接連結。這對祖孫之間的實際關係雖然比較薄弱，但這項決定卻在眾人回憶中把德川家光確立為他祖父的守護者，也是其遺緒的繼承者。最後，這項計畫為日益壯大的德川信仰提供了一個中心。這座建築群完工之後，即成為日本另一權力來源，在幕府的要求下各藩必須定期前往日光，到這個堪稱是德川權力神殿的地點朝拜。[79]

荷蘭東印度公司的禮物在一六三六年三月運抵江戶，就在德川家康逝世二十週年紀念日的兩個月前，剛好來得及參與這座新建築群的開幕慶祝活動。[80]這個時間搭配得極為完美，因此極易引人想像這是荷蘭人刻意規劃的結果，儘管沒有確切證據可以證明這一點。[81]不過，一旦禮物被拆開，所有人就即刻明白看出這盞枝形吊燈正適合日光。這盞枝形吊燈出現在江戶才幾天，平戶大名就向荷蘭人表示：這件物品「適合吊掛在日光的大神社裡，那裡是已故的老皇帝〔幕府將軍〕的陵墓」。[82]

這是一項顯而易見的假設。德川幕府為了鞏固其正當性，長久以來都一直宣揚幕府將軍的影響力及於日本列島之外的其他遙遠國家，而德川家光也決心要為日光這個聖地獲取國際

圖 7.2｜位於日光的荷蘭枝形吊燈。來自朝鮮的那口鐘可見於後方的背景中。作者拍攝的照片

承認。他達成這個目標的第一項做法，就是把這座建築群規定為外來使節團必經的中途站。在一六三七年，一支朝鮮使節團就聲勢浩大地列隊穿越這個地方。除了這類一次性的活動之外，德川幕府也熱切於獲取能夠永久展出的物品。不過，這種物品卻不易取得，原因是鄰近的君王都無意為一個國內信仰贈與珍貴物品。以朝鮮為例，德川政權直到一六四二年才終於獲得朝鮮統治者致贈一口大銅鐘。之所以能夠達成這項成果，部分原因是德川官員為此不惜向朝鮮提供鑄造這口鐘所需的銅。而且，儘管日方做出了這樣的讓步，朝鮮政府還是因為忙著因應北方的滿洲勢力威脅，才心不甘情不願地答應了這項請求，不

然他們原本可能根本不會理會。不過，這口鐘運抵日本之後，日方就隱藏了雙方為此協商多年的事實，而在碑文中聲稱這口銅鐘是朝鮮國王得知德川家光的「孝心」之後而主動致贈的禮物。[83]

荷蘭枝形吊燈運抵江戶的時間是在朝鮮使節團前往日光朝聖的一年前，更是那口銅鐘運抵日本的七年前。[84]因此，也就難怪德川政權會隨即將這盞枝形吊燈送往那座建築群，而在那裡展示至今。德川政權挑選的展示地點，可讓我們得知赫里松的這件作品在日本所受到的重視。這盞枝形吊燈不是放在某個不會被人注意到的偏僻角落，而是刻意擺在陽明門附近，也就是通往神聖內殿的那道著名大門。[85]格哈特（Karen Gerhart）如果說得沒錯，我們應該把「日光的每一部分都〔視為〕一套重大的『政治象徵』計畫當中精心規劃的元素」，那麼荷蘭東印度公司的這件禮物顯然在其中扮演了主要角色，尤其是在這座建築群的早期。[86]

如同十七世紀的當時，今天要走向德川家康的陵墓，遊客也是始於一道漫長斜坡底部的鳥居，經過十一段各別分開的石梯之後才會抵達陽明門。世世代代的朝聖者，包括不准跨越陽明門的大名，都在這裡向德川政權的創立者致敬。[87]訪客往上爬的過程中，隨著他們愈來愈接近德川權力的中心，必定會經過這盞枝形吊燈，因為其放置地點就在陽明門前方最後一段階梯旁邊的一座八角形亭子裡。對於任何一名朝聖者而言，這盞荷蘭枝形吊燈代表的意義必定明顯可見、了然於胸。從一個遙遠國度千里運送而來，這件禮物具體證明了德川政權的影響力能夠及於日本以外，也明白證實了幕府將軍的實力。荷蘭人對於這件禮物的強大宣傳價值毫無懷疑，而下筆寫道：「位於日光的皇帝〔幕府將軍〕陵墓……其光芒因為東印度公司贈送給日本皇帝〔幕府將軍〕的分枝燭台而更加明亮，因為那座燭台由銅鑄成，而且又是從荷蘭運送而來。」[88]

另一方面，這盞枝形吊燈也象徵了該公司與幕府將軍之間的整體關係。到了一六三六年，為眾人所見的效忠展示行為已是該公司想要促使德川政權調整政策僅剩的少數工具之一。呈獻這件物品再次顯示該公司切實遵從了德川政權要求徹底順服的表象。在這個案例當中，該公司提供了一個具體、明白可見的順服代表物件，可以展示在德川幕府的關鍵聖地。因此，這盞枝形吊燈的呈獻就與參府活動具有相同作用，亦即由荷蘭人在一場持續不斷的順服表演當中成為關鍵角色。

我們雖然可以把這盞枝形吊燈鄙夷為貿易活動的附屬品，但基本上沒有意義，只是吃苦耐勞的荷蘭商人為了確保利潤而樂於呈獻的一件物品，但具有象徵意義的物品絕對有其重要性。荷蘭東印度職員坎普法描寫過荷蘭人在幕府將軍面前表演的著名片段，馬克萊從這樣的描述指出，後殖民研究的機制極少觸及這種時刻，也就是歐洲人處於如此無能為力的狀態。「如果是相反的情勢，如果是一位歐洲君主命令來自遙遠小國的代表『口操七零八落』的英語或荷語，並且必須忍受表演『猴戲』的屈辱對待，那麼後殖民評論家必然能夠立刻針對這種景象提出分析（以及譴責）。」[89]仿照馬克萊的說法，那盞枝形吊燈如果是由一群日本代表呈獻給一位歐洲國王，並且放置在一座高聳的大教堂裡，那麼我們絕對立刻就可以看出這件禮物的效力。

不論是自願呈獻還是武力搶奪而來的物品，都提供了政治、文化與軍事霸權的重要象徵。一旦取得某件物品並且使用於公共空間當中，即有可能代表土地與人民的順服。由於這個原因，研究歐洲帝國的史學家才會把注意力轉向宮殿、博物館以及展示品，聲稱這些物品屬於整體支配體系當中的一部分，因此值得受到和傳統權力工具一樣的分析。[90]這類地點具有帝國展示會的功能，讓參觀者瀏覽一件件取自殖民地的物品，藉此具體證明帝國統治的光榮以及殖民地臣民的長久尊崇。荷蘭東印度公司呈獻的枝形吊燈雖然代表了恰恰相反的動態，由亞洲國家站在支配地位，歐洲國家居於順服地位，但我們還是應該跟隨馬克萊的論點，為這件象徵物品賦予相同的重要性。如同呈獻給歐洲統治者的禮物，這盞枝形吊燈也代表了某種意義，並且象徵了該公司與幕府將軍的整體關係，而這正是本書的探究焦點。

結論　荷蘭人的日本經驗

要概述荷蘭人的日本經驗所帶有的本質，最好的方法也許是暫時拉大視野，把荷蘭東印度公司與幕府將軍的關係拿來和該公司在亞洲其他地區的狀況互相比較。在威紐斯（George Winius）與文克（Markus Vink）對於荷蘭東印度公司活動的重要研究當中，他們把該公司的發展區分為三個時期：一六〇〇至一六八〇年是積極擴張的階段，一六八〇至一七四八年是競爭時期，一七四八至一七九五年則是「撤退與衰落」時期。[1]本書聚焦於第一個時期，在此階段荷蘭東印度公司擴張快速，在亞洲各地建立了一連串的商館與殖民地，並且在這個過程裡和各式各樣的國家往來，包括小型港口政體乃至龐大的帝國。由於這種多元性，難怪該公司後來與各區域的關係極為多樣，而且一如所料，這些關係也依據對象是東南亞的小型城邦或是像蒙兀兒印度這樣的區域超級強權而極為不同。

在天平兩端的其中一端，該公司占據了比較主導性的地位，逐漸積聚權力，而終究能夠決定雙方交往的條件。這個類別當中主要都是印尼的國家，諸如馬塔蘭、萬丹與望加錫。這些國家在十七世紀初期原本都是強大的對手，最終卻以從屬的角色被納入荷蘭東印度公司的帝國裡。該公司在一路上雖然遭遇了許多（有時是極為嚴重的）挫折，但在這三個案例中卻都在威紐斯與文克闡述的那段漫長擴張時期裡成功提高了自己的地位。先前簡短提過該公司與爪哇島中部的馬塔蘭這個蘇丹國之間的關係，就是該公司權力緩慢成長的一個例子。在阿貢蘇丹（〔Agung〕一六一三－四六年在位）領導下差點征服了巴達維亞的馬塔蘭，經過長時間的演變之後，卻被迫扮演愈來愈從屬性的角色，到了一六七七年甚至必須仰賴荷蘭東印度公司的軍事支持才能壓制內部的異議。[2]在同一個時期，該公司也對港口政體萬丹這個原本的對手獲得愈來愈大的影響力，而終於在一六八四年迫使對方簽署一項片面條約，承認總督的管轄權。

巴達維亞與南蘇拉威西的戈瓦蘇丹國（Gowa，又稱為望加錫）之間的往來也有著類似的演變過程。這個蘇丹國在十六世紀末崛起成為一個商業與軍事強權，而在十七世紀上半葉成為荷蘭東印度公司最頑強的對手之一，能夠動員成千上萬的士兵，而且繁榮的望加錫市也和許多歐洲首都一樣大。[3]該公司在一六〇七年於望加錫設置一間商館，但雙方的關係很快就開始惡化，於是荷蘭人在一六一五年撤出該國。後來斷斷續續延續了五十年的衝突，主要是關於誰控制貿易。荷蘭東印度公司雖然決意對珍貴的香料建立獨占地位，但望加錫卻藉著為外國貿易商（包括葡萄牙人，他們企圖迴避荷屬東印度的限制）提供庇護而興盛繁榮。[4]實際上，就是望加錫的領導者說出那句著名的反駁：「阿拉創造了大地與海洋。他把大地分給不同的人，海洋則是屬於所有人共有。從來沒聽過有人禁止別人航海。」[5]

面對這個蘇丹國帶來的挑戰，巴達維亞的回應就是充分運用自己擁有的一切武器，尤其是積極動員自己的外交和軍事工具。為了對貿易獲取控制權，該公司和歷任蘇丹互通了一連串的信函還有使節團，而那些蘇丹都把總督視為獨立的政治行為者，稱之為「下風處所有土地與堡壘、大小船隻以及所有荷蘭人臣民」的統治者。[6]說服失敗之後，荷屬東印度就立刻改採武力，如同在日本的做法那樣派遣船隻攻擊望加錫海域裡的葡萄牙船運，後來又與這個蘇丹國本身發生一連串的戰爭，分別在一六五三、一六六〇以及一六六六年。[7]其中最後的一場戰爭發揮了決定性的效果，哈桑努丁蘇丹（Hasanuddin）一六五三—六九年在位）被迫簽署邦佳亞條約（Treaty of Bungaya），實質上把望加錫轉變為荷蘭東印度公司的臣屬。

在這三個案例中，該公司都經過一段時間的演變而佔了上風，過程中逐漸增加壓力，終於能夠對原本的對手施加重大的影響力。不過，這種動態絕非標準情形，也有許多其他例子是該公司被逼迫至劣勢的處境，而居於極不穩固的地位。在荷蘭東印度公司的權力顯得沒有那麼可靠的這個廣泛類別當中，往來的對象包括了近代早期亞洲幾個最重要的國家，諸如明朝中國與清朝中國、蒙兀兒印度、薩法維波斯，以及暹羅的大城王國；這些國家擁有的軍事資源都遠遠超越荷蘭東印度公司。可想而知，巴達維亞與這些國家發展出來的關係都各自不同。其中一個最明顯可見的差異，就是該公司和某些國家成功建立了長久的關係，而另外有些互動則是斷斷續續。

舉例而言，荷蘭東印度公司在十七世紀期間與中國雖有時斷時續的往來，卻從來沒有成功建立可長可久的關係。該公司兩度試圖在中國版圖的邊緣占據一席之地，但兩次的結果都是遭到軍事驅逐：一次是在一六二四年，當時明軍艦隊迫使荷蘭人撤離澎湖群島；另一次則是在一六六二年，當時鄭成功的軍隊在台灣摘下了該公司的旗幟。以中國的國土之大、實力之強，雖然在那段時期面對了嚴重的國內動亂以及國內政權崩垮，但荷蘭東印度公司還是從來沒有能力可以發號施令。儘管如此，該公司卻表現出令人意外的強硬姿態，充分運用了特許狀第三十五條為其賦予的權力。於是，如同先前探討過的，該公司在一六二二年實質上對中國宣戰，決心利用其船隻上的大砲壓迫明朝官員對於澎湖群島開放貿易，該公司才剛剛殖民該群島。[8]不過，這種策略在東南亞雖然效果卓著，用來壓迫中國官員卻遠遠沒有那麼有效，因為荷蘭人發現對方不惜以壓倒性的軍事實力回應。實際上，巴達維亞採取的做法所帶來的結果，就是徹底引起中國沿岸官員的注意，促使他們動員部隊將荷蘭人逐出澎湖群島。因此，該公司與明朝中國的第一次長時間往來不是以達成協議收場，而是由該公司撤退至台灣這個位於中國領土範圍以外的區域做結。

明朝滅亡之後，荷蘭東印度公司面對的政治環境又變得更加複雜，必須和兩個對立的中國政體各自經營關係，一方是控制了中國大陸大部分地區的清朝政權，另一方是鄭成功領導的事實海洋國家。該公司與前者往來所偏好使用的工具是正式使節團，陸續派遣了幾個使節團帶著總督的信函與禮物前往北京，試圖以商業上的退讓換取建立軍事結盟關係。[9]在此同時，鄭成功對於該公司造成的威脅也日益升高，原因是他愈來愈有意占領台灣當做反清運動的根據地。情勢的轉捩點和一六二四年一樣，中國當局——這一次是鄭成功——不再能夠容忍荷蘭人的存在，而組織了一支龐大的部隊打算把他們逐出他們在大員建立的要塞。於是，荷蘭東印度公司在根本無力抵擋中國部隊的協同攻擊之下，又再度遭到驅逐，就此實質上退出了中國沿海地區。

相對之下，該公司在暹羅則是與大城王國（一三五一—一七六七）建立了長久的關係。該公司在一六〇八年於暹羅設置了一座商館，從此之後除了幾次零星的中斷之外，在那裡總共營運超過一百五十年，直到一七六五年為止。之所以能夠持續如此之久，一大部分是取決於該公司與大城宮廷的良好關係，因為大城宮廷對於和荷蘭人往來表現了相當熱切的態度。盧昂瑟普（Bhawan Ruangsilp）對於荷蘭人在暹羅的活動提出了絕佳的研究著作，她認為巴達維亞與暹羅的歷代國王發展出了合夥關係，但也指出這樣的關係總是有條件的。[10]此一關係的核心是雙方密切的外交往來，而這樣的往來先是發生在奧蘭治親王與暹羅君主之間，後來則是由巴達維亞取代奧蘭治親王，只見使節團不停往返於荷蘭東印度公司的總部與大城首都。[11]該公司運用外交的能力，又受到另一事實的強化，亦即暹羅不僅將該公司視為商業與外交夥伴，還是重要的軍事盟友。實際上，暹羅歷任國王都一再請求荷蘭官員提供海軍協助，以便對付敵人以及桀驁不馴的臣屬。[12]

如同在中國的狀況，荷蘭東印度公司也沒有能力對暹羅發號施令——該公司的員工把暹羅描述為一個「著名而強大的王國」——但不惜採取強硬的行為，也擁有必要的工具能夠迫使大城王國在關鍵議題上改變政策。[13]這點在一六六三年最為明白可見，盧昂瑟普指出當時巴達維亞認定「荷蘭東印度公司與暹羅國王之間累積已久的一系列問題必須依照該公司設定的條件解決」。[14]巴達維亞為了達成這項目標所選定的機制，就是一種熟悉的常用策略：海軍封鎖。從一六六三年十一月到一六六四年二月，該公司的船隻封鎖昭披耶河，一再扣押暹羅帆船，直到該國國王屈服於巴達維亞的要求為止。根據當時的一份荷蘭報告，這樣的做法造成對方因為「敬畏公司的實力與武器」而簽署條約，對荷蘭東印度公司做出了一系列重要的讓步。[15]這項短暫但高度有效的戰役所帶來的整體效果，就是重設了該公司與暹羅的關係，結局則是對巴達維亞比較有利。

以上這段簡短的探討，把我們帶回了日本以及荷蘭東印度公司之間的經驗。當然，巴達維亞與德川日本發展出了長久的關係，持續達兩個世紀以上，明顯不同於和中國斷斷續續的互動。不過，荷蘭東印度公司在暹羅的大城王國雖然長久占據了一席之地，這項關係卻出人意料地也和日本的例子幾無相似之處。最引人注意的是，我們在日本幾乎完全看不到盧昂瑟普描述的那種有條件的夥伴關係，而是一項明顯不平等的關係，荷蘭東印度公司在其中從頭到尾都被迫扮演從屬性的角色。這種情形無疑有一部分是因為德川幕府身為近代早期亞洲較為強大的一個政權，所以也握有比較大的實力。不過，單純訴諸這項事實並不足以解釋事情為什麼會出現這樣的發展。本書試圖提出的解釋，即是聚焦於該公司在十七世紀一段積極擴張的期間與德川政權發生的一系列有限衝突。

荷蘭東印度公司這個結合了企業與國家特質的混合型組織在一六〇九年抵達日本的時候，不僅帶著船隻與商品前來，還有一套由其特許狀所賦予的主權力量，並且決心要加以運用。該公司後來主張自己在外交、暴力與主權三方面所擁有的權利，引發了一系列與德川幕府的衝突。如同我所指出的，在這些針對該公司是否能夠與幕府將軍進行高階外交往來、是否有權在日本海域內或是對日本的貿易夥伴行使海上暴力，以及是否能夠對大員主張完整主權而發生的衝突當中，就大致決定了該公司與幕府將軍的關係。在這三種衝突當中，每次被迫退讓的都是荷蘭東印度公司，而不是德川政權。儘管每次的退讓方式各自不同，但都是一再捨棄該公司對於自身權利與主權特權的堅持。到了最後，該公司發現自己已然無法運用他們在亞洲其他地區視為理所當然的那些工具。

在暹羅，一個光鮮亮麗的使節團或是一場精心策劃的海上戰役——例如一六六三年發生於昭披耶河的那場戰役——即可將情勢扭轉為對該公司有利，但在日本卻沒有這種武器可以使用。這點在一六三二年明顯可見，當時荷蘭東印度公司因為別無選擇而採取了異乎尋常的做法，交出諾伊茲這名高階官員以求與日本重啟關係。荷蘭官員在這段時期提出的各種評論當中也頻頻指出這種情況。舉例而言，在一六三八年十二月，總督明白解釋了該公司在日本的策略：「日本人不能受到煩擾。你必須發揮最大的耐心，等待適當的時間與機會，才能夠取得成果。他們絕不接受反駁。因此，我們愈是放低姿態，假裝成謙遜卑微的小商人，因為他們的同意才能夠活下去，那麼我們在他們的國度裡就能夠享有更多的恩惠與尊重。這是我們從長期的經驗當中學到的一點。……在日本，再怎麼謙卑都不為過。」[16]

在聯省共和國，公司高層也認同類似的訊息。十七人董事會在一六五〇年發布的著名指示當中提及日本議題的時候指出：「對於我們的官員，我們唯一的指示就是盡力滿足這個高傲、宏大又一絲不苟的國家一切的要求。」[17]董事會成員堅持指出，荷蘭東印度公司官員應當「懷著卑微、謙遜、有禮與友善的姿態前往」，絕對不要試圖對日本政權發號施令，而是要屈從於對方的願望。

不過，重點不僅在於該公司失去了在亞洲其他地區所仰賴的那些有效工具，也是在於身居日本的荷蘭人被納入了國內體系，而且納入的方式與大城的例子相當不同。藉著檢視巴達維亞分別為暹羅國王與德川幕府將軍提供支持的兩場軍事戰役，即可多少感受到這項差異。從一六三三年開始，暹羅的帕拉塞通王（〔King Prasatthong〕一六二九－五六年在位）就試圖引誘荷蘭人參與一場戰爭，對付他的前附庸國北大年，希望藉著承諾利潤豐厚的貿易讓步以換取荷蘭人的海軍支持。[18]這些請求終於在一六三四年獲得成果，促使該公司派遣一小支艦隊參與軍事行動。儘管該公司參戰的實際影響微乎其微，但巴達維亞願意提供支援的做法卻為荷蘭人贏得了眾多的新特權，而大幅提高了他們在暹羅的地位。[19]發生於三年後的島原戰役卻有非常不同的發展。荷蘭人不是在獎賞的承諾引誘下參戰，而是被自己的說詞與過往的承諾綁住，以致不得不跟著幕府將軍的國內臣屬一起自願對付反抗分子。

這兩場戰役的差異彰顯了該公司與幕府將軍的關係所帶有的獨特本質。在日本，荷蘭東印度公司受到了馴化，受制於他們為自己指定的臣屬角色，因此必須負擔許多的相關責任。荷蘭人放棄了先前的主張，不再宣稱自己代表一位強大的外部人物——不管是執政官還是總督——而在自己的異國樣貌如此明顯可見的情況下轉變為日本的國內臣屬。因此，荷蘭東印度公司的代表必須遵行一套為他們量身訂做的參勤交代制度；必須提供軍事服務（不論是直接的軍事服務還是提供情報報告）；被迫放棄關鍵權利（最引人注意的是運用海上暴力的權利），同時接受幕府將軍的法律管轄權（至少是在涉及特定犯行上）；而且也和其他臣屬一樣，必須在展示臣服的表演中扮演角色。這是他們後來極為熟悉的角色，一年年不斷按照劇本演出，以致後來表演與真實變得再也難以區分。不論荷蘭人是貨真價實的臣屬或者只是單純扮演著這樣的表象，其實根本無關緊要；總之就各方面來看，他們的表現都像是幕府將軍的忠心僕人，而且正如《通航一覽》所納入的「服務」這個篇章所顯示的，他們也被視為德川秩序裡一個獨特類別的唯一成員。

本書沒有試圖記錄荷蘭人在日本的歷史，而是打算藉著聚焦於一連串的有限衝突以呈現出一段社會化的過程，顯示荷蘭人如何被迫適應以求在德川秩序當中占據一席之地。鑒於這些衝突幾乎一致都以有利於日本的結局收場，應可明白看出荷蘭東印度公司與德川幕府將軍的關係不全然合乎典型的樣貌，但與歐洲人在亞洲的整體經驗也不是太過不同，所以並非僅限於日本的一項歷史異數。一般的探究雖然都不難理解地傾向於聚焦在直接殖民的發生地點，或是歐洲造成最大影響的關係上——例如荷蘭東印度公司與馬塔蘭、萬丹或望加錫的關係——但這些並非常態。比較常見的情景其實是歐洲人難以主導自己與亞洲往來的條件。最能例示這一點的，堪稱就是荷蘭人與德川日本之間的關係。

如果我們依據彭慕蘭與王國斌等人的著作，而認定亞洲國家在近代早期確實擁有歷久不衰的實力，那麼史學家無疑有義務投注更多心力探究歐洲人融入亞洲秩序的那種漫長整合過程。荷蘭人在日本的經驗顯示歐洲人在亞洲的據點並非總是依循相同的發展過程，從孤立的貿易站成為設有防禦工事的基地，最後再成為完整的殖民地。實際上，由於亞洲存在著實力驚人的國家，因此即便是最強大的歐洲組織也有可能被侷限在特定的飛地當中而完全無法突破。日本對於進軍亞洲的歐洲企業而言是一條象徵性的死胡同，一個使得歐洲企業遭到徹底遏制的地點，因此為過去常見的研究提供了一個珍貴的對比，讓我們看出「歐洲的崛起」並不是從一四九二或一四九七年的發現之旅展開，即從此在後續的數百年間跟隨著某種持續不斷的巨大鼓聲穩定前進。

註釋

引言　馴服荷蘭人

1 一六二七年十一月七日，Daghregister van de reijse gedaen bij Pieter Nuijts ende Pieter Muijser, oppercoopman, als ambassadeurs aen den keijser ende rijcxraden van Japan van 24 Julij 1627 tot 18 Februarij 1628, VOC 1095:491[v]。

2 Major, *Select Letters of Christopher Columbus*, 2。

3 Patricia Seed的開創性研究形塑了對於這些儀式的考證。Seed, *Ceremonies of Possession*。

4 Markham, *The Journal of Christopher Columbus*, 35–36。

5 Elliott, "The Spanish Conquest and Settlement of America", 175。

6 Parker, *The Military Revolution*, 119。

7 De Certeau, *The Writing of History*, xxv–xxvi。

8 Greenblatt在其筆下概括呈現了這種形象：「在哥倫布的發現之後頭數十年間冒險前往新大陸的歐洲人，都擁有一套複雜、發展成熟、尤其是可移動的權力科技：書寫、航海儀器、船隻、戰馬、攻擊犬、有效的裝甲，以及包括火藥在內的高度致命性武器。他們的文化特色是對於自身的中心性懷有極大的信心、政治組織奠基於命令與服從的實踐上、不惜對陌生人以及自己的同胞使用強制性的暴力，而且他們信奉的宗教意識形態，乃是以無窮無盡地複製一位遭到酷刑折磨與殘殺但仍然充滿了愛的神這種形象為中心。」Greenblatt, *Marvelous Possessions*, 9。

9 哥倫布經驗對世界史的扭曲影響已有不少學者檢視過。我自己對於這項議題的想法主要受到Tonio Andrade（歐陽泰）與Robert Markley所影響。Andrade, "Beyond Guns, Germs and Steel"; Markley, *The Far East and the English Imagination* 與 "Gulliver and the Japanese"。

10 Carlo Cipolla在他的著名研究當中指稱軍事科技是促成「歐洲崛起」的關鍵因素。Cipolla, *Guns, Sails, and Empire*。軍事革命論點也帶有一項類似的核心論述，認為軍事科技在歐洲史與世界史當中都占有核心地位。Parker, *The Military Revolution*,

83。

11 Said, *Orientalism*。

12 Singh, *Colonial Narratives/Cultural Dialogues*, 2。

13 Landes在二〇〇六年的"Why Europe and the West?"這篇文章裡提出了類似的論點。

14 Landes, *The Wealth and Poverty of Nations*, 96。

15 Andrade, "Beyond Guns, Germs and Steel", 167。

16 由於篇幅有限，我對於這方面的研究只能指出其中的一小部分。

17 Swope, "Crouching Tigers, Secret Weapons"；Lorge, *The Asian Military Revolution*；Sun, "Military Technology Transfers from Ming China"。

18 包樂史，*Visible Cities and Strange Company*；Andrade, *How Taiwan Became Chinese*；Thompson, "The Military Superiority Thesis"；Scammell, "The Pillars of Empire"。

19 Pomeranz, *The Great Divergence*；Wong, *China Transformed*；Frank, *ReOrient*。

20 Ravenstein, *The Journal of the First Voyage of Vasco da Gama*, 51–63。

21 引用於Boxer, *South China in the Sixteenth Century*, 56–57。

22 Swift, Gulliver's Travels。

23 我絕不是第一個做出這種聯想的人。Linda Colley在她的*Captives*這本絕佳著作的一開頭，就以格列佛與魯濱遜這兩個人物比較歐洲擴張的不同願景。Colley, *Captives*, 1–3。

24 Swift, *Gulliver's Travels*, 39。

25 同上，104。

26 同上，313。

27 Smail, "On the Possibility of an Autonomous History of Modern Southeast Asia"。

28 這種達伽馬時代的概念提出於Panikkar, *Asia and Western Dominance*。關於「夥伴合作的時代」的討論，見Kling and Pearson, *The Age of Partnership*。

29 Furber, "Asia and the West as Partners Before Empire and After"。

30 Ruangsilp, *Dutch East India Company Merchants at the Court of Ayutthaya*。

31 幾年後，Ashin das Gupta對於Furber的架構提出了比較謹慎的重新框架，指稱「那種夥伴合作也許從來不是毫無保留的互相接納，而是在大多數的時間都僅是接受了一種可讓所有人在其中運作的貿易與政治結構」。Das Gupta, "The Indian Ocean in the Eighteenth Century", 132。

32 Subrahmanyam, *The Political Economy of Commerce*, 297。

33 關於相關學術研究的概述，見Vink, "Indian Ocean Studies and the New Thalassology", 56。

34 Felipe Fernández-Armesto以一貫令人難忘的方式概述了這個較為廣泛的論點：「我想像中的銀河博物館員一旦在未來一萬年以接近宇宙邊緣的客觀觀點回顧我們的過往，他們的展示將會以中國為中心，而將西方文明塞在某個小櫥窗的角落裡。」Fernández-Armesto, *Civilizations*, 22–33。

35 在一份重要研究裡，Mark Ravina把德川幕府描述為「複合國家」，並且強調日本各藩的相對獨立性。Ravina, *Land and Lordship in Early Modern Japan*, 27。

36 荷蘭東印度公司本身雖然倒閉，位於日本的荷蘭商館卻一直存續至十九世紀下半葉。

37 Boxer, *The Christian Century in Japan*。這部著作重印於一九六七、一九七四與一九九三年。

38 荒野泰典，《近世日本と東アジア》；以及Toby, *State and Diplomacy in Early Modern Japan*。

39 其中最直接相關的是Reinier Hesselink的開創性研究，這項研究藉著聚焦於一六四三年的布雷斯肯斯事件而直接探究了荷蘭東印度公司與德川幕府之間的關係。這點將在第三章受到更詳細的討論。Hesselink, *Prisoners from Nambu*。松方冬子分析了荷蘭人呈交給德川幕府的情報報告。松方冬子，オランダ風説書と近世日本。此處也應該提及Michael Laver的重要著作。這部著作的焦點雖然不是完全在荷蘭人身上，但書中也有不少篇幅談及荷蘭東印度公司。Laver, *Japan's Economy by Proxy and The Sakoku Edicts and the Politics of Tokugawa Hegemony*。

40 永積洋子與武田萬里子，《平戸オランダ商館イギリス商館日記》。這本書的前半聚焦於荷蘭商館，係由永積洋子撰寫，而他也針對荷蘭東印度公司與日本的關係撰寫了其他不少重要著作。

41 學者對於該將這些權力稱為主權權力還是準主權權力意見分歧。Janice Thomson認為荷蘭東印度公司獲得「賦予了幾乎所有的主權權力」，M. C. Ricklefs則是把這些權力稱為「準主權」。Thomson, *Mercenaries, Pirates, and Sovereigns*, 32；Ricklefs, *A History of Modern Indonesia*, 30。在我看來，由於該公司混合式的本質，實在沒有什麼令人信服的理由不使用「主權」一詞。

42 Van Goor把荷蘭東印度公司稱為一個「混合型國家：採取企業的經營方式，但從事王國般的行為」。Van Goor, "A Hybrid State"。Barendse說得特別貼切，指稱「這些公司在歐洲是商業組織，在亞洲則是國家」。Barendse, *The Arabian Seas*, 299。

43 Van der Chijs, *Geschiedenis der stichting van de Vereenigde O.I. Compagnie*, 130。原始文件的條款沒有標號，但把這個條款稱為第三十五條已經成為標準做法。

44 包樂史，"Amongst Feigned Friends and Declared Enemies", 154。關於這兩種策略

之間不斷的相互影響，見Borschberg, *The Singapore and Melaka Straits*。

45 Gaastra, *The Dutch East India Company*, 60。

46 我以這種方式看待荷蘭東印度公司，受到了Philip Stern針對英國東印度公司所寫的開創性著作影響。他反對「從貿易發展至帝國」的標準論述，而提出了一種「對於東印度公司在普拉西戰役（Battle of Plassey）之前的另類觀點，不是商業組織，也不是盎格魯不列顛國家的一個部門，而是一種獨立的政體與政治社群型態」。Stern, "'A Politie of Civill & Military Power'", 257。另見他的*The Company-State*。

47 引用於Winius and Vink, *The Merchant-Warrior Pacified*, 30–31。

48 舉個不同的觀點，Els Jacobs指稱史學家對於「戰鬥的煙霧與大砲的怒吼」投以太多的關注，而建議將焦點轉回荷蘭東印度公司的商業活動。Jacobs, *Merchant in Asia*, 10。

49 Temple, *The Works of Sir William Temple*, 173–74。

50 Martine van Ittersum證明指出，格勞秀斯在以前的研究當中雖然備受尊崇，被稱為國際法世界體系之父，但他其實是荷蘭在亞洲擴張的關鍵法律共犯。Van Ittersum, *Profit and Principle*。

51 最近的一部著作是Laver, *Japan's Economy by Proxy in the Seventeenth Century*。

52 Goodman, *Japan and the Dutch*, 16。

53 Swift, *Gulliver's Travels*, 223。

54 Kaempfer, *Kaempfer's Japan*。

55 同上，359。

56 東京大學史料編纂所，*Dagregisters gehouden door de Opperhoofden van de Nederlandse Faktorij in Japan*, 6:204。東京大學史料編纂所有一項進行中的計畫，陸續出版日本歷任荷蘭商館館長的日記。這個系列始於庫庫巴卡的一六三三年日記。此後簡稱為*Dagregisters Japan*。

57 Sen, *Distant Sovereignty*, xii–xiii。

58 在一篇重要但極少受到引用的文章裡，George Winius與Markus Vink明白記錄了荷蘭東印度公司的企圖在東亞遭遇了失敗。Winius and Vink, "South India and the China Seas: How the V.O.C. Shifted Its Weight from China and Japan to India"。

59 Markley, *The Far East and the English Imagination*, 246–47。

60 Craig, *Civilization and Enlightenment*, 149。

61 Suzuki, "Japan's Socialization"。

CHAPTER 1——共和國的王室信函

1 Goodman, *Japan and the Dutch*, 10；Mulder, *Hollanders in Hirado*, 53。

2 Goodman, *Japan and the Dutch*, 10。

3 Wills, *Embassies and Illusions*。外交活動在過去十年來又重新開始受到關注。Zoltan Biedermann與Stefan Halikowski-Smith分析了葡萄牙人在亞洲的外交活動。Biedermann, "Portuguese Diplomacy in Asia"；Halikowski-Smith, "The Friendship of Kings Was in the Ambassadors"。本章後續將會談及Richmond Barbour的著作。Markus Vink近來針對荷蘭東印度公司在印度的外交活動所寫的研究著作，出版於本書完成之後。Vink, *Mission to Madurai*。

4 Barbour, *Before Orientalism*, 146–91，以及"Power and Distant Display"。

5 引用於Barbour, "Power and Distant Display", 357。

6 Radwan, *The Dutch in Western India*, 130。Wills（魏而思）提出過類似的論點。Wills, *Embassies and Illusions*, 52。

7 一般而言，德川日本與外國的關係可以區分為兩個組別：外交（通信）與商業（通商）。Bruce Batten將傳統的分類概括如下：「朝鮮與琉球都被視為『外交夥伴國』（通信の國），中國與荷蘭則是沒有正式外交關係的『貿易夥伴國』（通商の國）。」Batten, *To the Ends of Japan*, 44。由於荷蘭東印度公司確實是個為了貿易而成立的商業組織，因此其代表在一六〇九年抵達日本之後顯然應該會直接被歸入第二個這種次主權類別，但實際上卻是恰恰相反。

8 Ravenstein, *The Journal of the First Voyage of Vasco da Gama*, 50。

9 Boxer, *Four Centuries of Portuguese Expansion*, 18。

10 在後來的時期當中，果亞的葡萄牙殖民政府獲得了一個王室印璽，因此得以加快外交往來的過程。Wills, *Embassies and Illusions*, 103。

11 Ravenstein, *The Journal of the First Voyage of Vasco da Gama*, 59。

12 Disney, *A History of Portugal and the Portuguese Empire*, 2:138。

13 同上。

14 Ravenstein, *The Journal of the First Voyage of Vasco da Gama*, 62。

15 Masselman, *The Cradle of Colonialism*, 463。

16 這些人是長官、副手、財政官以及董事會的二十四名成員。Masselman, *The Cradle of Colonialism*, 281。

17 Bruce, *Annals of the Honourable East-India Company*, 132。

18 Ogborn, *Indian Ink*, 42。

19 Markham, *The Voyages of Sir James Lancaster*, 76。

20 同上，78–80。

21 關於這封信的分析，見 Markley, "Riches, power, trade and religion"。Markley 提及伊莉莎白女王要求「亞齊國王以其絕對權力為她的臣民宣告有利的貿易條件」。

22 Ogborn, *Indian Ink*, 40–4。

23 Barbour, "Power and Distant Display"。

24 Foster, *Early Travels in India*, 229–30。

25 同上。

26 關於荷蘭共和國的詳盡介紹，見 Israel, *The Dutch Republic*。

27 Rowen, *The Princes of Orange*, 38。

28 Temple, *The Works of Sir William Temple*, 94。

29 Van Gelderen, *The Political Thought of the Dutch Revolt*, 59。

30 就外交方面而言，荷蘭共和國就如 Frijhoff 與 Spies 指出的，「在歐洲格格不入」。Frijhoff and Spies, *Dutch Culture in a European Perspective*, 93。

31 聯省共和國當然不是歐洲唯一的共和國，威尼斯就是個明顯可見的比較對象。

32 這點直到與西班牙簽署十二年停戰協定之後才有所改變，因為該項協定實質承認了聯省共和國的獨立國家地位。在此之後，包括法國與英國在內的若干歐洲國家才同意把聯省共和國的使者視為全權大使。Israel, *The Dutch Republic*, 405。

33 Gaastra, *The Dutch East India Company*, 17。

34 De Jonge and van Deventer, *De opkomst van het Nederlandsch gezag in Oost Indië*, 2:372。

35 Frijhoff and Spies, *Dutch Culture in a European Perspective*, 94。

36 歷代奧蘭治親王在聯省共和國及其後繼國家的歷史上雖然扮演了重要角色，但他們身為主權親王的頭銜與地位卻是來自於奧蘭治這個位於法國境內的小公國。

37 Troost, *William III the Stadholder-king*, 2。

38 Groenveld, "The King-Stadholder", 19–20。

39 在一六五〇至一六七二年間，國會得以徹底撇開執政官。

40 執政官在外交協商當中的身影受到不少學者注意。C. H. Alexandrowicz 在一九六七年出版的經典著作檢視了歐洲對亞洲擴張的法律面向，他在書中指出：「在談判與協議中正式引進尼德蘭元首〔亦即『荷蘭國王』〕做為交涉的一方，是滿足東印度地區主要強權的要求與渴望的另一種方法。」Alexandrowicz, *An Introduction to the History of the Law of Nations*, 33。另見：Borschberg, *The Singapore and Melaka Straits*, 110–11。Ruangsilp, *Dutch East India Company Merchants*, 31–32。

41 Frijhoff, "The Princely Court at The Hague", 71。

42 同上。舉例而言，國會直至一六三九年才針對執政官在歐洲的外交儀式當中所扮演的角色發布了一套指導方針。Frijhoff指出：「一六三九年的規範對於執政官賦予的功能……〔就是〕代表各省接見使者。」

43 這種情形並非向來都是如此，國會在部分外交談判當中也確實扮演了主要角色。

44 如同本章開頭的引言所示。Groeneveldt, De Nederlanders in China, 34。這句話出現在一名荷蘭艦隊司令於一六〇七年寫給一名中國官員的信件裡。Wassing-visser寫道：「即便是對於最支持共和政體的商人而言……在貿易與商業合約上比較有利的做法仍是純粹在書面上明確把執政官〔稱為〕奧蘭治親王毛里茨元首，或甚至是『Coninck』或『國王』。」我閱讀文獻之後發現，這類稱呼不僅限於書面上。Wassingvisser, *Royal Gifts from Indonesia*, 22–36。

45 De Jonge and van Deventer, *De opkomst van het Nederlandsch gezag in Oost Indië*, 2:372。

46 Keblusek and Zijlmans, *Princely Display: The Court of Frederik Hendrik of Orange and Amalia van Solms*。Frijhoff與Spies指出：「這個小之又小的國家〔奧蘭治公國〕涵蓋了幾座小鎮與十幾座左右的村莊。」Frijhoff and Spies, *Dutch Culture in a European Perspective*, 95。

47 Michiel Jansz. van Mierevelt, *Maurice, Prince of Orange*, Rijksmuseum Amsterdam，物品編號SK-A-255。

48 這項解釋出現在荷蘭東印度公司史料的不少彙編當中。W. Ph. Coolhaas指出：「荷蘭人不可能向亞洲官員說明他們的國家是怎麼受到治理的。」Coolhaas, *Generale Missiven*, 1:13。在另一本刊物中，他堅稱「共和國的組成安排對於亞洲人而言無法理解」。Coolhaas, *Pieter van den Broecke in Azie*, 30。

49 Rouffaer and Ijzerman, *De eerste schipvaart der Nederlanders naar Oost-Indië*, 1:80。

50 Unger, *De oudste reizen van de Zeeuwen naar Oost-Indië*, 15。

51 引自張廷玉，《明史》，卷134。

52 在某些例子裡，把毛里茨稱為君王雖然可能是誤解造成的結果，但同樣明白可見的是，只有把毛里茨直接呈現為「荷蘭國王」才會得到亞洲統治者的回應。

53 Wassing-visser, *Royal Gifts from Indonesia*, 27–8。

54 De Jonge and van Deventer, *De opkomst van het Nederlandsch gezag in Oost Indië*, 3:305；Borschberg, *The Singapore and Melaka Straits*, 110。

55 同上，3:291–92。

56 Van der Cruysse, *Siam and the West*, 47；另見Duyvendak, “The First Siamese Embassy to Holland”。

57 Ruangsilp, *Dutch East India Company Merchants*, 57–70。

58 Purchas, *Hakluytus posthumus*, 2:486。

59 Edmundson, *Anglo-Dutch Rivalry During the First Half of the Seventeenth Century*, 78。

60 我們也知道荷蘭代表對於毛里茨與聯省共和國的描述總是傾向於誇大。一名使者指稱聯省共和國的疆域涵蓋了西歐大部分地區。Vlekke, *Nusantara*, 115。

61 Farrington, *The English Factory in Japan*, 1:778–79。

62 Purchas, *Hakluytus posthumus*, 2:457。

63 Arasaratnam, *Francois Valentijn's Description of Ceylon*, 299。

64 這場遠征的記錄文獻可見於Weider, *De Reis van Mahu en De Cordes*。關於近代的研究，見De Lange, *Pars Japonica*。

65 Farrington, *The English Factory in Japan*, 1:54。

66 關於威廉・亞當斯的細節，見Massarella, *A World Elsewhere*。關於Joosten，見岩生成一，*Jan Joosten*。

67 關於這項關係的記述，見Toyama, *Matsura-shi to Hirado bōeki*。

68 Weider, *De Reis van Mahu en De Cordes*, 3:85–86。

69 崇傳，《異國日記抄》，77–8。加藤（榮一）, "Unification and Adaptation", 215。

70 Weider, *De Reis van Mahu en De Cordes*, 3:42。

71 這封信可見於Weider, *De Reis van Mahu en De Cordes*, 3:81–84。

72 同上，83–84。

73 Opstall, *De Reis van de Vloot*, 2:328。

74 東京大學史料編纂所，大日本史料，series 12，6:457。

75 De Jonge and van Deventer, De Opkomst van het Nederlandsch gezag in Oost Indië, 3:296。荷蘭人雖然知道京都有一位真正的天皇，卻自始至終都將幕府將軍稱為皇帝或者皇帝陛下。

76 一個典型的例子是一名朝鮮大使，他原是稅務部的參議（戶曹），後來晉升為領議政。他雖然明顯是這項工作的合格人選，卻還是受到一名副大使的協助，此人為世子侍講院輔德（教師）。Lee, "Cultural Expressions of Tokugawa Japan and Choson Korea", 136。

77 凡登布羅克與蒲伊克在荷蘭東印度公司的文獻裡通常被描述為商人，但前者至少擔任了上級商務官（opperkoopman）的官階。凡登布羅克原本是麥特利夫艦隊中的一名商人，後來在一六〇七年當上柔佛的商館館長。他在一六一二年因謀殺罪遭到判刑，但後來獲得撤銷。

78 McCune, "The Exchange of Envoys"；另見Toby, "Carnival of the Aliens"。

79 Van Goor, *Prelude to Colonialism*, 27。

80 Ferguson, *The Earliest Dutch Visits to Ceylon*, 381。

81 James Lewis僅僅聚焦於一項價值極高的商品上，而顯示了任何一年在日本境內販售的人蔘都有一大部分是由朝鮮呈獻給幕府將軍。Lewis, *Frontier Contact Between Choson Korea and Tokugawa Japan*, 136。

82 Wap, *Het Gezantschap van den Sultan van Achin*, 16。

83 Van der Chijs, Colenbrander, and de Hullu, *Dagh-register gehouden int Casteel Batavia*, 188。此後簡稱為*Batavia Dagregisters*。

84 Van Spilbergen, *De reis van Joris van Spilbergen naar Ceylon*, 49。

85 東京大學史料編纂所，大日本史料，series 12，6:465。

86 同上。

87 同上，464。

88 De Jonge and van Deventer, *De opkomst van het Nederlandsch gezag in Oost Indië*, 3:294–99。

89 Ogborn, *Indian Ink*, 43。

90 Van Foreest and de Booy, *De Vierde schipvaart der Nederlanders*, 142。

91 Wassing-visser, *Royal Gifts from Indonesia*, 29。

92 斯北科思撰寫的信件，一六一〇年十一月，VOC 1054:1–5。

93 我的探討奠基於毛里茨在一六〇一年發給Jacob van Neck的一項專利。Van Foreest and de Booy, *De Vierde schipvaart der Nederlanders*, 141–44。

94 Miles Ogborn檢視過英國君王寄送的類似信函，而指稱這些文件「試圖利用權勢龐大但不太可能會面的人物之間的個人關係，而在『國家』之間建立貿易關係」。Ogborn, *Indian Ink*, 45。

95 Van Foreest and de Booy, *De Vierde schipvaart der Nederlanders*, 141。

96 同上，145。

97 同上，143。

98 一名觀察者在一六一二年撰文將其描述為「一個自成一格的組織，在這個國家裡擁有強大的權力與實力，但除了為自己的私人利潤著想之外，該公司通常不願額外承認國會的管轄權」。引用於Adams, *The Familial State*, 54。

99 這段引文摘自後來一封送往日本的信函。崇傳，《異國日記抄》，108–25。

100 要重建此一使節任務當中的事件，最重要的參考文獻就是蒲伊克的日記。不過，這部日記雖可讓人對於發生的事情擁有基本概念，卻也短得令人洩氣，與後來的其他大使所留下的詳細記述極為不同。Opstall, *De Reis van de Vloot*, 2:345–63。

101 同上，2:352。

102 後藤庄三郎（一五七一—一六二五）負責主持德川幕府的金幣製造所（金座）。本多正純（一五六五—一六三七）與他的父親本多正信（一五三八—一六一六）都是幕府的重要顧問。德川秀忠在一六〇五年繼任幕府將軍之時，本多正信是他身邊的秘書，而本多正純則是留在駿府服侍德川家康。

103 Opstall, *De Reis van de Vloot*, 2:352。

104 崇傳，《異國日記抄》，17。

105 Ravenstein, *The Journal of the First Voyage of Vasco da Gama*, 62。

106 荒野泰典，江戶幕府と東アジア，26。

107 此表取材自藤井讓二，〈十七世紀の日本：武家の国家の形成〉。

108 日本外交通信遽增的現象探討於Clulow, "Like lambs in Japan and devils outside their land"。

109 來自暹羅的許多使節團就都遭到幕府官員拒斥。岩生成一，"Reopening of the Diplomatic and Commercial Relations"。

110 這段翻譯來自原始日文信函。崇傳，《異國日記抄》，17–20。原本的荷文翻譯也可見於這部文獻裡。〔審定按：原文為「日本國主源家康復章阿蘭陀國主殿下：遠傳書信，再三批閱，則近如對高顏，殊投贈四種之方物，歡悅有餘。抑從貴邦遣異域兵船，大將、裨將，許多軍眾之內，到著本邦松浦津。殊與陋邦，可有和睦堅盟，予所希也。兩國同志，則縱隔千萬里之海陸，年年往來，何有異哉？於陋國正無道令歸有道也。依之。渡海商客，安居必矣。貴邦真如路數人，遺置本邦，可被立館舍之地，着船之湊，任貴國意，分與之。自今以往，彌可修鄰交者也。餘事附在船主舌頭，惟時秋天、殘暑尤甚而已。自啚不備。慶長十四龍集己酉孟秋二十五」〕

111 Toby, *State and Diplomacy in Early Modern Japan*, 178。

112 崇傳，《異國日記抄》，17–20。

113 關於一封致英國國王的類似信函，見Satow, *The Voyage of Captain John Saris to Japan*, lxxviii。

114 近藤守重，外繁通書，收錄於改定史籍集覽，21:140–41。

115 同上。

116 De Jonge and van Deventer, *De opkomst van het Nederlandsch gezag in Oost Indië*, 3: 294–99。

117 不是只有荷蘭人這麼認為。在一六一三年抵達日本的英國東印度公司商人也對於能夠從幕府將軍手上獲得前所未有的優待與特權而深感自滿。

118 Satow, "Notes on the Intercourse Between Japan and Siam in the Seventeenth Cen-

tury", 146。
119 久野吉三郎，*Japanese Expansion on the Asiatic Continent*, 2:305。
120 Jacques Specx，一六一〇年十一月三日的信件，VOC 1054:5。
121 原始日文信函與荷文翻譯都可見於崇傳，《異國日記抄》，108–25。
122 Markley 在英國送往亞洲的信函當中也分析出了類似的模式。Markley, "Riches, Power, Trade, and Religion", 499。
123 舉例而言，見 St. Aldegonde, *A pithie, and most earnest exhortation*。
124 崇傳，《異國日記抄》，113。
125 同上，131–32。
126 東京大學史料編纂所，大日本史料，series 12，9:189。

CHAPTER 2——咬嵧吧國主

1 *Batavia Dagregisters, Anno 1625–1629*，1。
2 諾伊茲的名字在荷蘭東印度公司文獻裡有許多不同拼法，我選擇了最常見的版本。
3 這些可能的禍首全都提出於 Daghregister van de reijse gedaen bij Pieter Nuijts ende Pieter Muijser, oppercoopman, als ambassadeurs aen den keijser ende rijcxraden van Japan van 24 Julij 1627 tot 18 Februarij 1628，VOC 1095:449–509，quote at 462v。此後簡稱為 Nuijts/Muijser *Dagregister*。
4 針對一六二七年使節任務進行的學術研究，大部分都依據巴達維亞的結論而強調了諾伊茲個人的缺陷。包樂史寫道：「諾伊茲一抵達日本……就以他的高傲姿態和隨扈的噱頭深深激起日方的反感，而拒絕讓他接受幕府將軍接見。」包樂史，"Bull in a China Shop", 103。永積洋子指出：「由於他對日本事務的全然無知，因此他的任務也就以失敗收場。」永積洋子，"The Japanese Go-shuinjo (Vermilion Seal) Maritime Trade in Taiwan", 33。我雖然同意這兩種說法，但本章的目標是要探討諾伊茲面對的某些更大的問題。在這些問題造成的障礙下，再怎麼稱職的大使都不可能成功。
5 Roe, *The Embassy of Sir Thomas Roe to India*。
6 一六二七年十月十日，Nuijts/Muijser *Dagregister*, 468v。Roe, *The Embassy of Sir Thomas Roe to India*, 2:497。
7 Gaastra, *The Dutch East India Company*, 39–40。
8 Van Dam, *Beschrijvinge van de Oostindishe Compagnie*, 1:517–31。
9 五月三十日，「征服雅加達王國」的週年紀念日成了身在亞洲的荷蘭東印度公司官

員每年慶祝的日子。關於其中這麼一場慶典，見*Batavia Dagregisters, Anno 1625–1629*，257。

10 De Jonge and van Deventer, *De Opkomst van het Nederlandsch Gezag in Oost-Indie*, 5:248–49。

11 引用於Gaastra, *The Dutch East India Company*, 68。

12 這個進程在十七人董事會失去任命總督的權利之後加快了速度。十七人董事會直接任命了波託與他的繼任者，但一名總督在一六二九年於任上去世之後，巴達維亞的治理委員會沒有等待來自歐洲的決定就選定了接替人選。此舉造成一項至關緊要的先例，並且隨即形成慣例。在此之後，下一任總督人選的決定就都是由巴達維亞做出，再送回共和國接受背書。不過，這不表示十七人董事會從此以後就毫無影響力。每一名總督都必須提出詳盡的報告，說明自己的決策以及記載該公司貿易領域裡的發展。更重要的是，十七人董事會仍然控制人員、船隻與資金的供應。

13 十七人董事會認為這種對於聲望的重視已然過度，因此隨即提出譴責。董事會成員一度寫道：「名聲和榮譽的問題不該受到太多關注，但這點卻經常受到過度重視；在我們的想法中（因為我們是商人），一個人只要能夠不以旁門左道或暴力手段而賺得利潤，就擁有榮譽。」引用於Steensgaard, "The Dutch East India Company as an Institutional Innovation", 255。

14 包樂史，"Amongst Feigned Friends and Declared Enemies", 154。

15 *Batavia Dagregisters, Anno 1641–1642*，75。

16 Israel, *The Dutch Republic*, 323。

17 *Batavia Dagregisters, Anno 1625–1629*，80。

18 關於這座城市的歷史，見Abeyasekere, *Jakarta*。

19 Valentijn, *François Valentijn's oud en nieuw Oost-Indien*, 3:510。

20 *Batavia Dagregisters, Anno 1625–1629*，80。

21 Tavernier, *A collection of several relations & treatises singular and curious of John Baptista Tavernier*, 65。

22 Valentijn, *François Valentijn's oud en nieuw Oost-Indien*, 3:548。

23 Nieuhof, *An Embassy from the East India Company*, 27。

24 Bolling, "Friderici Bollingii Oost-Indisch reisboek", 331。

25 De Haan, *Oud Batavia*, 178。

26 *Batavia Dagregisters, Anno 1631–1634*，97。

27 Frick and Schweitzer, *A Relation of Two Several Voyages Made into the East-Indies*, 203。

28 Zandvliet, *The Dutch Encounter with Asia*, 41。

29 Carel Reyniersz（一六五〇—一六五三年在位）、Joan Maetsuyker（一六五三—一六七八年在位）以及 Cornelis Speelman（一六八一—一六八四年在位）都獲得舉行這樣的喪禮。關於Speelman極度奢華的喪禮，見Stapel, *Cornelis Janszoon Speelman*。這段記述也發表於*Bijdragen tot de taal-, land- en volkenkunde* 94 (1936): 1–121。

30 在果亞，葡萄牙總督也塑造了「準王室形象」。他們做到這一點的方法是利用一艘旗艦、一名個人保鏢，並且經常由隨行人員列隊護送穿越城市，上舉著「象徵性的錦緞華蓋或披帶」，伴隨著號角手與鼓手。Disney, *A History of the Portugal and the Portuguese Empire*, 2:161–62。

31 Tavernier, *A collection of several relations & treatises singular and curious of John Baptista Tavernier*, 65。

32 關於荷蘭東印度公司外交禮儀的一項重要分析，見包樂史，"Queen Among Kings"。

33 Tachard, *A Relation of the Voyage to Siam*, 110。

34 *Batavia Dagregisters, 1679*，620。

35 Tachard, *A Relation of the Voyage to Siam*, 121。

36 *Batavia Dagregisters, Anno 1679*，621。

37 *Batavia Dagregisters, Anno 1647–1648*，94。

38 *Batavia Dagregisters, Anno 1664*，10。

39 De Haan, *Oud Batavia*, 212。Valentijn, *Oud en Nieuw Oost-Indiën*, 3:31。

40 Van Goor, "A Hybrid State", 212。

41 關於一六八九年出使波斯的那支鋪張華麗的使節團，見Valentijn, *Oud en Nieuw Oost-Indie*, 5.2: 250–69。

42 總督在一六五五年寫給中國皇帝的信函就是一個例子。Van Dam, *Beschrijvinge van de Oostindische Compagnie*, 2.1:767–68。

43 隨著時間過去，巴達維亞也獲得了自己的衛星國，例如直接向總督致敬並且為他的軍隊提供士兵的德那第。一個例子可見於Widjojo, *The Revolt of Prince Nuku*, 30。

44 Ruangsilp, *Dutch East India Company Merchants*, 70。

45 Missive aen den coningh uyt den name van sijn hoogheit den heere prince van Orangien, VOC 865: 392–93。

46 凡耐煙羅得（平戶）致巴達維亞的信件，一六二五年十一月十七日，VOC 1087: 237–41。

47 關於這名重要人物的進一步細節將陳述於第六章。

48 Memorie voor de E. Pieter Nuyts, raet van India, gaende voor commandeur over de

vlote naer Tayouan gedestineert, ende van daer voorts in ambassade aen den Keijser van Japan, 10 May 1627，VOC 854: 51–60。

49 包樂史，“Bull in a China Shop”, 102；另見包樂史，“Pieter Nuyts”。

50 引用於Boxer, *The Dutch Seaborne Empire*, 52。

51 Coolhaas, “Een lastig heerschap tegenover een lastig volk”, 27。

52 此處以括號標記的問候語，沒有出現在保存於荷蘭東印度公司檔案當中的這封信件裡，但其他許多文獻都明白顯示這段文字確實存在於交給德川官員的那封原始信件中。

53 Prouisionele Memorie van de die geprojecteert sijn met gesanten de heer Pieter Nuijts, VOC 854:76。

54 Provisionele raminge van schenckagien voor haere keyserlijcke Mayesteit rijcxraden ende andere grooten in Japan VOC 854:72–75。

55 凡耐煙羅得致巴達維亞的斯北科思總督的信件，一六三〇年十月三十一日，VOC 1103:114–17。

56 這項使節任務失敗之後，巴達維亞譴責了該使節團的鋪張「排場」所造成的「浮濫而且驚人的花費」，並且下令諾伊茲親自償還他在日本造成的一切開銷。Leupe, “Stukken betrekkelijk Pieter Nuyts”。

57 Barbour, *Before Orientalism*, 166。

58 Roe, *The Embassy of Sir Thomas Roe to India*, 552。

59 同上，44。

60 Colenbrander, *Jan Pietersz. Coen*, 7.2:1155。

61 這點明白記載於Ogborn, *Indian Ink*, 57–64。

62 Roe, *The Embassy of Sir Thomas Roe to India*, 46。

63 同上，47。

64 Colenbrander, *Jan Pietersz. Coen*, 7.2:1154。

65 凡耐煙羅得致巴達維亞的斯北科思總督的信件，一六三〇年十月三十一日，VOC 1103:114–17。

66 東京大學史料編纂所，大日本史料，series 12，8:646。

67 Colenbrander, *Jan Pietersz. Coen*, 7.2:1154。

68 到了一六二七年，荷蘭東印度公司已得以獲取一小群日本通譯的協助，但他們的能力看起來雖然足以應付日常商業事務，卻顯然不那麼善於準備供德川幕府閱讀的文件。此外，對於翻譯工作雪上加霜的是，所有的荷文文件都必須先翻譯成葡萄牙文再譯入日文，因為葡萄牙文是當時東亞海域的通用語言。關於這些通譯的

探討，見加藤榮一，《幕藩制国家の形成と外国貿易》。

69 凡耐煙羅得致巴達維亞的斯北科思總督的信件，一六三〇年十月三十一日，VOC 1103:114–17。

70 Colenbrander, *Jan Pietersz. Coen*, 7.2:1170。

71 一六二七年九月十九日，Nuijts/Muijser *Dagregister*, 453。

72 一六二七年十月一日，Nuijts/Muijser *Dagregister*, 455v。

73 一六二七年十月一日，Nuijts/Muijser *Dagregister*, 455v–455。

74 Colenbrander, Jan Pietersz. Coen, 7.2:1171。這座寺廟的名稱雖然沒有受到記載，但有可能是本誓寺。這座位於馬喰町的寺廟一度用於接待來自朝鮮的大使。

75 一六二七年十月一日，Nuijts/Muijser *Dagregister*, 455。

76 平戶藩對於外國商人的依賴詳細討論於Clulow, "From Global Entrepôt to Early Modern Domain"。

77 一六二七年十月三日，Nuijts/Muijser *Dagregister*, 456v。

78 同上。播磨藩主伊丹康勝擔任勘定奉行，是德川幕府的財政主管。

79 十月四日，Nuijts/Muijser *Dagregister*, 456。這兩名僧侶幾乎可以確定其中一人是金地院崇傳，也就是《異國日記抄》的編纂者。

80 一六二七年十月四日，Nuijts/Muijser *Dagregister*, 456。

81 Purchas, *Hakluytus posthumus*, 1:486。

82 同上。Greenblatt, *Marvelous Possessions*, 10。

83 一六二七年十月四日，Nuijts/Muijser *Dagregister*, 458v。

84 這些問題及其完整答案可見於一六二七年十月四日，Nuijts/Muijser *Dagregister*, 456–58v。

85 一六二七年十月四日，Nuijts/Muijser *Dagregister*, 458v。

86 一六二七年十月十二日，Nuijts/Muijser *Dagregister*, 470。

87 閱讀後續幾週的日記，有時很難確知究竟是誰在說話，或者哪句話出自何人之口。由於諾伊茲無疑在使節團裡居於主導地位，因此我假定關鍵的陳述都來自於他，而且他控制了使節團成員向幕府官員自我解釋的方式。

88 林復齋，《通航一覽》，4:495。德川幕府在一六二一年回絕了一封來自中國的信函，部分原因是信中對幕府將軍的稱呼不恰當。Toby, "Reopening the Question of Sakoku"。

89 岩生成一，"Reopening of the Diplomatic and Commercial Relations"。

90 同上，15。

91 一六二七年十月十日，Nuijts/Muijser *Dagregister*, 467v。

92 一六二七年十月七日，Nuijts/Muijser *Dagregister*, 462v。
93 一六二七年十月六日，Nuijts/Muijser *Dagregister*, 459。
94 一六二七年十月六日，Nuijts/Muijser *Dagregister*, 460v。
95 同上。
96 Jan Baptist Weenix, Johan van Twist as ambassador to the sultan of Visiapoer, Rijksmuseum，SK-A-3879。
97 一六二七年十月二十四日，Nuijts/Muijser *Dagregister*, 479v。
98 Roe, *The Embassy of Sir Thomas Roe to India*, 553。
99 Barbour, *Before Orientalism*, 155。
100 一六二七年十月十四日，Nuijts/Muijser *Dagregister*, 472v。
101 Ogborn, *Indian Ink*, 62。
102 一六二七年十月七日，Nuijts/Muijser *Dagregister*, 461 and 462v。
103 Colenbrander, *Jan Pietersz. Coen*, 7.2:1226–27。
104 一六二七年十月七日，Nuijts/Muijser *Dagregister*, 460。
105 一六二七年十月七日，Nuijts/Muijser *Dagregister*, 462v。
106 一六二七年十一月六日，Nuijts/Muijser *Dagregister*, 487v。
107 Roe, *The embassy of Sir Thomas Roe to India*, 140。
108 關於最初那些使節團的細節，見 Wills, *Pepper, Guns, and Parleys*。
109 一六二七年十月六日，Nuijts/Muijser *Dagregister*, 459。
110 Toby, *State and Diplomacy*, 234。
111 W. J. Boot指出：「外交往來被視為確認既有關係的儀式。使節團的目的不在於討論問題，而是以合乎儀式的方法確認既有的關係。」Boot, "Maxims of Foreign Policy", 11。
112 一六二七年十月六日，Nuijts/Muijser *Dagregister*, 459。
113 以來自朝鮮的使節團為例，大部分的協商都是透過宗氏家族進行。
114 一六二七年十月六日，Nuijts/Muijser *Dagregister*, 459。
115 一六二七年十月九日，Nuijts/Muijser *Dagregister*, 465。
116 一六二七年十一月三日，Nuijts/Muijser *Dagregister*, 483。
117 一六二七年十月十日，Nuijts/Muijser *Dagregister*, 469v。
118 一六二七年十月三十日，Nuijts/Muijser *Dagregister*, 481。
119 一六二七年十月十日，Nuijts/Muijser *Dagregister*, 468。
120 一六二七年十一月五日，Nuijts/Muijser Dagregister, 484。土井利勝（一五七三—一六四四）是德川秀忠身邊長期以來最有影響力的顧問。身為長老（年寄）的他，

後來又獲得德川家光拔擢為高級顧問（老中）。

121《異國日記抄》，189–90。

122 關於其中的細節，見 Leupe, "Stukken betrekkelijk Pieter Nuyts, 1631–1634"。

123 一六二七年十一月六日，Nuijts/Muijser *Dagregister*, 489。

124 一六二七年十一月五日，Nuijts/Muijser *Dagregister*, 484。

CHAPTER 3——幕府將軍的忠心臣屬

1 Kaempfer, *Kaempfer's Japan*, 187。

2 我沒有把 Frisius 率領的一六四九年使節團涵蓋在內，這個使節團探討於 Hesselink, *Prisoners from Nambu*。

3 探討荷蘭人身為臣屬這種概念的著作少之又少，最精闢的分析是永積洋子寫的一篇短文。永積洋子，"オランダ人の受けた御恩と御奉公."

4 Colenbrander, *Jan Pietersz. Coen*, 5:163。

5 諾伊茲（大員）致巴達維亞的卡本提耳總督的信件，一六二八年二月二十八日，VOC 1094:135–40。

6 Remonstrantie aen de heeren rijcxraden van Sijne Keyserlijcke Mayesteyt in Japan pr. den E. Willem Janssen derwaerts gesonden, 24 July 1630，VOC 855，未編頁碼。Antwoorde op de ontfangene missive van Phesodonne, VOC 855，未編頁碼。

7 Remonstrantie aen de heeren rijcxraden van Sijne Keyserlijcke Mayesteyt in Japan pr. den E. Willem Janssen derwaerts gesonden, 24 July 1630，VOC 855，未編頁碼。

8 *Dagregisters Japan*, 3:302, 4:262, 4:295。

9 同上，6:204。

10 布勞威爾總督致日本皇帝的信件，一六三三年五月三十一日，VOC 856:234–35v。

11 *Dagregisters Japan*, 1:43。

12 斯北科思這封一六三〇年信函的譯本可見於永積洋子，《平戸オランダ商館イギリス商館日記》，1:425–38。一六四二年的信函可見於金井円，《日蘭交渉史の研究》，368–78。

13 此處的概略陳述不足以闡釋譜代大名的多樣性。關於這個群體的經典研究來自於 Harold Bolitho，他指出：「史學家當中有個普遍的傾向，就是把他們〔譜代〕視為一群沒有差異的團體。不過，必須注意的是不同群體之間的界線並未受到非常明確的定義。譜代與外樣的邊緣有互相重疊之處。Bolitho, *Treasures Among Men*, 47。

14 Najita, *Japan*, 20。

15 Remonstrantie aen de heeren rijcxraden van Sijne Keyserlijcke Mayesteyt in Japan pr. den E. Willem Janssen derwaerts gesonden, 24 July 1630，VOC 855，未編頁碼。

16 荷蘭人原本把豐臣秀賴描述為「故皇帝〔豐臣秀吉〕之子……就血統上而言是日本的合法皇帝，但因為情境的變化而沒有掌握統治權」。東京大學史料編纂所，大日本史料，series 12, 8:606。

17 Colenbrander, *Jan Pietersz. Coen*, 7.1:6–30。

18 日本商館一六一五年九月二十六日決議，VOC 1061:252。

19 Macleod, *De Oost Indische Compagnie als Zeemogendheid in Azie*, 1:307。

20 *Dagregisters Japan*, 6:198。

21 *Dagregisters Japan*, 4:128。

22 *Dagregisters Japan*, 6:201–2。

23 *Dagregisters Japan*, 1:43–44。

24 *Dagregisters Japan*, 4:295。

25 一六二七年十月七日，Nuijts/Muijser *Dagregister*, 462。

26 舉例而言，見Vogel, *Journaal van J. J. Ketelaar's hofreis naar den Groot Mogol te Lahore*。關於這支奢華使節團的視覺呈現，見Zandvliet, *The Dutch Encounter with Asia*, 124–26。

27 *Dagregisters Japan*, 4:60。

28 Hesselink, *Prisoners from Nanbu*, 133。

29 *Dagregisters Japan*, 1:155。

30 舉例而言，Goodman指稱參府源自荷蘭人在一六〇九年獲得授與的權利。Goodman, *Japan and the Dutch*, 25。

31 金井円，《日蘭交涉史の研究》，172。荷蘭人雖然在一六三四年之前就造訪過宮廷，但這種活動卻是在這一年才成為正式要求。

32 Toby, *State and Diplomacy*, 36–37與48–49。

33 根據一個經常受到引用的數字，朝鮮派遣單獨一支使節團的總成本就高達一百萬兩。Lee, "Cultural Expressions of Tokugawa Japan and Chosŏn Korea", 214。

34 關於外交信函在朝鮮派往日本的使節團當中所扮演的中心角色，見同上，163。

35 Toby, *State and Diplomacy*, 185。

36 舉例而言，在參勤交代制度建立之前，平戶藩的大名就經常造訪幕府將軍的總部。他在一六一五至一六一九年間從事了四次這樣的旅程，每次停留幾個月。

37 Lu, *Japan: A Documentary History*, 2:208。

38 關於這項制度最近期的研究，見Vaporis, *Tour of Duty*。

39 Ikegami, *The Taming of the Samurai*, 158。

40 Kaempfer, *Kaempfer's Japan*, 280。

41 Dagregister Zacharias Wagenaer, 2 November 1656 to 26 October 1657，NFJ 70，未編頁碼。以下簡稱為 Wagenaer *Dagregister*。這部日記有一份絕佳的英文摘要，見 Viallé and Blussé，*The Deshima Dagregisters*, 12:272–328。瓦赫納爾是經驗豐富的荷蘭東印度公司員工，最後一項職務是擔任該公司南非殖民地的長官。

42 舉例而言，該公司因為島原之亂而獲准略過一六三七年的參府活動。

43 *Dagregister Japan*, 1:155。簡單比較這兩種曆法的差異，日本年在一六三三年始於二月九日，在一六三四年始於一月二十九日，在一六三五年則是始於二月十八日。

44 瓦赫納爾獲得接見的時間是在一六五七年二月二十七日，亦即明曆三年一月十五日。次年的接見時間是一六五八年二月十七日，亦即萬治一年一月十五日。但在一六五九年，接見時間卻是三月九日，亦即萬治二年一月二十八日。這些日期羅列於金井円，《日蘭交涉史の研究》，172–92。

45 荷蘭人不是每次都精確遵守這個時間表。舉例而言，在一六六一年，也就是新要求提出之後的第一年，主要群體直到日本曆的二月二日才出發，但為他們載運物品的駁船倒是依照正確的日期出發。

46 Kaempfer, *Kaempfer's Japan*, 280。原本的參勤交代命令要求所有參與的大名都必須在四月前往江戶，但隨著愈來愈多的諸侯被納入這套制度當中，也就必須排定各自不同的時間，以免造成擁擠以及在路程上發生衝突的情形。經過一段時間的演變之後，大名於是被劃分成不同的群體，並且像荷蘭人一樣受到規定確切的出發與抵達日期。

47 兩年後，德川幕府提出一項新規定，要求荷蘭人從長崎走陸路橫越九州到下關，然後再搭船前往大阪。

48 Viallé and 包樂史，*The Deshima Dagregisters*, 12:284。

49 Kaempfer, *Kaempfer's Japan*, 285。

50 Nachod，十七世紀日蘭交涉史，452。

51 Vaporis 指出，這項要求可能耗掉各藩多達百分之七十五的有效收入。Vaporis, *Tour of Duty*, 2。

52 Viallé and 包樂史，*The Deshima Dagregisters* 12:286。

53 這類稱為立禮的接見儀式適用於階級在從五位下以下的大名。在這種儀式當中，幕府將軍站在大廳的低處，遮蔽在一片簾幕後方，大名則是排列整齊站在他面前。接著，兩名顧問拉開簾幕，然後大名即對幕府將軍深深鞠躬行禮。竹內誠，德川幕府事典，79–80。

54 一六五七年二月二十七日，Wagenaer *Dagregister*。

55 一六五四年三月十六日，Dagregister Gabriel Happart, NFJ 67，未編頁碼。

56 一六五七年二月二十七日，Wagenaer *Dagregister*。

57 關於這類接見的圖解，見竹內誠，德川幕府事典，80。

58 林復齋，《通航一覽》，6:212。

59 一六五四年三月十六日，Dagregister Gabriel Happart, NFJ 67，未編頁碼。

60 大広間周圍的遊廊用於舉行參與者眾多的特定重要典禮，例如天皇任命幕府將軍的典禮（將軍宣下）。不過，參府活動似乎自成一格，原因是荷蘭人在遊廊上表現順服的時候，面對的是空蕩蕩的大廳。

61 林復齋，《通航一覽》，6:212。商館館長不是向來都只能待在遊廊上，有幾年的接見儀式明顯舉行於大廳的地墊上。舉例而言，在一六六五年四月十六日，Jacob Gruijs伏地磕頭「抵在墊子上（op de matten）」。一六六五年四月十六日，Dagregister Jacob Grujs, NFJ 131，未編頁碼。相對之下，前一年的接見儀式則是舉行於「遊廊的木地板（plancken）上」。一六六四年四月二十四日，Dagregister Wilhelm Volger, NFJ 77，未編頁碼。

62 Toby, *State and Diplomacy*, 190。

63 片桐一男，Edo no Orandajin: Kapitan no Edo sanpu, 69。片桐一男提及呈獻給幕府將軍的禮物稱為「獻物」，送給幕府官員的禮物則稱為「進物」。《德川實紀》把荷蘭人的禮物一律稱為「入貢」。成島司直，《德川實紀》，3:38。

64 Tsukahira, *Feudal Control in Tokugawa Japan*, 65。

65 一六六四年五月二日，Dagregister Wilhem Volger, NFJ 77，未編頁碼。這場儀式的另一項記錄可見於林復齋，《通航一覽》，6:225。

66 竹內誠，德川幕府事典，91。

67 林復齋，《通航一覽》，6:223。

68 完整的命令內容見林復齋，《通航一覽》，6:225。一六七七年發布的一項命令有個完整翻譯版本，見Kaempfer, *Kaempfer's Japan*, 231。

69 Meijlan, *Geschiedkundig overzigt van den handel der Europezen op Japan*, 355–356。關於這些報告的決定性研究，見松方冬子，《オランダ風說書と近世日本》。

70 松方冬子，《オランダ風說書と近世日本》，4。

71 Viallé and Blussé，*The Deshima Dagregisters*, 13:186。

72 *Dagregisters Japan* 9:127，一六六四年五月一日，Dagregister Wilhem Volger, NFJ 77，未編頁碼。

73 關於荷蘭代表與德川官員對於這兩個人物的討論，見Viallé and Blussé，*The Deshima*

Dagregisters, 11:189。

74 Reischauer, "Japanese Feudalism"。

75 Roberts, *Performing the Great Peace*。

76 同上，15。

77 同上，3。

78 同上，15。

79 藩的性質至今仍然持續受到辯論。關於此一辯論的一項充分描述，見Toby對於Luke Roberts與Mark Ravina的著作所撰寫的評論。Toby, "Rescuing the Nation from History"。

80 Roberts, *Performing the Great Peace*, 8。

81 關於荷蘭人造訪宮廷的眾多描述，可見於成島司直，《德川實紀》。這部包含了許多官方記錄的文獻，是在十九世紀上半葉由林氏學者編纂而成。

82 關於一些代表性的記錄，見同上，3:38，3:69，3:299。

83 一六五四年三月十六日，Dagregister Gabriel Happart, NFJ 67，未編頁碼。

84. 金井円，《日蘭交涉史の研究》，172–92。

85 Doeff, *Recollections of Japan*, 82。

86 同上，81。

87 Kaempfer, *Kaempfer's Japan*, 188；Hawks, *Narrative of the Expedition of an American Squadron*, 38。

88 Doeff, *Recollections of Japan*, 24。

89 Goodman指出德川幕府「決定測試這些外國人大聲嚷嚷的忠心究竟是不是真的」。Goodman, *Japan and the Dutch*, 14。

90 庫庫巴卡致范迪門的信件，一六三八年十一月九日，NFJ 483: 382–404，尤其是383。

91 我要特別感謝為我審核手稿的人士針對這一段所提出的精闢評論。

92 荷蘭東印度公司確實偶爾同意在亞洲統治者對付其敵人的戰役中提供協助，但條件是必須為此獲得豐厚的獎賞。這類戰役與該公司參與島原事件的差別，在結論當中有簡短的探討。

93 我同意山本博文的看法，他以深具說服力的論點指出攻打馬尼拉的一六三七年提議並不是由身在江戶的幕府將軍提出，而可能是長崎官員自己的計畫。山本博文，《寛永時代》，54–55。

94 Blair and Robertson, *The Philippine Islands*, 27:229–30。

95 岩生成一，〈松倉重政の呂宋島遠征計画〉。

96 *Dagregisters Japan*, 3:55。長崎奉行在這個時期分由兩名官員擔任。由於長崎受到幕府控制，因此他們直接向江戶負責。

97 同上，3:57。

98 關於馬尼拉防禦設施的當代描述，見 *Dagregisters Japan*, 3:155。

99 同上，3:64。

100 同上，3:64–65。

101 同上。

102 日本商館一六三七年十一月三日決議，VOC 1124:30–31。

103 Commelin, *Begin en Voortgangh*, 4:126。

104 *Dagegisters Japan*, 3:84–85。

105 Geerts, "The Arima Rebellion and the Conduct of Koeckebacker", 61。Geerts彙編了幾份與該公司涉入島原事件有關的重要文件。

106 對於德川政權的回應所進行的分析，見 Keith, "The Logistics of Power"。

107 庫庫巴卡致馬場三郎左衛門利重的信件，一六三八年一月十七日，VOC 483:372。

108 *Dagregisters Japan*, 3:98。

109 同上，3:102–3。

110 庫庫巴卡致末次茂房平藏的信件，一六三八年二月十五日，VOC 483:373。

111 *Dagregisters Japan*, 3:110。

112 *Dagregisters Japan*, 3:114。

113 *Dagregisters Japan*, 3:125。

114 *Dagregisters Japan*, 3:115–25。

115 *Dagregisters Japan*, 3:126。

116 *Dagregisters Japan*, 3:123。

117 庫庫巴卡致范迪門的信件，一六三八年十一月九日，NFJ 483:382–404，尤其是382–83。

118 舉例而言，荷蘭人受到指示攻擊他們在前往日本途中遇到的任何伊比利半島船運，藉此消除天主教對日本的威脅。*Dagregisters Japan*, 5:46–47。

119 Alexandrowicz, *An Introduction to the History of the Law of Nations*, 33。

120 Heeres and Stapel, *Corpus Diplomaticum*, 483–85。

121 Van Goor, *Prelude to Colonialism*, 44–45。

122 Wilson, *The Early Annals of the English in Bengal*, 2:65。

123 Sen, *Distant Sovereignty*, xv。

124 Aitchison, *A Collection of Treaties, Engagements, and Sunnuds*, 60 and iv。

125 關於英國人身為蒙兀兒帝國臣屬的概念所帶來的最終結果，見Edwards, *Reminiscences of Bengal Civilian*, 55。

126 林復齋，《通航一覽》，6: 264–305。這一節的完整標題是「御奉公筋」。

CHAPTER 4——驚濤駭浪

1 感謝Itinerario的編輯允許翻印以下這篇文章的部分內容：Clulow, "European Maritime Violence and Territorial States"。

2 Barendse, *The Arabian Seas*, 493–94。

3 一個經常受到引用的例子，就是達伽馬在一五〇二年於卡利卡特外海擊敗一支龐大許多的穆斯林艦隊。

4 Cipolla, *Guns, Sails, and Empires*；Parker, *The Military Revolution*。Parker聚焦於十六與十七世紀的軍事科技變化以及這些變化對整體歷史發展造成的影響。他主張火藥武器的擴散與堡壘設計的改變造成軍隊的規模大幅膨脹。這些改變共同造就一項轉變了歐洲的革命，促成能夠發動這種新式戰爭的中央集權國家崛起。不過，他的論點不僅限於歐洲大陸，而且正如他這部著作的書名所顯示的，他認為軍事科技——尤其是搭載大砲的船隻——能夠解釋一五〇〇年之後的「西方崛起」。

5 Parker, *The Military Revolution*, 83。

6 Casale, *The Ottoman Age of Exploration*。

7 Subrahmanyam, "Of Imârat and Tijârat"；歐陽泰，"Beyond Guns, Germs, and Steel"。Andrade在他最近的一部著作裡稍微修正了自己的立場，重新評估「舷側砲帆船」在鄭成功與荷蘭人為了台灣而發生的衝突當中所具有的重要性。Lost Colony, 13。鄭氏海上帝國的強大力量詳述於杭行（Xing Hang）的論文裡。Hang, "Between Trade and Legitimacy, Maritime and Continent"。

8 Philip Steinberg主張海洋地圖在十七世紀出現了改變，從原本將海洋呈現為「社會與自然在其中互動的一片可怕荒野，變為……一個可供個別船隻穿越的空白空間」。Steinberg, *The Social Construction of the Ocean*, 105。

9 Grotius, *Commentary on the Law of Prize and Booty*。

10 Grotius, *Hugo Grotius Mari libero et P. Merula De maribus*。

11 Benton, A Search for Sovereignty, 34。

12 同上，160。

13 同上，105。Benton的討論確實及於亞洲國家，而且她也談到蒙兀兒官員確保關鍵海洋航線安全的方法。

14 這句話一般皆認為是出自古吉拉特的巴哈杜爾沙之口。Pearson, "Merchants and states", 97。Pearson主張「蒙兀兒帝國歷任皇帝及其貴族的心態全都是以陸地為主……海洋在他們的心目中是奇特、罕見，而且怪異的東西」。Pearson, *The Indian Ocean*, 116。

15 在近來一篇重要的文章裡，Sebastian Prange反駁了長久以來認為葡萄牙人最早將政治引進印度洋的概念，而指出印度各國向來都對海洋領域深感興趣。Prange, "A Trade of No Dishonor"。

16 Das Gupta, "Indian Merchants and the Western Indian Ocean", 494。其他學者也把這種動態描述為「恐怖平衡」(Farhat Hasan)、「脆弱的平衡」(Sanjay Subrahmanyam)，或者「微妙的平衡」(Om Prakash)。Hasan, "Conflict and Co-operation in Anglo-Mughal Trade Relations", 352；Subrahmanyam, "Forcing the Doors of Heathendom", 137；Prakash, "The Mughal Empire and the Dutch East India Company", 192。

17 Subrahmanyam, *The Political Economy of Commerce*, 276。

18 根據一項經常受到引用的估計，荷蘭東印度公司的私掠船在十七世紀頭二十年間擄獲了一百五十至兩百件戰利品。Enthoven, *Zeeland en de opkomst van Republiek*, 212–13。

19 Andrade, "The Company's Chinese Pirates", 417。Borschberg提及「掠奪財物不僅是該公司經濟資產的基石，也是荷蘭在亞洲建立殖民帝國的基礎」。Borschberg, "From Self-Defence to an Instrument of War", 35，以及*The Singapore and Melaka Straits*。

20 Van Santen, "Trade Between Mughal India and the Middle East, and Mughal Monetary Policy", 93。Subrahmanyam也提過幾乎一模一樣的論點。Subrahmanyam, *The Political Economy of Commerce*, 282。

21 Boot, "Maxims of Foreign Policy", 15。

22 德川政權在這段時期雖然對成立艦隊表現了若干興趣，卻沒有真正有效的海上部隊。德川幕府航海發展初期的關鍵人物是向井忠勝，Richard Cocks將他稱為「海洋司令」。Farrington, *The English Factory in Japan*, 1:556。

23 十九世紀一個比較著名的例子發生在一八五〇年，當時一位人稱Don Pacifico的英國臣民在希臘遭遇傷害損失，英國船隻於是封鎖希臘沿海，並且威脅比照那人的損失劫奪價值相等的船運。

24 引用於van Ittersum, *Profit and Principle*, 86。

25 Subrahmanyam批評部分學者總是傾向於假定荷蘭人使用暴力必然是出於理性考量，並且是為了追求明確界定的目標。Subrahmanyam, "Forcing the Doors of Hea-

thendom", 135。

26 Groeneveldt, *De Nederlanders in China*, 319。

27 Prakash, "The Mughal Empire and the Dutch East India Company", 192–95。

28 Van Dam, *Beschrijvinge van de Oostindische Compagnie*, 2.3:19。

29 同上，2.3:20。

30 同上，2.3:22。四十萬盧比約等於八萬荷蘭盾。

31 Heeres and Stapel, *Corpus Diplomaticum*, 1:521–28。

32 Coolhaas, *Generale Missiven*, 2:375。

33 引用於Steensgard, "The Dutch East India Company as an Institutional Innovation", 255。

34 引用於Barendse, *The Arabian Seas*, 131。

35 關於這種船隻，最重要的研究作品是岩生成一那部經典專著的修訂版。岩生成一，《朱印船貿易史研究》。至於較近期的著作，見永積洋子，《朱印船》。

36 造訪日本之後就離開的外國船隻不需要這樣的通行證。

37 獲得這種證件的人員包括一名琉球人、十一名中國人，以及十二名歐洲商人。岩生成一，《朱印船貿易史研究》，224。

38 這些信函收錄於近藤守重，《外藩通書》。

39 Innes提出建立朱印狀制度的第三個理由：把既有的貿易目的地平均分配於以日本為基地的商人之間。Innes, "The Door Ajar", 117–18。

40 Philip Brown把德川政體描述為一個誇耀型國家，「名義上的權威與能力之間的差異相當大」。Brown, *Central Authority and Local Autonomy*, 232–33。

41 關於武威的討論，見朝尾直弘，〈鎖国制の成立〉。荒野泰典指出：「虛幻的軍事至高地位……成了德川外交政策的常態。」荒野泰典，"The Formation of a Japanocentric World Order", 207。

42 荒野泰典，"The Formation of a Japanocentric World Order", 212。

43 葡萄牙人在一六〇八年處死了一艘朱印船上的水手，西班牙人在一六二八年於暹羅附近摧毀了一艘朱印船，荷蘭人也在同一年短暫扣押了一艘朱印船。最後這起事件將在第六章探討。

44 關於這起事件最詳細的記述，見Boxer, *Portuguese Merchants and Missionaries*, 1–90。

45 引用於同上，87。關於一名幕府官員對於事情經過所提出的解釋，見Boxer, *The Christian Century in Japan*, 430–31。

46 Colenbrander, *Jan Pietersz. Coen*, 7.2:802。

47 同上。

48 Farrington, *The English Factory in Japan*, 2:1187。這項指示的下達對象是一支由荷蘭與英國東印度公司的船隻組成的聯合艦隊。

49 Blair and Robertson, *The Philippine Islands*, 18:229。

50 一六二五年，一艘荷蘭船隻在越南外海遇到一艘陌生的帆船。這艘船由Itami Shirōbei與Asari Sukeuemon這兩名商人包租，原本屬於一項受到合法授權的朱印船航程，但在抵達交趾支那之後即私自行動。荷蘭東印度公司的船隻依照標準程序派遣一艘小艇前往調查該艘帆船。面對盤問，帆船船長表示他們是從交趾支那出發的日本水手。不過，這艘船以及船員的組成卻全然不是那麼一回事。這艘帆船明顯可見是包租於東南亞的另一座港口，船員主要都是看起來與日本沒有關係的中國人與葡萄牙人。更具揭露性的是，帆船船長也提不出朱印狀這項所有日本船隻都必須攜帶的關鍵證件。該公司原本就已起疑，接著又因為帆船上的一名船員突然搭乘一艘小船逃離而更加深其疑心，於是荷蘭船長就下令沒收帆船上的貨物。Itami與Asari返回日本之後，隨即提起申訴要求荷蘭方面全額賠償他們的損失。該公司雖然提出異議，結果卻還是同意為這起事件做出賠償。Provisioneel concept om te dienen tot antwoorde op seeckere remonstratie bij eenige Japanse cooplieden aen de heeren van Nangasackij ende Firando overleveert, VOC 852:80–82。

51 Cocks, *Diary Kept by the Head of the English Factory*, 1:318。

52 Coolhaas, "Een Indisch Verslag uit 1631", 90。

53 引用於Viallé, "In Aid of Trade", 59。

54 Pearson, *The Indian Ocean*, 121。

55 這是荷蘭與英國商人在日本聽聞的謠傳。Coolhaas, *Generale Missiven*, 1:149；Cocks, *Diary Kept by the Head of the English Factory*, 3:60。

56 Van Ittersum, *Profit and Principle*；Borschberg, "The Seizure of the *Sta. Catarina* Revisited"；Wilson, *The Savage Republic*。

57 Subrahmanyam在一篇重要的文章裡提及一種「傾向，習於討論衝突而不談及衝突發生的場域本身，而且也無視於亞洲、美洲或非洲的政治與社會情境」。Subrahmanyam, "The 'Pulicat Enterprise'", 17。

58 引用於Masselman, *The Cradle of Colonialism*, 150。

59 Borschberg, "The Seizure of the *Sta. Catarina* Revisited", 35。

60 同上，50。

61 Van Ittersum指出：「聖卡塔琳娜號是否會被宣告為合法戰利品絕非確切無疑的定局。」Van Ittersum, *Profit and Principle*, 113。

62 Grotius, *Commentary on the Law of Prize and Booty*, 15。

63 同上，514。

64 同上。

65 Van Ittersum, *Profit and Principle*, 24。

66 同上，54。

67 Benton, *A Search for Sovereignty*, 131。

68 Grotius, *Commentary on the Law of Prize and Booty*, 380。

69 Van Ittersum, *Profit and Principle*, 29。

70 Grotius, *Commentary on the Law of Prize and Booty*, 392。

71 Borschberg, "The Seizure of the *Sta. Catarina* Revisited", 56。

72 Disney, *A History of Portugal and the Portuguese Empire*, 2:184。

73 Boxer, Portuguese Merchants and Missionaries, 10–16。確切數字是一千四百石，一石約等於六十公斤。

74 關於德川日本的基督教活動有一項詳細的檢視，見Boxer, *The Christian Century in Japan*。

75 葡萄牙商人非常清楚這種關聯的危險性。Boxer, "The Swan-Song of the Portuguese in Japan"。

76 這項停戰協定是八十年戰爭的一個關鍵轉捩點，在歐洲從一六〇九年持續至一六二一年。

77 卡姆帕斯致阿姆斯特丹商會的信件，一六一六年十月十日，VOC 1063:102–3。

78 Farrington, *The English Factory in Japan*, 2: 1189。關於前往菲律賓的航海指示，見岩生成一，*Early Japanese Settlers in the Philippines*。

79 Linschoten, *Itinerario*。

80 Kaempfer, *Kaempfer's Japan*, 36。

81 記載十六世紀倭寇猖獗現象的中國記錄，把女島指為日本的一部分。這座島嶼也出現在出版於一六一八年的日本航海指南《元和航海圖》。感謝Peter Shapinsky向我指出這一點。

82 日本商館一六一五年八月十八日決議，VOC 1061:247。日本商館的委員會在一六一五年八月十八日至一六一六年三月二日之間通過的決議，形成了聖安東尼奧號事件最重要的根據。

83 Berry, "Public Peace and Private Attachment", 242。

84 Ikegami（池上英子）, *The Taming of the Samurai*, 153。

85 Berry, "Public Peace and Private Attachment", 242。

86 Shapinsky, "Lords of the Sea", 442。

87 藤木久志，《豊臣平和令と戦国社会》，228。

88 日本商館一六一五年十一月七日決議，VOC 1061:253ᵛ。

89 日本商館一六一五年八月十八日決議，VOC 1061:247。

90 同上。

91 日本商館一六一五年九月十日決議，VOC 1061:249ᵛ。

92 蘭登斯汀受到的注意雖然比不上威廉·亞當斯，但他也扮演了類似的角色，擔任幕府將軍的非正式顧問。如同亞當斯，他也大幅膨脹自己的影響力。關於這名遭到忽略的人物，見岩生成一，*Jan Joosten*。

93 日本商館一六一五年九月十日決議，VOC 1061:249ᵛ。

94 日本商館一六一五年十月二十八日決議，VOC 1061:250ᵛ–250。這個總數是加總個別金額之後的概數。

95 同上，250ᵛ。

96 Colenbrander, *Jan Pieterz. Coen*, 1:203。Elbert Woutersen，一六一五年九月六日信件，NFJ 276。

97 Cocks, *Diary Kept by the Head of the English Factory*, 1:55。

98 Nieuhof, *An Embassy from the East India Company*, 303。

99 Danvers and Foster, *Letters Received by the East India Company*, 1:147。

100 林復齋，《通航一覽》，5:7。

101 Boxer, *The Christian Century in Japan*, 435。

102 藤木久志，《豊臣平和令と戦国社会》，218。

103 日本商館一六一五年十月二十八日決議，VOC 1061:251ᵛ。

104 同上。

105 崇傳，《異國日記抄》，112。

106 日本商館一六一五年十月二十八日決議，VOC 1061:251ᵛ。

107 同上。

108 日本商館一六一五年九月二十六日決議，VOC 1061:251。

109 Cocks, *Diary Kept by the Head of the English Factory*, 2:163。

110 武田萬里子，《鎖国と国境の成立》，167。

111 因此，這種情形和歐洲頗為不同。在歐洲，國家之間的激烈競爭造成對於沿岸海域管轄範圍的主張愈來愈廣。舉例而言，荷蘭與英國政府在這個時期雙雙主張了一套海洋權利，其中最具爭議性的就是限制外國漁民進入沿岸海域的權利。

112 Matthijs ten Broeke and Lenardt Camps，一六一五年九月十九日信件，NFJ 276。

113 不是所有的亞洲國家都採取干涉主義的立場。舉例而言，蒙兀兒帝國的歷任皇帝

就都無意涉入這類衝突，對於葡萄牙人與英國人在一六一二年發生於印度海域的蘇瓦里戰役（Battle of Swally）毫不理會。

114 Colenbrander, *Jan Pietersz. Coen*, 2:7。

115 卡姆帕斯致阿姆斯特丹商會的信件，一六一六年十月十日，VOC 1063:102–3。

116 Van Linschoten, *Itinerario*。

117 Colenbrander, Jan Pietersz. Coen, 2:238。科恩雖然認定這是正確的做法，卻也承認可能會引起德川幕府的反彈（如果克拉克帆船在長崎受到俘虜的話），並且準備接受日本商館因此關閉的後果。不過，他顯然相信斯北科思能夠藉著安撫幕府官員而化解這類難題。

118 Colenbrander, *Jan Pietersz. Coen*, 1:293。

119 蘭姆致阿姆斯特丹商會的信件，一六一七年十月十一日，VOC 1066, 286v。

120 Copie van de veroverde goederen in de Manilhas door Jacques Specx in Firando ontfangen, 12 October 1617，VOC 1066:127–31。Kato, *Bakuhansei kokka no keisei to gaikoku bōeki*, 72。

121 Danvers and Foster, *Letters Received by the East India Company*, 3:291。

122 Cocks, *Diary Kept by the Head of the English Factory*, 2:119。

123 關於李旦的細節，見岩生成一，“Li Tan”。

124 Cocks, *Diary Kept by the Head of the English Factory*, 2:88。

125 蘭姆致阿姆斯特丹商會的信件，一六一七年十月十一日，VOC 1066, 289v–89。

126 關於西班牙方面對於這些事件的記述，見 Blair and Robertson, *The Philippine Islands*, 67–68。

127 Cocks, *Diary Kept by the Head of the English Factory*, 2:95。

128 Farrington, *The English Factory in Japan*, 1:666。

129 同上。

130 蘭姆致阿姆斯特丹商會的信件，一六一七年十月十一日，VOC 1066, 289v。

131 Cocks, *Diary Kept by the Head of the English Factory*, 2:163。

132 同上，2:163；Farrington, *The English Factory in Japan*, 1:666。

133 Colenbrander, *Jan Pietersz. Coen*, 7.1:308。

134 Copie remonstrantie van Jacques Specx overgegeven op ‘t comptoir Firando,20 September 1621，VOC 1075: 89–92，尤其是 92v。這份報告的摘要印行於東京大學史料編纂所，大日本史料，series 12, 38:6–10。完整的日本敕令可見於永積洋子，〈平戶に伝達された日本人売買・武器輸出禁止令〉。

135 解釋條目見土井忠生，《日葡詞書》。「八幡」一詞的起源不明。最簡單的解釋是這

個詞語源自神道教裡廣受喜愛的八幡神這位神明的中文稱呼，但也有可能是由中文的「破帆」一詞演變而來。

136 Copie remonstrantie van Jacques Specx overgegeven op 't comptoir Firando, 20 September 1621，VOC 1075:92[v]。

137 Colenbrander, *Jan Pietersz. Coen*, 7.2:801。

138 卡本提耳致卡姆帕斯的信件，一六二二年四月九日，VOC 849:73–74。

139 同上。

140 *Dagregisters Japan*, 3:56。

141 Tai, "Marking Water"。

142 Colenbrander, *Jan Pietersz. Coen*, 7.2:802。

143 東京大學史料編纂所，大日本史料，series 12, 38:8。

144 同上。

145 *Dagregisters Japan*, 2:164。

146 Coolhaas, *Generale Missiven*, 1:585。

147 Boyajian, *Portuguese Trade in Asia Under the Hapsburgs*, 234。

148 Shapinsky指出：「在新政權下，包括能島村上在內的許多海上霸主都利用自己的崇高地位換取成為大名的扈從。」Shapinsky, "Predators, Protectors, and Purveyors", 305。因此，他們也就能夠找到一種具有建設性的順應中央政府的方法。

CHAPTER 5——權力與申訴

1 荒野泰典，《近世日本と東アジア》；Toby, *State and Diplomacy in Early Modern Japan*。

2 Hang（杭行）, "Between Trade and Legitimacy, Maritime and Continent"；Carioti, "Hirado During the First Half of the Seventeenth Century"；包樂史，"Minnan-jen or Cosmopolitan?"；Andrade, *Lost Colony*。

3 Innes, "The Door Ajar", 168。

4 Cocks, *Diary Kept by the Head of the English Factory*, 3:286。

5 岩生成一，〈近世日支貿易に関する数量的考察〉。

6 這種多元性可見於興建在長崎的三座中國廟宇，分別服務不同的群體。第一座廟宇是興福寺，興建於一六二三年，信眾是來自江蘇與浙江等北方省分的商人。五年後，來自福建南方的商人興建了屬於他們自己的廟宇：福濟寺。最後，興建於一六三二年的崇福寺，其信眾則是來自福建北方的移民。Berger, "The Overseas

Chinese Community in Seventeenth Century Nagasaki", 36。
7 *Dagregisters Japan*, 5:184–87。
8 Subrahmanyam, "Forcing the Doors of Heathendom", 135。
9 Viallé and 包樂史，*Deshima Dagregisters*, 12:79與13:174。
10 Earns, "The Development of Bureaucratic Rule in Early Modern Japan"。
11 *Dagregisters Japan*, 2:95。
12 *Dagregisters Japan*, 1:302–4。
13 *Dagregisters Japan*, 2:111，庫庫巴卡致總督布勞威爾的信件，一六三五年十二月三十一日，VOC 1120:193–94。
14 *Dagregisters Japan*, 1:265。
15 *Dagregisters Japan*, 1:287。
16 *Dagregisters Japan*, 1:294。
17 *Dagregisters Japan*, 2:111。
18 *Dagregisters Japan*, 3:22。
19 *Dagregisters Japan*, 3:26–27。
20 *Dagregisters Japan*, 3:25。
21 *Dagregisters Japan*。
22 *Dagregisters Japan*, 3:26。
23 *Dagregisters Japan*, 7:156。
24 Viallé and Blussé，*The Deshima Dagregisters*, 11:321。
25 一六〇二年，佛羅倫斯商人Francisco Carletti向荷蘭當局提起訴訟，目的在於為葡萄牙船隻St. Jago號遭到俘獲而損失的貨物爭取補償。Van Ittersum, *Profit and Principle*, 139–51。
26 包樂史，"Minnan-jen or Cosmopolitan?"
27 Andrade, *How Taiwan Became Chinese*, 46。
28 Andrade, "The Company's Chinese Pirates", 438–39。
29 包樂史，"No Boats to China", 65。
30 Viallé and 包樂史，*The Deshima Dagregisters*, 11:iv。
31 *Dagregisters Japan*, 5:88。
32 *Dagregisters Japan*, 5:187。
33 *Dagregisters Japan*, 5:88。
34 包樂史，"No Boats to China", 67。
35 Coolhaas, *Generale Missiven*, 2:179。

36 *Dagregisters Japan*, 8:212。
37 *Dagregisters Japan*, 6:208。
38 金井円，《日蘭交涉史の研究》，375。
39 *Dagregisters Japan*, 7:217–26。
40 *Dagregisters Japan*, 7:225。
41 *Dagregisters Japan*, 7:225。
42 對於這段時期荷蘭東印度公司在日本的活動感到興趣的史學家，都深深受惠於Cynthia Viallé與包樂史，因為他們針對一六四〇至一六七〇年間的日本*Dagregister*當中的大部分內容出版了三部絕佳的譯作。不過，這一節雖然深深得益於他們的譯作，此處引用的原始文獻則是由我自己翻譯。
43 *Dagregisters Japan*, 7:150。
44 *Dagregisters Japan*, 7:153–54。
45 Coolhaas, *Generale Missiven*, 2:211。
46 *Dagregisters Japan*, 7:155。
47 *Dagregisters Japan*, 7:157。
48 *Dagregisters Japan*, 7:157–58。
49 *Dagregisters Japan*, 8:212。
50 *Dagregisters Japan*, 9:178。新開發的絲綢來源後來從台灣轉為越南東京的情形，探究於Tuán（黃英俊），*Silk for Silver*。
51 Andrade, *How Taiwan Became Chinese*, 210。
52 Viallé and 包樂史，*Deshima Dagregisters*, 12:105–8。暹羅國王將出口鹿皮的獨占權授予荷蘭東印度公司，因此荷蘭人也就得以主張他們只是單純執行自己的合法權利。
53 一六五二年七月二十七日，Dagregister Frederik Coyett, NFJ 66，未編頁碼。
54 Viallé and 包樂史，*Deshima Dagregisters*, 12:121。
55 Coolhaas, *Generale Missiven*, 2:710。
56 一六五七年八月二十四日，Wagenaer *Dagregister*。
57 Viallé and 包樂史，*Deshima Dagregisters*, 12:321。公司使者雖然拒絕承認這艘船的目的地是中國以外的地區，幕府官員則是明顯認定其終極目的地其實是日本。
58 Mazumdar, *Sugar and Society in China*, 91。
59 Coolhaas, *Generale Missiven*, 3:55。
60 同上，3:194。
61 一六五七年八月二十四日，Wagenaer *Dagregister*。

62 一六五七年九月三日，Wagenaer *Dagregister*。有些文獻認為是一群被留在船上的中國海員刻意割斷纜繩。

63 一六五七年八月二十四日，Wagenaer *Dagregister*。

64 一六五七年八月二十三日，Wagenaer *Dagregister*。

65 一六五七年八月二十四日，Wagenaer *Dagregister*。

66 同上。

67 舉例而言，我們知道布略克倫號的船長抵達台灣之後就遭到逮捕下獄。一六五七年九月三日，Wagenaer *Dagregister*。船上的高級船員與水手都可以分得一份財物，因此這種唾手可得的戰利品也就對所有人都深具吸引力。Borschberg, "From Self-Defence to an Instrument of War"。

68 Lunsford, *Piracy and Privateering in the Golden Age Netherlands*, 192。

69 同上，169。

70 一六五七年十月十八日，Wagenaer *Dagregister*。

71 一六五七年八月二十四日，Wagenaer *Dagregister*。

72 一六五七年八月二十六日，Wagenaer *Dagregister*。

73 一六五七年九月二日，Wagenaer *Dagregister*。

74 一六五七年九月五日，Wagenaer *Dagregister*。

75 一六五七年十月十二日，Wagenaer *Dagregister*。

76 Viallé and 包樂史，*Deshima Dagregisters*, 12:343。

77 一六五八年八月二十二日，Dagregister Johannes Boucheljon, NFJ 71，未編頁碼。以下簡稱Boucheljon *Dagregister*。

78 一六五八年十月十四日，Boucheljon *Dagregister*。現有的文獻顯示譚欽泉可能是一個名叫陳軫官的商人。

79 一六五八年十月九日，Boucheljon *Dagregister*。

80 一六五八年十月十四日，Boucheljon *Dagregister*。

81 林復齋，《通航一覽》，6:223。

82 關於幕府將軍據稱對於海外貿易毫不在乎，有一項陳述可見於*Japan Dagregisters*, 5:42。

83 一六六〇年三月十四日，Dagregister Zacharias Wagenaer, NFJ 73，未編頁碼。

84 Viallé and 包樂史，*Deshima Dagregisters*, 13:43。

85 Viallé and 包樂史，*Deshima Dagregisters*, 12:438。

86 早在一六五三年，日本商館的館長就報告了中國人社群裡的傳言，指稱鄭成功打算攻占台灣。

87 一六六〇年十月二十二日，Dagregister Johannes Boucheljon, NFJ 73，未編頁碼。

88 Viallé and 包樂史，*Deshima Dagregisters*, 13:61。

89 Wills（魏而思）, "Ch'ing Relations with the Dutch, 1662–1690", 228。另見Wills對於荷蘭東印度公司喪失台灣之後的政策所進行的研究。Wills, *Pepper, Guns, and Parleys*。

90 Van Dam, *Beschrijvinge van de Oostindische Compagnie*, 2.1:721。福祿特帆船是荷蘭東印度公司常用的一種特殊貨船。

91 同上。Wills, *Pepper, Guns, and Parleys*, 62。Instructie voor den commandeur Balthasar Bort ende den Raedt, VOC 886:348–66，尤其是351。

92 Van Dam, *Beschrijvinge van de Oostindische Compagnie*, 2.1:722。

93 Coolhaas, *Generale Missiven*, 3:373。

94 關於這起事件的概要，見Viallé and 包樂史，*Deshima Dagregisters*, 13:vi–vii。

95 一六六四年三月二十八日，Dagregister Wilhelm Volger, NFJ 77，未編頁碼。另見Viallé and 包樂史，*Deshima Dagregisters*, 13:104。確切距離有些混亂，因為有些文獻指稱這艘帆船在遭遇荷蘭船隻的時候距離女島比較近。*Japan Dagregister*的記載最為明確，指稱距離為「七十五〔英國〕英里或二十五荷蘭英里（mijlen hollandts）」。一荷蘭英里約等於三至四英國英里。

96 *Batavia Dagregister, Anno 1664*，503。

97 英迪克致總督Joan Maatsuyker的信件，一六六三年十月二十一日，VOC 1243:1941–64。

98 Viallé and 包樂史，*Deshima Dagregisters*, 13:81。

99 生還者總數因此共有二十九人。根據中國通譯保留的記錄，帆船上原本有四十五名水手，所以共有十六人喪生。東京大學史料編纂所，《大日本近世史料，唐通事会所日錄》，1:175。

100 Viallé and 包樂史，*Deshima Dagregisters*, 13:96；木村直樹，《幕藩制国家と東アジア世界》，95。

101 東京大學史料編纂所，《大日本近世史料》，1:175。

102 熱蘭遮城陷落的消息在一六六二年五月傳入日本。Viallé and 包樂史，*Deshima Dagregisters*, 13:43。

103 金井円，《日蘭交渉史の研究》，380。

104 *Batavia Dagregister, Anno 1664*，504。

105 同上。

106 一六六四年四月十八日，Dagregister Wilhelm Volger, NFJ 77，未編頁碼。

107 一六六四年五月二日，Dagregister Wilhelm Volger, NFJ 77，未編頁碼。

108 Viallé and 包樂史，*Deshima Dagregisters*, 13:108。

109 *Batavia Dagregister, Anno 1664*，505。一六六四年四月二十四日，Dagregister Wilhelm Volger, NFJ 77，未編頁碼。

110 巴達維亞致Jacob Gruijs與長崎委員會的信件，一六六五年五月二十七日，VOC 889。

111 Viallé and 包樂史，*Deshima Dagregisters*, 13:162。

112 Wills, *Pepper, Guns, and Parleys*, 62。

113 Viallé and 包樂史，*Deshima Dagregisters*, 13:162。

114 巴達維亞致Jacob Gruijs與長崎委員會的信件，一六六五年五月二十七日，VOC 889。

115 Viallé and 包樂史，*Deshima Dagregisters*, 13:167。

116 Hang（杭行）, "Between Trade and Legitimacy, Maritime and Continent", 215。

117 同上。224。

118 Andrade, "The Company's Chinese Pirates", 417。

119 Benton, *A Search for Sovereignty*, 160。

CHAPTER 6——在亞洲插旗

1 台灣島在這段時期有許多不同名稱，在日語文獻裡稱為高砂，在荷語文獻裡是福爾摩沙。更容易令人搞混的是，荷蘭東印度公司在台灣島西南部的大員建立殖民地，也就是今天的安平。

2 包樂史，"The VOC as Sorceror's Apprentice", 90。

3 關於此一鬥爭的詳細研究，見Loth, "Armed Incidents and Unpaid Bills"。

4 這點在近期探究於Suzuki, *Civilization and Empire*。

5 包樂史，"The Dutch Occupation of the Pescadores"。

6 Groeneveldt, *De Nederlanders in China*, 61。

7 同上，283。

8 同上，278。

9 Teng, *Taiwan's Imagined Geography*, 36。

10 Groeneveldt, *De Nederlanders in China*, 283。

11 同上，287–90。荷蘭人在八月二十六日開始拆除他們建造於澎湖群島上的堡壘。

12 張廷玉，《明史》，卷264。

13 Andrade, *How Taiwan Became Chinese*。

14 西拉雅族在這段時期的人口總數據估為兩萬人左右。關於台灣島上原住民人口的分析，見Ferrell, *Taiwan Aboriginal Groups*。

15 關於荷蘭人與西拉雅族人口的互動，見Chiu, *The Colonial "Civilizing Process" in Dutch Formosa*。

16 包樂史, Everts, and Frech, *The Formosan Encounter*, 1:31。

17 永積洋子，"The Japanese Go-shuinjo", 29。

18 平野藤次郎雖然擔任京都代官，卻積極涉入國際貿易。末次家族支配長崎商業活動達一個世紀以上。末次平藏的父親末次興善在一五七一年搬往長崎港，在這個港口成為葡萄牙貿易終點站而開始繁榮的時候跟著發達起來。末次平藏本身則是在十六世紀末獲得派遣船隻前往東南亞的朱印狀而崛起成為一名重要的商人。他的政治生涯在一六一九年起飛，原因是他指控當時的長崎代官村山等安犯了多項罪行而得以取代他的職位。

19 Andrade, *How Taiwan Became Chinese*, 48。

20 Schouten, "Memorabel verhael", 82–83。關於這場衝突的細節，我們仰賴Justus Schouten的報告。如同其他許多關於台灣的重要文獻，這份報告也受到包樂史編輯。

21 Coolhaas, *Generale Missiven*, 1:187。

22 Schouten, "Memorabel verhael", 83。由於絲綢價格在這個時期不斷起伏變動，因此很難估計沒收商品的確切價值。不過，即便採取一石兩百兩的這個極低數字，這批商品的價值也高達三千兩。

23 穆瑟致總督卡本提耳的信件，一六二六年十一月十四日，VOC 1092:392–93。

24 Cornelis van Neijenroode（凡耐煙羅得），一六二六年三月三日的信件，NFJ 482:143。

25 Schouten, "Memorabel verhael", 84。

26 Andrade, *How Taiwan Became Chinese*, 49與61。如同Andrade指出的，這項禁令的限制不是全然清楚明白，但似乎僅及於生絲。

27 Schouten, "Memorabel verhael", 84。

28 這是濱田彌兵衛在一六二八年為了補償利潤損失而對荷蘭人沒收的金額。Valentijn, *Oud en Nieuw Oost-Indien*, 4.2:58。

29 卡本提耳致凡耐煙羅得的信件，一六二五年五月十三日，VOC 852:76–79ᵛ。Memorie voor de E. Pieter Nuyts, raet van India, gaende voor commandeur over de vlote naer Tayouan gedestineert, ende van daer voorts in ambassade aen den Keijser van Japan, 10 May 1627，VOC 854:51–60。在後者這份文件裡，總督提及自己先前寫給

凡耐煙羅得的信件，因此可以明白看出這項論點如何一再受到重複提出。

30 Remonstrantie aen de heeren rijcxraden van Sijne Keyserlijcke Mayesteyt in Japan pr. den E. Willem Janssen derwaerts gesonden, 24 July 1630，VOC 855；Antwoorde op de ontfangene missive van Phesodonne, VOC 855。這句引文摘自諾伊茲的使節日記。一六二七年十月四日，Nuijts/Muijser *Dagregister*, 458v。

31 Colenbrander, *Jan Pietersz. Coen*, 5:494。

32 Grotius, *The Freedom of the Seas*, 11。

33 歐洲在早期現代時期採用主權主張的做法，與國際法的發展密切相關。實際上，若是以最具批判性的眼光觀之，可以說國際法只不過是帝國擴張的幫手，或者套用Antony Anghie的話，是一件「為了確保〔原住人口〕受到消除能力以及剝奪權利而特別設計的」工具。Anghie, *Imperialism, Sovereignty, and the Making of International Law*, 31。

34 Keene, *Beyond the Anarchical Society*, 3。

35 Mijer, *Verzameling van Instructiën, Ordonnanciën en Reglementen*, 76。

36 征服權探討於Grotius, *The Rights of War and Peace, Including the Law of Nature and of Nations*（1901）的第三冊第六章。

37 Richard Tuck指出：「在格勞秀斯的眼中，非歐洲民族的許多慣俗都可以當做為了懲罰違反自然法的行為而進行干預的理由。」Grotius, *The Rights of War and Peace*, xxviii。

38 巴達維亞的第一項決議記錄了該公司的權利及於「在前一年受到我們以武器征服的雅加達全境」。De Jonge and van Deventer, *De opkomst van het Nederlandsch gezag in Oost Indië*, 1:221。

39 Heeres and Stapel, *Corpus Diplomaticum Neerlando-Indicum*。

40 美國與荷蘭針對菲律賓附近一座小島爭取權利的帕瑪斯主權案這件著名案例，最後的判決結果就是基於當地酋長在一六七七年將權利授予荷蘭東印度公司的行為。荷蘭人主張這項行為表示對方將主權立即而且完全地讓與該公司。

41 Keene, *Beyond the Anarchical Society*, 82。

42 Campbell, *Formosa Under the Dutch*, 119。關於這類典禮的分析，見Andrade, "Political Spectacle and Colonial Rule"。

43 Van Ittersum, "The Long Goodbye", 393。Van Ittersum描述了德那第案，格勞秀斯將其呈現為讓與部分主權以換取保護的例子。

44 Schouten, "Memorabel verhael", 79。

45 一六二七年十月四日，Nuijts/Muijser *Dagregister*, 457。

46 Memorie voor de E. Pieter Nuyts, raet van India, gaende voor commandeur over de vlote naer Tayouan gedestineert, ende van daer voorts in ambassade aen den Keijser van Japan, 10 May 1627，VOC 854:55。

47 卡本提耳致凡耐煙羅得的信件，一六二五年五月十三日，VOC 852:77。

48 一六二七年十月四日，Nuijts/Muijser *Dagregister*, 457。

49 Antwoorde op de ontfangene missive van Phesodonne, VOC 855，未編頁碼。

50 關於這一點的明確表達，見一六三一年六月五日，Dagregister gehouden te Edo door Willem Jansz. van Amersfoort, NFJ 271。

51 這場紛爭的一項充分概述可見於Clark and Eysinga, *The Colonial Conferences Between England and the Netherlands in 1613 and 1615*。

52 永積洋子指稱這三人分別是松平正綱、永井尚政與井上正就。永積洋子，"The Japanese Go-shuinjo", 32。

53 Copie van het journaal, gehouden door Coenraedt Cramer, gecommiteerd van wege de Oostindische Compagnie uit Firando naar Miacco aan de Keizerlijke Majesteit en Raden van Japan., Stukken van Sweers, van Vliet, Nationaal Archief, Den Haag, 5:212^{v}。

54 *Dagregisters Japan* 1:40。

55 關於葡萄牙陰謀引起的恐慌，見Colenbrander, *Jan Pietersz. Coen*, 5:494。

56 這個觀點受到永積洋子的支持，她主張大員貿易航線當中存在著一套暗中的投資網。永積洋子，"The Japanese Go-shuinjo", 32。另見永積洋子，"Japan's Isolationist Policy as Seen through Dutch Source Materials"。不過，她的證據僅僅來自荷蘭東印度公司觀察者的少數幾句猜測性說詞。那些觀察者經常察覺這類陰謀，因此我認為他們的說詞遠遠不具決定性。

57 這個觀點與Patricia Seed的重要著作相反，她認為歐洲人的每個群體都採用了植基於他們自己國家的典禮。在她看來，重點不僅在於個別典禮都帶有不同的元素，而且是在於這些行為「奠基其上的概念對於建立政治帝國的正當手段懷有互斥的看法」。Seed, "Taking Possession and Reading Texts", 183。雖然有些明白可見的不同做法，但我採取Benton與Straumann的觀點，認為其中也存在著非常重要的共通性。Benton and Straumann, "Acquiring Empire by Law"。

58 Benton and Straumann, "Acquiring Empire by Law", 31。

59 有兩份相互對立的小冊子明白揭露了這種共同點，見*The Hollanders Declaration of the affaires of the East Indies*（Amsterdam, 1622）；*An Answere to the Hollanders Declaration, concerning the Occurrents of the East-India*（London, 1622）。

60 *The Hollanders Declaration of the affaires of the East Indies*, 11。

61 荒野泰典，“Nihongata kai chitsujo no keisei”。「Nihon-gata kai chitsujo」這個用語可以有多種不同翻譯方式，最依照字面的翻譯也許是「日本型華夷秩序」。

62 Toby, *State and Diplomacy*, 57。

63 同上，76。

64 同上，181。

65 Turnbull,“Onward, Christian Samurai!”。在這篇重要的文章裡，Turnbull主張台灣政治情勢的本質使得這座島嶼「能夠接受較為西式的發展方式，包括建立一座軍事基地以及殖民」。

66 東京大學史料編纂所，《大日本史料》，series 12，6:132–35。

67 同上，138–39。

68 Cocks, *Diary Kept by the Head of the English Factory*, 1:223。

69 Turnbull, “Onward, Christian Samurai!” 17–18。關於日本缺乏有效占領台灣的必要資源這種觀點，見Coolhaas, *Generale Missiven*, 1:252。

70 *Dagregisters Japan*, 1:40。

71 Suzuki, *Civilization and Empire*, 140–76。

72 Memorie voor de E. Pieter Nuyts, raet van India, gaende voor commandeur over de vlote naer Tayouan gedestineert, ende van daer voorts in ambassade aen den Keijser van Japan, 10 May 1627，VOC 854:56^{v}。

73 關於這支代表團的詳細記述，見Clulow, “A Fake Embassy”。感謝*Japanese Studies*的編輯允許我翻印這篇文章的部分內容。

74 Schouten, “Memorabel verhael”, 87。

75 Colenbrander, *Jan Pietersz. Coen*, 7.2:1191。

76 同上，7.2:1156；崇傳，《異國日記抄》，195。

77 Colenbrander, *Jan Pietersz. Coen*, 7.2:1156, 1164。

78 凡耐煙羅得致諾伊茲的信件，一六二七年八月二十八日，NFJ 482:252–54。

79 Colenbrander, *Jan Pieterz. Coen*, 7.2:1173。

80 一六二七年十一月二十二日，Nuijts/Muijser *Dagregister*, 495。

81 崇傳，《異國日記抄》，195。荷蘭文獻明白記載這群人在抵達江戶之前病倒。

82 Colenbrander, *Jan Pietersz. Coen*, 7.2:1233。

83 同上，5:69。

84 舉例而言，英國東印度公司的使者Nathaniel Courthope在一六一六年說服倫島（Island of Run）的居民將主權交給英國君王以換取保護島民的承諾。經過一項把一株小肉荳蔻樹交給Courthope的簡短典禮之後，他就宣告這座島嶼是英國領土，島

上居民是詹姆斯一世「真誠而合法的臣民」，而詹姆斯一世的頭銜也隨即改為英格蘭、蘇格蘭、法蘭西、愛爾蘭暨倫島國王。握有這些文件之後，英國人於是在這座島上紮下根基，並且反抗一切驅離他們的嘗試。Danvers and Foster, *Letters Received by the East India Company from Its Servants in the East*, 5:345。

85 Colenbrander, *Jan Pietersz. Coen*, 7.2:1233。

86 同上。一六二八年二月十八日，*Dagregister* Nuijts/Muijser, 507v。

87 Valentijn, *Oud en Nieuw Oost-Indien*, 4.2:53；Colenbrander, *Jan Pietersz. Coen*, 5:265。

88 有些學者主張諾伊茲的行為主要是出自對於日本人的惡意，而不是因為他真正有遭到攻擊的擔憂。舉例而言，Boxer（博客舍）指稱諾伊茲想要找尋「一個滿足其惡意的機會」。他雖然可能一心想要為自己那支使節團的失敗而向日本人報復，但我對於文獻記載的解讀卻認為他真心擔憂自己即將遭受攻擊（另外幾名荷蘭東印度公司官員也懷有相同的擔憂）。Boxer, *A True Description of the Mighty Kingdoms of Japan & Siam*, xvii。

89 Valentijn, *Oud en Nieuw Oost-Indien*, 4.2:53。

90 Schouten, "Memorabel verhael", 89。

91 寫成於一六二八年之後的荷蘭東印度公司文獻，對於日本人攻擊大員的可能性呈現出了比較不確定的觀點。Schouten 在一六三三年針對台灣危機所寫的報告當中，指稱濱田彌兵衛的船隻受到江戶的高階幕府官員明確下達攻占大員堡壘的命令，因為他們認定堡壘當中只有一小支裝備不良的守軍。Schouten, "Memorabel verhael", 88–89。不過，同樣也必須指出的一點是，隨著時間慢慢過去，公司高層也愈來愈不認為日方在當時曾經規劃過任何攻擊行動。

92 Campbell, *Formosa Under the Dutch*, 42。

93 Valentijn, *Oud en Nieuw Oost-Indien*, 4.2:58。

CHAPTER 7——放棄大員長官

1 Leupe, "Stukken betrekkelijk Pieter Nuyts", 188。

2 Blusse, "Pieter Nuyts (1598–1655)"。

3 楊森受到任命之時，擔任的是巴達維亞的造船所長，這個重要的職務使他掌控了一座繁忙的港口。

4 一六三〇年二月二十五日，Copie van het journal van de zending van Willem Jansz. Naar Nagasaki, Stukken van Sweers, van Vliet, Nationaal Archief, Den Haag, 5:240v–241v。這封信由末次平藏署名，但我們從其他文獻可知其內容獲得德川幕府核可。

5 同上，241。

6 Translaet missive van Feso aen den Gouverneur Generael tot Batavia, 7th year Quanie. 1st month, VOC 1101。末次平藏的使者有幾次提議荷蘭人可以單純把這座堡壘交給日本當局，但德川幕府下令摧毀這座堡壘這項要求的確切本質受到了多份文件的證實。所謂單純移轉就已足夠的想法，似乎是由末次平藏提出，因為他可藉著這樣扭曲德川幕府的要求而獲利。

7 永積洋子，《平戸オランダ商館イギリス商館日記》，1:414–5。這份文件為德川幕府的要求所帶有的確切本質提供了進一步的證實。

8 Schouten, "Memorabel verhael", 98。

9 關於這些協商的詳細記錄，見Dagregisters gehouden te Edo door Willem Jansz. Van Amersfoort, NFJ 271–4。這部日記翻譯於永積洋子，《平戸オランダ商館イギリス商館日記》，2:11–503。這些協商的進展因為德川秀忠生病以及逝世而受到拖延。

10 Coolhaas, "Een Indisch verslag uit 1631", 90。

11 Cheng, *De VOC en Formosa 1624–1662*，88。

12 包樂史，"Bull in a China Shop", 105。

13 Leupe, "Stukken betrekkelijk Pieter Nuyts", 186。

14 同上，187。

15 Stapel, "Bijdragen tot de geschiedenis der rechtspraak bij de Vereenigde Oostindische Compagnie"。

16 治外法權在歐洲與亞洲都是一項廣獲接受的原則。中世紀的義大利城邦曾經著名地藉由協商為活躍於中東的商人爭取這種權利，而亞洲的許多外國貿易社群也都保有他們自己的法律安排。荷蘭東印度公司的特別之處在於其營運範圍，以及對治外法權安排的系統性追求。

17 收錄於Heeres and Stapel, *Corpus Diplomaticum Neerlando-Indicum*。關於這些管轄權安排的討論，見Alexandrowicz, *An Introduction to the History of the Law of Nations in the East Indies*, 97–128。

18 Heeres and Stapel, *Corpus Diplomaticum Neerlando-Indicum*, 1:26。

19 Ruangsilp, *Dutch East India Company Merchants*, 38–41。

20 Heeres and Stapel, *Corpus Diplomaticum Neerlando-Indicum*, 1:285。

21 Ruangsilp, *Dutch East India Company Merchants*, 39。

22 同上，40。

23 Caron and Schouten, *A True description of the Mighty Kingdoms of Japan and Siam*, 133。

24 Leue, "Legal Expansion in the Age of Companies", 138。
25 Ball, *Indonesian Legal History*, 17–18。
26 Ward, *Networks of Empire*, 69。
27 Barendse, *The Arabian Seas*, 383。
28 Botsman, *Punishment and Power in the Making of Modern Japan*, 139。
29 Grotius, *The Rights of War and Peace*, 1:259。
30 Leupe, "Stukken betrekkelijk Pieter Nuyts", 187。
31 同上。
32 Clulow, "Unjust, Cruel and Barbarous Proceedings"。
33 Chancey, "The Amboyna Massacre in English Politics", 592–93。
34 Sainsbury, *Calendar of State Papers Colonial, East Indies, China and Japan*, 4:320–28。
35 De Jonge and van Deventer, *De opkomst van het Nederlandsch gezag in Oost Indië*, 5:xxviii。
36 Skinner, *A true Relation of the Uniust, Cruell, and Barbarous Proceedings*。這本小冊子收錄了*A true declaration of the newes that came out of the East-Indies, with the pinace called the Hare*，也就是這些引文的出處。
37 Coolhaas, "Ambonschen Moord", 64。
38 Chancey, "The Amboyna Massacre in English Politics", 595。
39 Hunter, *A History of British India*, 414。
40 Sainsbury, *Calendar of State Papers, Colonial, East Indies and Persia*, 8:43。
41 Coolhaas, "Ambonschen Moord", 70–71。
42 Sainsbury, *Calendar of State Papers, Colonial, East Indies and Persia*, 8:43。
43 Leupe, "Stukken betrekkelijk Pieter Nuyts", 187。
44 *Batavia Dagregisters, Anno 1631–1634*，90。
45《平戸オランダ商館イギリス商館日記》，2:439。
46 同上，2:413。
47 同上，2:430–32。
48 同上，2:464。
49 斯北科思與高等行政機構的其他成員顯然真心擔憂會發生這種情形。Schouten, "Memorabel verhael", 105–6。如果德川幕府下令舉行審判，身在日本的荷蘭東印度公司代表奉命必須盡力降低公司、聯省共和國以及諾伊茲本身遭受的損害。
50 包樂史，"Bull in a China Shop", 95。
51 Leupe, "Stukken betrekkelijk Pieter Nuyts", 197。

52 同上，155。

53 同上，190，197與191。

54 *Dagregisters Japan*, 1:314。

55 同上。

56 Governor General Hendrik Brouwer aen de raetsheeren van de Japanse keyserlijcke Mayesteit, letter, 31 May 1633，VOC 856:235。

57 *Dagregisters Japan*, 1:38。

58 Matsura Fisennocammijsama（松浦肥前守隆信）to Nicolaes Couckebacker, 3 September 1634，VOC 1114:68。這份陳情書後來經由中間人代表荷蘭人呈交給德川幕府。

59 *Dagregisters Japan*, 1:219。

60 同上，1:248。諾伊茲的太太Cornelia確曾前往亞洲，在她的先生仍被監禁在巴達維亞的城堡之時抵達那裡。她得知她的兒子勞倫斯死於獄中之後，即哀痛而逝，但她身後留下三名子女，被人交由一名親屬照顧。

61 *Dagregisters Japan*, 2:8。

62 *Dagregisters Japan*, 2:18。這盞燈燭原本估值為七百九十六荷蘭盾，但在日本的價值顯然高出許多。

63 關於這件物品最詳細的記述，見Lunsingh Scheurleer, "Koperen kronen en waskaarsen voor Japan"。Mia Mochizuki撰寫了兩篇提及這盞燈燭的重要文章。Mochizuki, "Deciphering the Dutch in Deshima"以及"Idolatry and Western-Inspired Painting in Japan"。

64 *Dagregisters Japan*, 2:48；Mochizuki, "Deciphering the Dutch in Deshima", 80。

65 *Dagregisters Japan*, 2:58。

66 Lunsingh Scheurleer, "Koperen kronen", 73。

67 一如往常，荷蘭東印度公司懷有其他不少次要目標，都是以改善該公司在日本的貿易為中心。

68 Mochizuki, "Deciphering the Dutch in Deshima", 82。

69 Emanuel de Witte, *The Interior of the Oude Kerk, Amsterdam, During a Sermon*, Inventory number NG1053，National Gallery, London。

70 引用於Mochizuki, "Deciphering the Dutch in Deshima", 84。就我們所知，這段韻文指涉的不是一六三六年的那件禮物，而是荷蘭人在一六四三年十二月呈獻給幕府將軍的一盞大型銅燈，一樣也是由赫里松鑄造。不過，這段韻文也可用於指涉所有由赫里松鑄造而運往日本的禮物，包括一六三六年的那盞燈燭在內。

71 *Dagregisters Japan*, 2:48。

72 *Dagregisters Japan*, 2:66–67。
73 同上，2:81。
74 Gerhart, *The Eyes of Power*, 136。
75 Totman, *Early Modern Japan*, 110；Toby, *State and Diplomacy*, 71–72。
76 Coaldrake, *Architecture and Authority in Japan*, 180。
77 同上，181–82。
78 Hauser, "Osaka Castle and Tokugawa Authority in Western Japan"。
79 Coaldrake, *Architecture and Authority in Japan*, 191–92。
80 這個週年紀念日落在四月十七日，亦即一六三六年五月二十一日。
81 Lunsingh Scheurleer, "Koperen kronen", 72–73。
82 *Dagregisters Japan*, 2:23。
83 Toby, *State and Diplomacy*, 100–1。
84 朝鮮的這口鐘直到一六四三年才送抵日光。
85 Coaldrake, *Architecture and Authority in Japan*, 186。Gerhart分析過這座建築的圖像學，把陽明門描述為「德川幕府嘗試創造神聖權威的焦點」。Gerhart, *The Eyes of Power*, 74。
86 Gerhart, *The Eyes of Power*, 75。
87 Coaldrake, *Architecture and Authority in Japan*, 187。
88 Montanus, *Atlas Japanensis*, 152。
89 Markley, "Gulliver and the Japanese", 475。
90 Breckenridge, "The Aesthetics and Politics"。

結論　荷蘭人的日本經驗

1 Winius and Vink, *The Merchant Warrior Pacified*。
2 Ricklefs, *A History of Modern Indonesia*, 92。
3 Reid, "Pluralism and Progress in Seventeenth-Century Makassar", 436。
4 Sainsbury, *Calendar of State Papers Colonial, East Indies, China and Japan*, 3:108。
5 引用於Masselman, *The Cradle of Colonialism*, 327。
6 *Batavia Dagregister, Anno 1656–7*，294。
7 Ricklefs, *A History of Modern Indonesia*, 74。
8 Kops, "Not Such an 'Unpromising Beginning'", 539。
9 總督呈給中國皇帝的其中兩封信函可見於van Dam, *Beschrijvinge van de Oostindishe*

Compagnie, 2.1:767–68。這些使節團記錄於 Wills, *Embassies and Illusions*。

10 Ruangsilp, *Dutch East India Company Merchants*, 1。

11 同上，130。

12 同上，27。

13 Caron and Schouten, *A True description of the Mighty Kingdoms of Japan and Siam*, 122。

14 Ruangsilp, *Dutch East India Company Merchants*, 21。

15 引用於 Pombejra, "The Dutch-Siamese Conflict of 1663–1664", 299。

16 Coolhaas, *Generale Missiven*, 1:704。

17 Mijer, *Verzameling van Instructiën, Ordonnanciën en Reglementen*, 99。

18 Wyatt, *Thailand*, 97。

19 Ruangsilp, *Dutch East India Company Merchants*, 27。

參考書目

Abeyasekere, Susan. *Jakarta: A History*. New York: Oxford University Press, 1987.
Adams, Julia. *The Familial State: Ruling Families and Merchant Capitalism in Early Modern Europe*. Ithaca, NY: Cornell University Press, 2005.
Aitchison, C. U. *A Collection of Treaties, Engagements and Sunnuds Relating to India and Neighbouring Countries*. 7 vols. Calcutta: Savielle and Cranenburgh, 1862–1864.
Alexandrowicz, C. H. *An Introduction to the History of the Law of Nations in the East Indies*. London: Oxford University Press, 1967.
Anand, Ram Prakash. "Maritime Practice in Southeast Asia Until 1600 A.D. and the Modern Law of the Sea." *International and Comparative Law Quarterly* 30, no. 2 (1981): 440–54.
———. *Origin and Development of the Law of the Sea: History of International Law*. The Hague: Martinus Nijhoff, 1983.
Anderson, M. S. *The Rise of Modern Diplomacy, 1450–1919*. London: Longman, 1993.
Andrade, Tonio. "Political Spectacle and Colonial Rule: The *Landdag* on Dutch Taiwan, 1629–1648." *Itinerario* 21, no. 3 (1997): 57–93.
———. "The Company's Chinese Pirates: How the Dutch East India Company Tried to Lead a Coalition of Pirates to War against China, 1621–1662." *Journal of World History* 15, no. 4 (2004): 415–44.
———. "Pirates, Pelts, and Promises: The Sino-Dutch Colony of Seventeenth-century Taiwan and the Aboriginal Village of Favorolang." *Journal of Asian Studies* 64, no. 2 (2005): 295–320.

———. "The Rise and Fall of Dutch Taiwan, 1624–1662: Cooperative Colonization and the Statist Model of European Expansion." *Journal of World History* 17, no. 4 (2006): 429–50.
———. *How Taiwan Became Chinese: Dutch, Spanish, and Han Colonization in the Seventeenth Century*. New York: Columbia University Press. 2008.
———. "Beyond Guns, Germs and Steel: European Expansion and Maritime Asia, 1400–1750," *Journal of Early Modern History* 14 (2010): 165–86.
———. *Lost Colony: The Untold Story of China's First Great Victory Over the West*. Princeton: Princeton University Press, 2011.
Anghie, Antony. "Francisco de Vitoria and the Colonial Origins of International Law." *Social and Legal Studies* 5, no. 3 (1996): 321–36.
———. *Imperialism, Sovereignty, and the Making of International Law*. Cambridge: Cambridge University Press, 2005.
Anthonisz, Richard. *The Dutch in Ceylon*. New Delhi: Asian Educational Services, 2003.
Arano, Yasunori. "Nihongata kai chitsujo no keisei." In *Nihon no shakaishi 1: Rettō naigai no kōtsu to kokka*. Ed. Asao Naohiro, Amino Yoshihiko, Yamaguchi Keiji and Yoshida Takashi. Tokyo: Iwanami Shoten, 1987.
———. *Kinsei Nihon to Higashi Ajia*. Tokyo: Tokyo Daigaku Shuppankai, 1988.
———. "Nagasaki guchi no keisei." In *Bakuhansei kokka to iiki, ikoku*. Ed. Katō Eiichi, Katajima Manji, Fukaya Katsumi. Tokyo: Azekura Shobō, 1989.
———, ed. *Edo Bakufu to higashi Ajia*. Tokyo: Yoshikawa Kōbunkan, 2003.
———. "The Formation of a Japanocentric World Order." *International Journal of Asian Studies* 2, no. 2 (2005): 185–216.
Arasaratnam, Sinnapah. *Dutch Power in Ceylon, 1658–1687*. Amsterdam: Djambatan, 1958.
———, ed. *Francois Valentijn's Description of Ceylon*. London: Hakluyt Society, 1978.
Asao, Naohiro. "Sakokusei no seiritsu." In *Kōza Nihon shi, 4: Bakuhansei Shakai*, 59–94. Ed. Arano Yasunori. Tokyo: Tokyo Daigaku Shuppankai, 1973.
Barbour, Richmond. "Power and Distant Display: Early English 'Ambassadors' in Moghul India." *Huntington Library Quarterly* 61, nos. 3/4 (1998): 343–68.
———. *Before Orientalism: London's Theatre of the East, 1576–1626*. Cambridge: Cambridge University Press, 2003.
Barendse, Rene. *The Arabian Seas, 1640–1700*. Leiden: CNWS, 1998.
Bassett, D. K. "The 'Amboyna massacre' of 1623." *Journal of Southeast Asia* 1, no. 2 (1960): 1–19.
Bataviaasch Genootschap van Kunsten en Wetenschappen, ed. *Realia: Register op de Generale Resolutiën van het Kasteel Batavia, 1632–1805*. 3 vols. Leiden: G. Kolff, 1882–1886.
Batten, Bruce. "Frontiers and Boundaries of PreModern Japan." *Journal of Historical Geography* 25, no. 2 (1999): 166–82.
——— *To the Ends of Japan: Premodern Frontiers, Boundaries, and Interactions*. Honolulu: University of Hawai'i Press, 2003.
Beekman, E. M. *Troubled Pleasures: Dutch Colonial Literature from the East Indies 1600–1950*. Oxford: Clarendon, 1996.

Benton, Lauren. *Law and Colonial Cultures: Legal Regimes in World History, 1400–1900.* Cambridge: Cambridge University Press, 2000.
———. "The Legal Regime of the South Atlantic World: Jurisdictional Politics as Institutional Order." *Journal of World History* 11, no. 1 (2000): 27–56.
———. "Legal Spaces of Empire: Piracy and the Origins of Ocean Regionalism." *Comparative Studies in Society and History* 47, no. 4 (2005): 700–24.
———. *The Search for Sovereignty: Law and Geography in European Empires, 1400–1900.* Cambridge: Cambridge University Press, 2010.
Benton, Lauren, and Benjamin Straumann. "Acquiring Empire by Law: From Roman Doctrine to Early Modern European Practice." *Law and History Review* 28, no. 1 (2010): 1–38.
Berger, Louis. "The Overseas Chinese Community in Seventeenth Century Nagasaki." Ph.D. dissertation, Harvard University, 2003.
Berry, Elizabeth. *Hideyoshi*. Cambridge: Harvard University Press, 1982.
———. "Public Peace and Private Attachment: The Goals and Conduct of Power in Early Modern Japan." *Journal of Japanese Studies* 12, no. 2 (1986): 237–71.
———. "Was Early Modern Japan Culturally Integrated?" *Modern Asian Studies* 31, no. 3 (1997): 547–81.
———. *Japan in Print: Information and Nation in the Early Modern Period*. Berkeley: University of California Press, 2006.
Biedermann, Zoltán. "Portuguese Diplomacy in Asia in the Sixteenth Century. A Preliminary Overview." *Itinerario* 29, no. 2 (2005): 13–37.
Blair, Emma, and James Robertson, eds. *The Philippine Islands, 1493–1803*. 55 vols. Cleveland: A. H. Clark, 1902–9.
Blussé, Leonard. "The Dutch Occupation of the Pescadores (1622–1624)," *Transactions of the International Conference of Orientalists in Japan* 18 (1973): 28–43.
———. "Japanese Historiography and European Sources." In *Reappraisals in Overseas History*. Ed. P.C. Emmer and H.L. Wesseling. Leiden: Leiden University Press, 1979.
———. "The VOC as Sorceror's Apprentice: Stereotypes and Social Engineering on the China Coast." In *Leyden Studies in Sinology*. Ed. W. L. Idema. Leiden: E. J. Brill, 1981.
———. "Dutch Protestant Missionaries as Protagonists of the Territorial Expansion of the VOC on Formosa." In *Conversion, Competition, and Conflict: Essays on the Role of Religion in Asia*. Ed. Dick Kooiman, Otto van den Muizenberg and Peter van der Veer. Amsterdam: Free University Press, 1984.
———. *Strange Company: Chinese Settlers, Mestizo Women and the Dutch in VOC Batavia.* Dordrecht, Holland and Riverton, NJ: Foris Publications, 1986.
———. "Minnan-jen or Cosmopolitan? The Rise of Cheng Chih-lung alias Nicolas Iquan." In *Development and Decline of Fukien Province in the 17th and 18th Centuries*. Ed. E.B. Vermeer. Leiden: Brill, 1990.
———. "No Boats to China: The Dutch East India Company and the Changing Pattern of the China Sea Trade, 1635–1690," *Modern Asian Studies* 30, no. 1. (Feb 1996): 51–76.
———. "Queen among kings: Diplomatic Ritual at Batavia." In *Jakarta-Batavia*. Ed. Kees Grijns and Peter Nas. Leiden: KITLV Press, 2000.

———. "Amongst Feigned Friends and Declared Enemies." In *Making Sense of Global History: The Nineteenth International Congress of the Historical Sciences Oslo 2000 Commemorative Volume*. Ed. Sølvi Sogner. Oslo: Universitetsforlaget, 2001.

———. "Bull in a China Shop: Pieter Nuyts in China and Japan (1627–1636)." In *Around and About Formosa, Essays in honor of Professor Ts'ao Yung-ho*. Ed. Leonard Blussé. Taipei: SMC, 2003.

———. "The Grand Inquisitor Inoue Chikugono Kami Masashige, Spin Doctor of the Tokugawa Bakufu." *Bulletin of Portuguese/Japanese Studies* 7 (2003): 22–43.

———. *Visible Cities: Canton, Nagasaki, and Batavia and the Coming of the Americans*. Cambridge: Harvard University Press, 2008.

Blussé, Leonard, Natalie Everts, and Evelien Frech, eds. *The Formosan Encounter: Notes on Formosa's Aboriginal Society: A Selection of Documents from Dutch Archival Sources*. 4 vols. Taipei: Shung Ye Museum of Formosan Aborigines, 1998–.

Blussé, Leonard, Nathalie Everts, W. E. Milde, and Yung-ho Ts'ao, eds. *De Dagregisters van het Kasteel Zeelandia, Taiwan, 1629–1662*. 4 vols. The Hague: Instituut voor Nederlandse Geschiedenis, 1986–2001.

Blussé, Leonard, Willem Remmelink, and Ivo Smits, eds. *Bridging the Divide: 1600–2000. Four Hundred Years, the Netherlands–Japan*. Leiden: Hotei, 2000.

Bolitho, Harold. *Treasures Among Men: The Fudai Daimyo in Tokugawa Japan*. New Haven: Yale University Press, 1974.

Bolling, Frederik. "Friderici Bollingii Oost-Indisch reisboek." Trans. J. Visscher. *Bijdragen tot de Taal-, Land- en Volkenkunde van Nederlandsch Indië* 68 (1913): 289–382.

Boot, W. J. "Maxims of Foreign Policy." In *Shifting Communities and Identity Formation in Early Modern Asia*, 7–23. Ed. Leonard Blussé and Felipe Fernández-Armesto. Leiden: CNWS, 2003.

Borao Mateo, José Eugenio, ed. *Spaniards in Taiwan: Documents*. 2 vols. Taipei: SMC, 2001–2.

Borschberg, Peter. "The Seizure of the *Sta. Catarina* Revisited: The Portuguese Empire in Asia, VOC Politics, and the Origins of the Dutch-Johor Alliance (1602–ca. 1616)." *Journal of Southeast Asian Studies* 33, no. 1 (2002): 31–62.

———. *The Singapore and Melaka Straits: Violence, Security, and Diplomacy in the Seventeenth Century*. Singapore : NUS, 2010.

———. "From Self-Defence to an Instrument of War: Dutch Privateering Around the Malay Peninsula in the Early Seventeenth Century." *Journal of Early Modern History* 17 (2013): 35–52.

Botsman, Dani. *Punishment and Power in the Making of Modern Japan*. Princeton: Princeton University Press, 2005.

Boxer, C. R. "The Swan-Song of the Portuguese in Japan, 1635–39." *Transactions and Proceedings of the Japan Society of London* 27 (1930): 3–11.

———, ed. *A True Description of the Mighty Kingdoms of Japan & Siam*. London: Argonaut, 1935.

———. *The Christian Century in Japan, 1549–1650*. Berkeley: University of California Press, 1951.

———. *South China in the Sixteenth Century*. London: Hakluyt Society, 1953.

———. *The Great Ship from Amacon: Annals of Macao and the Old Japan Trade, 1555–1640*. Lisbon: CEHU, 1959.
———. *Four Centuries of Portuguese Expansion, 1415–1825: A Succinct Survey*. Johannesburg: Witwatersrand University Press, 1961.
———. *The Dutch Seaborne Empire, 1600–1800*. London: Hutchinson, 1965.
———. *Jan Compagnie in War and Peace, 1602–1799*. Hong Kong: Heinemann Asia, 1980.
———. "When the Twain First Met: European Conceptions and Misconceptions of Japan, Sixteenth-Eighteenth Centuries." *Modern Asian Studies* 18, no. 4 (1984): 531–40.
———. *Portuguese Merchants and Missionaries in Feudal Japan, 1543–1640*. London: Variorum Reprints, 1986.
Boyajian, James. *Portuguese Trade in Asia Under the Hapsburgs*. Baltimore: Johns Hopkins University Press, 1993.
Breckenridge, Carol. "The Aesthetics and Politics of Colonial Collecting: India at World Fairs." *Comparative Studies in Society and History* 31, no. 2 (2011): 195–216.
Brown, Philip. *Central Authority and Local Autonomy in the Formation of Early Modern Japan: The Case of Kaga Domain*. Stanford: Stanford University Press, 1993.
Bruce, John. *Annals of the Honourable East-India Company, from their Establishment by the Charter of Queen Elizabeth, 1600, to the Union of the London and English East India Companies, 1707–08*. London: Black, Parry and Kingsbury, 1810.
Bugge, Henriette. "Silk to Japan: Sino-Dutch Competition in the Silk Trade to Japan, 1633–1685." *Itinerario* 13, no. 2 (1989): 25–44.
Campbell, William, ed. *Formosa Under the Dutch: Described from Contemporary Sources*. London: Kegan Paul, Trench, Trubner, 1903.
Carioti, Patrizia. "Hirado During the First Half of the Seventeenth Century: From a Commercial Outpost for Sino-Japanese Maritime Activities to an International Crossroads of Far Eastern Routes." In *A Passion for China: Essays in Honour of Paolo Santangelo, for His Sixtieth Birthday*. Ed. Ling-Yeong Chiu and Donatella Guida. Leiden: Brill, 2006.
Caron, Francois, and Justus Schouten. *A True description of the Mighty Kingdoms of Japan and Siam*. Trans. Roger Manley. London, 1663.
Casale, Giancarlo. *The Ottoman Age of Exploration*. Oxford: Oxford University Press, 2010.
Chaiklin, Martha. *Cultural Commerce and Dutch Commercial Culture. The Influence of European Material Culture on Japan, 1700–1850*. Leiden: Research School CNWS, 2005
Chancey, Karen. "The Amboyna Massacre in English Politics, 1624–1632." *Albion* 30, no. 4 (1998): 583–98.
Chaudhuri, K. N. *The Trading World of Asia and the English East India Company: 1660–1760*. London: Cambridge University Press, 1978.
Cheng, Shaogang. *De VOC en Formosa 1624–1662: Een vergeten geschiedenis*. Amsterdam: Bataafsche Leeuw, 1997.
Chiu, Hsin-hui. *The colonial "civilizing process" in Dutch Formosa, 1624–1662*. Leiden and Boston: Brill, 2008.

Chung, Sungil. "The Volume of Early Modern Korea-Japan Trade: A Comparison with the Japan-Holland Trade." *Acta Koreana* 7, no. 1 (January 2004): 69–85.

Cieslik, Hubert. "The Great Martyrdom in Edo 1623. Its Causes, Course, Consequences." *Monumenta Nipponica* 10, no. 1/2 (1954): 1–44.

Cipolla, Carlo. *Guns, Sails, and Empire: Technological Innovation and the Early Phases of European Expansion, 1400–1700*. New York: Minerva, 1965.

Clark, M. N., and W. J. M. Eysinga. *The Colonial Conferences Between England and the Netherlands in 1613 and 1615*. 2 vols. Leiden: Brill, 1940–1951.

Clulow, Adam. "Unjust, Cruel, and Barbarous Proceedings: Japanese Mercenaries and the Amboyna Incident of 1623." *Itinerario* 31, no. 1 (2007): 15–34.

———. "European Maritime Violence and Territorial States in Early Modern Asia, 1600–1650." *Itinerario* 33, no. 3 (2009): 72–94.

———. "A Fake Embassy, the Lord of Taiwan and Tokugawa Japan." *Japanese Studies* 30, no. 1 (May 2010): 23–41.

———. "From Global Entrepôt to Early Modern Domain: Hirado, 1609–1641." *Monumenta Nipponica* 61, no. 1 (Spring 2010): 1–35.

———. "Like Lambs in Japan and Devils Outside Their Land: Diplomacy, Violence, and Japanese Merchants in Southeast Asia." *Journal of World History* 24, no. 2 (2013): 335–58.

Coaldrake, William. *Architecture and Authority in Japan*. London: RoutledgeCurzon, 1996.

Cocks, Richard. *Diary Kept by the Head of the English Factory in Japan: Diary of Richard Cocks, 1615–1622*. Ed. University of Tokyo Historiographical Institute. 3 vols. Tokyo: University of Tokyo, 1978–1980.

Cohn, Bernard. *Colonialism and Its Forms of Knowledge: The British in India*. Princeton: Princeton University Press, 1996.

Colenbrander, H. T., ed. *Jan Pietersz. Coen, bescheiden omtrent zijn bedrijf in Indie*. 7 vols. The Hague: Martinus Nijhoff, 1919–23.

Colley, Linda. *Captives: Britain, Empire and the World, 1600–1850*. New York: Pantheon, 2002.

Coolhaas, W. Ph. "Aanteekeningen en Opmerkingen over den zoogenaamdem Ambonschen Moord." *Bijdragen tot de Taal-, Land- en Volkenkunde van Nederlandsch-Indie* 101 (1942): 49–93.

———. "Een Indisch verslag uit 1631, van de hand van Antonio van Diemen." *Bijdragen en Mededelingen van het Historisch Genootschap* 65 (1947): 1–237.

———. "Een lastig heerschap tegenover een lastig volk." *Bijdragen en Mededelingen van het Historisch Genootschap* 69 (1955): 17–42.

———, ed. *Generale Missiven van Gouverneurs-generaal en Raden aan heren XVII der Verenigde Oostindische Compagnie*. 9 vols. The Hague: Martinus Nijhoff, 1960– .

———. *Pieter van den Broecke in Azie*. The Hague: Martinus Nijhoff, 1962–63.

Cooper, Michael, ed., *They Came to Japan: An Anthology of European Reports on Japan, 1543–1640*. Berkeley: University of California Press, 1965.

Commelin, Isaac. *Begin ende Voortgangh van de Vereenighde Nederlantsche Geoctroyeerde Oost-Indische Compagnie*. 4 vols. Amsterdam: Facsimile Uitgaven Nederland, 1969.

Costa, João Paulo Oliveira. "A Route Under Pressure. Communication Between Nagasaki and Macao (1597–1617)." *Bulletin of Portuguese-Japanese Studies* 1 (2000): 75–95.

Craig, Albert. *Civilization and Enlightenment: The Early Thought of Fukuzawa Yukichi*. Cambridge: Harvard University Press, 2009.

Curvelo, Alexandra. "Nagasaki/Deshima after the Portuguese in Dutch Accounts of the Seventeenth Century." *Bulletin of Portuguese/Japanese Studies* 6 (2003): 147–157.

Danvers, F. C., and W. Foster, *Letters Received by the East India Company from Its Servants in the East*. 6 vols. London: S. Low, Marston, 1896–1902.

Das Gupta, Ashin. "Indian Merchants and the Western Indian Ocean: The Early Seventeenth Century." *Modern Asian Studies* 19, no. 3. (1985): 481–99.

———. "The Indian Ocean in the Eighteenth Century." In *India and the Indian Ocean*, 131–61. Ed. Ashin das Gupta and M. N. Pearson. Calcutta: Oxford University Press, 1987.

De Certeau, Michel. *The Writing of History*. Trans. T. Conley. New York: Columbia University Press, 1988.

De Jonge, J. K., and M. L. van Deventer, eds. *De opkomst van het Nederlandsch gezag in Oost Indië*. 13 vols. The Hague: Martinus Nijhoff, 1862–1909.

De Lange, William. *Pars Japonica: The First Dutch Expedition to Reach the Shores of Japan*. Warren, CT: Floating World, 2006.

De Vries, Jan, and Ad van der Woude. *The First Modern Economy: Success, Failure, and Perseverance of the Dutch Economy, 1500–1815*. New York: Cambridge University Press, 1997.

Disney, A. R. *A History of Portugal and the Portuguese Empire: From Beginnings to 1807*. 2 vols. New York: Cambridge University Press, 2009.

Doeff, Hendrik. *Recollections of Japan*. Trans. Annick Doeff. Victoria: Trafford, 2003.

Doi, Tadao, ed. *Nippo jisho. Vocabvlario da lingoa de Iapam*. Tokyo: Iwanami Shoten, 1960.

Earns, Lane. "The Development of Bureaucratic Rule in Early Modern Japan: The Nagasaki Bugyô in the Seventeenth Century." Ph.D. dissertation, University of Hawai'i, 1987.

———. "The Nagasaki Bugyō and the Development of Bureaucratic Rule in Seventeenth-Century Japan." *Asian Culture Quarterly* 22, no. 2 (1994): 63–73.

Edmundson, George. "Frederick Henry, Prince of Orange." *The English Historical Review* 5, no. 17 (1890): 41–64.

———. *Anglo-Dutch rivalry during the first half of the seventeenth century, being the Ford lectures delivered at Oxford in 1910*. Oxford: Clarendon, 1911.

Edwards, William. *Reminiscences of Bengal Civilian*. London: S. Elder, 1866.

Elliott, J. H. "The Spanish Conquest and settlement of America." In *Colonial Latin America*, 149–206. Ed. Leslie Bethell. Cambridge: Cambridge University Press, 1984.

Elison, George. *Deus Destroyed: The Image of Christianity in Early Modern Japan*. Cambridge: Harvard University Press, 1973.

Elisonas, Jurgis. "The Inseparable Trinity: Japan's Relations with China and Korea." In *Early Modern Japan*, vol. 4: *The Cambridge History of Japan*. Ed. John W. Hall and James McClain. Cambridge: Cambridge University Press, 1991.

Enthoven, Victor. *Zeeland en de opkomst van Republiek. Handel en strijd in de Scheldedelta c. 1550–1621*. Leiden: Proefschrift, 1996.
Eskildsen, Robert. "Of Civilization and Savages: The Mimetic Imperialism of Japan's 1874 Expedition to Taiwan." *American Historical Review* 107, no. 2 (2002): 388–418.
Fairbank, John. *The Chinese World Order: Traditional China's Foreign Relations*. Cambridge: Harvard University Press, 1968.
Farrington, Anthony. *The English Factory in Japan, 1613–1623*. 2 vols. London: British Library, 1991.
Ferguson, Donald. *The Earliest Dutch Visits to Ceylon*. New Delhi: Asian Educational Services, 1998.
Fernández-Armesto, Felipe. *Civilizations : Culture, Ambition, and the Transformation of Nature*. New York: Free Press, 2001.
Ferrell, Raleigh. *Taiwan Aboriginal Groups: Problems in Cultural and Linguistic Classification*. Taipei: Institute of Ethnology, Academia Sinica, 1969.
Flynn, Dennis O., and Arturo Giraldez. "Silk for Silver: Manila-Macao Trade in the Seventeenth Century." *Philippine Studies* 44 (1996): 52–68.
———. "Cycles of Silver: Global Economic Unity through the Mid-Eighteenth Century." *Journal of World History* 13, no. 2 (2002): 391–427.
Foster, William. *Early Travels in India*. London: Oxford University Press, 1921.
Frank, Andre Gunder. *ReOrient: Global Economy in the Asian Age*. Berkeley: University of California Press, 1998.
Frick, Christoph. *A relation of two several voyages made into the East-Indies by Christopher Fryke and Christopher Schewitzer*. London, 1700.
Frijhoff, Willem. "The Princely Court at The Hague: A National and European Perspective." In *Dutch Culture in a European Perspective: 1650, Hard-won Unity*. Ed. Willem Frijhoff and Marijke Spies. New York: Palgrave Macmillan, 2004.
Frijhoff, Willem, and Marijke Spies. *Dutch Culture in a European Perspective: 1650, Hard-won Unity*. New York: Palgrave Macmillan, 2004.
Fryer, John. *A New Account of East-India and Persia, in eight letters*. London, 1698.
Fujii, Jōji. "Junana seiki no Nihon: buke no kokka no keisei." In *Iwanami kōza Nihon tsūshi* 12. Ed. Asao Naohiro, et al. Tokyo: Iwanami Shoten, 1993–.
Fujiki, Hisashi. *Toyotomi heiwarei to sengoku shakai*. Tokyo: Tokyo daigaku shuppankai, 1985.
Fulton, Thomas Wemyss. *The Sovereignty of the Sea*. Edinburgh: Blackwood, 1911.
Furber, Holden. "Asia and the West as Partners Before Empire and After." *Journal of Asian Studies* 28, no. 4 (1969): 711–21.
———. *Rival empires of trade in the Orient, 1600–1800*. Minneapolis: University of Minnesota Press, 1976.
Gaastra, Femme. *The Dutch East India Company: Expansion and Decline*. Zutpen: Walburg Pers, 2003.
Geerts, A.J.C. "The Arima Rebellion and the Conduct of Koeckebacker." *Transactions of the Asiatic Society of Japan* 11 (1883): 51–117.
Gerhart, Karen. *The Eyes of Power: Art and Early Tokugawa Authority*. Honolulu: University of Hawai'i Press, 1999.

Glete, Jan. *War and the State in Early Modern Europe: Spain, the Dutch Republic, and Sweden as Fiscal-Military States, 1500–1660*. London: Routledge, 2002.

Gokhale, B. G. *Surat in the Seventeenth Century*. Malmo: Scandinavian Institute of Asian Studies, 1979.

Goodman, Grant. *The Dutch Impact on Japan, 1640–1853*. Leiden: Brill, 1967.

———. *Japan: the Dutch Experience*. London: Athlone, 1986.

———. *Japan and the Dutch, 1600–1853*. Surrey: Curzon, 2000.

Goonewardena, K. W. *The Foundation of Dutch Power in Ceylon, 1638–1658*. Amsterdam: Djambatan, 1958.

Greenblatt, Stephen, *Marvelous Possessions: The Wonder of the New* World. Chicago: University of Chicago Press, 1991.

Groeneveldt, W. P. *De Nederlanders in China, 1601–1624*. The Hague: Martinus Nijhoff, 1898.

Groenveld, Simon. "The King-Stadholder: William III as Stadholder: Prince or Minister?" In *Redefining William III: The Impact of the King-Stadholder in International Context* 17–37. Ed. Esther Mijers and David Onnekink. Aldershot: Ashgate, 2007.

Grotius, Hugo. *Hugo Grotius Mari libero et P. Merula De maribus*. Leiden, 1633.

———. *The Rights of War and Peace, Including the Law of Nature and of Nations*. Trans. A. C. Campbell. New York: M. W. Dunne, 1901.

———. *The Freedom of the Seas; or, the Right Which Belongs to the Dutch to Take Part in the East Indian Trade*. Trans. Ralph Van Deman Magoffin. New York: Oxford University Press, 1916.

———. *The Rights of War and Peace*. Ed. Richard Tuck. Indianapolis: Liberty Fund, 2005.

———. *Commentary on the Law of Prize and Booty*. Ed. Martine Julia van Ittersum. Indianapolis: Liberty Fund, 2006.

Haan, F. de. *Oud Batavia*. Bandoeng: A. C. Nix, 1935.

Halikowski-Smith, Stefan. "'The Friendship of Kings was in the Ambassadors': Portuguese Diplomatic Embassies in Asia and Africa During the Sixteenth and Seventeenth Centuries," *Portuguese Studies* 22, no. 1 (2006): 101–34.

Hall, John, ed. *The Cambridge History of Japan: Early Modern Japan*. Cambridge: Cambridge University Press, 1991.

Hang, Xing. "Between Trade and Legitimacy, Maritime and Continent: The Zheng Organization in Seventeenth-Century East Asia." PhD dissertation, University of California, Berkeley, 2010.

Hanna, William. *Indonesian Banda: Colonialism and Its Aftermath in the Nutmeg Islands*. Philadelphia: Institute for the Study of Human Issues, 1978.

Hasan, Farhat. "Conflict and Co-operation in Anglo-Mughal Trade Relations During the Reign of Aurangzeb." *Journal of the Economic and Social History of the Orient* 34, no. 4 (1991): 351–60.

Hauser, William. "Osaka Castle and Tokugawa Authority in Western Japan." In *The Bakufu In Japanese History*, 153–72. Ed. Jeffrey P. Mass and William B. Hauser. Stanford: Stanford University Press, 1985.

Hawks, Francis. *Narrative of the Expedition of an American Squadron to the China Seas and Japan*. New York: Appleton, 1856.

Hayashi, Fukusai, ed. *Tsūkō ichiran*. 8 vols. Tokyo: Kokusho Kankōkai, 1912–1913.
Heeres, J. E., and F. W. Stapel, eds. *Corpus Diplomaticum Neerlando-Indicum*, 6 vols. The Hague: Martinus Nijhoff, 1907–1955.
Hellyer, Robert. *Defining Engagement: Japan and Global Contexts, 1640–1868*. Cambridge: Harvard University Asia Center, 2009.
Hesselink, Reinier. *Prisoners from Nambu: Reality and Make-Believe in Seventeenth-Century Japanese Diplomacy*. Honolulu: University of Hawai'i Press, 2002.
Howell, David. "Ainu Ethnicity and the Boundaries of the Early Modern Japanese State." *Past & Present* 142 (1994): 64–93.
———. "The Prehistory of the Japanese Nation State: Status, Ethnicity and Boundaries." *Early Modern Japan* 5, no. 2 (1995): 19–24.
———. *Geographies of Identity in Nineteenth-century Japan*. Berkeley: University of California Press, 2005.
Hunter, William Wilson. *A History of British India*. New York: AMS, 1966.
Ikegami, Eiko. *The Taming of the Samurai: Honorific Individualism and the Making of Modern Japan*. Cambridge: Harvard University Press, 1995.
Ijzerman, J. W. ed. *Cornelis Buijsero te Bantam, 1616–1618*. The Hague: Martinus Nijhoff, 1923.
Innes, Robert Leroy. "The Door Ajar: Japan's Foreign Trade in the Seventeenth Century." Ph.D. dissertation, University of Michigan, 1980.
Israel, Jonathan. *Dutch Primacy in World Trade, 1585–1740*. Oxford: Clarendon Press, 1989.
———. *The Dutch Republic: Its Rise, Greatness, and Fall, 1477–1806*. Oxford: Clarendon Press, 1995.
Iwao, Seiichi. "Matsukura Shigemasa no Ruzonto ensei keikaku." *Shigaku zasshi* 45, no. 9 (1934): 9081–9109.
———. *Nanyō Nihon machi no kenkyū*. Tokyo: Minami Ajiya Bunka Kenkyūjo, 1941.
———. *Early Japanese Settlers in the Philippines*. Tokyo: Foreign Affairs Association of Japan, 1943.
———. "Kinsei nisshi bōeki ni kansuru sūryōteki kōsatsu." *Shigaku zasshi* 62, no. 11 (1953): 1–40.
———. *Jan Joosten: The Forerunner of the Dutch-Japanese Relation*. Tokyo: Tokyo News Service, 1958.
———. "Li Tan, Chief of the Chinese Residents at Hirado, Japan, in the Last Days of the Ming Dynasty." *Memoirs of the Research Department of the Toyo Bunko* 17 (1958): 27–83.
———. *Shuinsen to Nihon-machi*. Tokyo: Shibundō, 1962.
———. "Reopening the Diplomatic and Commercial Relations Between Japan and Siam During the Tokugawa Period." *Acta Asiatica* 4 (1963): 1–31.
———. *Sakoku*. Tokyo: Chuō Kōronsha, 1966.
———. "Japanese Emigrants in Batavia During the Seventeenth Century." *Acta Asiatica* 18 (1970): 1–25.
———. "Japanese Foreign Trade in the Sixteenth and Seventeenth Centuries." *Acta Asiatica* 30 (1976): 1–18.

———. *Shuinsen bōekishi no kenkyū*. Rev. ed. Tokyo: Yoshikawa kōbunkan, 1985.
———. *Zoku nanyō Nihon machi no kenkyū*. Tokyo: Iwanami Shoten, 1987.
Jacobs, Els M. *Merchant in Asia: The Trade of the Dutch East India Company During the Eighteenth Century*. Leiden: CNWS, 2006.
Jansen, Marius, and Gilbert Rozman, eds. *Japan in Transition: From Tokugawa to Meiji*. Princeton: Princeton University Press, 1986.
Kaempfer, Engelbert. *The History of Japan*. Trans. J. G. Scheucher. London, 1727.
———. *Kaempfer's Japan: Tokugawa Culture Observed*. Ed. and trans. Beatrice Bodart-Bailey. Honolulu: University of Hawai'i Press, 1999.
Kanai, Madoka. *Nichiran kōshōshi no kenkyū*. Kyoto: Shibunkaku, 1986.
Kang, Etsuko Hae-Jin. *Diplomacy and Ideology in Japanese-Korean Relations: From the Fifteenth to the Eighteenth Century*. London: Macmillan, 1997.
Katagiri, Kazuo. *Edo no Orandajin: Kapitan no Edo sanpu*. Tokyo: Chūō Kōron Shinsha, 2000.
Katō, Eiichi. "Development of Japanese Studies on Sakoku (Closing the Country): A Survey." *Acta Asiatica* 22 (1972): 84–107.
———. "The Japanese-Dutch Trade in the Formative Period of the Seclusion Policy: Particularly on the Raw Silk Trade by the Dutch Factory at Hirado, 1620–1640." *Acta Asiatica* 30 (1976): 34–84.
———. "Unification and Adaptation, the Early Shogunate and Dutch Trade Policies." In *Companies and Trade: Comparative Studies in Overseas History,* 3:207–29. Ed. Leonard Blussé and Femme Gaastra. The Hague: Martinus Nijhoff, for Leiden University Press, 1981.
———. "Hirado Oranda Shokan no Nihonjin koyōsha ni tsuite." In *Nihon Kinseishi Ronsō*. Ed. Bitō Masahide Sensei Kanreki-kinenkai. Tokyo: Yoshikawa Kōbunkan, 1984.
———. "Rengō Oranda Higashi-Indo Kaisha no senryaku kyoten toshite no Hirado shōkan." In *Nihon zenkindai no kokka to taigai kankei*. Ed. Tanaka Takeo. Tokyo: Yoshikawa Kōbunkan, 1987.
———. *Bakuhansei kokka no keisei to gaikoku bōeki*. Tokyo: Azekura Shobō, 1993.
———. "Research Trends in the Study of the History of Japanese Foreign Relations at the Start of the Early Modern Period: On the Reexamination of 'National Seclusionism,' from the 1970s and 1990s." *Acta Asiatica* 67 (1994): 1–29.
———. *Bakuhansei kokka no seiritsu to taigai kankei*. Kyoto: Shibunkaku Shuppan, 1998.
Katō, Hidetoshi. "The Significance of the Period of National Seclusion Reconsidered." *Journal of Japanese Studies* 7, no. 1 (Winter 1981): 85–109.
Keblusek, Marika, and Jori Zijlmans, eds. *Princely Display: The Court of Frederik Hendrik of Orange and Amalia van Solms*. Zwolle: Waanders, 1997.
Keene, Donald. *The Japanese Discovery of Europe, 1720–1820*. Stanford: Stanford University Press, 1969.
Keene, Edward. *Beyond the Anarchical Society: Grotius, Colonialism, and Order in World Politics*. Cambridge: Cambridge University Press, 2002.
Keith, Matthew. "The Logistics of Power: The Tokugawa Response to the Shimabara Rebellion and Power Projection in Seventeenth-Century Japan." Ph.D. dissertation, Ohio State University, 2006.

Kim, Key-Hiuk. *The Last Phase of the East Asian World Order: Korea, Japan, and the Chinese Empire, 1860–1882*. Berkeley: University of California Press, 1979.

Kimura, Naoki. *Bakuhansei kokka to Higashi Ajia sekai*. Tokyo: Yoshikawa Kōbunkan, 2009.

Klekar, Cynthia. "Prisoners in Silken Bonds: Obligation, Trade and Diplomacy in English Voyages to Japan and China." *Journal for Early Modern Cultural Studies* 6, no. 1 (2006): 84–105.

Kling, Blair, and M. N. Pearson, eds. *The Age of Partnership: Europeans in Asia Before Domination*. Honolulu: University Press of Hawai'i, 1979.

Kōda, Shigetomo. "Taiwan ni okeru Nichiran shōtotsu: Suetsugu Heizō to Pieter Nuyts." In *Kōda Shigetomo chosaku shu 4*. Tokyo: Chūō Kōronsha, 1971–1974.

Komiya, Kiyora. "Kaizoku no ekken—Iemitsu seiken ni ni okeru Makao to shisetsu to Oranda shisetsu no shogun omemie." In *Hachi-jūnana seiki no higashi ajia chiiki ni okeru hito mono jōhō no kōryū: kaiiki to kōshi no keisei, minzoku, chiikikan no sōgo ninshiki o chūshin ni*. Ed. Murai Shōsuke. Tokyo: Tokyo daigaku daigakuin jinbun shakai-kei kenkyūka, 2004.

———. *Edo Bakufu no nikki to girei shiryō*. Tokyo: Yoshikawa Kōbunkan, 2006.

Konchiin, Sūden. *Ikoku nikki shō*. Ed. Murakami Naojirō. Tokyo: Sankūsha, 1911.

Kondō, Morishige. *Gaiban tsūsho*. In *Kaitei shiseki shūran*. Kyoto: Rinsen Shoten, 1983–1984.

Kops, Henriette Rahusen-De Bruyn. "Not Such an 'Unpromising Beginning': The First Dutch Trade Embassy to China, 1655–1657." *Modern Asian Studies* 36, no. 3 (August 2002): 535–78.

Kuno, Yoshi. *Japanese Expansion on the Asiatic Continent: A Study in the History of Japan with Special Reference to Her International Relations with China, Korea and Russia*. 3 vols. Berkeley: University of California Press, 1937–1940.

Kuroita, Katsumi, ed. "Tokugawa Jikki." In *Shintei zōho Kokushi taikei*. Tokyo: Yoshikawa Kōbunkan, 1998–1999.

Lach, Donald, and Edwin van Kley. *Asia in the Making of Europe*. 3 vols. Chicago: University of Chicago Press, 1965–93.

Landes, David. *The Wealth and Poverty of Nations: Why Are Some So Rich and Others So Poor?* New York: Norton, 1998.

———. "Why Europe and the West? Why Not China?" *Journal of Economic Perspectives* 20, no. 2 (2006): 3–22.

Landwehr, John. *VOC: A Bibliography of Publications Relating to the Dutch East India Company, 1602–1800*. Utrecht: HES, 1991.

Laver, Michael. *Japan's Economy by Proxy in the Seventeenth Century: China the Netherlands, and the Bakufu*. Amherst, NY: Cambria, 2008.

———. *The Sakoku Edicts and the Politics of Tokugawa Hegemony*. Amherst, NY: Cambria, 2011.

Lee, Jeong Mi. "Cultural Expressions of Tokugawa Japan and Chosŏn Korea: An Analysis of the Korean Embassies in the Eighteenth Century." Ph.D. dissertation, University of Toronto, 2008.

Lee, John. "Trade and Economy in Preindustrial East Asia, ca. 1500–ca. 1800: East Asia in the Age of Global Integration." *Journal of Asian Studies* 58, no. 1 (1999): 2–26.

Leue, H. J. "Legal Expansion in the Age of Companies: Aspects of the Administration of Justice in the English and Dutch Settlements of Maritime Asia, ca. 1600–1750." In *European Expansion and Law: The Encounter of European and Indigenous Law in Nineteenth and Twentieth-Century Africa and Asia*, 129–58. Ed. W. J. Mommsen and J. A. de Moor. Oxford: Berg, 1992.

Leupe, P. A. "Stukken betrekkelijk Pieter Nuyts, gouverneur van Taqueran, 1631–1634." *Kroniek van het Historisch Genootschap gevestigd te Utrecht* (1853): 184–216.

Lewis, James. *Frontier Contact between* Choson *Korea and Tokugawa Japan*. London: RoutledgeCurzon, 2003.

Lidin, Olof. *Tanegashima: The Arrival of Europe in Japan*. Copenhagen: NIAS, 2002.

Lieberman, Victor. "An Age of Commerce in Southeast Asia? Problems of Regional Coherence. A Review Article." *Journal of Asian Studies* 54, no. 3 (1995): 796–807.

———. "Transcending East-West Dichotomies: State and Culture Formation in Six Ostensibly Disparate Areas." *Modern Asian Studies* 31, no. 3 (1997): 463–546.

Linschoten, Jan Huygen van. *Iohn Huighen van Linschoten. his discours of voyages into ye Easte & West Indies*. Trans. John Wolfe. London: 1598.

———. *Itinerario. Voyage ofte schipvaert van Jan Huygen van Linschoten naer Oost ofte Portugaels Indien, 1579–1592*. The Hague: Martinus Nijhoff, 1939.

Liu, Lydia. *Tokens of Exchange: The Problem of Translation in Global Circulations*. Durham, NC: Duke University Press, 1999.

Lorge, Peter. *The Asian Military Revolution: From Gunpowder to the Bomb*. New York: Cambridge University Press, 2008.

Loth, Vincent. "Armed Incidents and Unpaid Bills: Anglo-Dutch rivalry in the Banda Islands in the Seventeenth Century." *Modern Asian Studies* 29, no. 4 (1995): 705–40.

Lu, David. *Japan: A Documentary History*, 2 vols. Armonk, NY: Sharpe, 1996.

Lucassen, Jan. "A Multinational and its Labor Force: The Dutch East India Company, 1595–1795." *International Labor and Working-Class History* 66 (2004): 12–39.

Lunsford, Virginia West. *Piracy and Privateering in the Golden Age Netherlands*. New York: Palgrave Macmillan. 2005.

Lunsingh Scheurleer, Th. H. "Koperen kronen en waskaarsen voor Japan." *Oud Holland* 93 (1979): 69–74.

Macleod, N. *De Oost Indische Compagnie als Zeemogendheid in Azie*. 2 vols. Rijswijk: Blankwaardt & Schoonhoven, 1927.

Macmillan, Ken. *Sovereignty and Possession in the English New World: The Legal Foundations of Empire, 1576–1640*. Cambridge: Cambridge University Press, 2006.

Major, Richard. *Select Letters of Christopher Columbus by Christopher Columbus*. London: Hakluyt Society, 1847.

Mancke, Elizabeth. "Early Modern Expansion and the Politicization of Oceanic Space." *Geographical Review* 89, no. 2 (1999): 225–36

Markham, Albert, ed. *The Voyages and Works of John Davis*. London: Hakluyt Society, 1880.

Markham, Clements, ed. *The Voyages of Sir James Lancaster, Kt., to the East Indies: With Abstracts of Journals of Voyages to the East Indies During the Seventeenth Century, Preserved in the India Office*. London: Printed for the Hakluyt Society, 1877.
———. *The Journal of Christopher Columbus (During His First Voyage, 1492–93)*. London: Hakluyt Society, 1893.
Markley, Robert. "Riches, Power, Trade, and Religion: the Far East and the English Imagination, 1600–1720." *Renaissance Studies* 17, no. 3 (2003): 494–516.
———. "Gulliver and the Japanese: The Limits of the Postcolonial Past." *Modern Language Quarterly* 65, no. 3 (2004): 457–79.
———.*The Far East and the English Imagination, 1600–1730*. Cambridge: Cambridge University Press, 2006.
Massarella, Derek. "The Early Career of Richard Cocks (1566–1624), Head of the English East India Company's Factory in Japan (1613–1623). *Transactions of the Asiatic Society of Japan* 3, no. 20 (1985): 1–46.
———. *A World Elsewhere: Europe's Encounter with Japan in the Sixteenth and Seventeenth Centuries*. New Haven: Yale University Press, 1990.
Masselman, George. *The Cradle of Colonialism*. New Haven: Yale University Press, 1963.
Mathes, Michael. "A Quarter Century of trans-Pacific Diplomacy: New Spain and Japan, 1592–1617." In *Japan and the Pacific, 1540–1920, Threat and Opportunity*, 57–86. Ed. Mark Caprio and Matsuda Koichiro. Aldershot and Burlington: Ashgate/Variorum, 2006.
Matsukata, Fuyuko. *Oranda fūsetsugaki to kinsei Nihon*. Tokyo: Tokyo Daigaku Shuppankai, 2007.
Matthee, Rudi, " Negotiating Across Cultures: The Dutch Van Leene Mission to the Iranian Court of Shah Sulayman, 1689–1692." *Eurasian Studies* 3, no. 1 (2004): 35–63.
Mazumdar, Sucheta. *Sugar and Society in China: Peasants, Technology, and the World Market*. Cambridge: Harvard University Asia Center, 1998.
McCune, George M. "The Exchange of Envoys Between Korea and Japan During the Tokugawa Period." *Far Eastern Quarterly* 5, no. 3 (May 1946): 308–25.
Meijlan, G. F. *Geschiedkundig overzigt van den handel der Europezen op Japan*. Batavia: Bataviaasch Genootschap van Kunsten en Wetenschappen, 1833.
Meilink-Roelofsz, M. A. P. *Asian Trade and European Influence in the Indonesian Archipelago Between 1500 and About 1630*. The Hague: Martinus Nijhoff, 1962.
Mijer, P. *Verzameling van Instructiën, Ordonnanciën en Reglementen voor de Regering van Nederlandsch Indië*. Batavia, 1848.
Mizuno, Norihito. "China in Tokugawa Foreign Relations: The Tokugawa Bakufu's Perception of and Attitudes Toward Ming-Qing China." *Sino-Japanese Studies* 15 (2003): 108–44.
———. "Japan and Its East Asian Neighbors: Japan's Perception of China and Korea and the Making of Foreign Policy from the Seventeenth to the Nineteenth Century." Ph.D. dissertation, Ohio State University, 2004.
Mochizuki, Mia. "Deciphering the Dutch in Deshima." In *The Boundaries of the Netherlands. Real and Imagined*, 63–94. Ed. Marybeth Carlson, Laura Cruz, and Benjamin J. Kaplan. Leiden: Brill, 2009.

———. "Idolatry and Western-Inspired Painting in Japan." In *Idols in the Age of Art. Objects, Devotions and the Early Modern World*, 239–66. Ed. Michael Cole and Rebecca Zorach. Aldershot: Ashgate, 2009.

Montanus, Arnoldus. *Atlas Japanensis: Being Remarkable Addresses by Way of Embassy from the East-India Company of the United Provinces to the Emperor of Japan*. Trans. John Ogilby. London, 1670.

Morris-Suzuki, Tessa. *Re-inventing Japan: Time, Space, Nation*. New York: Sharpe, 1998.

Morrison, Samuel, ed. *Journals and Other Documents on the Life and Voyages of Christopher Columbus*. Boston: Heritage, 1964.

Mulder, W. Z. *Hollanders in Hirado, 1597–1641*. Haarlem: Fibula-Van Dishoeck, 1984.

Murai, Shōsuke. *Chūsei wajin den*. Tokyo: Iwanami Shoten, 1993.

———. *Kokkyō o koete: Higashi Ajia kaiiki sekai no chūsei*. Tokyo: Azekura Shobō, 1997.

Murdoch, James. *A History of Japan with Maps By Isoh Yamagata*. 3 vols. London: K. Paul, Trench, Trubner, 1925–1926.

Murakami, Naojiro. "The Japanese at Batavia in the Seventeenth Century." *Monumenta Nipponica* 2, no. 2 (July 1939): 355–73.

Nachod, Oskar. *Die Beziehungen der Niederlaendischen Ost-Indischen Compagnie zu Japan im 17en Jahrhundert*. Leipzig: R. Friese, 1897.

———. *Jūshichiseiki nichiran kōshōshi*. Trans. Tominaga Mikata. Tenri: Yōtokusha, 1956.

Nagazumi, Akira. "Japan en de Nederlanden rond 1632: Terugblik op een keerpunt." *De Gids* 145, no. 1 (1982): 26–38.

Nagazumi, Yōko. "Hirado-han to Oranda boeki." *Nihon Rekishi* 286, no. 3 (1972): 1–19.

———. "Japan's Isolationist Policy as Seen Through Dutch Source Materials." *Acta Asiatica* 22 (1972): 18–35.

———. "Orandajin no hogosha to shite no Inoue Chikugo no kami Masashige." *Nihon Rekishi* 327 (1975): 1–17.

———. *Kinsei shoki no gaikō*. Tokyo: Sōbunsha, 1990.

———. "Hirado ni dentatsu sareta Nihonjin baibai buki yushutsu kinshirei." *Nihon rekishi* 611 (1999): 67–81.

———. "Ayutthaya and Japan: Embassies and Trade in the Seventeenth Century." In *From Japan to Arabia: Ayutthaya's Maritime Relations with Asia*, 79–103. Ed. Kennon Breazeale. Bangkok: Printing House of Thammasat University, 1999.

———. "Orandajin no uketa goon to hōkō." In *"Sakoku" o hiraku*, 24–34. Ed. Kawakatsu Heita. Tokyo: Dōbunkan, 2000.

———. *Shuinsen*. Tokyo: Yoshikawa Kōbunkan, 2001.

———. "The Japanese *Go-shuinjo* (Vermilion Seal) Maritime Trade in Taiwan." In *Around and About Formosa: Essays in Honor of Professor Ts'ao Yung-ho*. Ed. Leonard Blussé. Taipei: SMC, 2003.

Nagazumi, Yōko, and Mariko Takeda. *Hirado Oranda shōkan, Igirisu shōkan nikki: hekigan no mita kinsei no Nihon to sakoku e no michi*. Tokyo: Soshiete, 1981.

Nagtegaal, Luc. *Riding the Dutch Tiger: The Dutch East Indies Company and the Northeast Coast of Java, 1680–1743*. Leiden: KITLV, 1996.

Najita, Tetsuo. *Japan: The Intellectual Foundations of Modern Japanese Politics*. Chicago: University of Chicago Press, 1980.

Nakada, Yasunao, ed. *Kinsei Nihon taigai kankei bunken mokuroku*. Tokyo: Tosui Shobō, 1999.

Narushima, Motonao, *Tokugawa Jikki*, 7 vols. Tokyo: Keizai Zasshisha, 1904–1907.

Nieuhof, Johannes. *An Embassy from the East India Company of the United Provinces to the Grand Tartar Cham Emperor of China deliver'd by their excellencies, Peter de Goyer and Jacob de Keyzer, at his imperial city of Peking*. London, 1673.

Ogborn, Miles. *Indian Ink: Script and Print in the Making of the English East India Company*. Chicago: University of Chicago Press, 2007.

Oka, Mihoko, "A Great Merchant in Nagasaki in the Seventeenth Century: Suetsugu Heizo II and the System of *Respondência*," *Bulletin of Portuguese/Japanese Studies* 2 (2001): 37–56.

Onuma, Yasuaki. "When Was the Law of International Society Born: An Inquiry of the History of International Law from an Intercivilizational Perspective." *Journal of the History of International Law* 2 (2000): 1–66.

Ooms, Herman. *Tokugawa Ideology: Early Constructs, 1570–1680*. Princeton: Princeton University Press, 1985.

Oosterhoff, J.L. "Zeelandia: A Dutch Colonial City on Formosa (1624–1662)." In *Colonial Cities: Essays on Urbanism in a Colonial Context*. Ed. Robert Ross and Gerard J. Telkamp. Dordrecht: Martinus Nijhoff, 1985.

Opstall, M.E. van, ed. *De Reis van de Vloot van Pieter Willemsz Verhoeff naar Azië, 1607–1612*. 2 vols. The Hague: Martinus Nijhoff, 1972.

Pagden, Anthony. *Lords of all the World: Ideologies of Empire in Spain, Britain, and France c. 1500–c. 1800*. New Haven: Yale University Press, 1995.

Panikkar, K.M. *Asia and Western Dominance: A Survey of the Vasco Da Gama Epoch of Asian History, 1498–1945*. London: George Allen & Unwin, 1953.

Parker, Charles, and Jerry Bentley, eds. *Between the Middle Ages and Modernity*. Lanham, MD: Rowman & Littefield, 2007.

Parker, Geoffrey. *The Military Revolution: Military Innovation and the Rise of the West, 1500–1800*. Cambridge: Cambridge University Press, 1988.

Pearson, Michael. "Merchants and States." In *The Political Economy of Merchant Empires: State Power and World Trade, 1350–1750*. Ed. James Tracy. Cambridge: Cambridge University Press, 1991.

———. *The Indian Ocean*. London: Routledge, 2003.

Pombejra, Dhiravat Na. "The Dutch-Siamese Conflict of 1663–1664: A Reassessment." In *Around and About Formosa, Essays in Honor of Professor Ts'ao Yung-ho*, 291–306. Ed. Leonard Blussé. Taipei: SMC, 2003.

Pomeranz, Kenneth. *The Great Divergence*. Princeton: Princeton University Press, 2000.

Pompe van Meerdervoort, J.L.C. *Doctor on Desima: Selected Chapters from J. L. C. Pompe van Meerdervoort's Vijf jaren in Japan*, Trans. Elizabeth Wittermans and John Bowers. Tokyo: Sophia University, 1970.

Prakash, Om. *European Commercial Enterprise in Pre-Colonial India*. New York: Cambridge University Press, 1998.

———. "European Corporate Enterprises and the Politics of Trade in India, 1600–1800." In *Politics and Trade in the Indian Ocean World: Essays in Honour of Ashin Das Gupta*. Ed. Rudrangshu Mukherjee and Lakshmi Subramanian. Delhi: Oxford University Press, 1998.

———. "The Mughal Empire and the Dutch East India Company in the Seventeenth Century." In *Hof en Handel, Aziatische Vorsten en de VOC, 1620–1720*, 183–200. Ed. E. Locher-Scholten and P. Rietbergen. Leiden: KITLV, 2004.

Prange, Sebastian. "A Trade of No Dishonor: Piracy, Commerce, and Community in the Western Indian Ocean, Twelfth to Sixteenth Century." *American Historical Review* 116, no. 5 (2011): 1269–93.

Purchas, Samuel, *Purchas his Pilgrimes*. 5 vols. London: William Stansby, 1625.

———. *Hakluytus posthumus, or, Purchas his Pilgrimes: contayning a history of the world in sea voyages and lande travells by Englishmen and others*. 20 vols. Glasgow: J. MacLehose, 1905–1907.

Raben, Remco. "Het Aziatisch Legion: Huurlingen, bondgenoten en reservisten in het geweer voor de Verenigde Oost-Indische Compagnie," In *De Verenigde Oost-Indische Compagnie tussen Oorlog and diplomatie*. Ed. Gerrit Knaap and Ger Teitler. Leiden: KITLV, 2002.

Radwan, Ann. *The Dutch in Western India, 1601–1632: A Study of Mutual Accommodation*. Columbia, MO: South Asia, 1978.

Ravenstein, E. G., ed. *The Journal of the First Voyage of Vasco da Gama, 1497–99*. London: Hakluyt Society, 1898.

Ravina, Mark. "State-building and Political Economy in Early-modern Japan." *Journal of Asian Studies* 54, no. 4 (1995): 997–1022.

———. *Land and Lordship in Early Modern Japan*. Stanford: Stanford University Press, 1999.

Reid, Anthony. *Southeast Asia in the Age of Commerce 1450–1680:* vol. 2: *Expansion and Crisis*. New Haven: Yale University Press. 1993.

———. "Pluralism and Progress in Seventeenth-Century Makassar," *Bijdragen tot de Taal-, Land- en Volkenkunde* 156, no. 3 (2000): 433–49.

Reischauer, Edwin. "Japanese Feudalism." In *Feudalism in History*, 26–48. Ed. Rushton Coulborn. Princeton: Princeton University Press, 1956.

———. *The Japanese*. Cambridge: Harvard University Press, 1977.

Ribeiro, Madalena. "The Japanese Diaspora in the Seventeenth century according to Jesuit sources." *Bulletin of Portuguese-Japanese Studies* 3 (2001): 53–83.

Ricklefs, M.C. *A History of Modern Indonesia Since c. 1200*. Stanford: Stanford University Press, 2001.

Rietbergen, Pieter. *Japan verwoord: Nihon door Nederlandse ogen, 1600–1799*. Amsterdam: KIT, 2003.

Roberts, Luke. *Performing the Great Peace: Political Space and Open Secrets in Tokugawa Japan*. Honolulu: University of Hawai'i Press, 2012.

Robinson, Kenneth R. "Centering the King of Choson: Aspects of Korean Maritime Diplomacy, 1392–1592." *Journal of Asian Studies* 59, no. 1 (February 2000): 109–25.

Roe, Thomas. *The Embassy of Sir Thomas Roe to India, 1615–19*. Ed. W. Foster. London: Hakluyt Society, 1899.

Rouffaer, G. P., and J. W. Ijzerman. *De eerste schipvaart der Nederlanders naar Oost-Indië onder Cornelis de Houtman, 1595–1597*. The Hague: Martinus Nijhoff, 1915.

Rowen, Herbert. *The Princes of Orange: The Stadholders in the Dutch Republic*. Cambridge: Cambridge University Press, 1988.

Ruangsilp, Bhawan. *Dutch East India Company Merchants at the Court of Ayutthaya: Dutch Perceptions of the Thai Kingdom, c. 1604–1765*. Leiden: Brill, 2007.

———. "Dutch Interaction with Siamese law and the City Rules of Ayutthaya in the Seventeenth and Eighteenth Centuries." In *Asian Port Cities, 1600–1800: Local and Foreign Cultural Interactions*, 139–61. Ed. Haneda Masashi. Singapore: NUS Press, 2009.

Said, Edward. *Orientalism*. New York: Vintage, 1979.

Sainsbury, W. N., ed. *Calendar of State Papers Colonial, East Indies, China and Japan*, vol. 3: *1617–1621*. London: HMSO, 1870.

———. *Calendar of State Papers, Colonial, East Indies, China and Persia*, vol. 6: *1625–1629*. London: HMSO, 1884.

———, ed. *Calendar of State Papers Colonial, East Indies and Persia*, vol. 8: *1630–1634*. London: HMSO, 1892.

Satow, Ernest. "Notes on the Intercourse Between Japan and Siam in the Seventeenth Century." *Transactions of the Asiatic Society of Japan* 13 (1884): 189–210.

———, ed. *The Voyage of Captain John Saris to Japan*. London: Hakluyt Society, 1900.

Scammell, G. V. "The Pillars of Empire: Indigenous Assistance and the Survival of the 'Estado da India' c. 1600–1700," *Modern Asian Studies* 22, no. 3 (1988): 473–89.

Schmidt, Benjamin. *Innocence Abroad: The Dutch Imagination and the New World, 1570–1670*. Cambridge: Cambridge University Press, 2001.

Schnurmann, Claudia. "'Wherever profit leads us, to every sea and shore . . .': The VOC, the WIC, and Dutch Methods of Globalization in the Seventeenth Century." *Renaissance Studies* 17, no. 3 (September 2003): 474–93.

Schouten, Justus. "Justus Schouten en de Japanse Gijzeling." In *Nederlands Historische Bronnen*. Ed. Leonard Blussé. The Hague: Martinus Nijhoff, 1985.

Schouwenburg, K. L. van. "Het personeel op de schepen van de Kamer Delft van de VOC in de eerste helft van de achttiende eeuw." *Tijdschrift voor Zeegeschiedenis* 7 (1988): 76–93.

———. "Het personeel op de schepen van de Kamer Delft van de VOC in de tweede helft van de achttiende eeuw." *Tijdschrift voor Zeegeschiedenis* 8 (1989): 179–186.

Schurz, William. *The Manila Galleon*. New York: Dutton, 1939.

Seed, Patricia. "Taking Possession and Reading Texts: Establishing the Authority of Overseas Empires." *William and Mary Quarterly* 49, no. 2 (1992): 183–209.

———. *Ceremonies of Possession: Europe's Conquest of the New World, 1492–1640*. Cambridge: Cambridge University Press, 1995.

———. "Caliban and Native Title: 'This Island's Mine.'" In *The Tempest and Its Travels*, 201–11. Ed. Peter Hulme and William H. Sherman. Philadelphia: University of Pennsylvania Press, 2002.

Sen, Sudipta. *Distant Sovereignty: National Imperialism and the Origins of British India*. New York: Routledge, 2002.

Shapinsky, Peter. "With the Sea as Their Domain: Pirates and Maritime Lordship in Medieval Japan." Paper presented at the Seascapes, Littoral Cultures, and Trans-Oceanic Exchanges Conference, Library of Congress, Washington, DC, 12–15 February 2003.

———. "Lords of the Sea: Pirates, Violence, and Exchange in Medieval Japan." Ph.D dissertation, University of Michigan, 2005.

———. "Predators, Protectors, and Purveyors: Pirates and Commerce in Late Medieval Japan." *Monumenta Nipponica* 64, no. 2 (2009): 273–313.

Shepherd, John. *Statecraft and Political Economy on the Taiwan Frontier, 1600–1800*. Stanford: Stanford University Press, 1993.

Shimada, Ryuto. *The Intra-Asian Trade in Japanese Copper by the Dutch East India Company During the Eighteenth Century*. Leiden: Brill, 2006.

Singh, Jyotsna. *Colonial Narratives/Cultural Dialogues: "Discoveries" of India in the Language of Colonialism*. London: Routledge, 1996.

Skinner, John. *A true Relation of the Uniust, Cruell, and Barbarous Proceedings against the English at Amboyna in the East-Indies, by the Neatherlandish Gouernour and Councel There*. London: H. Lownes for Nathanael Newberry, 1624.

Smail, John. "On the Possibility of an Autonomous History of Modern Southeast Asia," *Journal of Southeast Asian History* 2, no. 12 (1961): 72–102.

Smits, Gregory. *Visions of Ryukyu: Identity and Ideology in Early-Modern Thought and Politics*. Honolulu: University of Hawai'i Press, 1999.

So, Kwan-wai. *Japanese Piracy in Ming China During the Sixteenth Century*. East Lansing: Michigan State University Press, 1975.

Somers, Jan A. *De VOC als Volkenrechtelijke Actor*. Deventer: Kluwer, 2001.

St. Aldegonde, Marnix van. *A pithie, and most earnest exhortation, concerning the estate of Christiandome together with the meanes to preserue and defend the same; dedicated to al christian kings princes and potentates, with all other the estates of Christiandome: by a Germaine gentleman, a louer of his countrey*. London, 1583.

Stapel, F. W. "De Ambonsche 'Moord' (9 Maart 1623)." *Tijdschrift voor Indische Taal-Land- en Volkenkunde* 62 (1923): 209–26.

———. "Bijdragen tot de geschiedenis der rechtspraak bij de Vereenigde Oostindische Compagnie." *Bijdragen tot de taal-, land- en volkenkunde van Nederlandsch-Indië* 89 (1932): 41–70.

———. *Cornelis Janszoon Speelman*. The Hague: Martinus Nijhoff, 1936.

Steensgard, Niels. *The Asian Trade Revolution of the 17th Century: The East India Companies and the Decline of the Caravan Trade*. Chicago: University of Chicago Press, 1974.

———. "The Dutch East India Company as an Institutional Innovation." In *Dutch Capitalism and World Capitalism*, 235–57. Ed. M. Aymard. Cambridge: Cambridge University Press, 1982.

Steinberg, Philip. *The Social Construction of the Ocean*. Cambridge: Cambridge University Press, 2001.

Stern, Philip. "'A Politie of Civill & Military Power': Political Thought and the Late Seventeenth-Century Foundations of the East India Company-State." *Journal of British Studies* 47, no. 2 (April 2008): 253–83.

———. *The Company-State: Corporate Sovereignty and the Early Modern Foundation of the British Empire in India*. New York: Oxford University Press, 2011.

Subrahmanyam, Sanjay. "The 'Pulicat Enterprise': Luso-Dutch Conflict in South-Eastern India, 1610–1640." *South Asia: Journal of South Asian Studies* 9, no. 2 (1986): 17–36.

———. *The Political Economy of Commerce: Southern India, 1500–1650*. New York: Cambridge University Press, 1990.

———. "Of Imârat and Tijârat: Asian Merchants and State Power in the Western Indian Ocean, 1400 to 1750." *Comparative Studies in Society and History*, 37, no. 4 (1995): 750–80.

———. "Dutch Tribulations in Seventeenth-Century Mrauk-U." *Journal of Early Modern History* 1, no. 3 (1997): 201–53.

———. "Frank Submissions: The Company and the Mughals Between Sir Thomas Roe and Sir William Norris." In *The Worlds of the East Indian Company*, 69–96. Ed. H. V. Bowen, Margarette Lincoln, and Nigel Rigby. Woodbridge, Suffolk: Boydell, 2002.

———. "Forcing the Doors of Heathendom: Ethnography, Violence, and the Dutch East India Company." In *Between the Middle Ages and Modernity*, 131–53. Ed. Charles Parker and Jerry Bentley. Lanham, MD: Rowman & Littlefield, 2007.

Suganuma, Teifū. *Dai Nihon shōgyōshi: tsuketari Hirado bōekishi*. Tokyo: Yatsuo shoten, 1902.

Sun, Laichen. "Military Technology Transfers from Ming China and the Emergence of Northern Mainland Southeast Asia (c. 1390–1527)." *Journal of Southeast Asia Studies* 34, no. 3 (2003): 495–517.

Suzuki, Shogo. "Japan's Socialization Into Janus-Faced European International Society." *European Journal of International Relations* 11, no. 1 (2005): 137–64.

———. *Civilization and Empire: China and Japan's Encounter with European International Society*. New York: Routledge, 2009.

Suzuki, Yasuko. *Nagasaki bugyō no kenkyū*. Tokyo: Shibunkaku Shuppan, 2007.

Swift, Jonathan. *Gulliver's Travels*. New York: Penguin, 2010.

Swope, Kenneth. "Crouching Tigers, Secret Weapons: Military Technology Employed During the SinoJapaneseKorean War, 1592–1598." *Journal of Military History* 69, no. 1 (2005): 11–41.

Tai, Emily Sohmer Tai, "Marking Water: Piracy and Property in the Pre-Modern West." Paper presented at Seascapes, Littoral Cultures, and Trans-Oceanic Exchanges, Library of Congress, Washington DC, 12–15 February 2003. http://www.history cooperative.org/proceedings/ seascapes/tai.html (accessed 10 September 2012).

Takeda, Mariko. *Sakoku to kokkyō no seiritsu*. Tokyo: Doseisha, 2005.

Takeuchi, Makoto. *Tokugawa Bakufu jiten*. Tokyo: Tokyodō Shuppan, 2003.

Tashiro, Kazui, "Foreign Relations During the Tokugawa Period: *Sakoku* Reexamined." *Journal of Japanese Studies* 8, no. 2 (1982): 283–306.

Tavernier, John Baptista. *A collection of several relations & treatises singular and curious of John Baptista Tavernier*. London, 1680.

Telscher, Kate. *India Inscribed: European and British Writing on India, 1600–1800*. New Delhi: Oxford University Press, 1995.

Temple, William. *The Works of Sir William Temple*. London: F. C. and J. Rivington, 1814.

Teng, Emma. *Taiwan's Imagined Geography: Chinese Colonial Travel Writing and Pictures*. Cambridge: Harvard University Press, 2004.

Theeravit, Khien. "Japanese-Siamese Relations 1606–1629." In *Thai-Japanese Relations in Historical Perspective*, 17–44. Ed. Chaiwat Khamchoo and E. Bruce Reynolds. Bangkok: Innomedia, 1988.

Thompson, Laurence. "The Earliest Chinese Eyewitness Accounts of the Formosan Aborigines." *Monumenta Serica: Journal of Oriental Studies* 23 (1964): 163–204.

Thompson, William. "The Military Superiority Thesis and the Ascendancy of Western Eurasia in the World System." *Journal of World History* 10, no. 1 (1999): 143–78.

Thomson, Janice. *Mercenaries, Pirates, and Sovereigns: State Building and Extraterritorial Violence in Early Modern Europe*. Princeton: Princeton University Press, 1994.

Tiele, P. A. and J. E. Heeres, eds. *Bouwstoffen voor de geschiedenis der Nederlanders in den Maleischen Archipel*, 3 vols. The Hague: Martinus Nijhoff, 1886–1895.

Titsingh, Isaac. *Illustrations of Japan*. London: R. Ackermann, 1822.

Toby, Ronald. "Reopening the Question of *Sakoku*: Diplomacy in the Legitimization of the Tokugawa Bakufu." *Journal of Japanese Studies* 3, no. 2 (1977): 323–63.

———. "Carnival of the Aliens: Korean Embassies in Edo-Period Art and Popular Culture." *Monumenta Nipponica* 41, no. 4 (1986): 415–56.

———. *State and Diplomacy in Early Modern Japan: Asia in the Development of the Tokugawa Bakufu*. Stanford: Stanford University Press, 1991.

———. "The 'Indianness' of Iberia and Changing Japanese Iconographies of Other." In *Implicit Understandings: Observing, Reporting, and Reflecting on the Encounters Between Europeans and Other Peoples in the Early Modern Era*, 323–51. Ed. Stuart B. Schwartz. Cambridge: Cambridge University Press, 1994.

———. "Kinsei-ki no 'Nihon zu' to 'Nihon' no kyōkai." In *Chizu to ezu no seiji bunkashi*, 79–102. Ed. Kuroda Hideo, Mary Elizabeth Berry, and Sugimoto Fumiko. Tokyo: Tokyo Daigaku Shuppankai, 2001.

———. "Rescuing the Nation from History: The State of the State in Early Modern Japan." *Monumenta Nipponica* 56, no. 2. (2001): 197–237.

Tojo, Natalia. "The Anxiety of the Silent Traders: Dutch Perception on the Portuguese Banishment from Japan." *Bulletin of Portuguese Japanese Studies* 1 (2000): 111–28.

Tokyo daigaku shiryō hensanjo, ed. *Dagregisters gehouden door de Opperhoofden van de Nederlandse Faktorij in Japan*. Tokyo: University of Tokyo Press, 1974–.

———. *Dai Nihon kinsei shiryō. Tōtsūji kaisho nichiroku*. Tokyo: University of Tokyo Press, 1984.

———. *Dai Nihon shiryō*. Tokyo Daigaku Shuppankai, 1901–.

Totman, Conrad. *Politics in the Tokugawa Bakufu, 1600–1843*. Cambridge: Harvard University Press, 1967.

———. *Early Modern Japan*. Berkeley: University of California Press, 1995.

Toyama, Mikio, *Matsura-shi to Hirado bōeki*. Tokyo: Kokusho Kankōkai, 1987.
Tracy, James, ed. *The Political Economy of Merchant Empires*. New York: Cambridge University Press, 1991.
———. "Asian Despotism? Mughal Government as seen from the Dutch East India Company Factory in Surat." *Journal of Early Modern History* 3, no. 3 (1999): 256–80.
Troost, Wouter. *William III the Stadholder-king: A Political Biography*. Burlington, VT: Ashgate, 2005.
Tsukahira, Toshio. *Feudal Control in Tokugawa Japan: The Sankin Kotai System*. Cambridge: Harvard University Press, 1966.
Tuán, Hoang Anh. *Silk for Silver: Dutch-Vietnamese Relations, 1637–1700*. Leiden: Brill, 2007.
Turnbull, Stephen. "Onward, Christian Samurai! The Japanese Expeditions to Taiwan in 1609 and 1616." *Japanese Studies* 30, no. 1 (2010): 3–21.
Unger, W. S., ed. *De oudste reizen van de Zeeuwen naar Oost-Indië, 1598–1604*. The Hague: Martinus Nijhoff, 1948.
Valentijn, François. *François Valentijn's oud en nieuw Oost-Indien*. The Hague: H. C. Susan, 1856–1858.
Valentijn, François. *Oud en Nieuw Oost-Indien*. Dordrecht: Joannes van Braam and Gerard onder de Linden, 1724–1726.
Van Dam, Pieter. *Beschrijvinge van de Oostindische Compagnie*. Edited by F. W. Stapel. 7 vols. The Hague: Martinus Nijhoff, 1927–1954.
Van der Chijs, J. A. *Geschiedenis der stichting van de Vereenigde O.I. Compagnie*. Leiden: P. Engels, 1857.
Van der Chijs, J. A., H. T. Colenbrander, and J. de Hullu, eds. *Dagh-register gehouden int Casteel Batavia vant passerende daer ter plaetse als over geheel Nederlandts-India*. 31 vols. Batavia, The Hague: Landsdrukkerij/Martinus Nijhoff, 1887–1931.
———. *Nederlandsch Indisch plakaatboek, 1602–1811*. Batavia; The Hague: Landsdrukkerij/Martinus Nijhoff, 1885–1900.
Van der Cruysse, Dirk. *Siam and the West: 1500–1700*. Chiang Mai: Silkworm, 2002.
Van Foreest, H. A., and A. de Booy, eds. *De Vierde schipvaart der Nederlanders naar Oost-Indië onder Jacob Wilkens en Jacob van Neck, 1599–1604*. The Hague: Martinus Nijhoff, 1981.
Van Gelderen, Martin. *The Political Thought of the Dutch Revolt, 1555–1590*. New York: Cambridge University Press, 1992.
Van Goor, Jurrien. "A Hybrid State: The Dutch Economic and Political Network in Asia." In *From the Mediterranean to the China Sea*. Ed. Claude Guillot, Denys Lombard and Roderich Ptak. Wiesbaden: Harrassowitz, 1998.
———. *Prelude to Colonialism: the Dutch in Asia*. Hilversum: Verloren, 2004.
Van Ittersum, Martine Julia. *Profit and Principle: Hugo Grotius, Natural Rights Theories and the Rise of Dutch Power in the East Indies, 1595–1615*. Leiden: Brill, 2006.
———. "The Long Goodbye : Hugo Grotius' Justification of Dutch Expansion Overseas, 1615–1645." *History of European Ideas* 36, no. 4 (2010): 386–411.

Van Santen, H. W. "Trade Between Mughal India and the Middle East, and Mughal Monetary Policy, c. 1600–1660." In *Asian Trade Routes*. Ed. Karl Haellquist. London: Curzon Press, 1991.

Vaporis, Constantine. "Lordly Pageantry: The Daimyo Procession and Political Authority." *Japan Review* (2005): 3–54.

———. *Tour of Duty : Samurai, Military Service in Edo, and the Culture of Early Modern Japan*. Honolulu: University of Hawai'i Press, 2008

Viallé, Cynthia. "In Aid of Trade: Dutch Gift-Giving in Tokugawa Japan." *Tokyo Daigaku Shiryō Hensanjo kenkyū Kiyō* 16 (2006): 57–78.

Viallé, Cynthia, and Leonard Blussé, eds. *The Deshima Dagregisters, Volume 11, 1641–1650*. Leiden: Intercontinenta No. 23, Universiteit Leiden, 2001.

———. *The Deshima Dagregisters, Volume 12, 1650–1660*. Leiden: Intercontinenta No. 25, Universiteit Leiden, 2005.

———. *The Deshima Dagregisters, Volume 13, 1660–1670*. Leiden: Intercontinenta No. 27, Universiteit Leiden, 2010.

Vink, M. P. M. "Mare Liberum and Dominium Maris: Legal Arguments and Implications of the Luso-Dutch Struggle for Control Over Asian Waters, ca. 1600–1663." In *Studies in Maritime History*. Ed. K. S. Mathew, 35–68. Pondicherry: Mission, 1990.

———. "Between Profit and Power: The Dutch East India Company and Institutional Early Modernities in the 'Age of Mercantilism.'" In *Between the Middle Ages and Modernity*, 285–306. Ed. Charles Parker and Jerry Bentley. Lanham, MD: Rowman & Littlefield, 2007.

———. "Indian Ocean Studies and the New Thalassology." *Journal of Global History* 2 (2007): 41–62.

———. *Mission to Madurai: Dutch Embassies to the Nayaka Court of Madurai in the Seventeenth Century*. New Delhi: Manohar, 2012.

Vlekke. Bernard. *Nusantara: A History of Indonesia*. Chicago: Quadrangle, 1960.

Vogel, J. Ph. *Journaal van J. J. Ketelaar's hofreis naar den Groot Mogol te Lahore: 1711–1713*. The Hague: Martinus Nijhoff, 1937.

Vos, Reinout. *Gentle Janus, Merchant Prince: The VOC and the Tightrope of Diplomacy in the Malay World, 1740–1800*. Leiden: KITLV, 1993.

Wap, Jan J.F. *Het Gezantschap van den Sultan van Achin*. Rotterdam: H. Nijgh, 1862.

Ward, Kerry. *Networks of Empire: Forced Migration in the Dutch East India Company*. Cambridge: Cambridge University Press, 2008.

Wassing-visser, Rita. *Royal Gifts from Indonesia: Historical Bonds with the House of Orange-Nassau (1600–1938)*. Zwolle: Waanders, 1995.

Watson, Bruce. "Fortifications and the 'Idea' of Force in Early English East India Company Relations with India." *Past and Present* 88 (1980): 70–87.

Weider, F. C. *De Reis van Mahu en De Cordes door de Straat van Magalhães naar Zuid-America en Japan, 1598–1600*. 3 vols. The Hague: Martinus Nijhoff, 1923.

White, James. "State Growth and Popular Protest in Tokugawa Japan," *Journal of Japanese Studies* 14, no. 1 (Winter 1988): 1–25.

Widjojo, Muridan Satrio. *The revolt of Prince Nuku: Cross-cultural Alliance-Making in Maluku, c. 1780–1810*. Leiden: Brill, 2009.
Wigen, Kären. "Mapping Early Modernity: Geographical Meditations on a Comparative Concept." *Early Modern Japan: An Interdisciplinary Journal* 5, no. 2 (December 1995): 1–13.
———. "Japanese Perspectives on the Time/Space of 'Early Modernity." Paper presented at the XIX International Congress of Historical Sciences, Oslo, August 2007.
Wills, John E. Jr. "Ch'ing Relations with the Dutch, 1662–1690." In *The Chinese World Order*. Ed. John. K. Fairbank. Cambridge: Harvard University Press, 1968.
———. *Pepper, Guns, and Parleys: The Dutch East India Company and China, 1622–1681*. Cambridge: Harvard University Press, 1974.
———. *Embassies and Illusions: Dutch and Portuguese Envoys to K'ang-hsi, 1666–1687*. Cambridge: Harvard University Press, 1984.
Wilson, Charles. *The Early Annals of the English in Bengal, Being the Bengal Public Consultations for the First Half of the Eighteenth Century*. London: W. Thacker. 1895.
Wilson, Eric. *The Savage Republic: 'De Indis' of Hugo Grotius, Republicanism, and Dutch Hegemony Within the Early Modern World-System (c. 1600 -1619)*. Leiden: Martinus Nijhoff, 2008.
Winichakul, Thongchai. *Siam Mapped: A History of the Geo-body of a Nation*. Honolulu: University of Hawai'i Press, 1994.
Winius, George, and Markus Vink. *The Merchant-Warrior Pacified: The VOC and its Changing Political Economy in India*. Delhi: Oxford University Press, 1991.
———. "South India and the China Seas: How the V.O.C. Shifted Its Weight from China and Japan to India Around A.D. 1636." In *Studies on Portuguese Asia, 1495–1689*, 125–40. Ed. George D. Winius. Aldershot, VT: Ashgate, 2001.
Wong, R. Bin. *China Transformed: Historical Change and the Limits of European Experience*. Ithaca, NY: Cornell University Press.
Wyatt, David. *Thailand: A Short History*. New Haven: Yale University Press, 2003.
Yamamoto, Hirofumi. *Kanei jidai*. Tokyo: Yoshikawa Kōbunkan, 1989.
———. *Sakoku to kaikin no jidai*. Tokyo: Yoshikawa Kōbunkan, 1996.
Yonemoto, Marcia. "Maps and Metaphors of Japan's 'Small Eastern Sea' in Tokugawa Japan (1603–1868)." *Geographical Review* 89, no. 2 (April 1999): 169–87.
———. "The 'Spatial Vernacular' in Tokugawa Maps." *Journal of Asian Studies* 53, no. 3 (August 2000): 647–66.
———. *Mapping Early Modern Japan: Space, Place, and Culture in the Tokugawa Period, 1603–1868*. Berkeley: University of California Press, 2003.
———. "Silence Without Secrecy? What is Left Unsaid in Early Modern Japanese Maps." *Early Modern Japan: An Interdisciplinary Journal* 14 (2006): 27–39.
Zandvliet, Kees, ed. *The Dutch Encounter with Asia, 1600–1950*. Zwolle: Waanders, 2002.
Zhang, Tingyu, ed. *Mingshi*. Beijing: Zhonghua shuju, 1974.

左岸歷史 312

公司與幕府

荷蘭東印度如何融入東亞秩序，台灣如何織入全球的網

The Company and the Shogun

The Dutch Encounter with Tokugawa Japan

作　　者　亞當．克拉洛（Adam Clulow）
譯　　者　陳信宏
審　　定　鄭維中
總 編 輯　黃秀如
責任編輯　林巧玲
行銷企劃　蔡竣宇
封面設計　莊謹銘

社　　長　郭重興
發行人暨出版總監　曾大福
出　　版　左岸文化／遠足文化事業股份有限公司
發　　行　遠足文化事業股份有限公司
231新北市新店區民權路108-2號9樓
電　　話　(02) 2218-1417
傳　　真　(02) 2218-8057
客服專線　0800-221-029
E-Mail　rivegauche2002@gmail.com
左岸臉書　facebook.com/RiveGauchePublishingHouse
法律顧問　華洋法律事務所　蘇文生律師
印　　刷　呈靖彩藝有限公司
初版一刷　2020年8月
初版三刷　2021年2月
定　　價　520元
ISBN　978-986-98656-9-2
歡迎團體訂購，另有優惠，請洽業務部，(02) 2218-1417分機1124、1135

公司與幕府：荷蘭東印度公司如何融入東亞秩序，
台灣如何織入全球的網／
亞當．克拉洛（Adam Clulow）著；陳信宏譯.
－初版.－新北市：左岸文化，遠足文化，2020.08
面；　公分.－(左岸歷史；312)
譯自：The company and the shogun :
the Dutch encounter with Tokugawa Japan
ISBN 978-986-98656-9-2(平裝)
1.荷蘭東印度公司 2.國際貿易史 3.外交史 4.日本 5.荷蘭
558.09　109010910